Daolu Jiaotong Xingwei yu Jiaotong Anquan

道路交通行为与交通安全

吴义虎　喻　丹　著

人民交通出版社

内 容 提 要

本书在介绍国内外道路交通安全方面研究成果的基础上，简述了减少和预防道路交通事故的基本理论，重点分析了交通行为对交通安全的影响，旨在为制订交通安全对策提供依据。主要内容包括：道路交通安全影响因素分析，车辆跟驰行为与道路交通安全，安全车距与道路交通安全，车速离散性与道路交通安全，驾驶人可靠性与交通安全，道路交通安全评价与事故预测，道路交通安全控制等。

本书主要特点是从交通流状态和行为特征出发，探讨其对道路交通安全的影响，以揭示道路交通事故发生的内在规律。为减少我国交通事故率提供理论支持，同时为交通安全、交通工程专业技术人员工程应用提供参考。

本书主要供从事交通工程、交通安全等相关领域的研究人员和工程技术人员参考，也可作为高等院校交通运输工程和交通工程等专业的研究生和高年级本科生选修课程的参考书。

图书在版编目（CIP）数据

道路交通行为与交通安全/吴义虎，喻丹著.—北京：人民交通出版社，2011.6
ISBN 978-7-114-09187-2

Ⅰ.①道… Ⅱ.①吴… ②喻… Ⅲ. ①公路运输－交通运输安全－研究 Ⅳ.①U491.4

中国版本图书馆 CIP 数据核字（2011）第 110575 号

书　　名：道路交通行为与交通安全
著 作 者：吴义虎　喻　丹
责任编辑：尤晓玮
出版发行：人民交通出版社
地　　址：(100011) 北京市朝阳区安定门外外馆斜街 3 号
网　　址：http://www.ccpress.com.cn
销售电话：(010) 59757969，59757973
总 经 销：人民交通出版社发行部
经　　销：各地新华书店
印　　刷：北京鑫正大印刷有限公司
开　　本：787 × 980　1/16
印　　张：15
字　　数：373 千字
版　　次：2011 年 7 月　第 1 版
印　　次：2011 年 7 月　第 1 次印刷
书　　号：ISBN 978-7-114-09187-2
定　　价：40.00 元

前　言

随着我国道路交通运输业的跨越式发展，公路里程不断增长、交通硬件条件日益完善、汽车保有量也迅速增长，道路交通为现代社会的发展、国民经济增长和人们生活条件的改善作出巨大贡献的同时，不可避免地带来了交通拥挤、环境污染、事故损害等诸多问题。尤其是道路交通安全问题，已是当今全世界范围一个严重的社会问题。全世界每年因道路交通事故死亡的人数逾 100 万人，我国 2008 年交通事故死亡人数已逾 10 万人，且有逐年上升的趋势。因此，降低道路交通事故的发生率、提高交通运输系统安全性是道路交通科学研究的核心课题之一。研究交通事故的发生规律、主要影响因素及各影响因素与交通安全的关系，并进行有效的控制，具有重要意义。

全书共八章，第一章为绪论，介绍了国内外道路交通事故概况、道路交通安全学发展形势、道路交通安全学研究对象等内容；第二章为道路交通安全影响因素分析，阐述了道路交通系统的组成以及人、车、路、环境对道路交通安全的影响；第三章为车辆跟驰行为与道路交通安全，回顾了跟驰模型的发展历程，建立了新的动态期望车头时距跟驰模型、考虑不同灵敏度的跟驰模型、基于自适应神经模糊推理系统的跟驰模型以及基于信息融合的跟随驾驶行为协同仿真模型；第四章为安全车距与道路交通安全，讨论了几种驾驶条件下的安全车距保持问题；第五章为车速离散性与道路交通安全，分析了产生车速离散性的原因，仿真研究了车速离散性对交通流状态和汽车追尾事故的影响；第六章为驾驶人可靠性与交通安全，介绍了人的可靠性基本理论，分析了驾驶人可靠性影响因素，提出了一种驾驶人可靠性量化方法；第七章为道路交通安全评价与事故预测，介绍了道路交通安全评价和事故预测的基本理论和方法，分别为城市道路和高速公路提出了新的安全评价方法，基于组合预测的思想了提出了一种新的事故预测方法；第八章为道路交通安全控制，重点研究了汽车追尾事故的预防、交叉口优化控制以及发生交通事故后交通流的分配和路径诱导问题，提出了新的研究思路。重点阐述了交通流状态对交通安全的影响，给出了大量仿真实例。

本书主要内容是作者近年来的研究结果，有关研究工作的完成得到了国家交通运输部应用基础项目(NO. 200431982515)、湖南省自然科学基金重点项目(NO. 08jj3120)、湖南省教育厅项目(NO. 09C070)的支持，本书的出版得到了长沙理工大学学术专著出版资助，谨在此一并感谢！同时在写作过程中，参考了国内外有关交通安全方面的最新文献和研究成果，在此向所有原作者表示感谢！

由于作者学识水平有限，书中难免存在错误和疏漏之处，恳请读者不吝批评指正。

吴义虎

2011 年 4 月于长沙理工大学

目　　录

第一章　绪论 …… 1
第一节　国内外交通事故概况 …… 1
第二节　道路交通安全发展形势 …… 17
第三节　道路交通安全研究的主要内容和对象 …… 26
第二章　道路交通安全影响因素分析 …… 31
第一节　道路交通系统 …… 32
第二节　道路与交通安全 …… 33
第三节　车辆与交通安全 …… 49
第四节　交通安全与交通心理 …… 55
第五节　道路环境与交通安全 …… 69
第三章　车辆跟驰行为与道路交通安全 …… 75
第一节　车辆跟驰理论的提出 …… 75
第二节　经典跟驰模型回顾 …… 78
第三节　跟驰模型的改进 …… 88
第四节　跟驰模型不足及发展方向 …… 106
第四章　安全车距与道路交通安全 …… 109
第一节　车距判定影响因素分析 …… 109
第二节　传统临界安全车距分析 …… 111
第三节　考虑前车减速状况下的跟随车距分析 …… 114
第四节　外源性视觉选择性注意下的跟随车安全距离分析 …… 118
第五节　基于自适应神经模糊推理系统的临界安全车距 …… 123
第五章　车速离散性与道路交通安全 …… 127
第一节　车速的离散分布 …… 127
第二节　车速离散性对车流状态的影响 …… 130
第三节　车速离散对交通流混沌的影响 …… 135
第四节　车速离散对汽车追尾影响 …… 141
第六章　驾驶人可靠性与交通安全 …… 150
第一节　人的可靠性研究发展历程 …… 150
第二节　驾驶人可靠性研究的应用 …… 155
第三节　驾驶人可靠性评价 …… 161
第四节　驾驶人可靠性量化应用实例 …… 164

第七章　道路交通安全评价与事故预测…………………………………………… 171
　第一节　道路交通安全评价……………………………………………………… 171
　第二节　危险路段的鉴定………………………………………………………… 185
　第三节　事故预测………………………………………………………………… 192
第八章　道路交通安全控制…………………………………………………………… 203
　第一节　交通控制理论…………………………………………………………… 203
　第二节　汽车追尾预防研究……………………………………………………… 207
　第三节　交叉口控制优化………………………………………………………… 211
　第四节　发生事故后交通流的分配与路径诱导………………………………… 217
参考文献………………………………………………………………………………… 228

第一章　绪　　论

与其他交通形式相比，以汽车为主的道路交通具有较强的机动灵活性，以及门到门的通达能力，在现代社会的客货运输中扮演者不可或缺的角色。道路交通已渗透到社会生产生活的各个方面，它使人们的出行变得越来越迅速、方便、舒适，为现代社会的发展和人类生活条件的改善作出了巨大贡献。

然而，当人们分享着道路交通给人类社会生产生活带来的方便快捷和社会财富的同时，也不得不承受着交通事故所造成的大量人员伤亡和财产损失。随着机动化水平的不断提高和人民生活质量的不断提高，人们越来越关注道路交通的安全性。但交通事故是道路交通不可避免的伴随物，人们只能通过不断提高参与者的安全意识和驾驶人的驾驶技能、改进车辆的结构性能和技术水平、改善道路状况和环境条件、加强交通管理和交通执法等措施，才能使道路交通事故率降至“合理”的限度之下，从而满足人们对道路交通安全性的要求。

第一节　国内外交通事故概况

一、交通事故的定义

1. 定义

尽管人们对道路交通事故的严重危害性早已有了清晰的认识，但由于国情不同，世界各国对交通规则和交通管理的规定不同，对交通事故的定义也不尽相同。

美国国家安全委员会对交通事故的定义为：交通事故是在道路上所发生的意料不到的、有害的或危险的事件，这些有害的或危险的事件妨碍着交通行为的完成。其原因常常是由于不安全的行为（精神方面不注意交通安全）或不安全的因素（客观物质基础条件），或者是两者结合所造成的。

日本对交通事故的定义为：在道路交通中，由于车辆在交通中所引起的人的死伤或物的损坏称为交通事故。

英国对交通事故的定义为:发生在公共道路上,涉及至少一辆车并且造成了人员受伤或死亡的事件称为交通事故(不包括仅仅造成财产损失的事故)。

德国对交通事故的定义为:发生在公共道路上或广场上,涉及至少一辆运动的车辆,并且造成了人员受伤或死亡,以及财产损失的事件称为交通事故。对于只引起财产损失的事故,仅当事故原因是由于违章行为如酒后驾驶时,才算作交通事故。

联合国和欧洲经济委员会将道路交通事故定义为:发生在或者来源于开放交通的道路或街巷,涉及至少一辆运动的车辆,造成一个或一个以上人员死亡或受伤的事件。

我国对交通事故的定义是根据我国国情、民情及道路交通状况提出来的。《中华人民共和国道路交通安全法》给出的定义:交通事故是指车辆在道路上因过错或者意外造成的人身伤亡或者财产损失的事件。这里的"车辆",是指机动车和非机动车。这一定义基本上适合我国道路、车辆和人员参与交通行为的状况,得到了国家和社会各方面的肯定。

2.道路交通事故的特点

道路交通事故具有随机性、突发性、社会性、不可逆性、频发性等特点。

(1)随机性

交通运输系统与周围环境相互作用构成一个复杂的动态大系统,在这个系统中,每个环节的不协调都会引发危及整个系统的事故,而这些不协调绝大多数是随机的,由此引发的事故也是随机的。道路交通事故往往是多种因素共同作用或互相引发的结果,其中有许多因素本身就是随机的,如气候因素,而多种因素正好凑在一起,互相引发则就有更大的随机性,因此道路交通事故的发生必定带有随机性。

(2)突发性

道路交通事故的发生通常没有任何先兆,即具有突发性。驾驶人从感知到危险至交通事故发生这段时间极为短暂,往往驾驶人没有足够的反应时间。或者即使有足够的反应时间,但由于驾驶人反应不正确、不准确而操作错误或不适宜,从而导致交通事故。

(3)社会性

道路交通是随着社会和经济的发展而发展的客观社会现象,是人们客观需要的一种社会活动,这种活动是人们日常生活和工作必不可少的。道路交通事故是伴随着道路交通的发展而产生的一种现象,因此无论何时何地,只要有人参与交通就存在涉及交通事故的危险性。道路交通随着社会的发展不断进行演变,这反映了人们对道路交通的追求意识和发展意识,也证明了道路交通事故是随着社会发展和经济的发展而发展的客观存在的社会现象,即道路交通事故具有社会性。

(4)不可逆性

道路交通事故的不可逆性是指不可重现性。事故是人、车、路组成的系统内部发展的产物,与该系统的变量有关,并受一些外部因素的影响。交通事故是人类行为的结果,但却不是人类行为的期望结果。从行为科学观点看,社会上没有哪种行为与事故发生时的行为相类似,无论如何研究事故发生的机理和防治措施,也不能预测何时何地何人发生何种事故。因此,道路交通事故是不可重现的,其过程是不可逆的。

(5)频发性

由于汽车工业的高速发展,汽车保有量急剧增加,交通量增多,造成车辆与道路比例的严重失调,加之交通管理不善等原因,造成道路交通事故频繁,伤亡人数增加,道路交通事故已成为世界性的一大公害。因此,人们称道路交通事故是“无休止的交通战争”。

3. 道路交通事故分类

对道路交通事故进行分类,目的在于对道路交通事故进行分析、研究和处理。分析的角度、方法不同,对道路交通是事故所分出的类别也不相同。

(1)按交通事故形态分类

碰撞事故:是指事故双方接触,并以接触部位的相互冲击力造成损害的事故。该类事故的主要特征是事故双方相互作用时间短暂,作用力大,事故损害后果严重。碰撞是一类发生比例很高的交通事故,约占整个交通事故总量的70%。根据碰撞时的双方运动情况,机动车之间的碰撞可分为正面碰撞、侧面碰撞和追尾碰撞。另外,作为碰撞事故的特殊形态——车辆碰撞固定物有时也被单独作为一种事故形态。

碾压事故:是指车辆轮胎对高度较低的对象进行推碾或压过而造成的损害事故,其损害后果严重程度主要取决于车辆自身的质量大小和车辆遇险制动时车轮对受害者身体的推碾。如果是人员受到碾压,则死亡率普遍较高。

刮擦事故:多发生在车辆与车辆、车辆与行人之间,表现为事故双方相互接触,并因接触部位的相互摩擦、勾刮而造成损害后果。这种损害后果,既可能表现为摩擦、勾刮直接造成的损伤,也可能同时表现为因为摩擦、勾刮而发生摔倒的跌伤等。机动车之间的刮擦,可根据运动情况分为对向刮擦和同向刮擦。

翻车事故:是指事故车辆的车身沿纵、横向倾翻或滚动,并与地面或其他物体发生撞击、摩擦而造成损害的事故。翻车事故一般分为侧翻事故和滚翻事故。

坠落事故:是指车辆从高处跌落至低处,车身撞击地面造成的事故,如坠落桥下、坠入山涧等。

失火事故:是指车辆在行驶过程中,车辆或车辆装运的易燃物品发生燃烧的现象。失火事故多数是因为车辆驾驶人、乘车人违法使用明火、在行车过程中采取直接供油、发动机回火、电路磨损导致短路等因素造成的;另外也有少部分是由于车辆发生碰撞、刮擦、翻车,进而使车辆燃油外泄、电路短路而引起的。

爆炸事故:一般指车辆或车辆装运的易爆物品,在车辆行驶过程中发生意外爆炸。单纯的车辆轮胎爆裂不属于爆炸事故。

其他事故:指上述7种事故形态不涵盖的所有交通事故。

(2)按交通事故等级分类

轻微事故:是指一次造成轻伤1～2人;或者机动车事故财产损失不足1 000元;或者非机动车事故财产损失不足200元的事故。

一般事故:一次造成重伤1～2人;或轻伤3人及3人以上;或财产损失不足3万元的事故。

重大事故:一次造成死亡1～2人;或重伤3人以上10人以下;或财产损失不足6万元的事故。

特大事故：一次造成死亡3人以上；或重伤11人以上；或死亡1人同时重伤8人以上；或死亡2人，同时重伤5人以上；或财产损失6万元以上的事故。

(3)按交通事故原因分类

事故当事人的原因导致的交通事故大致可分为：交通安全违法行为、未履行或为充分履行安全注意义务、未履行或未适当履行危险回避义务和身体条件不符合交通安全4个方面。

车辆的原因导致的交通事故：又称为机械事故，是指车辆在行驶过程中因为制动、转向和灯光等系统或构件失效或性能不良而导致的交通事故。根据车辆机械故障形成的原因不同，又可分为车辆的设计、制造与修理质量缺陷导致的交通事故和车辆的使用及保养不当导致的交通事故。

道路与交通设施的原因导致的交通事故：是指由于设计、施工、养护以及交通参与者的使用行为不当等原因，致使道路路面、道路线形、道路附属设施、交通标志、交通标线等不符合安全技术标准而造成的交通事故。主要包括：因道路与交通设施的设计与施工不当、因道路与交通设施的日常养护管理不当，以及因为交通参与者在道路倾泻油污、抛洒杂物、打场晒粮、车辆严重超载等不当行为3个方面。

交通管理方面的原因导致的交通事故：主要是指交通管理部门、交通警察的交通指挥控制失误、违法拦截行驶车辆和其他不依法履行职责的行为直接造成的交通事故。

(4)按事故责任分类

机动车事故：是指事故当事方中，汽车、摩托车、拖拉机等机动车负主要以上责任的事故。但在机动车与非机动车或行人发生的事故中，机动车负同等责任的，由于机动车相对为交通强者，而非机动车、行人属于交通弱者，应视为机动车事故。

非机动车事故：是指自行车、人力车、三轮车、畜力车等按非机动车管理的车辆在交通事故中负主要以上责任的事故。非机动车与行人之间发生的事故中，非机动车一方负同等责任的，由于非机动车相对为交通强者，而行人则属于交通弱者，应视为非机动车事故。

行人事故：是指在事故当事方中，行人负主要以上责任的事故。

除上述4种主要分类方法外，其他分类方法还有：按事故发生地点分类；按伤亡人员职业类型分类；按肇事者所属行业分类；按肇事驾驶人所持驾驶证种类、驾龄分类等。

二、国外交通事故概况

自人类历史记载的第一起交通事故——1899年一名妇女在美国纽约州被汽车碾轧死亡以来，道路交通事故逐渐成为造成人类非正常死亡的最主要原因。自从有机动车道路交通事故死亡记录以来，全世界死于道路交通事故的人数已超过3 350万，也就是说累计死于道路交通事故的人数已超过两次世界大战的死亡人数，全世界每年约有60万人死于道路交通事故，每年因道路交通事故造成的交通损失约为5 180亿元。所以，人们把道路交通事故称为“无休止的战争”、“交通地狱”，把导致道路交通事故发生的汽车称为“行驶的棺材”。图1-1为2009年影响人民群众安全感的主要因素。

纵观国外的道路事故概况，大体可分为以下4个阶段：

第一阶段为1899～1920年。这一时期由于全世界汽车工业尚处于起步时期，社会车辆保有量较小，交通事故的发生情况并不突出。图1-2为美国道路交通事故指标变化情况。

第二阶段为1920～1945年。受两次世界大战及战后经济复苏的激发，汽车工业和道路交通得到快速发展，并开始出现高速公路，交通事故的发生量也加快上升趋势。

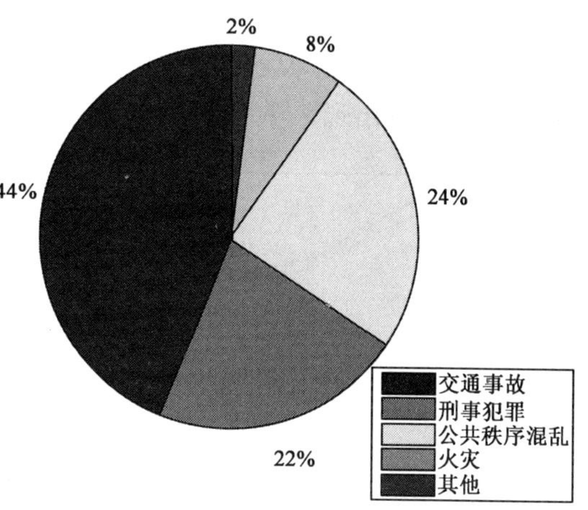

图1-1 2009年影响人民群众安全感的主要因素

第三阶段为1945年～20世纪70年代初。该阶段正值发达国家道路工程大规模建设和发展时期，相当于中国目前的状况，道路交通环境发生很大变化。但是，社会整体对这种迅速到来的变化尚缺乏准备，社会公众的交通观念及行为滞后于经济的发展，再加上道路的安全设施还不够完善，以至于交通事故频繁发生，造成大量的人员伤亡。交通安全问题已经成为世界各国关注的问题，此阶段许多国家已经在交通可持续发展中将交通安全摆在首位。

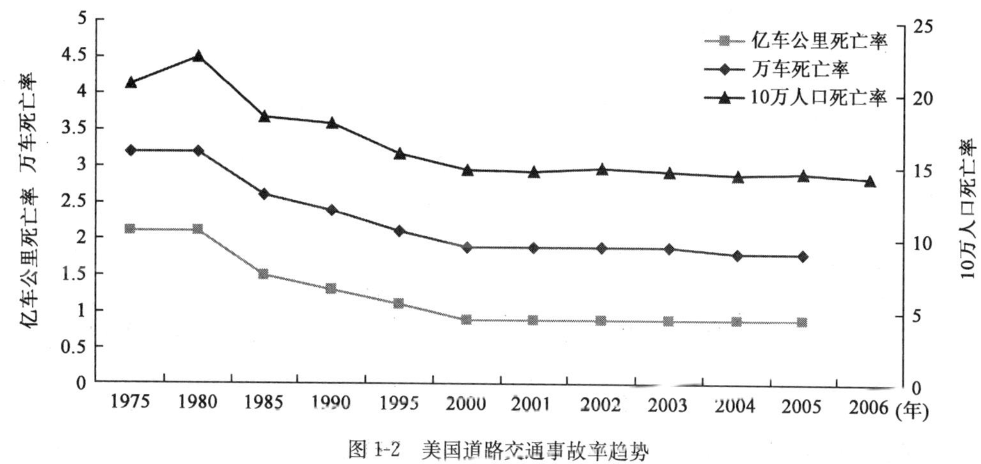

图1-2 美国道路交通事故率趋势

第四阶段为20世纪70年代初至今。前三个阶段道路交通事故呈上升趋势，到了20世纪70年代中期石油危机波及世界各国，由于燃料不足只是汽车出行减少、车速受限，同时许多国家从20世纪60年代开始实施了一系列综合治理交通、加强交通管理和减少交通事故的措施，在第四阶段呈现出较好的治理效果。到20世纪80～90年代又加强了对车辆的安全性能、车辆的安全保护措施以及安全行车管理等方面的研究。尽管汽车保有量和车辆行驶里程增长幅度都较大，但道路交通事故率增长趋势减缓，事故严重程度逐渐趋于稳定。如图1-3显示1991～2006年，英国道路交通事故基本呈现逐步下降的趋势，2006年道路交通事故死亡人数为3 172人，比上一年降低1.9%，比1991年交通事故高发期降低33.26%；10万人口死亡率降至5.4，达到从1991年以来的最低值。1996～2003年，瑞典道路交通事故死亡人数一直维持在550

人左右，2006 年道路交通死亡人数仅为 480 人。图 1-4 为美国、日本、英国、瑞典道路交通事故 10 万人口死亡率对比，从图中我们不难得出从 1991 年开始，发达国家的道路交通事故 10 万人口死亡率普遍出现下降趋势。

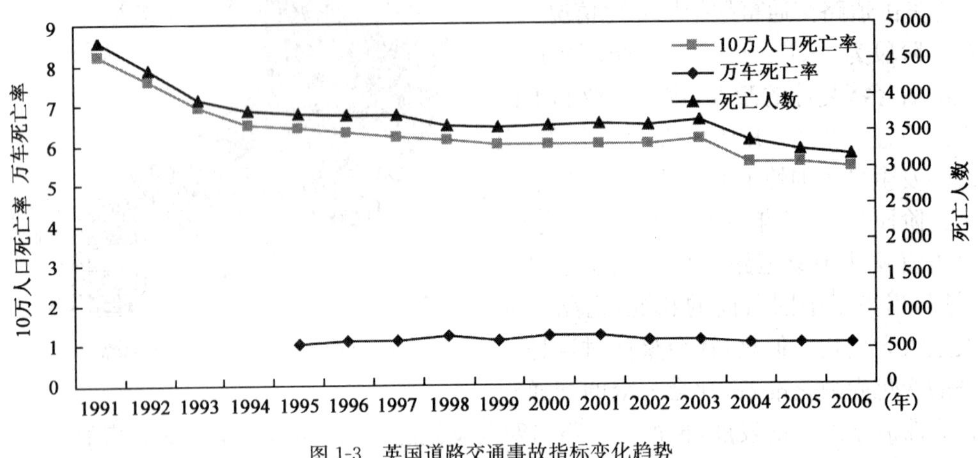

图 1-3 英国道路交通事故指标变化趋势

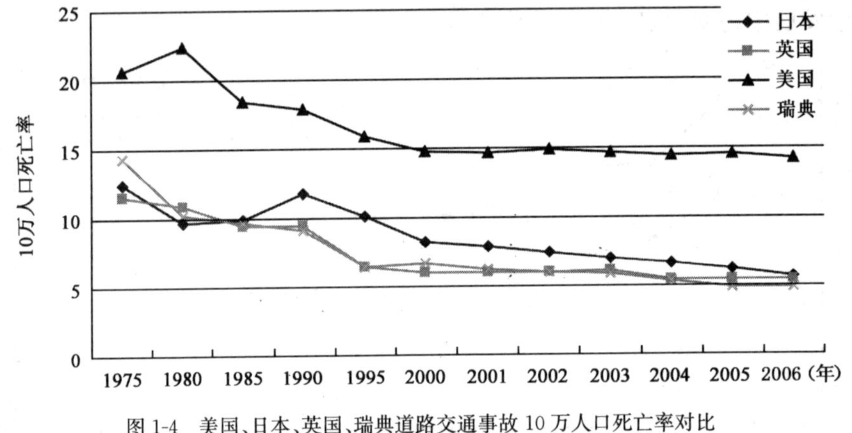

图 1-4 美国、日本、英国、瑞典道路交通事故 10 万人口死亡率对比

三、我国交通事故概况

1. 我国交通事故变化趋势

新中国成立以来，我国道路交通事故呈现先升后降的总体趋势，并随着当时的社会经济状况影响发生很大的波动。我国道路交通事故的统计始于 1951 年，当年全国共发生交通事故 5 922 起，造成 852 人死亡，5 159 人受伤。1990 年之前我国交通事故统计数据波动较大，但无论是事故次数、死亡人数、受伤人数等都有明显的增长趋势。1991 年后，随着我国改革开放的深化，国家总体经济实力不断增强，汽车工业和交通运输业迅速发展，机动车保有量急剧增加，驾驶人人数激增，道路交通事故死亡人数也随之急剧增加。表 1-1 为 1951～2009 年全国交通事故统计情况、图 1-5 为我国道路交通事故变化趋势和道路交通事故变化率趋势。

1951～2009年全国交通事故统计情况　　表1-1

年份	死亡人数（人）	受伤人数（人）	事故起数（起）	直接经济损失（亿元）	年份	死亡人数（人）	受伤人数（人）	事故起数（起）	直接经济损失（亿元）
1951	852	5 159	5 922	—	1981	22 499	79 546	114 679	0.51
1952	675	4 926	4 702	—	1982	22 164	71 385	103 777	0.48
1953	1 200	7 255	8 744	—	1983	23 944	73 957	107 758	0.58
1954	917	5 762	8 467	—	1984	25 251	79 865	118 886	0.73
1955	955	5 463	9 249	—	1985	40 906	136 829	202 394	1.58
1956	1 126	6 364	11 332	—	1986	50 063	185 785	295 136	2.40
1957	1 219	6 789	14 980	—	1987	53 439	187 399	298 147	2.79
1958	3 009	13 259	26 938	—	1988	54 814	170 598	276 071	3.08
1959	4 910	19 038	37 126	—	1989	50 441	159 002	258 030	3.36
1960	5 762	18 637	33 634	—	1990	49 271	155 072	250 297	3.64
1961	4 436	14 355	22 358	—	1991	53 292	162 019	264 817	4.28
1962	3 908	14 879	21 238	—	1992	58 729	144 264	228 278	6.45
1963	2 648	10 789	18 212	—	1993	63 508	142 251	242 343	9.99
1964	2 253	10 490	18 157	—	1994	66 362	148 817	253 537	13.33
1965	2 382	11 949	20 967	—	1995	71 494	159 308	271 843	15.20
1966	3 466	17 639	27 367	—	1996	73 655	174 447	287 685	17.20
1967	5 728	18 517	29 264	—	1997	73 861	190 128	300 000	18.50
1968	—	—	—	—	1998	78 067	222 721	346 129	19.30
1969	—	—	—	—	1999	83 529	286 080	412 860	21.24
1970	9 654	37 128	55 437	—	2000	93 493	418 721	616 974	26.69
1971	11 331	52 119	69 975	—	2001	106 000	549 000	760 000	30.90
1972	11 849	58 738	77 465	—	2002	98 502	562 074	773 137	33.22
1973	13 215	53 827	71 192	0.37	2003	104 372	494 174	667 507	33.70
1974	15 599	66 498	81 672	0.44	2004	107 077	480 864	517 889	23.90
1975	16 862	71 776	91 606	0.51	2005	98 738	469 911	450 254	18.80
1976	19 441	81 908	101 878	0.55	2006	89 455	431 139	378 781	14.90
1977	20 427	84 779	112 222	0.63	2007	81 649	380 442	327 209	12.00
1978	19 096	77 471	107 251	0.56	2008	73 484	304 919	265 204	10.10
1979	21 856	80 855	117 848	0.53	2009	67 759	275 125	238 351	9.10
1980	21 818	80 824	116 692	0.49					

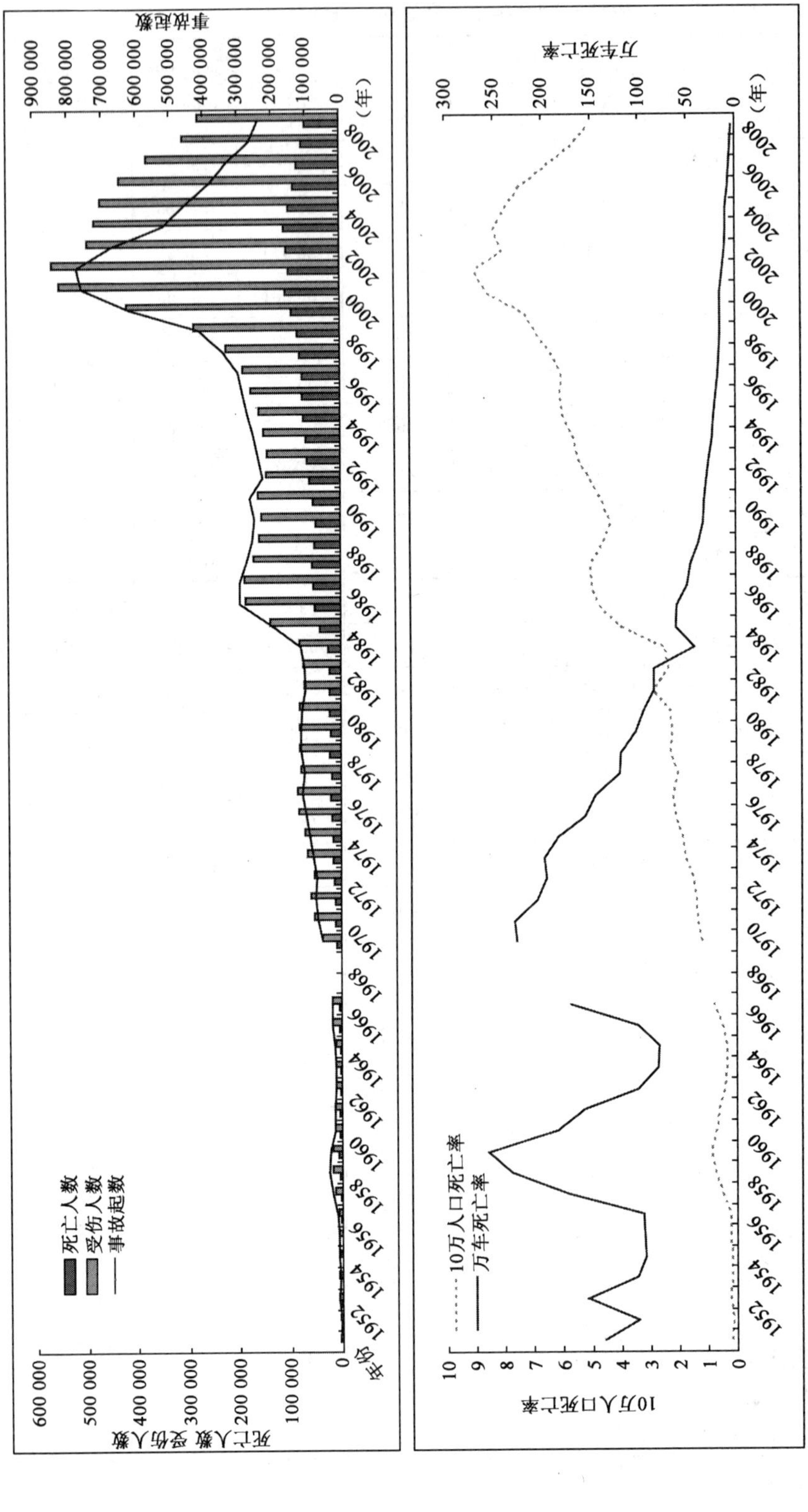

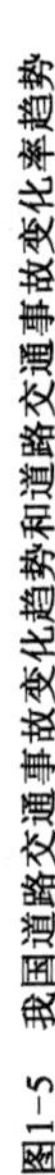

图1-5 我国道路交通事故变化趋势和道路交通事故变化率趋势

2002 年我国道路交通事故达到历史最高峰，全年道路交通事故死亡人数达 109 381 人，受伤人数达 562 074 人，直接经济损失高达 33.24 亿元。

2003 年 10 月 22 日，全国道路交通安全工作部际联席会议制度经国务院批准成立。10 月 28 日，《中华人民共和国道路交通安全法》经第十届全国人民代表大会常委委员会第五次会议通过，于 2004 年 5 月 1 日起正式施行。同年，因为“非典”的影响，全国道路交通事故与 2002 年相比有所下降。

2005 年至今，我国道路交通事故形势回落。交通事故起数、死亡人数、受伤人数、万车死亡率、10 万人口死亡率及直接经济损失等交通事故指标均呈现不同程度的下降。

2009 年，全国共发生道路交通事故 238 351 起，造成 67 759 人死亡、275 125 人受伤，直接财产损失 9.1 亿元，与上年同期相比，分别下降 10.1%、7.8%、9.8%和 10.7%。其中，发生一次死亡 10 人以上特大道路交通事故 24 起，同比减少 5 起。全国万车死亡率为 3.6，同比减少 0.7。

2. 我国道路交通环境变化

(1)我国公路建设发展情况

新中国成立之初，我国公路通车总里程仅为 8.07 万公里。随着我国国民经济的快速发展，到改革开放初期，公路通车里程达到 89.02 万公里，公路网密度为 9.3 公里/百平方公里，虽然比新中国成立之初增长了 10 倍，但高等级公路数量很少，其中二级公路仅有 1 万公里。公路交通长期滞后于国民经济与社会发展。改革开放后，公路基础设施建设开始发生历史性转变。

至 1987 年年底，全国公路通车里程达到 98 万公里，二级以上公路 2.9 万公里，公路网整体水平得到明显提高。但是由于改革开放后的 10 年间，全国国民经济出现强劲增长，公路运输需求急剧增加，尽管同期全国公路建设保持快速发展，但其发展速度与需求的增长相比仍然偏低，加之历史欠账巨大，导致公路交通的瓶颈制约状况进一步加剧。图 1-6 为近年来我国公路交通发展趋势。

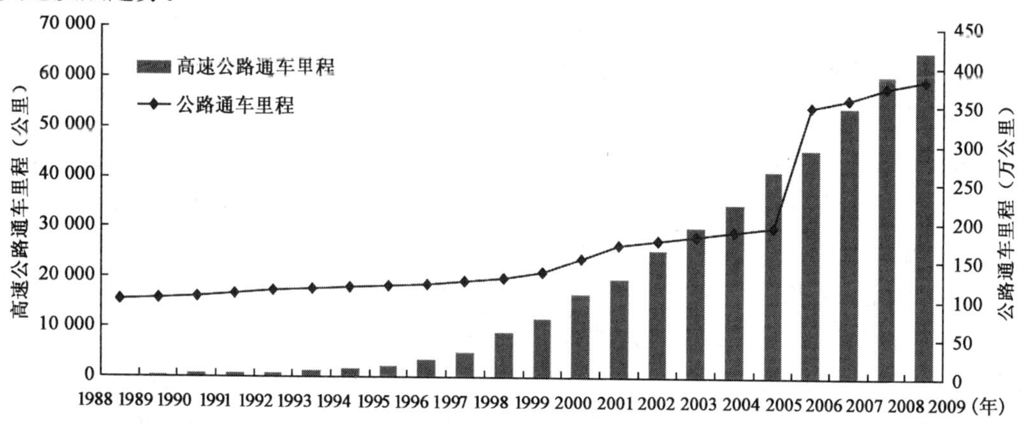

图 1-6　近年来我国公路交通发展趋势

20世纪80年代末至90年代初，中央明确把加快交通运输发展作为事关国民经济全局的战略性和紧迫性任务，公路交通迎来了大发展的历史机遇。自"八五"开始，全国公路建设进入了发展速度快、建设规模大、科技含量不断提高的新时期。

1988年上海至嘉定高速公路建成通车，结束了我国大陆没有高速公路的历史；1990年，被誉为"神州第一路"的沈大高速公路全线建成通车，标志着我国高速公路发展进入了一个新的时代。短短5年时间，高速公路通车里程达到了2.5万公里。特别是1998年后，为应对亚洲金融危机，国家实施了积极的财政政策，加快基础设施建设步伐，公路建设得到快速发展。到2002年底，全国通车里程达176万公里，公路网密度达到18.3公里/百平方公里，大大改善了全国公路的技术等级结构，明显缓解了对国民经济发展的瓶颈制约，也大大缩短了同发达国家之间的差距。

自2003年以来，为支持社会主义新农村建设，交通部启动了历史上最大规模的农村公路建设，并相继颁布了《国家高速公路网规划》和《农村公路建设规划》。经过15年的不懈努力，"八五"期间提出的总规模约3.5万公里的"五纵七横"国家主干线系统比原规划提前13年完成。至2010年底，高速公路的通车总里程达7.41万公里。公路交通在综合交通运输体系中的地位和作用进一步加强。

(2)我国机动车发展情况

我国汽车工业起步较晚，1953年在前苏联的帮助下我国开始创建长春第一汽车制造厂，结束我国不能生产汽车的历史。随着改革开放以来全国经济社会的快速发展，人民生活水平的逐步提高，人们的生活方式发生了深刻变化，住房、汽车、通信、旅游等成为主导型消费热点。人们用于交通方面的消费幅度增加，家庭轿车逐步普及，机动车保有量一直伴着GDP的快速增长而迅速扩大。

相比于新中国成立初期至1978年机动车保有量的低速增长，改革开放后至1983年全国机动车保有量进入中速增长期，年均增长25万辆；随着改革开放的逐步深化，机动车保有量也进入快速增长期(1981～1996年)，机动车保有量跨越1 000万辆大关，增至2006年底的3 609.65万辆，年均增长251.86万辆；1997年以后，机动车保有量进入飞速增长期，2004年突破亿辆大关，截止到2009年底全国机动车保有量达到1.86亿辆，其中，汽车7 619万辆，摩托车9 453万辆。

随着机动车保有量的迅速增加，我国机动化水平也迅速提高。改革开放初期，我国千人拥有机动车数量仅为2辆，2008年底，我国千人拥有机动车数量达到128辆，年均增长15.42%。

虽然我国机动化水平提高较快，但是相比于发达国家，我国机动化水平仍然处于较低水平。2008年我国机动化水平仅为发达国家的1/5左右，与发达国家机动车组成以汽车为主不同，我国机动车组成以摩托车为主。图1-7为2008年我国与发达国家机动化程度对比图。因此，从总体上看我国仍处于机动化的起步阶段。此外，数据统计显示中国有全世界1.9%的汽车，引发的交通死亡事故却占了全球的15%。

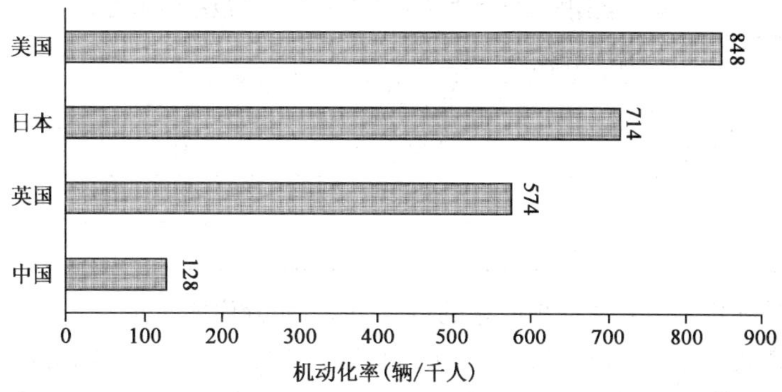

图 1-7　2008 年我国与发达国家机动化程度

(3)驾驶人数量变化情况

我国驾驶人数量统计包括两项内容:一项为汽车驾驶人数量,另一项为其他机动车驾驶人数量,主要为摩托车和农用车驾驶人。这里我们只对汽车驾驶人数量进行分析。

目前可得到的最早数据为 1973 年的统计值。1973～1989 年,汽车驾驶人的年均增长速度与汽车保有量的年均增长速度基本持平,分别为 13.1%和 13.5%。汽车驾驶人数量从 1973 年的 100.09 万人增长到 1989 年的 722.32 万人,而同期汽车保有量从 67.27 万辆增长到 511.32 万辆。从 1990 年至今,汽车驾驶人的数量达到 13 820.39 万人,也就是说平均 1.8 个驾驶人开一辆汽车。

值得注意的是,进入 21 世纪之后,每年新增的汽车驾驶人数量惊人,由于我国目前驾驶人培训和考试都是在教练场进行,缺乏对真实道路交通的亲身体验,大量新驾驶人一旦开车上路,势必对道路交通安全带来不良影响。

3. 我国道路交通事故特点

近年来我国道路交通事故总体表现如下特点:

(1)交通事故总量持续下降,但基数仍然较大

随着《中华人民共和国道路交通安全法》的颁布施行和政府对道路交通安全的重视,以及采取的一系列对策措施,近年来我国道路交通事故呈下降趋势。

但是由于我国交通事故总量较大,即使下降幅度明显,但 2009 年仍造成 67 759 人死亡、275 125 人受伤,直接财产损失 9.1 亿元。纵观 1970 年至今,世界上道路交通事故死亡人数较多国家的死亡人数变化情况,可以发现我国在 1986～1988 年、1992～1995 年、1999～2005 年道路交通事故死亡人数居世界第一。2006 年以来,虽然印度成为世界上道路交通事故死亡人数最多的国家,但我国仍处于世界第二位,我国道路交通事故死亡人数基数仍然较大。

(2)交通事故率稳步下降

近年来,随着我国道路事故总数的降低,我国道路交通事故率稳步下降。亿车公里事故率和亿车公里死亡率可以客观反映道路交通安全水平。表 1-2 为近年来全国国道网和高速公路亿车公里事故率和死亡率。

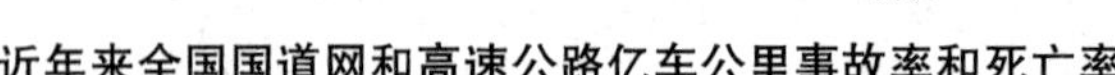

近年来全国国道网和高速公路亿车公里事故率和死亡率　表 1-2

年　份	高速公路亿车公里		国道网亿车公里	
	事故率	死亡率	事故率	死亡率
2005	7.4	2.6	17.6	5.7
2006	5.5	2.5	13.5	4.8
2007	3.7	1.8	10.1	3.8

道路交通事故死亡人数和交通事故率的持续下降，充分说明了近年来我国道路交通安全形势正逐步好转。在我国经济快速发展，机动车保有量快速提高的情况下取得，成绩来之不易。

虽然我国道路交通安全形势持续好转，道路交通事故死亡人数、事故率和死亡率持续下降，但与发达国家相比，我国道路交通事故率仍然较高。表 1-3 为 2007 年我国与美国、日本、英国道路交通事故死亡率指标的对比。

我国与美国、日本、英国道路交通事故死亡率(2007 年)　表 1-3

指　标	10 万人口死亡率	万车死亡率	亿车公里死亡率
中国	6.18	5.11	3.80
美国	13.61	1.61	0.85
日本	4.50	0.63	0.75
英国	4.98	0.87	0.57

(3)机动车驾驶人违法行为是造成交通事故的主要原因

根据我国近年来道路交通事故统计分析，在造成道路交通事故的主要原因中，机动车驾驶人的违法行为一直占主导地位。1998～2007 年，因机动车驾驶人违法行为造成的交通事故起数平均占事故总数的 87.09%，造成的死亡人数平均占死亡总数的 80.30%，造成的受伤人数平均占受伤总人数的 86.24%，且所占比例呈现增长趋势。因此，减少机动车驾驶人违法行为对遏制交通事故、降低交通事故死伤人数具有重要意义。

客车、摩托车和货车肇事比例大。2007 年驾驶客车、摩托车和货车肇事比例分别为 40.14%、25.37%和 20.63%。三者肇事共占事故总数的 86.14%、造成的死亡人数占总数的 83.20%，受伤人数占总数的 87.86%。可见，降低客车、货车的肇事率对于降低道路交通事故具有重要意义。

(4)二、三级公路交通事故死亡人数所占比例逐年下降，但仍然高发

截至 2010 年底，我国公路通车里程大约 400.82 万公里。其中高速公路通车里程 7.41 万公里，一级公路通车里程 6.44 万公里，二级公路通车里程 30.87 万公里，三级公路 38.80 万公里，四级公路 246.95 万公里，等外公路 70.35 万公里。其中二级、三级公路共 69.67 万公里，占公路通车里程的 17.40%。但是，我国二、三级公路交通事故所占比例远远高于其通车里程所占比例。虽然近年来发生在二、三级公路的交通事故比例逐年下降，但比例仍占 1/3 以上。

(5)高速公路事故高发态势得到遏制,安全效益初步呈现

1994～2006 年,高速公路交通事故死亡人数一直呈增长态势。其中,2001～2004 年间,每年高速公路交通事故死亡人数均比上年增加 500 人以上,2003 年更是比 2002 年增加 1 342 人。但 2007 年,公路交通事故死亡人数出现大幅下降,较上年同比下降 9.28%。

安全与效率是公路的两个重要属性。随着我国交通安全形势的好转,高速公路安全形势也逐步改善。近年来,高速公路亿车公里事故率和死亡率均大幅低于全国国道网。2007 年高速公路亿车公里死亡率为 1.8,远低于全国国道网亿车公里死亡率。高速公路的安全效益初步呈现。

(6)交通弱势群体伤亡比例下降

行人和骑自行车者等交通弱势群体,一直占据我国交通事故伤亡的较大比重。这主要是因为我国仍处于机动化初期阶段,大部分公众的出行依然靠步行和骑自行车等方式。这使得行人和骑自行车者等在交通中处于弱势地位的人员过多地直接暴露在机动车的威胁下,加剧了与机动车的交通冲突,也增加了行人和骑自行车者的伤亡概率。其中 2007 年行人和骑自行车者等交通弱势群体伤亡比例分别降至 35.10%和 28.22%,但这一比例仍然较高。图 1-8 为行人和自行车交通事故伤亡比例变化情况。根据发达国家道路交通安全的发展经验,随着我国机动化水平的进一步发展和提高,行人和骑自行车者等交通弱势群体伤亡比例将逐步下降。当然,行人和骑自行车者等交通弱势群体伤亡比例的降低,也需要多方面的努力。如更能保护行人和骑自行车者等交通弱势群体的汽车前段设计,对于降低行人和骑自行车者等交通弱势群体伤亡的作用也是非常重要的。

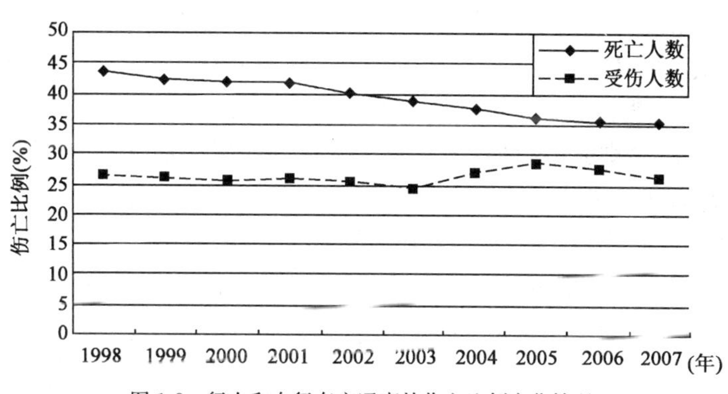

图 1-8 行人和自行车交通事故伤亡比例变化情况

(7)特大交通事故时有发生

近年来,我国群死群伤特大交通事故时有发生。各级交通管理部门把遏制特大交通事故的发生作为交通事故预防工作的重中之重,也取得了较大的效果。值得注意的是,近年来我国一次死亡 10 人以上的特大交通事故统计中,虽然事故起数有所降低,2009 年仅为 24 起,比上一年减少 5 起。但是平均每起事故死亡人数基本维持在 15 人左右,这说明特大事故的严重程度并没有减轻,只是因为事故起数的降低才使得死亡人数得以减少。图 1-9 为近年来我国一次死亡 10 人以上的特大交通事故。

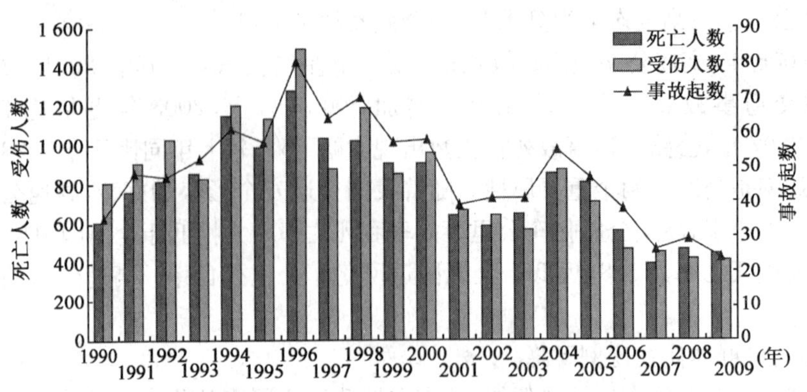

图 1-9 近年来我国一次死亡 10 人以上的特大交通事故

(8)农村人口、进城农民工以及城市个体劳动者是交通事故伤亡的主要人员

近年来，由于我国经济持续稳定发展，城市范围不断扩大，道路不断延伸，农村人口、进城务工农民以及个体劳动者出行大幅度增长，交通参与活动日趋频繁，但同时由于这部分人口受教育程度相对较低，交通安全意识薄弱，容易发生交通事故并造成伤亡。2003 年农林牧渔业等农村人口、农民工和城市个体劳动者交通违法引发交通事故分别造成 11 914 人、12 603 人和 16 447 人死亡，45 189 人、48 778 人和 97 264 人受伤。此三类人员共死亡 40 964 人，受伤 191 231 人，占死伤总数的 39.2%和 38.7%。

4. 我国道路交通事故分布特点

交通事故是道路交通过程中突发的偶然事件，带有明显的随机性。然而，与其他随机变量一样，它也具有一定的统计分布特征。通过对客观反映事故情况的数据资料进行统计分析，作出科学推理、判断，把包含在数据中的规律揭示出来，为宏观和微观管理、决策提供可靠的依据，从而达到预防和减少交通事故的目的；同时对制订交通法规、城市建设规划和道路建设方案等方面都有重要的参考价值。

(1)交通事故的时间分布

交通事故的时间分布是指事故随时间而变化的统计特征。对交通事故统计数据的分析研究表明，交通事故在一年的不同月份、不同日期、不同周日或一天的 24 小时内的分布具有相对的稳定性。

①交通事故月分布

从图 1-10 可以看出，12 月的交通事故次数明显低于其他月份，2 月和 3 月的交通事故次数也比较少；我国交通事故死亡人数的月份分布有一个明显的高分时段，即 9、10、11 这三个月，而 3 月最少；交通事故受伤人数则以 10 月、11 月两个月最多，1、3、10 三个月较少，其他月份无明显差异。

②交通事故星期分布

如图 1-11 所示，周日和周一两天交通事故略少，其余五天基本持平，但二者之间差值不十分明显。而交通死亡人数只是星期一比较少，其余六天持平。这一特征表明，星期日的交通事

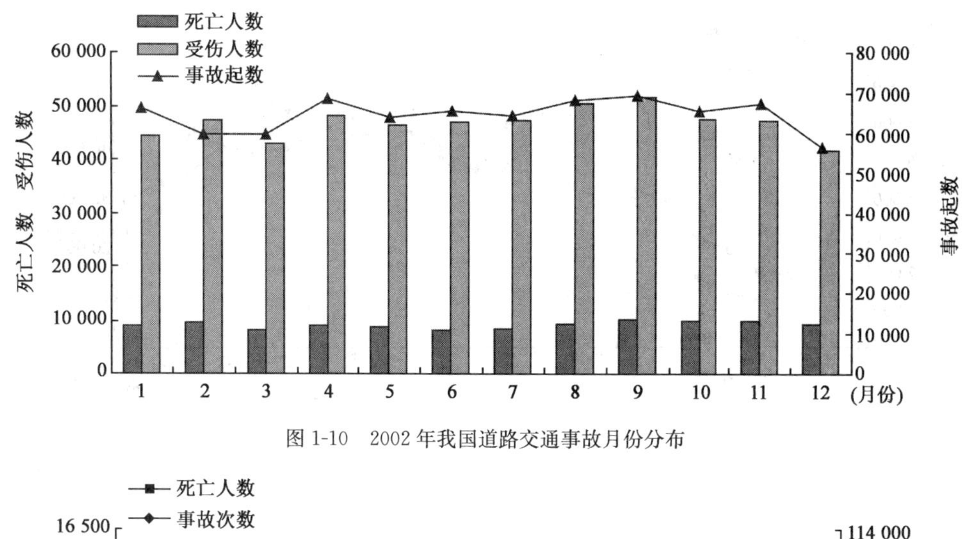

图 1-10 2002 年我国道路交通事故月份分布

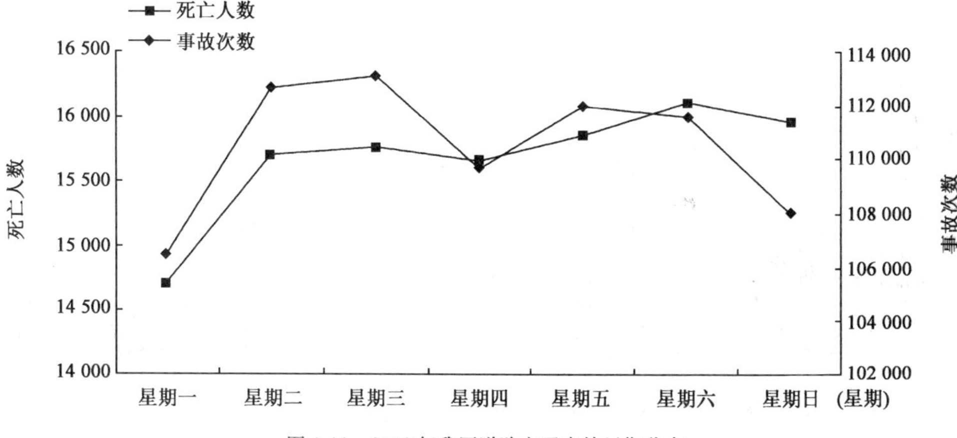

图 1-11 2002 年我国道路交通事故星期分布

故致死率较高。

③交通事故 24 小时分布

图 1-12 所示的 0～24 小时的变化情况可以直观看出有两个明显的高峰时段：一为 10～12 时，共发生 91 462 起事故，占总数的 12.3%；二为 14～16 时，共发生 95 097 起事故，占总数的 11.83%。交通事故低谷为 1～6 时，每小时发生的事故数只占总数的 1.25%～1.83%，低于 4.17%的平均值。最接近平均值的时段为 0～1 时，共发生 32 858 起事故，占总数的 4.25%。另外一个明显的特征为，在两个事故高峰时段之间，即 12～14 时，交通事故有所下降，这可能与这一时段正值午餐和午休，交通流量低有关。

(2)交通事故的空间分布

交通事故的空间分布是指交通事故在城市、农村、各种类型的道路上，以及在具体路段、交叉口上的分布情况。了解交通事故的空间分布有助于确定事故防范工作的重点。图 1-13 显示我国 2002 年各省、自治区、直辖市交通事故起数分布；表 1-4 显示 1998 年我国各种类型道路上的交通事故分布情况。

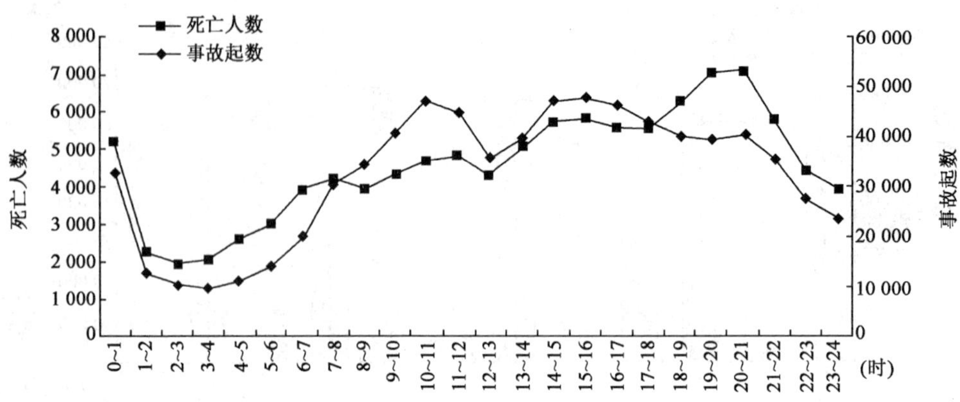

图 1-12　2002 年我国道路交通事故小时分布

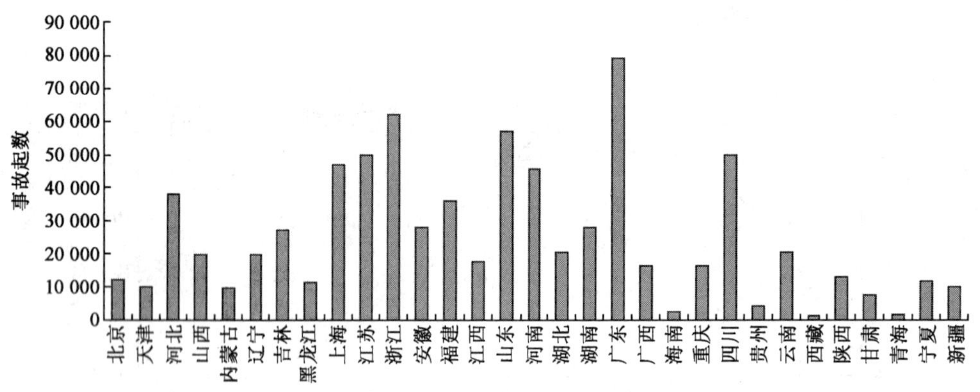

图 1-13　2002 年各省、自治区、直辖市交通事故起数分布

1998 年我国各种类型道路上的交通事故分布　　表 1-4

项　　目	事故起数(起)	百分比(%)	死亡人数(人)	百分比(%)	受伤人数(人)	百分比(%)
合计	346 192	100	78 067	100	222 721	100
高速公路	10 574	3.05	1 487	1.90	4 034	1.81
一级公路	33 063	9.55	7 041	9.02	20 399	9.16
二级公路	81 348	23.50	23 047	29.52	59 361	26.65
三级公路	60 098	17.36	18 922	24.24	48 641	21.84
四级公路	21 111	6.10	6 786	8.69	17 726	7.96
等外公路	11 414	3.30	3 304	4.23	9 792	4.40
快速路	6 866	1.98	920	1.18	2 783	1.25
城市主干路	74 213	21.44	9 464	12.12	34 577	15.52
城市次干路	19 701	5.69	2 321	2.97	9 631	4.32
支路	8 176	2.36	984	1.26	4 451	2.00
其他城市道路	19 565	5.65	3 721	4.77	11 386	5.11

(3)交通事故的形态分布

交通事故的形态分布是指在某一区域的道路交通系统上或某一条具体的道路上正面碰撞、侧面碰撞、追尾相撞、撞固定物、对向刮擦、同向刮擦、碾轧、翻车、坠落、失火等事故现象的构成情况。找出突出的事故现象,以便提出相应的预防措施,是分析交通事故形态分布的主要目的。

图1-14是我国某省1995年公路交通事故的形态分布图。从图1-14可知,正面碰撞、侧面碰撞及追尾碰撞三种事故的累计频率达到了80%以上,是除高速公路外其他各级公路交通事故的主要形式。在高速公路上,撞固定物及追尾相撞两种事故形态分列为第一位和第二位。

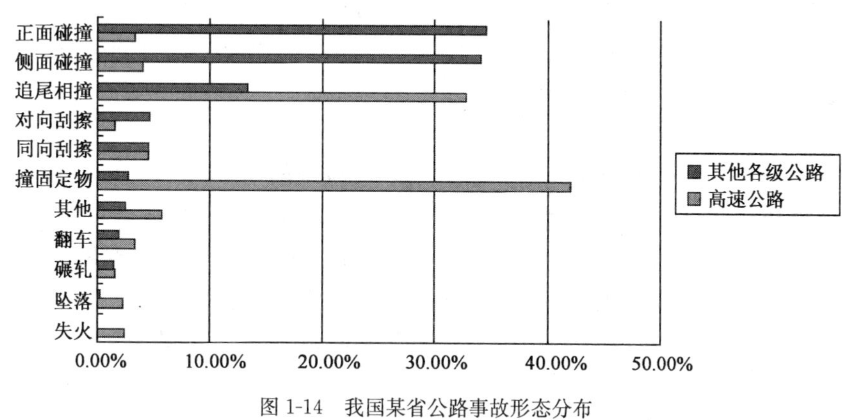

图1-14　我国某省公路事故形态分布

第二节　道路交通安全发展形势

一、国内外道路交通安全发展历程回顾

道路交通安全的形势,即道路交通事故的增多或减少,通常与一个国家和地区的经济社会发展存在着内在的联系。从世界一些发达国家走过的历程来看,都经历过道路交通事故高发的时期,而后进入了事故比较稳定的低水平发展时期。

1.国外交通安全发展历程

(1)美国

美国汽车保有量和公路里程均居世界各国之首,自2002年美国道路交通事故十万人口死亡率开始呈现下降趋势。美国道路交通事故得到了控制,这与多年来有关部门的重视是分不开的。

1966年10月美国国会通过了交通部法案,将原来的管理交通运输事务的8个管理机构并入交通部,国会将原来隶属与商业部的道路交通安全管理机构转移到交通部。1967年美国运输部将上述两个机构进行合并,成立国家公路安全局,隶属交通部的联邦公路署,专门负责道路交通安全。确立了道路交通运输部门主管道路交通安全的地位，完成了道路交通安全管理的主体由警察部门向交通部门的转变。

1967年美国各州公路工作者协会(AASHTO)发表了委员会报告“考虑公路安全的公路设计与操作实践”(下称黄皮书)。黄皮书1974年经修改、扩充后再版，并于1991年形成AASHTO标准《道路安全设计与操作指南》，要求道路设计和运行管理人员除遵循其他技术标准和规范外，还应特别遵循安全规范。1997年AASHTO颁布了《道路安全与操作指南》的最新版。

美国交通部门不断加强对道路安全的管理。1970年3月，美国交通部把国家安全局从联邦公路署中独立出来，成立国家公路交通安全署。同年，国会通过国家公路安全法予以追认。

2000年1月1日，美国交通部从联邦公路局中将商用车辆管理职能分离出来，成立了一个新的内设职能机构联邦机动商用安全署，专门针对大货车和公共汽车的车辆与驾驶人的管理，以便有效降低这两类车辆的交通事故。

(2)英国

英国有着重视道路交通安全的传统，实际上在20世纪的前70年中，英国在道路交通安全领域一直处于领先地位。作为一个经济发达国家，早在1903年，英国就实行驾驶证、车辆制动系统等交通安全措施。1931年，英国出台了第一部交通法规。1934年出现第一条人行横道。

1987年，英国政府制定了道路安全的目标，计划到1998年道路交通伤亡人数要比1981～1985年减少1/3。到1998年道路事故死亡人数降低了39%，重伤人数下降了45%，但轻伤人数上升了16%。

1996年，英国政府有关部门投资500万英镑，在中小城市开展了“安全城市工程”。此举引起了各界对交通安全的重视。

2000年，政府发布了新的道路交通安全战略，并规划了2010年的交通安全目标：

①交通事故的死亡和严重受伤人数降低40%。

②儿童的交通事故死亡和严重伤害人数降低50%。

③亿车公里轻伤人数降低10%。

要想达到上述目标需要社会各界的配合，为此英国道路交通管理部门出台了十条相应的措施。

①儿童的道路交通安全问题。内容包括学校的交通安全教育，在学校的教育内容中，增加交通安全教育的内容，鼓励学校组织参加行驶旅行等活动，通过交通实践来加强学生的交通安全意识，鼓励骑自行车带头盔。

②加强驾驶人的培训和考核。通过交通安全学校，加强驾驶人的道路交通安全意识的教育，对新驾驶人，在一段时间内实行跟踪制度，建立新驾驶人档案。提高新驾驶人的考核标准，通过一系列的事故案例，使新驾驶人充分地认识到驾驶车辆是一种高危险性的工作。

③加强对酒后驾车和疲劳驾驶的治理。提高酒后驾车和疲劳驾驶的处罚标准。

④加强道路交通安全基础设施建设。重点放在提高道路规划的科学性，将交通安全的内容融入交通组织规划中去。通过示范工程，建立交通安全示范区域，在总结经验的基础上，在

全国的范围内推广。

⑤加强对超速车辆的治理。制定了新的车辆限速标准，增加 20km/h 限速区域。建立新的限速区域和标准。

⑥车辆安全。采取有效超速，包括制定强制性的法规，提高安全带的佩戴率，推广采用智能安全带。

⑦摩托车的安全。加强新摩托车驾驶人的管理，制定新的摩托车头盔标准。

⑧行人和骑自行车人的安全。加大对事故高发人群的教育，推广骑自行车带头盔。

⑨加大执法力度，提高公众遵守交通规则的意识。

⑩运用信息技术，在危险路段和事故多发路段提醒驾驶人谨慎驾驶，提高道路交通安全水平。

(3)日本

日本的道路网密度居世界各国之首，达 303km/平方公里。战后的日本经济快速发展，汽车保有量每年以 10%的速度递增，道路交通事故也随之迅速增加。为遏制急剧上升的交通事故，日本众议院 1958 年通过了《防止交通事故的决议》，日本警察厅 1961 年成立了以普及全民交通安全教育、防止交通事故为宗旨的财团法人“全日交通安全协会”，并召开了第一次交通安全国民总动员大会。此后，日本大力加强对全民的交通安全教育，尤其是对中小学生的教育；设立了交通安全巡视制度，负责保护行人和儿童交通安全，监督交通安全教育的开展情况。

20 世纪 60 年代，日本就向全民发布过《第一次交通战争宣言》，发动了全国性交通安全运动。

1970 年日本全国交通安全对策会议提出了第一个交通安全五年计划，并召开了由内阁总理大臣为主席的“全国交通安全对策会议”。这些措施，对改善交通安全状况起到了积极的促进作用。1988 年后，交通事故死亡人数猛增，每年都超过 1 万人。为了扭转这种局面，日本公路公团制订了《关于高速公路国道交通安全措施的五年事业计划(1991～1995)》，积极组织实施交通事故防范对策。到 20 世纪末，日本经过了 6 个交通五年计划，每个五年计划都有交通安全目标，并取得了明显成效。

(4)瑞典

国际上公认瑞典是世界上目前道路交通最安全的国家。1967 年瑞典道路交通规则由左行改为右行，通行规则的改变对道路交通安全产生了重大影响。在道路交通安全按优先的观念指导下，瑞典有关部门对车辆的行驶速度作了严格限制。针对不同区域行驶的车辆进行速度限制，限速范围为 50～110km/h。

1975 年，瑞典政府出台了汽车前排乘客强制佩戴安全带的政策。1978 年出台了摩托车驾乘人员强制戴安全头盔的规定。在一系列措施的影响下，1975～1983 年间，瑞典道路交通事故的死亡人数从 1975 年 1 200 人降至 1983 年 700 人。

20 世纪 80 年代瑞典国家交通安全委员会就提出了一个国家级目标：从 1985 年到 2000 年交通事故死亡减少 25%，到 2010 年减少 40%。经过综合治理，瑞典的交通事故死亡人数已日渐下降。

1993 年，瑞典道路交通安全办公室和瑞典国家道路交通管理局合并，成立了新的国家道路交通安全管理机构。最近瑞典国家交通安全委员会又提出了一个“交通事故死伤为零”、不确定达到时间的远景目标，以此激励人们为交通安全进行不懈努力。

2. 国外道路交通安全发展历程对我国交通安全发展的启示

我国道路交通安全的研究工作起步较晚，大量研究始于 20 世纪 80 年代。因此，国外道路交通安全发展历程对我国交通安全研究有启示作用。

①道路交通事故率的上升与国家的经济发展和机动化增长有着直接的关系，是交通事故和伤亡迅速增长的主要原因。

②我国目前道路交通安全形势十分严峻，这与我国经济的高速发展和机动车保有量迅猛增加有着密切关系。

③通过类比分析发现，目前我国道路交通事故仍然有较大的上升空间，维持我国道路交通安全持续好转的压力在持续增大。

④我国应尽快完善道路交通管理方面在体制上、行政上、技术上存在的不足，采取针对性的措施，持续改善我国道路交通安全形势。

二、我国道路交通安全形势

随着经济的飞速发展，我国道路交通建设也进入高速发展的时期。道路通车里程的跨越式增长和机动化水平的快速提高也导致交通事故大幅度增加，并居高不下。交通安全问题已成为较为严重的社会问题。新中国成立以来，我国交通事故似乎一直呈增长趋势，特别是改革开放以后，其增长速度极为明显。至 2003 年，我国道路交通事故死亡人数已连续三年达 10 万人以上。自 2004 年开始，我国道路交通安全形势初步呈现逐步改善的趋势，道路交通事故起数、死亡人数、万车死亡率逐年下降，但是道路交通安全问题始终是人民群众生命财产安全的重大威胁之一。近年来，我国每年因交通事故所造成的间接经济损失往往是直接经济损失的 10～15 倍。

交通需求的日益增长与道路基础设施承受能力之间的矛盾，使得道路交通不安全因素继续存在，这对于我国道路交通安全管理是一个极大的挑战。从国际交通发展的一般规律来看，我国正处于交通事故多发的关键时期，未来交通安全形势究竟如何发展，交通事故发展趋势将如何变化，是一个特别值得关注的问题。

近几年来，我国的道路交通安全管理水平得到了一定程度的提高。尽管如此，也应清楚地认识到，我国的交通安全在发展中国家中，虽处于中等水平，但与工业发达国家相比，差距还很大。因此，如何进一步提高我国道路交通安全水平仍然是我国面临的巨大问题。

通过与其他国家的比较可以看出，我国当前的道路交通安全形势十分严峻，由于道路交通事故所造成的损失也比较高。

我国国民经济的高速发展时期始于以改革开放为标志的 1978 年，至今已经过了 30 年。根据西方发达国家的一般规律，我国交通事故的死亡人数似乎应当到达了顶峰，之后应逐渐减少。但从多个方面来看，目前我国交通安全情况并不乐观。首先，发达国家交通安全形势的改观是一系列的相关措施奏效的结果，但我国近年来在这方面还没有一套行之有效的措施。若以此分析并根据国外经验，我国道路交通事故死亡人数仍有较大的上升空间。但这一时期的长短也并非绝对，它会随着交通管理水平的变化情况而变化。

交通事故给人民生命财产造成了重大损失，也对我国社会经济发展和国际声誉造成很大的负面影响。随着全面建设和谐社会进程的推进，全社会机动化水平的提高，如果没有及时采取行之有效的措施，道路交通事故还可能呈爆发式增长。预防交通事故，降低交通事故死亡率已经成为全社会的一项十分紧迫的任务。我国应从现在开始，更加重视减少交通事故、提高道路交通安全水平的研究工作，重视吸收发达国家的先进经验，采取针对性的措施，逐年改善我国的交通安全形势。

三、我国道路交通安全发展的机遇与挑战

1.我国道路交通安全面临的挑战

道路交通安全是建设和谐社会的重要内容。我国政府一直高度重视道路交通安全，尤其是近年来针对我国道路交通事故进入高发期的特点，采取了一系列行之有效的措施。国务院多次研究部署道路交通安全工作，建立了由公安部牵头，中宣部、发改委、监察部、原建设部、原交通部、卫生部、安全监管局等15个部门参加的全国道路交通安全工作部际联席会议制度；初步构建了以《道路交通安全法》为基本法，以中央和地方政府制定的行政法规和规章为配套的道路交通安全法规体系；深入开展了道路交通安全的“五整顿”、“三加强”工作；强化了道路交通安全的技术标准和应用，道路交通安全措施得到全面推进。2002～2009年全国发生道路交通事故起数、死亡人数逐年下降，相比高峰的2002年，道路交通事故起数平均每年减少近10万起，死亡人数平均每年减少近5 000人，万车死亡率也从13.71下降到3.6，初步遏止了我国道路交通事故攀升的势头。

尽管道路交通安全工作取得了明显成绩，但随着国民经济社会的快速发展和道路交通安全形势的变化，我国道路交通安全还存在不少突出的矛盾和问题，既有人、车、路等基础条件的不足，又有技术、法规、教育、急救等保障措施的不到位，还有观念、体制、机制等方面的深层次矛盾。我国道路交通安全存在的问题概括为以下7个方面。

(1)交通参与者的道路交通安全意识淡薄

我国道路交通安全事故的高发，与交通参与者的道路交通安全意识淡薄密切相关。在交通事故中，交通参与者主要包括机动车驾驶人、非机动车驾驶人、行人、乘车人等。就目前世界各国官方机构和各类组织公布的统计报告和相关数据而言，世界各国对道路交通安全的事故至因进行了细致的分析发现，道路交通事故的90%是由于驾驶人的错误引起的。

交通参与者的交通行为受社会环境、遵章守纪意识、安全意识所主导。根据我国公安交通部门的统计资料分析，我国道路交通参与者的交通安全意识淡薄，人的因素是导致交通事故的主要原因，2007年由此造成的交通事故约占事故总数的94.82%，其中因机动车驾驶人违法造成的交通事故约占总数的89.35%，非机动车驾驶人违法占3.81%，行人、乘车人违法占1.66%。在我国，驾驶人违章驾驶、注意力不集中、驾驶技术水平低而引发的交通事故大量存

在，超载、违章超车和超速行驶的“三超”现象更是引发重大交通事故的主要原因。交通参与者交通安全意识的提高和交通行为的改善是提高交通安全水平、减少交通事故的决定性因素。

此外，骑自行车者和行人通常被称为车外交通参与者，又都是无防护的交通参与者，最容易受到伤害，受到伤害后也最容易形成死亡或重伤的恶性交通事故，是弱势交通群体。但很多骑车人不遵守交通规则，缺乏自我保护意识，经常乱闯红灯、抢行猛拐、骑车带人，不仅扰乱交通秩序，也危及自身安全。一些行人为了走距离短的路程达到目的地，往往顾及不到危险，酿成交通事故。还有一些人力三轮、畜力车等驾驶人，缺乏对基本交通法规的了解。

由于传统的交通观念和文化素质不高，加上相关教育的不足，国民的出行习惯在短期内难以有较大的转变，特别是农村地区交通参与者的道路安全意识和素质提高需要更长的时间。

(2)车辆的可靠性和安全性能较差

车辆的安全性是道路交通安全的基本要素。车辆的安全性可分为车辆的主动安全性和被动安全性，主动安全性指机动车本身防止或减少交通事故的能力；被动安全性是指发生车祸后，车辆本身所具有的减少人员伤亡、货物受损的能力。在高收入国家，车辆设计缺陷造成的交通事故通常为3%左右。2005年中国47起特大交通事故中，因机动车制动失效、爆胎等导致的事故起数高达总数的19.1%。

①机动车安全配置水平低

我国机动车种类庞杂、数量大。截止到2009年底，全国民用机动车保有量超过1.86亿辆，其中，汽车占总量的40.84%，摩托车占总量的50.66%，挂车、上道路行驶的拖拉机和其他机动车占总量的8.50%。如图1-15。从安全性能看，一方面，摩托车、拖拉机等低安全性能的机动车构成比例高，占到总量的近70%，远高于世界1999年16%的平均比例。另一方面，汽车尤其是经济型汽车安全配置低，侧面气囊、车轮驱动力控制、电子稳定装置、主动悬架、防撞、倒车雷达以及儿童座椅等安全装置，在经济型汽车上很少应用。2006年，中国ESP(电子稳定控制系统)的配置率只有3%，而美国为29%，欧洲为43%。

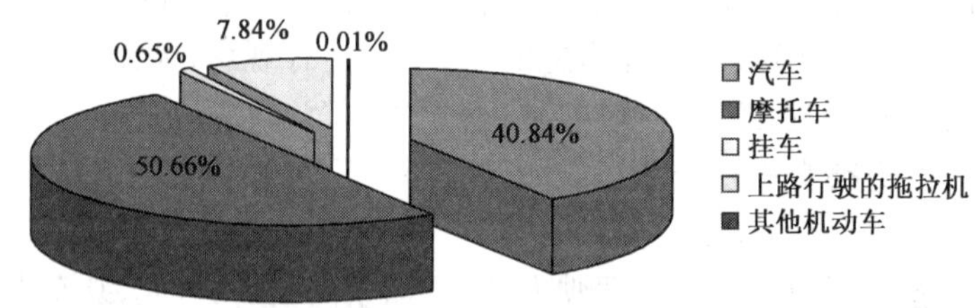

图1-15　2009年我国机动车保有量组成

②车辆安全标准低及管理不严格

与一些发达国家和地区相比，我国车辆安全标准较低。如在汽车碰撞测试的认证标准上，我国在正面碰撞的速度、使用的碰撞墙壁硬度、测试的全面性和精确性上，远低于欧盟。由于缺乏高要求的车辆安全标准以及安全系统开发需要巨大成本，我国许多机动厂商对安全问题重视不够，一些机动车在设计时就缺少安全上的考虑。同时，由于标准执行不严格，一些人贪图便宜购买一些大城市淘汰的、已近报废的车辆，有的擅自变更车辆的构造和用途，有的对车辆昼夜使用、只用不修，导致报废车、非法拼组装车、无牌无证车违法上路行驶的情况没有得到根治，交通事故频发。此外，因监管不力，一些安全设施的使用比例不高，据中国汽车技术中心的调查，安全带在中国的使用率约为68%，而美国使用率为82%，澳大利亚为95%。

(3)道路建设的安全防护设施相对不足

作为道路交通系统中的基础设施，道路对交通安全的作用非常重要。从交通管理部门提供的结果看，认为事故主要原因是驾驶人的粗心和失误，一般占70%，道路条件为12%。但从事故背后可以看到，至少40%以上的事故是由于困难与不舒适的道路条件造成的。

①道路技术等级整体水平较低

近年来，我国公路总里程持续增长，但低技术等级道路比例高。2008年我国三、四级公路占到等级公路总里程85%，其中，农村公路技术等级偏低，三、四级公路占等级公路总里程的95%。全国有铺装路面和简易铺装路面公路里程199.56万公里，占总里程的53.5%，与一些发达国家差距明显。

②道路安全通行的条件较差

许多道路设置不合理，没有经过专业性的安全评估就投入使用。人车混行、机非混行问题严重，非机动车与机动车和行人争道抢行比较普遍，在道路线形、视距、路面状态、行车道宽度、道路景观等方面缺乏人性化考虑，交通标志、标牌、标线和交通控制设施不完善。

(4)道路交通安全管理体制和运行机制存在缺陷

道路交通安全是一项复杂的体系，其要素包括：机动车、道路和道路使用者及其生理、社会和经济环境，需要多部门通力协作、社会各界大力支持，才能取得实效，目前我国的道路安全管理体制和运行机制还不能适应这一要求。

①条块分割、政出多门的管理体制没有得到真正解决

尽管我国对道路交通安全管理体制进行过多次改革，但条块分割、政出多门的现象未能得到有效、彻底的解决。一方面职能划分过细，不同职能分散在不同部门，缺乏一个统一、权威的综合管理机构；另一方面同一种职能由不同的部门共同管理，导致机构职能重叠、协调难度大，一些利益较多的交通管理环节存在多部门重复管理，利益少的交通环节存在管理盲区，一些涉及多部门的决策则缺乏有效的执行和监督系统，导致各地区、各部门缺乏一致的认识和行动。

②道路交通安全的整体管理水平还比较低

目前，我国道路交通安全管理沿用的仍是以“事后惩治”为主、“事前预防”为辅的模式，虽然考虑了警察的执法权威、车辆管理权、驾驶人管理权对道路交通安全的重要性，但在教育宣传、道路设计、建设、养护及车辆的技术性能等方面的措施还不到位，没有将安全管理纳入道路交通管理的全过程。一些部门对道路交通安全工作不重视，对道路交通安全的规律把握不够，一些管理措施缺乏科学性。管理手段也比较单一，过多依赖人工管理，科技含量高、成本低、效果显著的现代化管理手段还没有得到广泛应用。道路交通安全的规划、管理和监管缺少民主

参与制度和公示制度，责任追究制度不健全。

(5)道路交通安全的法制建设和宣传教育还不完善

加强道路交通安全法制建设、深入开展道路交通安全宣传教育，是提高国民道路交通安全意识、抓好道路交通安全工作的一项治本之策。目前我国的道路交通安全法制建设还比较滞后，在宣传教育的广度和深度上也有欠缺。

①道路交通安全的法律法规不健全

我国道路交通安全在法制建设上还存在立法层次不高、操作性不强、多头执法的问题，《公共交通法》、《轨道交通法》、《城市停车场法》等必要的交通法规没有制订出来，《道路安全交通法》在保护道路交通安全弱势群体上体现中国的特色还不足，一些规定的可操作性还不强。

②道路交通安全的宣传教育还存在不少盲点和薄弱地区

我国道路交通安全教育还不够系统和完善，集中表现在“几多几少”现象。即：机动车驾驶人教育多，非机动车和行人教育少，教育对象的范围有限；搞运动式教育多，经常性教育少，教育的持续性和经常化不够；灌输式教育多，如上级对下级、长辈对晚辈、领导对员工多，互动启发式教育少；城镇地区教育多，农村地区教育少；学校教育多，社会教育少，教育的覆盖面不够。

(6)道路交通事故紧急救援水平较低

实施道路交通事故现场紧急救援是降低事故死亡率的有效手段。2002 年 1 月公安部、卫生部联合下发了《关于建立交通事故快速抢救机制的通知》，明确要求各地建立交通事故快速抢救机制，实现“110”、“112”和“122”急救信息联动和反馈制度，切实提高交通事故现场急救能力。但从总体来说，我国道路交通紧急救援的现状，与道路交通的快速发展、机动车保有量的不断增长还很不适应。

①道路交通事故紧急救援处理机制不健全

由于相关管理部门缺乏合力和投入不足，加之缺乏相应的法律法规保障，我国尚未建立起完善的道路交通事故紧急救援处理系统，交通事故发生后，许多受伤者因不能得到及时救治而死亡。中国交通事故死亡人数与受伤人数之比为 1∶5，远高于日本的 1∶101、美国的 1∶45，表明中国道路交通事故发生后的救助能力与发达国家相比还有较大的差距。

②救援力量分散和救援职能交叉

道路交通事故紧急救援工作，涉及诸多部门，如交通警察部门、医务部门、消防部门、特殊物品处置部门等。这些救援部门往往缺乏协调和统一的工作机制，造成资源的分散，在临时组织救援力量时，存在责任不明、机制不顺等问题，影响救援力量作为统一整体作用的发挥。

③反应迟缓和装备落后

在我国交通事故救援工作中，由于救援信息网络化建设的落后和部分参与人员对事故现场的不熟悉，导致救援车辆不能及时出发和选择最佳的救援路径，延误了救援时间，以至于救援效率不高。另外，由于救援力量的分散和救援经费的缺乏，我国道路交通事故紧急救援装备数量和技术也较为落后，尤其是广大的乡村地区，相当一部分乡镇卫生院没有救护车，部分县级医院的救护车也不完备，严重延误了宝贵的救援时间。

(7)缺乏完整可靠的道路交通安全数据

完整可靠的信息是加强道路交通安全管理的前提和保证，是制订道路交通安全目标和确定实施措施的基础。由于主客观原因，我国在道路交通安全领域还缺乏完整、可靠和便捷获取的历史数据。

①数据信息缺乏整合

我国现有的交通事故数据库系统及驾驶人和车辆数据库系统，均是由各部门自行建立，相互之间缺少必要的协调与合作，一方面数据不完善，另一方面资源不能共享，难以满足提高道路交通安全管理水平的整体要求。同时，各部门自行开发数据库系统，也造成了资源浪费的现象。美国、日本等国家都建立了统一协调的数据管理系统，将交通事故数据库、驾驶人和车辆数据库整合起来，执法者可以随时了解驾驶人和车辆的安全记录，有利于加强管理和监督。

②信息数据处理技术比较落后

目前，我国对道路交通安全信息数据处理的投入还不足，技术手段也比较落后，道路交通事故情报信息网络和计算机统计分析网络还不健全，尚未形成全面、真实、快速的事故情报检索系统和细致、有效的事故统计分析系统，对我国道路运输安全生产动向和事故原因还缺乏及时科学的掌握。

综上分析，当前我国道路交通安全中存在的矛盾和问题，既有主观上的原因，也有客观上的因素；既是经济社会发展到一定阶段的规律性特征的反映，也与中国的基本国情密切相关。我们必须立足我国经济社会发展的现实和长远发展，坚持理念创新、体制创新和机制创新，着眼于人、车、路的全过程管理，着眼于技术、法规、教育、工程、急救的系统管理，着眼于道路交通安全的战略管理，制订综合政策，强化执行监督，确保道路交通安全管理各项措施落实到位，为构建社会主义和谐社会和促进国民经济社会健康持续协调发展创造良好的条件。

2.我国道路交通安全面临的机遇

虽然我国道路交通安全面临着巨大的挑战，但同时也面临着新的机遇。

政府高度重视道路交通安全工作。“十六大”以来，党和政府提出了建设社会主义和谐社会的宏伟目标，对包括道路交通事故在内的安全生产工作格外重视。2003 年提出了道路交通安全目标，建立了全国道路交通安全工作部际联席会议制度，切实加强了对全国道路交通安全工作的组织领导，并协调、整合各部门力量，形成了道路交通安全工作政府统一领导，有关部门各司其职、齐抓共管、综合治理、标本兼治的工作格局；2004 年《中华人民共和国道路交通安全法》正式施行，为维护道路交通秩序，预防和减少交通事故，保护公民、法人和其他组织的财产安全及其他合法权益，提高通行效率，提供了有力的法律保障。

道路交通安全整体环境正迅速改善。我国公路通行条件正逐步改善，高等级公路里程稳步提高；随着我国汽车工业的进一步发展，机动车安全性能正进一步改善；随着道路交通安全宣传教育工程的深入推进，交通参与者的交通安全意识正逐步增强。道路交通安全整体环境的改善为交通安全水平的提高奠定了基础。

道路交通安全科学研究工作正迅速开展。我国道路交通安全研究从无到有，取得了巨大的发展。许多交通安全研究成果已应用于我国交通安全改善实际工作中，并取得了显著的效果。道路交通安全研究成果快速转化为生产力，为持续改善我国道路交通安全形势提供了可能。

第三节　道路交通安全研究的主要内容和对象

一、道路交通安全工程学

道路交通是由人、车、路、环境与控制等要素组成的复杂动态系统。道路交通事故就是由构成道路交通的诸要素在某一时空范围内的劣性组合造成的。导致道路交通诸要素劣性组合的原因有道路条件、车辆安全性能、驾驶人安全素质、参与交通者的安全意识以及交通管理水平等。此外，缺乏对道路交通事故发生规律以及预防对策的深入研究，也是导致道路交通事故形势严峻的重要原因。

道路交通安全工程学是指运用系统论、控制论、信息论等现代科学技术理论，从安全的角度对交通运输系统寿命期的各个阶段(开发研制、方案设计、详细设计、建造施工、日常运行、改建扩建、事故调查等)进行科学研究，以查明事故发生的原因和经过，找出灾害的本质和规律，寻求消灭、减少交通事故或减轻事故损失，保障道路交通安全、畅通的措施和方法。而衍生出的道路交通安全工程是指通过对道路状况(包括道路路面、道路线形、道路横纵断面、交叉口以及事故多发地段等)、车辆的结构性能(包括驾驶视野、报警装置、碰撞保护装置、仪表照明和信号装置、驾驶人工作环境、制动性能、操纵稳定性、车辆类型等)、交通环境(如交通量、特殊气候等)、交通控制与管理(包括交通安全法规、交通执法设备系统等)以及道路交通事故发生原因等的深入研究，提出预防和减少道路交通事故的有效措施。换句话说，道路交通安全工程主要解决这样一些问题：分析和研究道路交通事故的发生机理；总结出普遍适用的交通事故理论；提出事故预防的方法设计。

二、道路交通安全研究的内容和对象

1. 道路交通安全行政管理研究

道路交通安全行政管理研究包括交通安全管理机制、政策、勤务和技术行政管理信息系统等。

(1)交通安全管理机制研究

研究内容包括：条块关系、机动能力、通信手段、警力配备、技术装备、队伍素质训练及机构设置等。

(2)交通安全管理政策研究

研究内容包括：法系、立法与执法、技术政策、规范与标准等。

(3)交通安全管理勤务研究

研究内容包括：安全管理勤务模式、岗位规范、行为规范、装备标准等。

(4)交通安全技术行政管理信息系统研究

研究内容包括:方式、方法、格式、采集、处理、统计、存储、检索以及反馈制度等。

2.道路交通安全技术研究

道路交通安全技术研究强调的是综合性,包括人、车、路、环境等诸多方面的安全技术问题,一般均通过事故分析与对策进行研究。

(1)人的研究

研究内容包括:对交通参与者的身体、心理、生理等各方面从防护的角度去研究,通过事故成因及事故特征分析,应用模拟机再现技术,寻求规律性的参数与结论。

(2)车的研究

研究内容包括:驾驶、碰撞、故障、仿真等,这些均要立足于事故成因分析的基础上,而所有实验设备及实验装置,以及有关测定方法和技术手段均属特殊条件和特殊要求制约下的应用技术研究。

(3)路的研究

研究内容包括:路的适应性方面的集合条件、采光条件、安全防护、道路等级与功能划分、路面条件、附属工程条件等。而且,对公路和城市道路应分别进行系统研究。

(4)环境研究

研究内容包括:气候、降水、地形、地理、人文、街道化程度、路况、车型、车种混入率、交通干扰、专业运输、文化及职业特征等对交通安全的影响。

(5)事故分析与事故对策的研究

事故分析包括:事故成因、事故特征分布、事故分析技术等;事故对策包括事故勘查技术、事故处理方法、事故对策技术研究等。

(6)交通安全实验研究

研究内容包括:各种模拟和仿真的特种装置、实验设计、实验观测、数据采集和处理、实验技术等。

3.道路安全设施研究

研究内容包括:道路安全设施、车辆安全设施、驾驶人安全设施、行人安全设施、残疾人交通安全设施、交通安全设施环境、交通安全训练、交通安全救援与救护技术等。

(1)道路安全设施研究

道路安全设施分为永久性设施和临时性设施两类。永久性道路安全设施研究包括:维护正常道路功能使用的各类防护设施,其中有防落石、防崩塌、防碰撞、防驶出、防进入、防超速、防超长、防超宽、限制、指路、诱导、禁止等一切路上永久性工程设施的设计、形式、材料、技术研究。临时性设施则是针对临时需要,如施工变线、临时故障、临时停车、安全防护等设计的。也有的是为了逐步过渡到规划的永久性安全设施的需要而设置的安全设施。

(2)车辆安全设施研究

车辆安全设施,一般针对车辆故障预防合适、保险、应急而研制的一种用户自己选择的车辆辅助设置,它是针对行驶中的紧急情况、车辆的突发故障保险、特殊地区和场合的需要设计的。

(3)驾驶人与行人、残疾人交通安全设施研究

这类研究是对驾驶人、行人、残疾人等各种不同的交通参与者提供的一种交通过程中安全服务,具有使用选择性和选择自由性,均不属强制性设施。

(4)交通安全设施环境研究

研究安全设施系统所构成交通环境的整体安全性及其综合评价工作。它将涉及研究方法、规范、标准、规则,以及交通参与者人体要素的交通安全适应性、心理要素的交通安全适应性、生理要素的交通安全适应性。

(5)交通安全训练研究

从各种技术和方法上,对驾驶人从学科、素质训练及缺陷校正等方面进行研究;对交通参与者进行终生交通安全意识教育和安全宣传研究。

(6)交通安全救援与救护技术研究

研究内容包括:交通安全救援与救护的方法、技术及装备,对解决"假死"救护和"高速路事故"救援更为重要。

三、相关学科

道路交通安全研究是一项复杂的系统工程,涉及许多学科和领域,例如道路工程、汽车工程、交通心理学、行为学、气象学、统计学以及相应的计算机知识等。

(1)道路工程

为研究道路条件与交通安全的关系,应具备道路工程中有关几何线形、道路结构、路面、标志标线及安全设施等基础知识。

(2)汽车工程

为研究车辆的安全性,应具备汽车工程中有关汽车制动性、操纵稳定性、汽车安全装置与结构以及汽车安全检测设备等基础知识。

(3)交通心理学

交通心理学是一门应用科学,它把心理学的方法和原则应用于对交通中的人的心理研究。作为道路交通安全研究的基础知识,交通心理学着重研究交通中与人有关的领域,包括人与车、人与环境、人与人之间的相互关系。

(4)行为学

车辆在道路上行驶时,从环境传来的信息对驾驶人的感觉器官产生刺激作用,并被接收、传送至大脑中枢。驾驶人经过思考、判断,做出决定后产生行为、即操纵车辆的行驶。应用行为学的相关知识,研究驾驶人在行驶过程中的行为特征,进而提出预防措施,避免交通事故的发生。

(5)气象学

气候对道路行车安全有很多的影响。恶劣天气的交通事故率明显高于正常气候条件下的交通事故率。应用气象学的相关知识,研究不同气候条件下的交通活动特点、注意事项,可以

克服恶劣条件对交通的不利影响，保证行车安全。

(6)统计学

为了预防和正确处理交通事故，必须客观、全面地认识交通事故现象。应用统计学知识，对道路交通事故进行统计分析，查明交通事故总体的现状、发展趋势以及各种影响因素对事故总体的作用和相互关系等，以便从宏观上定量认识交通事故的现象、本质和内在规律。

(7)计算机知识

道路交通安全的管理、评价等是一个复杂庞大的系统，涉及大量的信息，如与道路交通安全密切相关的道路信息。为了道路安全技术研究的开展和道路安全管理，应建立包含道路信息和交通信息的道路安全信息系统数据库。

四、道路交通安全研究的热点问题

1.速度管理

随着我国道路交通机动化的进程不断加速，道路交通安全问题也变得日益凸显。值得特别关注的是，超速已成为造成我国道路交通事故最为主要和直接的原因之一。根据《中华人民共和国道路交通事故统计年报》，超速行驶所导致的事故数仅次于未按规定让行。但超速行驶所导致的交通事故死亡人数是所有事故原因最高的，2004～2007年，超速行驶导致的道路交通事故死亡人数所占比例一直维持在10%以上，而且超速事故通常具有严重的后果。2007年超速事故约占总事故数的10%，但却造成了14%的死亡人数。如表1-5所示。

近年来我国超速事故导致的交通事故死亡人数统计 表1-5

年份(年)	2001	2002	2003	2004	2005	2006	2007
死亡人数(人)	8 001	9 242	9 672	8 410	6 015	1 828	1 478
占总事故数百分比(%)	8.53	8.72	8.84	17.19	16.22	13.22	14.06

因此，针对超速行驶的更深层次原因进行剖析，并结合我国当前速度管理现状，探索出一套行之有效的速度管理策略与方法，处理好、平衡好机动化和交通安全的关系，是当前社会舆论普遍关注和亟待解决的问题。

2.电动自行车事故多发问题

随着社会经济的飞速发展和城市化进程的逐步加快，人们出行越来越需要寻找一种方便快捷的交通工具，于是电动自行车以其美观、价廉、快捷、使用成本低等诸多优点，成为普通百姓交通出行的首选，并在较短时间内得到广泛普及。同时，由于他利用电能作为动力而具有环保型，受到国家有关部门的保护推广。

电动自行车设计的车速较快，按国家标准设计车速可达20km/h，但实际车速超过这一标准；经济实惠，一般价格在2 000元左右，加上目前电动自行车上路行驶不需像轻便摩托车那样要经严格的检查，特别是多数城市开始实施“禁摩”政策后，电动自行车受到广大工薪阶层的青睐。由于电动自行车数量剧增，因其与机动车之间争道、抢道而引发的交通事故频频发生，近年来已经成为很多城市比较突出的交通安全问题。

3.酒后驾车问题

我国是个礼仪之邦，“酒文化”是中华民族传统文化的重要部分。在人们的生活当中，礼尚往来，迎来送往，大到国宾馆招待外宾，小到老百姓宴请客人，餐桌上是不能没有酒的。我国有成千上亿的驾驶人，他们当中不知有多少人已经养成了喝酒的习惯，但是酒后驾车无论是对驾驶人本人的安全还是对道路交通安全都造成严重的威胁。喝酒后，人的情绪不稳，注意力下降，反应处理能力迟缓，逞强好胜、借酒发疯飞车等反常态行为对驾驶人产生严重的负面影响，有专家指出，酒后驾车造成事故的概率比驾驶人头脑清醒时要高出几十倍之多。据国际权威机构调查分析，酒后驾车导致的交通事故占总事故数的25%，造成的影响破坏一般也高于非酒后驾车导致的交通事故。可以说醉酒驾驶“猛于虎”一点都不夸张。公共安全是构建和谐社会的必要前提，而交通安全是公共安全的重要组成部分。因此酒后驾车引起了国家各部门和社会的高度重视。我国于2010年4月1日起，集中整治酒后驾车行为，酒后驾驶导致的交通事故起数、死亡人数有所下降，但是杜绝酒后驾车行为仍然任重道远。交通安全管理，国家作为主体是不可或缺的中坚力量，只有从整体上、各个方面配合管理和防范才会收到效果。

第二章　道路交通安全影响因素分析

2005 年 10 月，联合国大会通过了一项决议，呼吁各国政府将每年 11 月第三个星期日作为世界道路交通事故受害者纪念日。世界卫生组织和联合国道路安全协作机制，鼓励世界各国政府和非政府组织纪念这个日子，借此提醒公众关注道路交通安全。2009 年度《道路安全全球现状报告》指出：全世界每年死于道路交通事故的人数约 127 万；道路交通事故每年为 2 000万至 5 000 万人带来非致命伤害，这已成为致残的一个重要原因。报告还指出：近几十年来，虽然许多高收入国家的道路事故死亡率已趋于稳定或下降，但研究表明，世界大部分地区的道路事故死亡人数确在不断增加，如果这种趋势继续下去，到 2030 年时道路事故死亡人数将上升到大约每年 240 万。道路交通安全已成为一个全球性的严重社会问题。尤其是我国，随着改革开放的深化，国家总体经济实力的增强，汽车和交通运输业迅速发展，交通事故有逐年上升的趋势，且一直以来未得到有效的控制，给人民生命和财产造成重大损失。根据公安部交通管理局公布的统计数据，近 4 年的全国道路交通事故情况统计数字如表 2-1。

全国道路交通事故情况统计　　表 2-1

年　份	交通事故数（起）	特大交通事故数（起）	死亡人数（人）	受伤人数（人）	财产损失（亿元）	万车死亡率
2006	378 781	38	89 455	431 139	15	6.2
2007	327 209	26	81 649	380 442	12	5.1
2008	265 204	29	73 484	304 919	10.1	4.3
2009	238 351	24	67 759	275 125	9.1	3.6

注：特大交通事故为事故死亡人数大于 10 人的交通事故。

为了更有效地提高我国的道路交通安全水平，减少交通事故的发生，降低交通事故带来的巨大损失，同时也为了更加准确地进行道路交通事故致因分析，有必要对道路交通安全影响因素进行分析和研究。下面对道路交通安全影响因素的四个主要方面进行具体分析。应注意的是，多数交通事故的发生并不是由单一因素造成的，而是构成道路交通系统的各要素及道路交通安全影响因素共同或相互作用的结果，道路交通事故发生的成因可能是一个多因素构成的不可分割的整体，因此，在分析的过程中也有涉及多个因素交叉的点。

第一节　道路交通系统

一、道路交通系统组成

道路交通系统是一个由人(包括行人、驾驶人)、车(包括机动车、非机动车)、路为基本要素构成的动态系统(图 2-1)。系统中驾驶人从道路交通环境中获取信息,结合驾驶人自身的认知进行分析判断后形成指令,指令通过驾驶人对车辆的操作行为得以实现,使车辆在道路上产生相应的运动,驾驶人则通过此操作反作用于道路交通环境,运动中车辆的运行状态和道路交通环境的变化又作为新的信息反馈给驾驶人,完成行驶过程。因此,人、车、路(包含整个环境)被称为道路交通系统的三要素。有的把环境作为一个要素考虑,把它们一起作为道路交通系统的四要素。

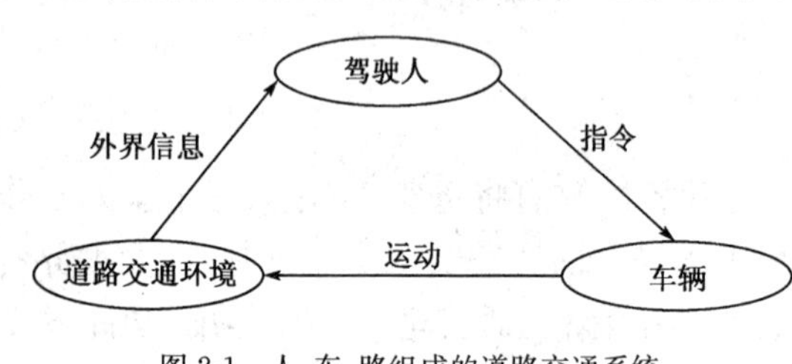

图 2-1　人、车、路组成的道路交通系统

二、道路交通系统分析

在道路交通系统分析中,美国的威廉·哈顿(William Haddon)将人、车、路在交通事故中的相关关系用矩阵形式表示,成为著名的“哈顿矩阵模型”(Haddon 模型),如表 2-2 所示。这一模型阐明了事故前、事故中和事故后三个阶段中相互作用的三个基本要素——人、车、路的相互关系。Haddon 模型极大地对行为因素、道路因素和车辆因素的认识。正是这些因素对道路交通安全带来影响,也正是这些因素导致了道路交通事故的人员伤亡和财产损失。Haddon 矩阵模型 9 个单元中的每一个环节都会对事故或伤亡有直接或间接的影响,甚至是主要或次要原因。反之,其中的任何一个或几个环节的改善也可以减少事故或降低事故的伤害程度。

哈 顿 矩 阵　　表 2-2

因　素	事　故　前	事　故　中	事　故　后
人	培训、安全教育、行车态度、行人和骑车人的着装	车内位置和坐姿	紧急救援
车	主动安全(制动、车辆性能、车速、视野),相关因素(交通量行人等)	被动安全(车辆防撞结构、安全带等)	抢救
路	道路标志标线、几何线形、路面性能、视距、安全评价	路侧安全、安全护栏	道路交通设施的修复

对人、车、路三个要素在交通系统中的作用,学术界一直有较大的争论,美国的 Treat 和英国的 Sabey 通过对大量交通事故的深入研究,得到各因素对交通事故的影响程度,见表 2-3。

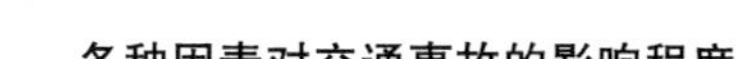

各种因素对交通事故的影响程度　　表 2-3

原　因	Sabey 的结论(%)	Treat 的结论(%)	原　因	Sabey 的结论(%)	Treat 的结论(%)
单纯路	2	3	人和车	4	6
单纯人	65	57	路和车	1	1
单纯车	2	2	人、车、路共同	1	3
路和人	24	37			

从表 2-3 可以计算，与道路有关的原因大约占 28%～40%，与人有关的原因大约占 93%～95%，与车有关的大约占 8%～11%，这表明人是事故的关键因素。

在三个要素中，驾驶人是环境的理解者和指令的发出和操作者，因此，它是系统的核心。路和车的因素必须通过人才能起作用，人、车、路组成的系统时刻在变化，因此，是不稳定的。三者靠人的干预达到平衡，无疑，人是道路交通事故的关键因素。

但是，人的因素在三个要素中是最难改变的，人对所处环境的认知和反映在很大程度上决定于人固有的生理和心理因素，因此车辆和道路环境会对人的行为产生很大影响。道路交通环境和车辆对交通安全的影响，除了力学上的作用外，更重要的是它们对人的行为的影响。

第二节　道路与交通安全

影响交通安全的道路因素主要有：几何线形、路面状况、交叉路面及交通设施等，其他的诸如桥涵、隧道等对交通安全也有一定的影响。道路条件对交通安全的影响主要反映在道路不能满足汽车正常行驶和驾驶人视觉、心理、反应等需要。

一、道路线形与交通安全

道路本身展示出了路线和道路外部轮廓及其交通状态，是最直观、最具感觉特性的信息。研究表明，驾驶人在驾车的过程中，主要依靠感官感受信息，各种感官接受外界信息的比率为：视觉占 80%，听觉占 14%，触觉占 2%。道路线形几何要素的不合理以及种种不良的线形组合，均可能导致交通事故。

1. 弯道(平曲线)

平曲线主要包括缓和曲线和圆曲线。汽车在平曲线上行驶，将产生离心力(其值与车速的平方成正比，与曲线半径成反比)，由于离心力的作用，汽车将产生横向倾覆或侧向滑移，也会造成驾驶人“心慌”，引起操作失误，危及行车安全。离心力的大小与曲线的曲率有关系。在同一车速条件下，曲率越大，即曲线半径越小，离心力越大。

(1)平曲线半径

在路拱横坡度不变的前提下，采用路段运行速度计算值计算平曲线半径。当采用路段运行速度计算的平曲线半径大于设计速度对应的平曲线半径时，应对加大平曲线半径方案和降低运行速度对应的平曲线半径方案进行技术经济比较，择优采用。

平曲线半径采用式(2-1)进行计算：

$$R=\frac{V_{85}^2}{127(\mu+i)} \tag{2-1}$$

式中：R——路段运行速度要求的平曲线半径(m)；

V_{85}——运行速度计算值(km/h)；

μ——横向力系数；

i——路拱横坡度。

横向力系数 u 的大小，影响到驾驶人和乘客的情绪紧张或舒适，详见表2-4。

μ 与驾驶人的感觉 表2-4

μ	驶过曲线时的感觉	皮肤对电流的反应相对值
0.01	稍感到有曲线，驾驶人不紧张	1.00
0.15	稍感到有曲线，驾驶人不大紧张。没有不舒服感	1.05～1.10
0.20	感到通过曲线，感到明显紧张，稍有不稳定	1.10～1.25
0.25	40%人感到不舒适，驾驶人相当紧张	1.25～1.40
0.30	所有通过曲线的人，都感到不舒适	1.50
0.35	非常不舒适，很紧张，有侧滑危险，不稳定	1.70
0.40	站不住，欲倒，车有倾覆之险	>1.70

如果 μ 值过大，驾驶人为减少离心力往往采用大回转，这样容易离开车道，增大了发生事故的可能性。

①圆曲线

圆曲线是平曲线的主要线形，它主要包括半径、转角、曲线长度等要素。其中半径对车辆的行驶性能和驾驶人的操作强度影响最大。据统计，有10%～20%的道路交通事故发生在圆曲线上，而且半径越小的曲线路段上，发生的交通事故也越多，即曲率越大，事故率越大。尤其是曲率在10以上时，事故率剧增。英国学者格兰维尔通过试验调查得出了道路平曲线和道路交通事故率的关系，结果如表2-5。

曲率与交通事故的关系 表2-5

曲率	0～1.9	2～3.9	4～5.9	6～9.9	10～14.9	>15
事故(次)$(10^6\text{km})^{-1}$	1.62	1.86	2.17	2.36	8.45	9.26

另外，当曲线的曲度因素较小时，随着曲度因素的减小，发生交通事故的概率反而在上升，这主要是因为在曲度因素较小的曲线上，曲线特征极为不明显，车辆行驶其上时，驾驶人的操作量极小，感觉和直线无差异，造成交通事故的隐患。因此，设置平曲线时，除了应考虑曲线最小长度(一般至少有6s行程)，对小偏角曲线($B<7°$)的处理也要特别注意，当行车至小偏角路段时，驾驶人感觉到曲线很短，使方向盘操作失误，影响行车安全。

②缓和曲线

缓和曲线是完成直线到圆曲线或不同半径曲线间线形要素过渡的曲线，一般采用回旋线。

同时缓和曲线的加入使道路平曲线基本上符合了汽车的行驶轨迹，为驾驶人驶入曲线提供了反应判断的余地，因此提高了交通安全水平。而且缓和曲线的加入也为道路的设计提供了方便，比如超高过渡、行车道加宽过渡等。但是在实际设计中缓和曲线一般用在半径比较小的路段、半径越小缓和曲线的参数也越大；受圆曲线半径的影响，圆曲线半径越小事故率一般越大，因此统计分析结果往往与实际情况不符。分析缓和曲线的事故率需要与其他道路因素综合考虑。

根据《指南》，缓和曲线参数应根据运行速度 V_{85} 对圆曲线半径和超高坡度的变化作相应的调整，调整时还应考虑相邻缓和曲线参数比值的均衡性。评价缓和曲线时，其长度除应满足超高渐变最小长度的要求外，还应考虑速度增加时横向加速度变化率的变化导致缓和曲线相应增长。

(2)弯道超高

汽车在弯道上运行时，会受离心力的作用，向圆弧外侧推移。该离心力的大小，与行车速度的平方成正比，与平曲线的半径成反比。道路超高规定在 2%～6%之间。外侧有超高弯道路段上的车辆受力如图 2-2 所示。

由图 2-2 可知，车辆在弯道路段转弯时，离心力 F_g 和横向附着力 F_y 组成倾覆力矩，引起内侧车轮所承受的重量向外侧车轮转移，当离心力增加到使内侧车轮脱离路面时，便出现侧向翻滚。

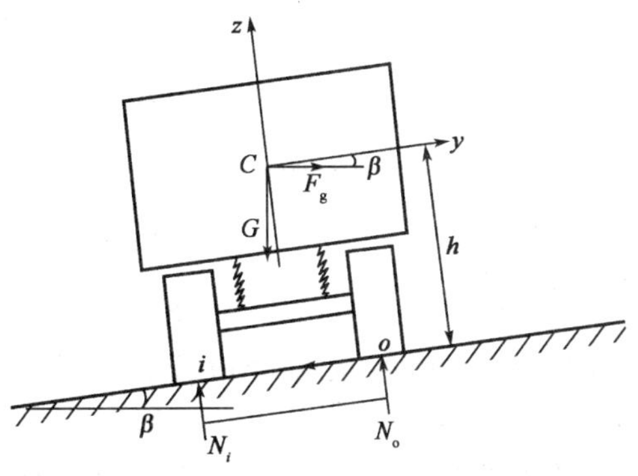

图 2-2 外侧有超高弯道路段上的车辆受力图

(3)弯道加宽

研究表明，汽车在弯道上安全行驶所需要的路面宽度较直线段上要宽些，为提高道路交通安全水平，弯道上的路面应当加宽。

2. 坡道(纵坡)

汽车的爬坡能力是限定纵坡大小的一个因素。较大纵坡的坡度及坡长对道路交通安全的影响主要表现在以下几个方面：陡坡太长，爬坡时会使汽车水箱出现沸腾、气阻，以致行车缓慢无力，甚至导致发动机熄火；机件磨损增大，驾驶条件恶化，发生交通事故；或由于汽车轮胎与道路表面摩擦力不够而引起车轮空转打滑，甚至有向后滑溜的危险；沿长陡坡下行时，由于需长时间减速、制动，也会造成制动器发热失效或烧坏，从而导致交通事故。

(1)纵坡坡度

据调查资料分析，在平原地区登记的事故有 7%左右发生在上下坡段上，在丘陵地区为 18%左右，在重丘陵地区为 25%左右。

在陡的上下坡段上，发生道路交通事故的主要原因有 3 个方面：一是下坡行驶的汽车驶出路基，或者与上坡超车的迎面来车相撞；二是在持久下坡情况下，行车速度过快；三是在绕过路边的停车行驶时，与对面来车相撞。第一种类型的事故占较大纵坡路段道路交通事故总数的 24%，第二种类型的事故占 40%，第三种类型的事故占 18%。在上坡道上行驶时，事故特征主要分布在上坡道上的凸部分与过了坡顶后紧接着的路段;下坡行驶时,事故特征点则主要分布在纵断面的下凹部分,因为下坡汽车驶入该处时车速达到较高的数值。

前苏联的统计资料表明,坡度越大,交通事故率越高。如表 2-6 和图 2-3 所示。主要原因是下坡来不及制动或制动失灵。

纵坡度与道路交通事故率的关系 表 2-6

坡度(%)	2	3	4	5	7	8
事故率[次(百万车辆公里)]	1	1.5	1.75	2.5	3	10

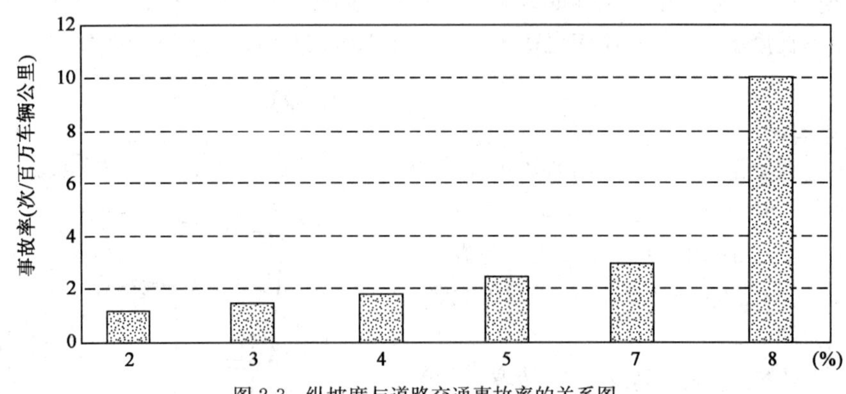

图 2-3 纵坡度与道路交通事故率的关系图

从表 2-6 和图 2-3 中可以看出,坡度越陡,事故率就越大。当坡度大于 8%时,事故率便急剧上升。

德国学者比兹鲁调查了德国高速公路的坡度与道路交通事故的关系,见表 2-7 和图 2-4。

高速公路坡度与交通事故率的关系 表 2-7

坡度(%)	0~1.99	2~3.99	4~5.99	6~8.00
交通事故率[次·(10^6 车 km)$^{-1}$]	46.5	67.2	190.0	210.5

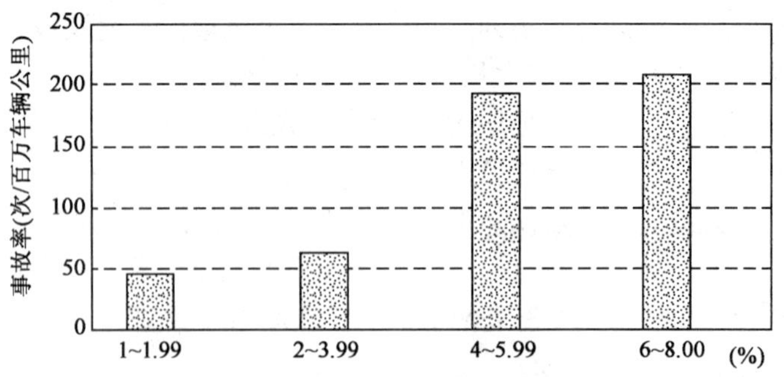

图 2-4 高速公路纵坡度与道路交通事故率的关系图

从表 2-7 和图 2-4 中可以看出,坡度越陡,事故率就越大。当坡度大于 4%时,事故率便急剧上升。

车辆上坡时,其重力沿坡道的平行分力是阻碍车辆前进的,如图 2-5 所示。

汽车上坡时，由于坡度的阻力使车速降低，坡道越陡，车速下降越快；坡道越长，车速降低越多，为了维护汽车的爬坡能力，要不断增加牵引力，如果牵引力不足，制动不及时，操作失误，就会造成车辆向下溜滑，而引起交通事故的发生。当坡度很陡时，如果车辆动力不足或发动机突然熄火，后轮的切向反力小于平行分重力与前轮的切向反力之和，或者是后轮的切向反力等于零，车辆被迫向后溜车，造成交通事故。

车辆下坡时，其重力沿坡道的平行分力是与车辆前进方向一致的，推动车辆前进，如图2-6所示。

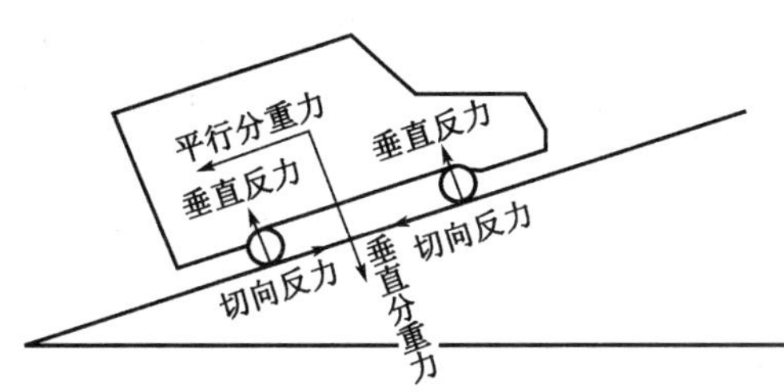

图2-5　汽车上坡时的受力图

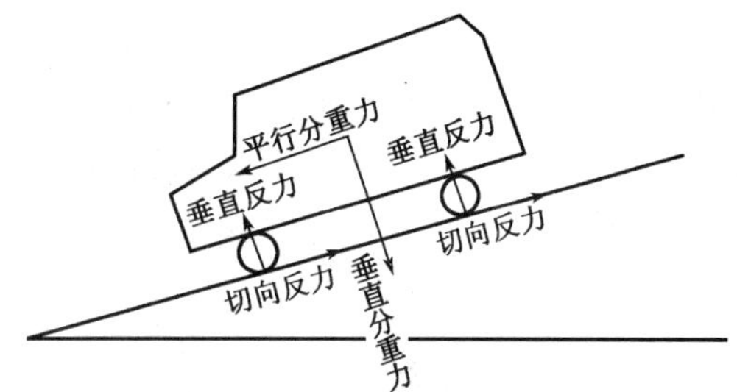

图2-6　汽车下坡制动时的受力图

汽车下坡时，由于汽车自身重力加速度的作用，使车辆速度越来越大，尤其有的驾驶人为了节油，采取下坡熄火滑行的操作方法，一旦遇到意外的交通事态，来不及采取应急措施，失去控制，就会造成交通事故。当坡度很陡时，可能会出现平行分重力比后轮的切向反力与前轮的切向反力之和大很多的情况，车速不好控制，常使车辆被迫向前溜车，易造成交通事故。

车辆在坡道上行驶，制动距离随坡度变化而变化。与平道上的制动距离相比，上坡时制动距离缩短，下坡时制动距离延长。汽车下坡时，道路的坡度越大，汽车的制动距离就越长，撞及其他车辆和行人的可能性也就越大。

汽车长时间连续下坡行驶时，制动性能降低。由于制动器使用过多，容易使制动鼓持续处于高温状态，降低制动效能。严重时会使制动蹄片烧毁，制动失灵，引发道路交通事故。

车辆在坡道上行驶时，路面附着力变小，影响汽车的稳定性，因为附着力等于汽车的垂直分重力和附着系数的乘积。在无坡度的道路上，汽车的垂直分重力等于汽车的总重力；在有坡度的道路上，汽车的垂直分重力小于汽车的总重力，所以附着力也下降。如果坡度很陡，特别是下坡时，若使用制动不当，很容易出现侧滑，从而发生道路交通事故。

(2)竖曲线

竖曲线主要是为了实现变坡点处坡度的变化的过渡曲线。道路竖曲线半径过小，易造成驾驶人视野变小，视距变短，发生事故，随着视距减小，事故率增多。竖曲线包括凸曲线和凹曲线两种。

小半径竖曲线对交通安全的影响主要有：

①不能满足视距要求。在凸曲线上由于视距不够驾驶人看不到前方动态；在凹曲线上车辆的前灯照射距离可能不能满足停车视距的要求。此外，路线通过跨线桥时，净空上方的桥会妨碍视线，造成视距不足。

②汽车在小半径竖曲线上行驶时，受到较大的竖向离心力作用发生颠簸及使驾驶人和乘客感到不适，造成驾驶失控。

③在小半径凹曲线底部可能会出现排水不畅问题。

3.道路线形组合

平面线形组合有直线与平曲线，平曲线与平曲线的组合。直线与平曲线的组合要尽量避免长直线的尽头搭配小半径平曲线，特别是在长直线的下坡路段，在尽头的小半径平曲线处驾驶人往往不能及时判定曲率情况，来不及采取措施，造成撞车或翻车事故；两个同向平曲线间插入短直线(即长度少于行车速度的6倍的直线)，容易让驾驶人产生把直线和两端曲线看成反向弯曲的错觉，导致驾驶失误；当两个反向平曲线中插入短直线时，由于不能充分设置超高、加宽，不能实现反向变化的平稳过渡，不能操作自如，对行车也是不利的。

平、纵线形的组合对视觉诱导起重要作用，在视觉上违背自然诱导的线形组合是导致事故多发的主要原因。行车安全性的大小，与不同线形之间的组合是否协调有密切关系。不良的线形组合往往是导致交通事故发生的重要原因，主要表现在以下几方面：

①线形的骤变，如长直线的末端设置小半径曲线。

②在连续的高填方路段，如果没有良好的视线引导，驾驶人容易使车辆偏离车道中心线，可能冲出路面，酿成车祸。

③短直线介于两个不同向的曲线之间，形成所谓的断背曲线，这样容易使驾驶人产生错觉，把线形看成反向曲线，在直线过渡段造成翻车事故。

④在直线路段的凹形纵断面路段上，驾驶人位于下坡时看到对面的上坡段，容易产生错觉，把上坡的坡度看得比实际得坡度大。这样，驾驶人就有可能加速以便冲上对面的上坡路段；在下坡路段遇上行车，驾驶人未察觉自己是在下坡，因而有可能发生事故。

⑤在凸形竖曲线与凹形竖曲线的顶部或底部插入急转弯的平曲线，前者因没有视线引导而造成必须突然急打转向盘；后者，要在汽车下坡速度增加的地方仍然要急打转向盘，这些都是容易引发交通肇事的。

⑥在凸形竖曲线与凹形竖曲线的底部设置断背曲线，前者视线失去诱导的效果，在公路上行驶的车辆，好像突入空中状态，也给驾驶人以不安的感觉，车到达顶点后才知道线形开始向相反方向弯曲，故在操纵转向盘时也是非常紧张的；后者会因为道路排水不畅，造成看起来道路是扭曲的，也有使驾驶人视觉产生偏差的缺点。

⑦在一平面曲线内，如果有纵断面反复凹凸的情况，经常会产生这样的问题，即形成只能看见脚下和前方，看不见中间凹凸的线形，这样的线形也容易发生事故。

⑧转弯半径比较小的平曲线与陡坡组合在一起时，则会使事故从数量和恶性程度上剧增。

4.视距

为使行车安全，驾驶人应能随时看到前方一定距离的路程，一旦发现前方道路有障碍物、对向来车或出现紧急情况，能够及时采取措施，避免碰撞，这一最小的距离称为行车视距，它是道路使用质量的重要标准之一。驾驶人的信息由80%来源于视觉，因此，道路提供给驾驶人的视野和视距是最重要的安全因素。良好的视距不仅能够使驾驶人正确判断道路的行车环境，采取正确的驾驶行为，而且决定了驾驶行为的有效操作时间。行车视距分为停车视距、会车视距、错车视距、超车视距 4 种类型。

(1)停车视距

停车视距指当汽车在道路上行驶时，驾驶人在离地 1.2m 高处，看到前方路面上的0.1m 高的障碍物，从开始刹车至到达障碍物前完全停止所需要的最短距离。如图 2-7 所示。

停车视距由以下三个部分组成：

①驾驶人反应时间内汽车行驶的距离 S_1，见式(2-2)：

$$S_1=\frac{V_0t_0}{3.6} \tag{2-2}$$

②汽车制动距离 S_2，见式(2-3)：

$$S_2=\frac{\left(t_1+\frac{t_2}{2}\right)V_0}{3.6}+\frac{V_0^2}{254(\varphi\pm i)} \tag{2-3}$$

③安全距离指汽车在障碍物前停住后需留的一段距离 S，一般为 5～10m。这样，停车视距 S 应为：

$$S_{超\min}=S_1+S_2+S_3=\frac{\left(t_0+t_1+\frac{t_2}{2}\right)V_0}{3.6}+\frac{V_0^2}{254(\varphi\pm i)}+S_1 \tag{2-4}$$

式中：V_0——汽车(甲)的初速度(km/h)；

t_0——驾驶人反应时间(s)；

t_1——制动装置反应时间(s)；

t_2——制动减速度上升时间(s)；

φ——路面附着系数；

i——纵坡度，上坡为“+”，下坡为“-”，平坡为 0。

(2)会车视距

会车视距指在单车道(或在没有中央分隔带的双车道)公路上，驾驶人驾驶汽车在道路中央行驶，当遇到迎面来车时无法避让或来不及错车，双方采取制动措施，在双方离地 1.2m 高之间，两车开始制动至汽车碰撞前完全停止所需的距离称为会车视距，如图 2-8 所示。

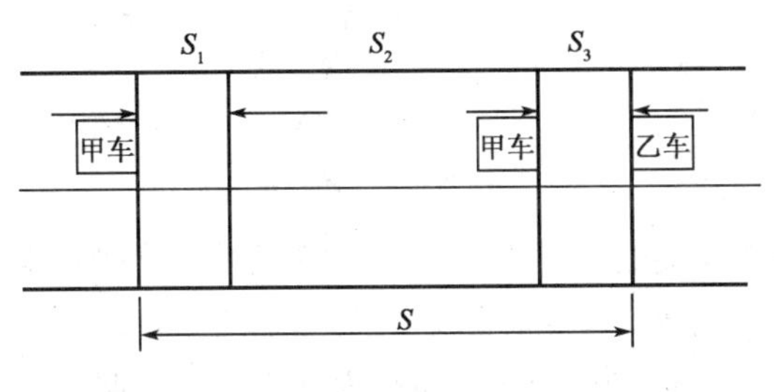

图 2-7　停车视距图

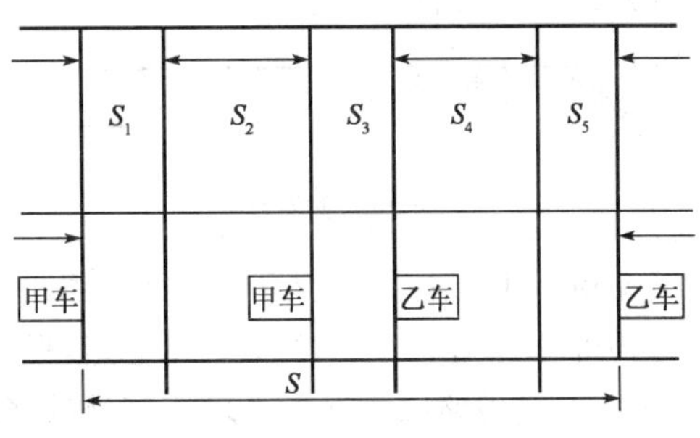

图 2-8　会车视距图

会车视距可表示为：

$$S=\frac{V_1+V_2}{3.6}t_0+\frac{\left(t+\frac{t_2}{2}\right)(V_1+V_2)}{3.6}+\frac{V_1^2+V_2^2}{254(\varphi\pm i)}+S_1 \tag{2-5}$$

式中：V_1、V_2——甲、乙车的初速度(km/h)；

其他符号意义见式(2-4)停车视距。

(3)错车视距

错车视距是指在没有明确划分车道线的双车道道路上，两辆对向行驶的汽车相遇、发现后即采取减速避让措施并安全错车所需的最短距离。

(4)超车视距

超车视距是指在双车道道路上，后车超越前车时，从开始驶离原车道之处起，至可见逆行车道并能超车后安全驶回原车道所需的最短距离。如图 2-9 所示。

最小超车视距应为：

$$S_{超\min}=S_1+S_2+S_3=2S_1+S_2=2\frac{V}{3.6}t_1+S_2 \tag{2-6}$$

式中：V——超越车速度及迎面来车速度(km/h)；

S_2——取值一般为 30～100m；

t_1——值一般为 8～11.4s。

视距不足引起的交通事故有以下三种典型的形式：

①平面曲线段。由于弯道内侧有边坡、建筑物、树木、道路设施等，阻碍驾驶人视线，使得视距满足不了要求，从而成为视距不足路段，如图 2-10 所示。有时尽管原设置的视距是足够的，但路边的绿化树、花草长期得不到及时清理，也会造成视距不足，在南方更应重视这个问题。在弯道内侧如果设有道口(或小路)，当地的行人、车辆、牲畜频繁出入道口，尽管驾驶人已发现并采取措施，但由于距离不足，还是会造成很大的危险。

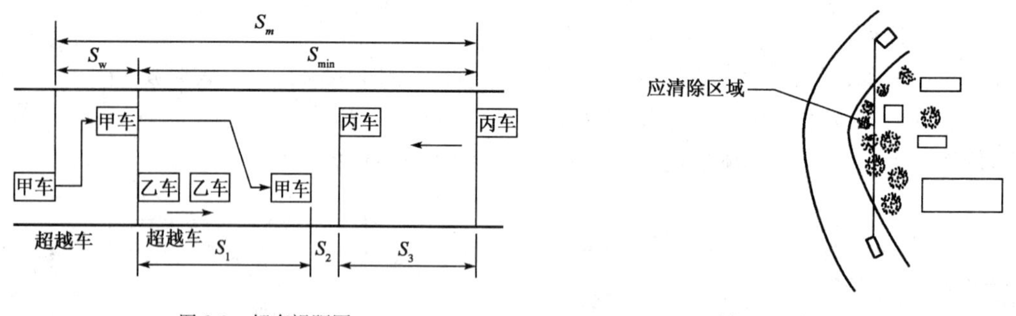

图 2-9　超车视距图

图 2-10　视距不足区域

②凸形变坡路段。在纵断面为凸形路段，上下坡连接处的竖曲线上，驾驶人的视线常受到阻碍。当竖曲线半径较小时，视线严重受阻，视距满足不了要求，带来了安全隐患，如图 2-11 所示。

③凹形变坡路段。在上下坡连接处的竖曲线上，白天视线通畅，而在夜间汽车车灯照射范围受到阻碍，驾驶人的视线受到上跨天桥，路边的树等物的遮挡造成视线受阻，视距满足不了

要求，如图 2-12 所示。

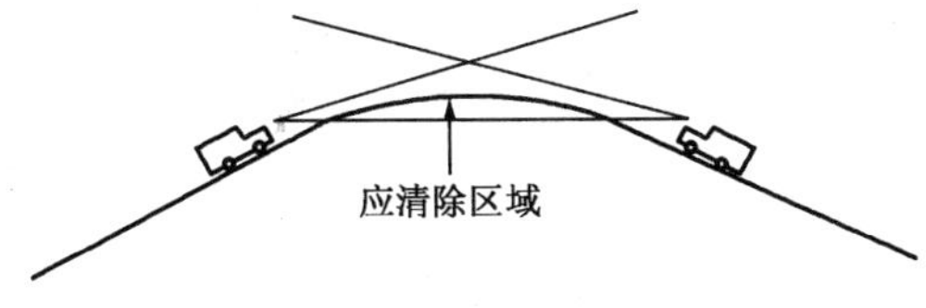

图 2-11　凸曲线视距不足

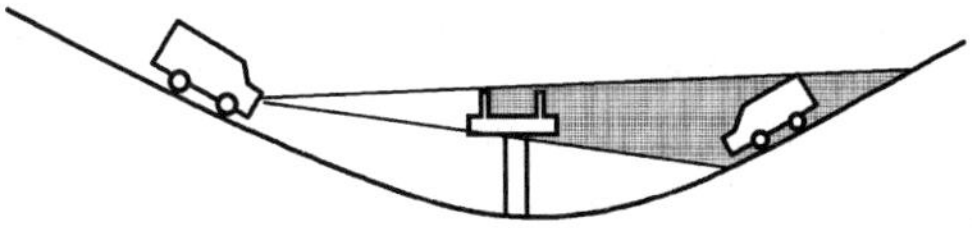

图 2-12　凹曲线视距不足

国内外道路交通事故统计资料表明，道路平面线形上视距不足反映出来的道路交通事故数量，没有纵断面线形上的视距不良反映的明显。而竖曲线的视距越短，交通事故越频繁。在竖曲线上不同视距下的事故率见表 2-8。

竖曲线上不同视距下的事故率　　表 2-8

视　距（m）	每百万公里交通事故率	
	凸形曲线	凹形曲线
＜240	2.4	1.5
240～450	1.9	1.2
450～750	1.5	0.8

二、路况与交通安全

1. 路基

路基对道路交通安全的影响主要表现在路基的高度以及路基边坡的大小。

(1)路基横断面的形式及宽度

路基的横断面形式，一般分为路堤、路堑和半填半挖三种。路堤是高于原地面的填方路基；路堑则是全部在原地面下开挖出来的路基。路堤的优点是排水、通风和视线良好；路堑则相反。

高速公路、一级公路的路基横断面组成包括行车道、路缘带、中间带、路肩、应急停车带、爬坡车道、变速车道；二级与二级以下公路的路基横断面组成则包括行车道、路肩和错车道。路基横断面的形式对交通安全的影响主要反映在路基断面的组成部分是否满足安全行车的需要。

路侧余宽是指行车道边缘以外的路基宽度。高速公路及一级公路的侧向宽度为硬路肩宽度，其他各级公路为路肩宽度减 0.25m。在这一宽度内如果存在标志杆、灯柱、树、桥墩护栏、挡土墙等障碍物，会导致行车安全事故发生。路肩宽度不足会导致行车事故增加，其主要原因是当路肩的宽度较窄时，以较大速度行驶的汽车会偏离正常的行驶轨道。在大多数情况，车辆停靠时不可能停在路基的范围内，在较窄路肩上停留的汽车，占去一部分路面从而减小了路面的有效宽度，当汽车从停在路肩上的汽车旁边驶过时，偏离了正常行驶的轨迹，进入了超车或迎面来车的行车道，这样就经常会发生相撞。根据前苏联的资料，停在路肩上的汽车应离路面边线 2.7m 以外，才不影响驶过的汽车的行驶轨迹，当行车速度很小时，应在 1.5m 以外；在非汽车专用公路上，由于路肩上停放汽车而引起的行车事故达到总的事故数的 7%～12%，而其中 30%以上的事故是由于路上停车而引起车辆撞到行人。

(2)路基高度

高路基对于行车安全十分不利,一旦车辆发生意外,很容易造成严重的交通事故。特别是在高等级公路上,路基普遍较高,加之道路上车速较快,因此一旦车辆失控,冲破路侧护栏,翻倒至高路基底部,就会造成车毁人亡的严重事故。

路基越窄,高度越高,驾驶人越容易产生心理紧张及不适等感觉。因此在满足排水、防洪要求和最小路基高度规定时,应尽量选择矮路堤,道路在山区穿行时尽量走低线,以免发生车辆不慎冲出路基造成重大伤亡事故。在高路堤处和路线爬高后,在弯道、陡坡、交通量大的路段尽量采用加宽、错车和防护措施以便安全。高路堤路段还要加强施工质量控制,搞好防护及排水,防止路基不均匀下沉、坍塌等危及行车安全。此外,汽车专用公路在通过人畜密集地区时宜适当抬高路堤高度,防止出现干扰正常交通现象。

(3)路基边坡

路基边坡的大小虽与事故没有直接的关系,但对于没有防撞护栏的一级以下公路边坡大小与事故的严重程度有关。

(4)中间带

中间带由中央分隔带和路缘带组成。随着分隔带宽度的增加,行车相撞事故的数量显著下降,当分隔带宽度达到 15m 时,行车相撞的事故实际上已经消失。由于道路占用土地较多,分隔带宽度一般为 4～5m。中央分隔带分为刚性分隔带和柔性分隔带。刚性分隔带一般为混凝土中央护墙,其优点为投资省、维护少,缺点有形状单调、无法挡住对向车灯、发生碰撞时车辆及驾乘人员受损较大。柔性分隔带由中间绿化带和防撞波纹钢板护栏组成,具有环保、形式变化容易、发生碰撞时车辆及人员受损相对较小等优点,但它占地多,修建及维护成本较高。采用刚性分隔带时,要留足路侧余宽,设置明显的安全行车标志,以防正常行车撞上混凝土护墙,同时还要采取防眩措施,采用合理的横断面几何形状,处理好防撞墙端头及过渡段,确保行车安全。采用柔性分隔带时,防撞栏杆要有足够的刚度,特别在弯道、下坡路段,要慎防车辆发生意外时冲出对向车道,危及对向行车安全;应当种植一些 2m 以上的植物,挡住对向来车灯光,确保行车安全;路缘石的选用也应当有利于行车安全,中央分隔带原则上不用凸起的缘石。另外中间带的宽度不应频繁变化,需要变化时应当设置足够的过渡段。中间带的开口位置不当,也会危及行车安全;两个相邻开口的距离过大,遇到紧急情况时无法快速处理,造成交通堵塞,一般以每 2km 设置一个中间带开口为宜。但是在小半径弯道路段,视线不良路段,大纵坡的下坡路段,容易积水路段不宜设置中间带开口;在互通式立交,隧道、特大桥、服务区等设施前后,必须设置中间带开口。

(5)路基质量

路基质量对交通安全的影响主要反映在路基的稳定性上:路基开裂、不均匀下沉、塌方都会危及行车安全。因此,公路路线应当避免通过滑坡、断层等不稳定地带;应注重对原地基的处理,对不同土质,不同厚度的软土地基分别采用清淤换填、塑料板桩、砂桩、旋喷桩等对应的方法处理;应选用合乎要求的土质作为填料,注意填土的均匀性,避免不均匀下沉;应重视填挖交界的搭接,用有效的台阶加铺土工格栅有效压实处理。注意调查地下水的走向,防止地下水横向穿越路基。在通过水田、池塘等低洼及易受水浸泡的地段，充分考虑路基填料的水稳性，应当对路基予以特别加固，防止水的反复作用造成路基坍塌。

2. 路面

路面是道路的行车部分，对道路交通安全有特殊的作用。路面的平整度，抗滑性和排水性对行车安全影响最为明显。良好的路面应当是宽度满足行车要求、坚实、平整、没有凹坑、耐磨、具有一定的抗滑性能的刚性体或柔性体。它能给车辆提供安全、快捷、舒适的行车条件。

(1)平整度

平整度是路面表面相对于真正平面的竖向偏差。平整度差的道路会加剧车辆磨损、增大燃油消耗、影响行车舒适性、降低行车速度、危及行车安全。路面平整度不好主要反映在两个方面：一是形成波浪或搓板；二是有坑槽或凸起。车辆在有波浪或搓板的路面上行驶，车辆上下(或左右)起伏、摆动，时而行驶在短坡长、高频率、低振幅路段；时而在长坡长、低频率、高振幅的路面上行驶(图 2-13)，造成驾驶人和乘客心理紧张，旅行劳累，在弯道上行驶或超车时，稍有疏忽，车辆便会驶离正常轨道，发生事故。

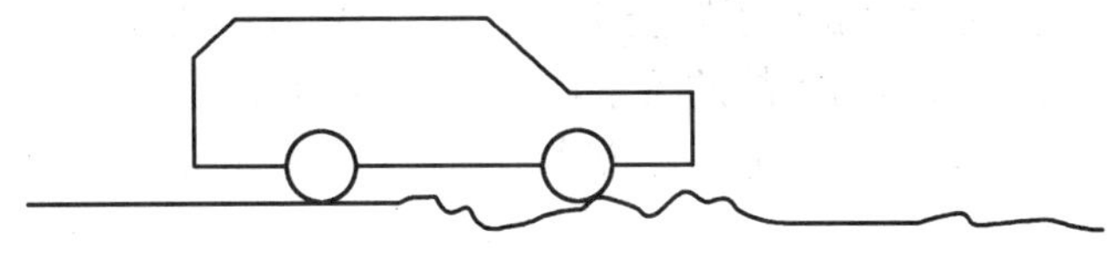

图 2-13　波浪形道路

汽车在有坑槽、凸起的道路上行驶，极易损坏轮胎和钢板(弹簧)，造成驾驶人和乘客心理紧张，也容易引发行车安全事故。

(2)路面抗滑性能

根据美国宾夕法尼亚州的调查资料显示，路面湿润、降雪、结冰时的事故率分别为路面干燥时的 2 倍、5 倍和 8 倍(表 2-9)。我国情况大致相同，一遇阴雪天气，交通事故就急剧增加。

路面状况与交通事故率关系　　表 2-9

路面状况	每百万车公里交通事故率	路面状况	每百万车公里交通事故率
干燥	1.6	降水或雨雪	8.0
湿润	3.2	结冰	12.8

路面抗滑耐久性能反映了路面安全方面的使用性能，可用测定路表抗滑性能指标来评定。路面的抗滑性能必须满足两个方面要求：表面的抗滑性和耐久性。抗滑性与路面结构、表面的纹理和表面处理有关；耐久性则与路面的内在质量及与路面集料的耐磨性有关。

路面抗滑性能指车辆轮胎受到制动时沿路表面滑移所产生的力。通常抗滑性能被看作路面的表面特性，定义见式(2-7)：

$$f = \frac{F}{P} \tag{2-7}$$

式中：f——摩阻系数；

F——作用于路表面的摩阻力；

P——垂直于路表面的荷载。

路面抗滑性能主要取决于路表的细构造和粗构造。细构造指路面集料表面的构造(粗糙度)；粗构造指面层表面外露集料之间形成的构造。

路面粗糙度过大(高速公路、一级公路抗滑构造深度≤1.2mm，其他公路≤1.0mm)，会造成行车不适，磨损轮胎，增加噪声。路面抗滑性偏小会造成车辆在道路上的制动距离过长或滑移，危及行车安全。车辆在道路上的制动距离定义见式(2-8)：

$$S = \frac{V^2}{2gf} \tag{2-8}$$

式中：S——制动距离(m)；

V——制动初速度(m/s)；

g——重力加速度；

f——纵向摩阻系数。

英国格拉斯科市对路面粗糙化处理前后的事故率进行了观察统计，处理前后事故数的对比，表明粗糙化以后的路面大大提高了安全率。对于潮湿、滑溜情况，粗糙化后安全率增加了3～9倍。英国研究出路面打滑与事故的关系，说明因路面冻结、湿润而造成打滑，但也有少量干燥打滑的事故，此外，打滑还同车辆有关，如摩托车、大于1.5t的货车打滑比重大。

(3)路面质量

水泥混凝土路面是一种刚性路面，其内在质量对交通安全有很大影响，主要表现在：其对土基的不均匀沉降适应能力差，地基不均匀沉降及水泥混凝土质量不好会产生断板、错台，且不易修补；接缝多，一旦填缝材料失效，地表水从接缝渗入基层乃至路基，使混凝土板在车辆行驶的作用下，产生唧泥将基层细料掏走，导致板端(底)脱空、断板；如处理不及时，地表水渗入积聚在破损后的基层内并透过基层渗入路基，使基层和土基吸水软化、失稳，支承力下降，引起路面损坏加剧，直接影响行车舒适、危及行车安全。

3.排水

公路排水设计的目的是为了迅速排除降落在公路路界内的地表水，将公路上侧方的地表水和地下水排到公路的下侧方，以防止公路路基和路面遭受地表水和地下水的侵蚀、冲刷等损害。不利的线形组合是导致路面排水不畅的原因之一。过多的雨水积聚在路面不能及时排除，就会形成水膜，大大降低路面的抗滑性能，使高速行驶的车辆无法正常制动并易产生侧滑。

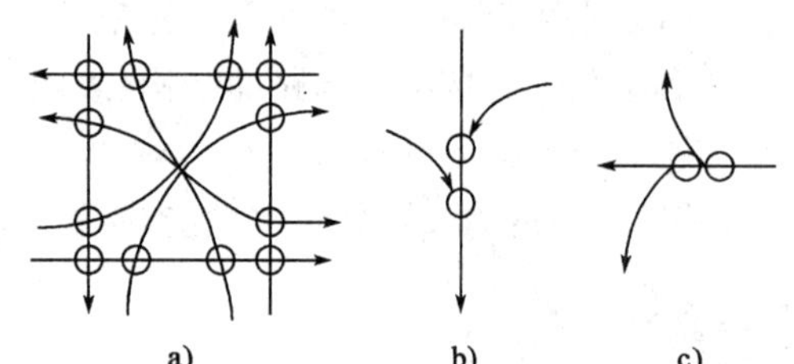

图2-14 十字交叉路口基本冲突形式

a)交叉冲突点；b)合流冲突点；c)分流冲突点

三、交叉口与交通安全

1.平面交叉口

平面交叉是道路普遍采用的交叉形式，它具有简单、节省等优点。但平面交叉口的车流会产生交叉冲突点、分流冲突点和合流冲突点。每一个冲突点都是一个潜在的事故点。如图2-14所示。

这些冲突点的数量随着岔路数量的增加而剧增(表 2-10)。进入交叉路口的道路条数越多,事故发生率越高。

交叉冲突点数量　　表 2-10

交叉的形式	交　叉　点	合　流　点	分　流　点	共　计
3 条路交叉	3	3	3	9
4 条路交叉	16	8	8	32
5 条路交叉	49	15	15	79
6 条路交叉	124	24	24	172

如考虑自行车与自行车、自行车与机动车以及自行车与行人、机动车与行人的交叉、合流与分流,则冲突点还要增加很多。

平面交叉除了各冲突点容易发生交通事故外,车速过快,视线受阻,行车密度大,混合交通也常导致交通事故。

2. 立体交叉

立体交叉对交通安全的影响因素主要有:视距、交通疏导不畅、汽车分流和汇合、行车速度突变、匝道行驶安全、标志及视线等方面。横跨凹曲线段的分离式立交桥会阻挡驾驶人的视线和遮挡汽车灯光,使驾驶人无法看到前方,容易引起行车安全事故。汽车从主线车道分离驶入匝道,或从匝道驶入主线车道时,若前方视距不足,也易发生事故。匝道的行车视距有严格的规定。如表 2-11 所示。

匝 道 停 车 视 距　　表 2-11

匝道计算行车速度(km/h)	80	60	50	40	35	30
匝道停车视距(m)	110(135)	75(100)	65(70)	45(45)	35(35)	30(30)

此外,分流点之前主线上的视距应大于 1.25 倍主线停车视距,因此,主线加、减速车道长度,分流点的曲率半径和匝道的半径应严格符合规范要求;立体交叉的绿化及附近的广告牌、建筑物等也可能造成视距不足,给道路交通安全留下隐患。

匝道入口及出口是车流分离及汇合之处,应当有效疏导交通和便于车辆以自然轨迹顺畅流出、流入。根据史密斯(Smith)调查的结果,把匝道设在主线上坡的中途或顶点,或设在辅助车道上,事故频率就低,设在主线下坡中途或凹部,就会表现出较高的事故频率。

汽车在匝道中行驶,即使按计算行车速度设置足够的弯道半径和纵坡度,而没有考虑有足够的宽度和合理的横坡及合成坡度,则容易造成汽车驶离匝道,向一侧滑移或者造成货物散落或汽车重心偏移,危及行车安全。

互通式立交的种类对交通安全的影响是不同的,根据英、美的调查,菱形立体交叉从节约工程费用及减少事故率方面均较好,特别是在载重汽车混合率高的情况下更应使用菱形立交。如表 2-12 所示。

立体交叉种类与交通肇事的关系　　表 2-12

立体交叉种类	肇事件数(个)	立体交叉个数(个)	每一立体交叉一年间肇事件数(个)
环形汽车站	55	5	11.0
部分苜蓿叶形与喇叭形	29	3	9.7
环形	16	5	3.2
菱形	4	2	2.0
高速公路间连接	6	2	3.0

四、道路类型与交通安全

不同类型的道路，由于车道数、车道宽度、道路等级情况等不同，对交通安全的影响也不同。澳大利亚道路研究委员会研究了不同类型道路的事故率(事故/千万车·km)，如表 2-13 所示，可以看出不同等级道路的安全情况。

不同类型道路的事故率　　表 2-13

道路类型	事故(千万车·km)	备注
单车道道路	800～1 200	双向两车道
窄的两车道道路	100～200	双向四车道
宽的两车道道路	20～100	
不分车道行驶的干线公路	20～100	
所有高速公路平均	10	
新建高速公路	5	
所有道路平均	200～800	

一般情况下，三车道比两车道交通事故率高，四车道与三车道近似，以后随着车道数的增加交通事故率反而减少[15]。相对交通事故率除了车道数增加而减少外，还与公路上增加一些交通设施有关，如中央分隔带、路侧带、护栏、防护壁、停车带以及上坡慢性道等。

从车道的宽度分析，一般的，车道越宽交通事故越少。据有关资料介绍，在两车道路从 55m 扩大到 67m 时，交通量较少的地点交通事故减少 21.5%，交通量较大的地点交通事故减少 46.6%。路肩加宽或有中央分隔带的道路事故也明显下降。

一般情况下，道路等级越高，交通事故率及事故严重程度越低(但在某些情况下可能相反)。

五、交通设施与交通安全

交通设施是公路的重要组成部分，是发挥公路经济效益，保障行驶安全必不可少的配套设施。设置合理的交通设施在预防交通事故的发生和降低交通事故严重程度方面起着非常重要的作用，因此交通设施的设置及交通设施的质量等因素与道路交通安全息息相关。交通设施在以下几个方面都存在道路交通事故隐患。

1. 交通标志和道路标线

驾驶人对信息输入的反应是把脚从油门踏板移到制动踏板。人在不同的道路有不同的感知反应时间，低交通量时为1.5s，高交通量是为3s。标志、标牌、标线要具备反光功能，以利于夜间行车安全，标志、标线的反光辨认度不能太低，在高速公路，车流量大的其他道路和城乡结合部路段，应采用高强级以上的反光材料；混合交通和没有中间分隔带的道路，标线具有分隔交通、视线诱导等作用，其反光效果应当很明显才有利于安全行车。如图2-15所示。标志和标线对道路交通安全的影响主要表现在以下几个方面：

图2-15　限速标志

①标志的设置没有考虑到交通安全的需求，遗留交通安全隐患。如标志位置的设置不当，对行车安全极为不利。

②许多公路缺少必要的标志标线或标志标线不健全，这种情况在低等级公路上尤为明显，在危险路段容易引发交通事故。

③标志的可视性存在较大问题（如被树木遮挡或相互遮挡），在弯道、下坡等路段处极易发生交通事故。

2. 护栏

道路护栏具有防止车辆失控撞出路外或越过中央分隔带撞向对向车道的作用。护栏分刚性、半刚性、柔性三种。危险路段未设置护栏或护栏防护能力不足，车辆穿越路侧护栏的事故频繁。另外，不同护栏连接时缺少过渡段设计以及护栏端头未进行处治或处治不合理也易引发交通事故。

3. 道路照明

交通安全性是道路照明的核心内容。驾驶人通过感觉器官接收信息驾驶车辆，其中80%～90%的信息通过视觉获得，所以驾驶人的视觉机能对行车交通的安全影响最大。例如，在道路交叉区域，一个忽闪忽闪的绿色光源有可能会造成严重的交通事故。道路照明为驾驶人提供交通安全性与导向性，同时为步行者创造安全而舒适的环境。

4.道路监控和通信系统

道路监控和通信系统用于观察了解道路交通状况和处理紧急情况。交通量较大的道路，高速公路及一级公路上都应配备完善的监控和通信系统。防止堵车，及时发现及处理突发事件，减少事故损失，确保道路畅通和行车安全。

5.其他设施

(1)视线诱导设施

从心理学的角度来讲，重复的生理刺激可以转换成强烈的心理反应，在公路行驶的过程中，视线诱导设施对驾驶人有着持续的视觉刺激，由它所引起的心理反映会对道路交通安全产生一定的影响。

(2)路侧

路侧设计是为驶离车道的车辆提供合适的机会，使其重新返回车道或者找到相对安全的停靠点。在能见度低或道路条件不理想的情况下，路侧设计对特殊驾驶人群体和特殊车辆的行车安全是非常重要的。长期以来，我国一直没有重视路侧边坡和边沟的形式、路侧的绿化、标志立柱的形式和设置位置、护栏的安全设计，没有宽容性设计理念。许多公路，尤其是山区公路多为高路基，陡边坡的设计。据调查，驾驶人疲劳或注意力不集中，超速行驶，躲避碰撞等行为易发生车辆驶离车道，造成路侧事故。

(3)防撞垫

防撞垫是通过吸收车辆碰撞能量使车辆安全停止，并使车辆改变行驶方向避免乘员受到严重伤害的设施，它的主要功能是降低事故严重度，另一方面也通过其表面颜色和图形符号起警告和诱导作用。防撞垫可根据地形条件和发生冲撞事故时可能造成的伤害程度，选择不同结构形式和使用方法。

六、其他

1.桥涵

桥涵是道路的重要组成部分，大中桥梁往往是道路的控制工程。通常控制着道路线形设计，施工和维护。桥涵的形状、位置和质量对交通安全有较大的影响。主要在以下几个方面存在影响：

①桥型、桥面宽度对交通安全的影响(窄桥对交通安全的影响尤其突出)。

②桥梁防护对交通安全的影响。

③跳车对交通安全的影响。

2.隧道

通过交通事故的统计数据来看，隧道对交通安全的影响不容忽视，主要在以下几个方面存在影响：

①隧道线形及线形配合对交通安全的影响。

②隧道稳定性对交通安全的影响。

③隧道通风、消防对交通安全的影响。

④隧道照明、标志对交通安全的影响。

3. 收费站和服务设施

少数公路的收费站存在安全隐患，如主线上设置收费站时，收费站前缺乏强制减速措施，有些收费站设置在纵坡较大的下坡上。

有些危险路段缺乏相应的服务设施和避险车道，如长大坡路段未设置相应的停车区或服务区以供大型车辆停车检修之用。另外，服务设施的设置位置不合理或与主线的连接存在问题。

第三节　车辆与交通安全

汽车是组成道路交通系统的重要组成要素，与交通安全有着密切的关系。虽然在交通事故原因的统计数字中，由于驾驶人的原因占相当大的比例，而直接因车辆问题引起的事故不超过 10%，但这并不意味着车辆因素对道路交通安全的影响不大。因为这一统计数字一般仅指车辆机械故障引起的事故。实际上，车辆的结构和性能如果能进一步完善和提高，能按规定进行安全检验，使车辆具有完好的技术状况，在某些情况下，是可以防止驾驶人失误的。即使发生事故，也有可能减轻事故的损失。从这个意义上讲，车辆因素对道路交通安全有着非常重要的影响。

一、汽车的结构与交通安全

车辆的结构对汽车的安全性有较大影响。车辆的结构在设计上应适合驾驶人的心理与生理特点，按照人的有关特性进行布设，同时在发生碰撞事故后，车体结构应有缓解和吸收冲击能量的措施。

1. 预防事故的结构措施

(1)前照灯

对于汽车来说，前照灯是汽车上最重要的灯具，是汽车的双眼，正确理解和使用前照灯，是交通安全的重要保证。前照灯中，远光灯用来照明车辆前方远距离道路，近光灯用来照明车辆前方道路，而不对来车驾驶人和其他使用道路者造成眩目或不舒适感。

①前照灯近光

前照灯近光在空间角度有两种典型光分布。其光分布由明暗两个区域构成，分界线为一水平线和一大约 15°的斜线，或一水平线和一向上 45°的斜线及水平线相连构成，此分界线称之为明暗截止线。在明暗截止线上面的区域，基本上是越暗越好，因为对面来车驾驶人的及行人的眼睛正好位于此区域，所以不会对来车及行人引起眩目，避免因眩目而造成的交通事故。因我国车辆靠右行驶，右边向上的斜线是为了把自己行驶的车道照得更远，右下方的区域要求比较亮是为了把自己的车道照得更亮，左方水平线下的区域要求有一定的亮度但不能太亮，以避免路面的反光对对方驾驶人及行人造眩目。近光灯正是通过明暗截止线来避免眩目的，因此应在市区行驶、会车等需避免眩目的条件下使用。

②前照灯远光

前照灯远光灯光形无明暗截止线，照射距离较远，是用来照亮车前远距离道路的，没有防眩目的功能，因此，应在高速公路上及近距离无行人车辆的情况下使用，以消除由此带来的交通安全隐患。

在实际的使用过程中，常有部分驾驶人在市区或会车时，不开近光，而使用远光；部分货车驾驶人调高自己的大灯倾角向上倾，以求照得更远；任何事情均有正反面，这两种情况，虽然自己一方的视野清晰了，但均会直接对对方来车及行人造成眩目，极易引起交通事故。

(2)尾灯和制动灯

为了防止追尾撞车事故，驾驶人必须及时把握前车行驶状态的变化，同时又要注意提醒后续车辆注意本车的存在和行驶状态。这些信息主要靠汽车的尾灯和制动灯来传递。多数情况下，制动灯和后位灯通常是在一个灯里面，使用不同的灯丝，这就要求制动灯点亮时，要比后位灯明显变亮，否则，制动的情况就不易发现。驾驶人在车辆运行过程中对制动灯和尾灯的错误识别很容易发生追尾撞车事故。

(3)仪表

为了保证安全行车，驾驶人通过视觉和听觉获取道路和交通状况等车外信息的同时，也需要获得汽车本身的有关信息，以便做出可行的判断，正确驾驶汽车。仪表便是驾驶人通过视觉了解汽车状态的必备部件之一。其中与交通安全有直接关系的仪表有车速表和制动器气压表。所以仪表的设计和安装位置需要与驾驶人的驾驶特性相适应，以降低事故发生的可能性。

2.减轻事故损失的结构措施

(1)对行人的安全措施

在交通事故中汽车撞行人，使行人受到严重伤害的事故占有很大的比例。汽车与行人相撞是个复杂的问题，相撞时行人的姿势、汽车与行人接触的部位等对伤害情况有很大影响。研究表明，在汽车与行人相撞的过程中，行人受到三次严重的打击。一是汽车保险杆撞击行人的腿部以及发动机罩撞击行人的腰部；二是头部碰撞前挡风玻璃；三是行人从发动机罩上落到地面上，很可能继而受到前轮的碾轧。为减轻被撞行人的伤害，针对被撞行人受到的三次打击的情况，在汽车上采取一些措施以降低事故造成的伤害，比如以下三种：

①使保险杆及发动机罩具有一定弹性，材料选用氨基甲酸乙酯。

②在发动机罩上部及前挡风玻璃周围布置弹性材料。

③在车前部设置防止行人跌下路面的救护网等装置。

(2)保护乘员生存空间和防止火灾的措施

在汽车发生碰撞后如果发生火灾，会造成极大损失，对车内乘员的生命也是个巨大的威胁。在实际事故中，有火灾导致人员伤亡和车辆、货物烧毁的惨景屡见不鲜。汽车事故引起的火灾一般都是因燃料箱或油管被撞破，燃料流出后遇到电气系统损坏时的电火花或车辆撞击地面发生的火花点燃而起火。因此，防止火灾的主要措施是消除火源，保护好燃料和油管使其不受到撞击；其次是防止火灾蔓延和保证人员迅速撤出；注意使用阻燃材料。

(3)车内乘员的保护装置

汽车与其他车辆或固定物体发生正面碰撞时，车辆本身的运动在极短的时间停止。而车内乘员受惯性力的作用却仍以事故前的速度相对车辆向前运动，结果撞在车内的装置上，是乘员受到巨大冲击，引起伤害。在现代汽车上通常采用安全带、安全气囊、安全转向柱管等保护装置降低伤害。

二、汽车性能与交通安全

汽车的性能包括汽车的动力性、燃料经济性、操纵稳定性、制动性、平顺性、通过性等，其中汽车的操纵稳定性和制动性与行车安全有着直接的关系。而汽车的行驶速度对汽车的操纵稳定性和制动性的影响较大，所以为保证行车安全对汽车的操纵稳定性和制动性有一定更高。

1. 汽车操纵稳定性与行车安全

汽车的操纵性和稳定性是密切相关的。操纵性的丧失往往导致汽车侧滑、回转乃至翻车。而稳定性的丧失往往会使汽车失去控制，处于危险状态。

(1)离心力

道路除因地形形成弯道外，为了增加对驾驶人的刺激，使他们不至于因道路环境单调而瞌睡，每隔一定的路程设计有一个弯道，即直中有曲。所以在行车过程中，车辆经常要作曲线运动。

汽车作曲线运动要产生离心力，其离心力大小可用下式计算：

$$p_j = \frac{G_\alpha V^2}{R} \tag{2-9}$$

式中：p_j——离心力(N)；

G_α——汽车总质量(kg)；

V——车速(m/s)；

R——转弯半径(m)。

从式(2-9)中看出，离心力的大小与转弯半径成反比，与汽车总质量、车速的二次方成正比。如图2-16所示，离心力的方向是沿着转弯半径远离汽车质心的。当离心力达到附着极限时，汽车将沿着离心力的方向滑移，飞出车道外，撞向护栏或其他车道上的车辆，甚至翻车。

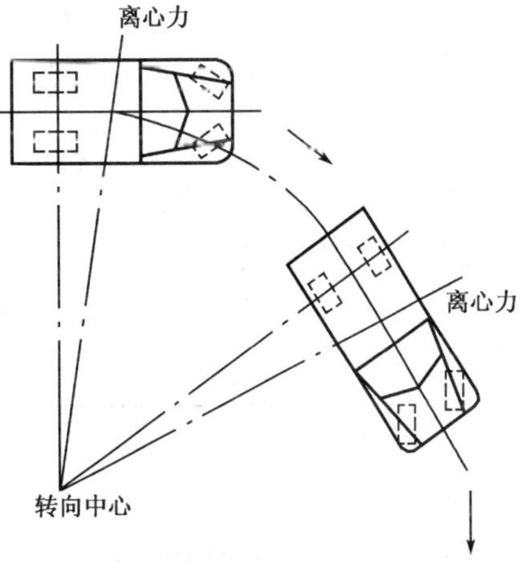

图2-16　离心力作用的方向

(2)附着极限

根据车轮对路面的附着条件可知，当车轮上无切向力(牵引力或制动力)作用时，汽车前后轮所能承受的最大横向力即附着极限为：

$$Y = G_\alpha \cdot \varphi$$

式中：Y——汽车横向附着力(N)；

G_α——汽车总质量(kg)；

φ——横向附着系数。

当汽车作曲线运动产生的离心力大于横向附着极限，即 $P_o > Y$ 时，汽车将发生侧滑，严重时会侧翻。如果车辆承受牵引力或制动力，横向附着力将减小，也就是说，汽车前后轮所能承受的最大横向力逐渐减小，汽车更容易丧失稳定性。

2. 汽车制动性与行车安全

在公路上行驶，车辆在行驶过程中有时会遇到一些意外情况，为了保证周围环境和自身的安全，需要采取制动措施，并以能迅速停车为安全的先决条件。而实际上往往不能实现，总是有一个过程，车辆要继续行驶一段距离才能停住。在这一段距离内随时都有发生事故的可能，因此称它为制动非安全区。

(1)汽车制动非安全区

汽车行驶中，从驾驶人获得制动信号开始，立即采取制动措施，到汽车停止这段距离，称为制动非安全区。这个区间内随时都有发生事故的可能。

制动非安全区是驾驶人反应时间汽车行驶距离与制动距离之和：

$$\text{制动非安全区} = S_{t1} + S_t \tag{2-10}$$

式中：S_{t1}——驾驶人反应时间行驶距离；

S_t——制动距离。

①驾驶人反应时间行驶距离

驾驶人反应时间行驶距离 S_{t1} 可通过式(2-11)计算，其单位为 m。

$$S_{t1} = (0.1 \sim 0.3)V_0/3.6 \tag{2-11}$$

式中：V_0——制动开始时的车速(km/h)。

不同反应时间、行驶速度的汽车行驶距离计算结果见表 2-14。

不同反应时间、行驶速度的行驶距离(m) 表 2-14

反应时间(s)	车 速 (km/h)					
	50	60	70	80	90	100
0.3	4.17	5.00	5.80	6.67	7.50	8.33
0.4	5.56	6.67	7.78	8.89	10.00	11.11
0.5	6.95	8.34	9.72	11.11	12.50	13.89
0.6	8.34	10.00	11.67	13.33	15.00	16.67
0.7	9.73	11.67	13.60	15.35	17.50	19.45
0.8	11.12	13.34	15.56	17.78	20.00	22.22
0.9	12.51	15.00	17.50	10.00	22.50	25.00
1.0	13.90	16.67	19.40	22.22	25.00	27.78

②制动距离

驾驶人从开始踩下制动踏板到完全停车，其间汽车行驶的距离，称为汽车的制动距离，用 S_t 表示。即制动器起作用时间 t_2 和制动器持续作用时间 t_3 两个阶段内汽车所行驶的距离。S_t 可用式(2-12)计算，其单位为 m。

$$S_t = AV_0 + BV_0^2 \tag{2-12}$$

式中：V_0——制动开始时的车速（km/h）；

A、B——系数。

式中 AV_0、BV_0^2 分别表示时间 t_2、t_3 内所行驶的距离。

(2)车速对非安全区的影响

从式(2-10)和式(2-11)可以看出，汽车持续制动距离是随制动开始时的车速成平方关系增加而延长的，当车速从 50km/h 增加两倍至 100km/h 时，持续制动距离将增加 4 倍；同时，驾驶人反应时间行驶距离和制动器起作用时间行驶距离也要延长，而且成正比增加。所以，高速行驶的汽车制动距离将大幅度增加，制动非安全区扩大，行驶安全性下降。

为了保证汽车安全行驶，在汽车上设有两套制动系统，包括行车制动装置和驻车制动装置。行车制动装置的作用是强制汽车减速或停车，驻车制动装置的作用是保证汽车可靠地停放。在驾驶机动车中，操作制动的方法正确与否，是确保安全行车的重要因素之一。

三、汽车技术状况与交通安全

汽车发动机、底盘及电器设备中各系统的技术状况也与汽车的行驶速度有关。特别是在高速公路上行驶的车辆会出现一些普通公路上未曾出现过的故障。汽车低速行驶时，车辆有点异常现象感觉不很明显，而对于在高速公路行驶的车辆，如果稍有一点维护不善，当车辆发生故障时，因为车流速度快，来不及停靠在路边或紧急停车带上时，就可能酿成重大或特大交通事故。

1. 发动机技术状况与行车安全

发动机燃料供给系、点火系、冷却系及润滑系的技术状况的优劣，对行车安全起着重要的作用，而且发动机的技术状况是随着使用时间的延长而发生变化的。高速行驶比中、低速行驶对发动机的技术状况影响更大，严重时将造成车辆故障，从而危及汽车的行驶安全。

(1)供给系的影响

①化油器

传统的化油器汽车在加速时会出现“功率停滞”现象。为了弥补这个不足，有的化油器除了设有机械加浓装置之外，还设有真空加浓装置。而当真空加浓装置失效时，只有机械加浓起作用，则必然存在“功率停滞”。如果机械加浓也失效，则节气门达到一定开度后，功率将不再增加。当驾驶人根据交通状况确认超车或跟车时，由于汽车动力性无法发挥，不能实现驾驶人的意图，影响其他车辆的正常行驶，从而导致交通事故。

②汽油泵

对于采用机械式汽油泵的汽车，高速长时间行驶将使发动机温度升高，汽油泵容易发生气阻，影响汽油泵的正常工作，甚至使汽油泵失去工作能力，停止泵油，导致发动机熄火。这将意味着车辆被迫停车，而停车对于高速公路行驶的汽车来说是很危险的。同样，化油器的故障还会引起发动机供油中断，而使发动机熄火。

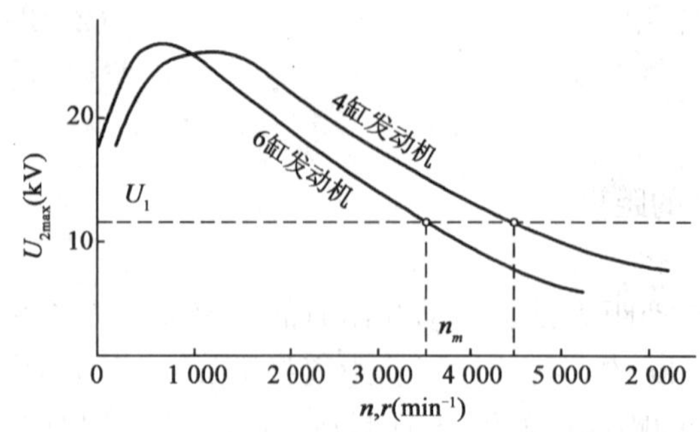

图 2-17　发动机转速和缸数对 U_{2max} 的影响

(2)点火系的影响

对于传统蓄电池点火系(指非半导体点火系)来说,其点火线圈的次级电压是随着曲轴转速和气缸数的增加而下降的。另外次级线圈的电压还与触点打开的速度有关,低速时触点间火花增大,引起次级电压也有所下降,如图 2-17 所示。

图中,U_2 为点火系次级电压,n 为发动机转速,Z 为气缸数,U_j 为火花塞间隙的最小击穿电压,n_m 为可靠点火的转速。从图 2-17 中可以看出,U_{2max}的最高值出现在 1 000r/min 左右。从两条曲线和虚线的交点可知,$Z=4$ 的发动机可靠点火的转速比 $Z=6$ 的发动机高得多。当发动机转速高于 n_m 时 $Z=6$,就会发生失火现象。火花塞间隙的击穿电压和混合气的压力、空燃比、发动机的温度、火花塞间隙的大小等因素有关,在低温高气压的不利条件下,U_j 会上升,n_m 会进一步减小,即蓄电池点火系在高速和稀混合气的工作情况下,很难保证可靠地点火。如果点火系的技术状况不良或存在故障时,则发动机的高速性能将明显下降,n_m 随之降低,即发动机不能实现高速运转。

(3)冷却系的影响

在高速公路上行车,发动机在大负荷乃至全负荷的状态下工作,将产生大量的热量。此时如果冷却系的技术状况不佳,就会导致发动机温度过高,这对于发动机的正常工作是很不利的。发动机工作不正常,会影响汽车的加速效能,在超车时引起危险。

(4)润滑系的影响

发动机高速运转时,各部分相对运动机件之间的速度和压力都将增加,因摩擦而产生的热量将增多,这会使机件的温度增高、强度下降、磨损增加,同时运动件表面间的油膜更难以保证。因此,高速行车时要求润滑系工作要可靠,并且有足够的系统压力。

2. 底盘技术状况与行车安全

发动机的技术状况变坏,造成车辆被迫停车,影响了车辆在道路的正常行驶。同样,底盘技术状况变坏将导致车辆失去控制,直接引发撞车事故,造成人员的伤亡。

(1)传动系的影响

当传动系技术状况下降时,汽车在行驶过程中将发生各种各样的故障。各部位的异响是常见的故障现象,尤其是在高速行车时,异响表现得更为突出。

异响多是由于机件的振动产生的。旋转件的离心力是与转速的平方成正比的,汽车在高速行驶时各部分旋转件的离心力将显著增加,这是导致高速异响的外部原因,而产生异响的内因是汽车技术状况下降。异响是技术状况变坏的外部表现,同时异响的存在将引起技术状况的进一步恶化。产生异响的部件在高速运行的情况下其技术状况有可能恶化至失效的地步。如果在高速公路上发生这样的情况,驾驶人将被迫停车,增加危险发生的可能性。

另外,高速运行所引起的异响都与速度有关。在高速公路上行驶的汽车,速度较为稳定,使得异响也相应有较为稳定的频率。这些频率单调的响声，有可能会使驾驶人心情烦躁，加速驾驶人产生疲劳感，也有可能会另驾驶人昏昏欲睡，为高速公路行车带来危险。

(2)行驶系的影响

汽车高速行驶时，对行驶系中的轮胎影响最大，常见的故障是轮胎突爆和车轮飞脱。一旦发生轮胎爆裂事故，车身倾向于爆胎的那一侧，使转向盘向这个方向迅速转动，尤其是前轮胎爆裂，汽车要急剧偏行，造成重大事故的可能性更大。车速越高，其危险性越大。而车轮飞脱，则容易发生翻车事故。

(3)转向系的影响

汽车在高速公路上行驶时，对安全行驶影响较大的转向系故障还有高速振摆、转向失控、行驶中跑偏等。这些现象都会使车辆难以控制，引起与其他车辆相撞或撞向护栏的事故。

(4)制动系的影响

制动开始时的车速越高，通过制动器转化产生的热量也越多，温度也越高。制动摩擦片的摩擦性能会随温度的升高而降低，因而导致制动力的衰减，加重了制动距离的增长倾向。

第四节　交通安全与交通心理

交通安全心理学是把关于人类行为的科学方法、事实和原则应用于交通中的人的一门学科，即交通安全心理学是系统研究交通中人的行为的科学。作为心理学的范畴，着重研究交通中与人有关的领域，包括人与机器(驾驶人与车辆)的关系、人与环境(道路和标志)的关系和人与人(驾驶人与行人)之间的相互关系。

一、驾驶人的个性特征

个性伴随人的行为方式而表现出来，具体事件和情境是个人行为方式发生的重要相关条件。个性是表现在一个人身上那些经常的稳定的心理特征的总和。驾驶人的个性特征与驾驶人的能力、性别、年龄、气质和性格等因素有关。

1.能力与安全驾驶的关系

智力是能力的主要组成部分。近年来许多研究证明，除智力水平低下的人易出事故外，一些智力高的驾驶人也容易发生事故，中等智力的人事故较少。分析原因，智力低的人一般适应不了复杂的道路交通状况，对一些意外紧急情况的处理难以胜任；智力高的人按理应能很好地胜任驾驶工作，但往往这种人不满足当一名专职驾驶人，认为对自己是大才小用，于是对驾驶工作不安心，从而导致事故较多。当然以上结论不是绝对的，况且智力的高低并不与驾驶人的技术的高低成正比。

机动车的驾驶活动虽然是一项极普通平凡的工作，但是为了更加安全的驾驶机动车，机动车的驾驶人的能力还是有其必要的要求的。根据国内外心理学家对飞行员的研究，并加以类比发现，机动车驾驶能力应包括感知觉能力、注意力、对方向距离和速度的判断力、驾驶动作的反应能力以及准确性、灵活性、协调性等。如表2-15所示。

驾驶人所需能力结构 表2-15

内　容	E	D	C	B	A
体力			○		
感知能力				○	
灵活性				○	
协调性				○	
运动感觉			○		
持续单调工作能力		○			
注意集中持续性				○	
工作准确性				○	
不幸事件承受力			○		
智力			○		
随机应变能力			○		
冒险性		○			
语言表达		○			
领导能力		○			
反应时间				○	
速度判断能力				○	

注:此表引自何存道编著的《道路交通心理学》,表中:A为最需要的心理能力;B为颇具重要的心理能力;C为有具备的价值;D为需要度甚低;E为不需要的心理能力。

现在大多数发达国家都对机动车驾驶人实施就业选择,根据测定各项指标,来区分适合驾驶人与不适合驾驶人的人。这种方式通过把能力上有缺陷或不符合要求的人及时测试出来,不准他们参加职业汽车驾驶工作,来达到减少交通事故,保证交通安全的目的。但是,我国在这方面的工作进展比较缓慢,还未引起足够的重视。

2.性别差异

一般而言,男性为外倾型(心理活动表现外在、开朗、活泼、善交际),积极、富有正义感和意志决定能力。女性为内倾型(深沉、文静、反应迟缓、顺应困难),直观、情绪不定。具体表现为:

①开车时,男驾驶人多强行超车,东张西望,而女驾驶人这种现象很少。

②男驾驶人对超车往往采取不在乎的态度,女驾驶人则很慎重。

③连续行车时间较短时的肇事率低,若时间一长则恰恰相反。

④遇到紧急情况时差别较大。例如在遇到正面冲撞之前的那一刹那,多数男驾驶人想方设法摆脱,而女驾驶人则恐慌,手足无措。

⑤从驾驶形态看,女性在超车道上常低速,充分表现为本位性,一旦发生事故,又以为对方可以给予某种协助,表现为依赖性。

⑥男性驾驶人反应时间短,而女性驾驶人则长。

⑦达到领执照标准的时间,女性驾驶人比男性长26%。

⑧女驾驶人的身高、体重、坐高均不如男性驾驶人，左右手的握力只有 0.1～0.15kN。

因此，在管理中应注意男、女驾驶人的心理、生理特点；在培训驾驶人时，适当延长女学员的训练时间；在安排任务时，给女驾驶人安排轻驾车。这样，有利于保证交通安全。

3. 年龄差异

对驾驶人进行一般情况和紧急情况下的驾驶考试表明，在一般情况下驾驶，年龄大者（不超过 45 岁）得分多，事故少；在紧急情况下驾驶，年龄在 20～25 岁者得分高，事故少，年龄大者成绩差。

22 岁的青年，教习 22h，可获得驾驶执照；45 岁的男性，需要 35h 方可获得执照；45 岁以上的男驾驶人，身体素质、神经感觉、精力等均有衰退、驾驶机能低落。

22～25 岁间的男驾驶人，反应时间短，对夜间眩光后的恢复时间，年龄越小越快。年轻驾驶人视力恢复时间为 2～3s，年龄超过 55 岁时，恢复时间大约为 10s。表 2-16 是各年龄组驾驶人的交通事故情况，表 2-17 是年龄与交通事故的关系。

各年龄组驾驶人的交通事故情况　　表 2-16

年　龄　组	驾驶人百分比		相对事故率 B/A
	被调查人数 A	发生事故数 B	
29 岁以下	15.2	23.9	1.6
30～45	49.3	41.0	0.8
46～65	32.0	31.1	1.0
65 以上	3.5	4.0	1.1
合计	100	100	1.0

年龄与交通事故的关系　　表 2-17

年龄	20 岁以下	20～24	25～29	30～39	40～49	50～59	60～69	70 岁以上	合计
责任驾驶人数	1 358	5 628	7 640	17 426	15 513	8 226	3 154	821	59 757
无责任驾驶人数	1 381	8 037	14 054	35 960	33 225	15 457	5 399	806	113 304
责任率(%)	98	70	54	46	47	53	72	101	53

4. 气质差异

气质是人心理活动和行为的动力方面的比较稳定的心理特征，也就是我们平时所说的脾气、秉性。它不受个人活动目的、动机、内容的影响，但它影响到个人活动的一切方面，表现为心理活动的速度（如语言速度、思维速度等）、强度（如情绪体验强弱、意志努力程度等）、稳定性（如注意力集中时间的长短）和指向性（如内向或外向）等方面的特点和差异。

根据心理活动的特性和神经系统的类型特点来分析人的气质类型，主要有胆汁质、多血质、黏液质、抑郁质 4 种。因此，我们主要从这 4 种不同的类型，来分析驾驶人的行为特点，具体如下。

①胆汁质驾驶人的行为特点，其神经系统的活动类型是强而不平衡型。在驾驶活动中的

行为表现的特征是:直率、热情、精力旺盛、情绪易冲动、心境变换剧烈等。

②多血质驾驶人的行为特点,其神经系统的活动类型是强、平衡且灵活性高。在驾驶活动中的行为表现的特征是:活泼、好动、敏感反应迅速、喜欢与人交往、注意力容易转移、兴趣容易变换等。

③黏液质驾驶人的行为特点,其神经系统的活动类型是强、平衡且灵活性低。在驾驶活动中的行为表现的特征是:安静、稳重、反应缓慢、沉默寡言、情绪不易外露、注意力稳定但又难于转移、善于忍耐等。

④抑郁质驾驶人的行为特点,其神经系统的活动类型是弱而不平衡、不灵活型。在驾驶活动中的行为表现的特征是:孤僻、行动迟缓、体验深刻、善于察觉到别人不易察觉到的细小事物等。

了解人的气质对于安全教育、驾驶人培训、组织交通运输业务等均有重要的意义。例如对多血质的驾驶人要加强踏实、专一、不开快车等反面的教育,对胆汁质驾驶人要注意进行耐心、细心等方面的教育。

5. 性格差异

性格是人对客观现实稳固的态度及与之相适应的习惯的行为方式的心理特征,是个性的重要方面。气质主要指情绪反应的特征,而性格除了包括情绪反应的特征外,更主要的还包括意志反应的特征,大多心理学家把性格分为理智型、意志型和情绪型三种。

①理智型。具有这种性格的驾驶人能正确对待自己和外界交通情况,所以行车中遵守交通规则和驾驶操作。

②意志型。这类人有明确的行动目标,有自制力,在驾驶行为上表现得遇事沉着冷静,处理情况不优柔寡断。

③情绪型。这种性格的驾驶人易受情绪支配,在驾驶行为上表现很不稳定,常有赌气、报复他人的表现。

关于性格中的冒险性问题,研究表明,爱冒险是导致交通事故发生的主要原因之一。是因为爱冒险的驾驶人存在一种侥幸心理,他们认为事故只会降落在别人头上,要教育这些驾驶人,去除侥幸心理,从根本上克服冒险的习性。如表 2-18 所示。

二、驾驶人的反应特征

驾驶人的反应能力主要通过驾驶人的反应时间和应激反应能力来体现。

1. 驾驶人的反应时间

研究表明,当外界刺激引起感觉器官的活动,信息经由神经传递给大脑,经过加工,再由大脑传递给肌肉,肌肉收缩,再作用于外界的某种客体。这一过程中的不同阶段都需要时间,而在大脑中的消费时间最多。即使一个简单的反应,从感觉器官内传导的神经冲动也必须累积起来,并形成足够的兴奋,才能够引起大脑运动区对肌肉发出的一种神经冲动。当需要把运动调整到适合于刺激时,要做的加工和所消耗的时间都和分辨刺激的性质并发出与之相适应的运动反应有关，因而有人把反应时间叫做反应潜伏期。

事故多发级和无事故组的心理特点和性格特性的比较　　表 2-18

项　目	事故多发组、违反常规习惯	无 事 故 组
知识水平	低	高
人与人关系	关系淡薄、不太亲密	关系融洽、亲密
个人欲望	强烈、易冲动	少
攻击性	强	小
情绪稳定性	不稳定、兴奋强烈	稳定
感受性	过敏、容易改变气氛	正常
相互理解	困难	可能
虚荣心	强	少
快乐的追求	强	不强
神经质症状	强	小
把握事态	主观、单一	客观、综合
适应性	异常	正常
社会的同情心	弱	强
安全态度	冒险性	安全为首位
安全教育观念	轻视、消极性	重视、积极性
交通法规观念	轻视	重视
注重生命观念	缺少	强烈
事故责任感、反省态度	缺乏	强烈
性格倾向	外向	内向
协调性	小	有
以自我为中心	强	弱
自我控制	困难	可能
驾驶技术的自信心	逞能	正常
活动性	大	小

(1)反应时间的定义

人由眼睛等感觉器官获得情报传入大脑，经大脑处理后发出命令而产生动作，这一段时间称为反应时间。因为神经对刺激的传递需要时间，大脑的处理过程也需要时间，这两个时间之和就构成反应时间。反应时间又分为简单反应时间和选择反应时间。例如，对于一种刺激，只需要做一个动作即可，这个动作所需要的时间叫简单的反应时间。对于两种以上的刺激，需按指定的方式，采取一个以上的动作所需的时间叫选择反应时间。一般简单反应时间较短，如表 2-19 所示。

简 单 反 应 时 间 表 2-19

感 觉	反应时间(s)	感 觉	反应时间(s)
视觉	0.15～2.00	触觉	0.11～0.16
听觉	0.12～0.16		

在驾驶车辆时有一个特别重要的概念就是制动反应时间。这个时间是指驾驶人接受到某种刺激后，脚从加速踏板移向制动踏板的过程所需要的时间。制动反应时间包括：①反射时间(从制动要求到脚开始动作时间)；②脚从加速踏板到制动踏板的时间；③脚踏板到制动开始时间。

一般来说，根据室内模拟试验，制动反应时间为 0.6s 左右，室外实际车辆运行中制动反应时间为 0.52～1.34s。

(2)反应时间的特性

①反应时间与刺激的种类有关。在各类刺激中，以音刺激的反应时间最短，如表 2-20 所示。

反应时间与刺激的关系 表 2-20

刺 激 种 类	反应时间(s)	刺 激 种 类	反应时间(s)
音刺激	0.149～0.169	光刺激	0.200～0.222
力刺激(触刺激)	0.182～0.212		

②反应时间与反应运动系统的种类有关。无论右手或左手，都比脚反应快，如表 2-21 所示。

反应运动系统的种类与反应时间 表 2-21

反应运动系统	反应时间(s)	反应运动系统	反应时间(s)
左手	144	右脚	174
右手	147	左脚	179

③反应时间与显示的刺激性质有关。从经验得知，两种颜色对比鲜明时，反应时间短；两种颜色色彩接近时，反应时间长，而且反应时间的长短因刺激的强弱程度不同而不同。

④反应时间与反应者的年龄和性别有关。一般来说，儿童、老人、女人的反应时间较长。

影响驾驶人反应时间的因素主要有以下几方面：

a. 驾驶人是否处于准备阶段。

b. 刺激物出现的缓急。

c. 练习的因素。对特定刺激物的反应是否进行过专门的训练，以及训练的程度，对反应时间有较大的影响。通过反复实践，驾驶活动过程中出现的常见刺激物的反应时间会缩短。

d. 年龄与性别的差异。

e. 手和脚的差异。

f. 情绪状态的因素。

g. 疲劳和单调对反应的影响。

h. 车速对反应时间的影响。

i. 酒、药物对反应时间的影响。

2. 驾驶人的应激反应能力

驾驶人的应激反应能力是指驾驶人在驾车过程中遇到意外事件时，迅速处理或应付的能力。它类似于条件反射和下意识的行为，是由于反复做同一动作而形成的一种经验定式。这种经验定式可以通过专门的驾驶训练获得，也可以通过长期的驾驶活动获得。

驾驶应激反应能力的培养，主要靠驾驶人在日常驾车活动过程中，对道路交通系统中可能出现的各种突发事件储存一定的处理模式。一旦出现某种突发情形，就可以迅即调动已经准备好的处理模式，从而避免交通事故的发生或者尽可能减轻危害程度。某些处理模式，也具有一定的危险性，但是比较起来采取这些处理模式，可以减轻危害程度。有些处理模式针对简单的突发情况，可以产生较好的处理效果，而对复杂的交通情况以及在做紧急避险处理的过程中，会使危害性加剧，这是在所难免的。因为驾驶人对特定突发事件已经产生了条件发射，只要情况出现就会不加迟疑地、自动地做出习惯性的动作反应。也就是说在某些复杂的情形下，即使是应激反应能力非常好的驾驶人，也难以避免事故的发生。

三、驾驶人的视觉特性

驾驶人在行车中不断注视前方、转动眼球、收集情报，人的眼睛所能见到的范围局限在180°以内的视野空间。视力根据视角的大小而变化，因此，驾驶人在行驶中，在可视范围内必须不断变换注视点以便收集情报。

行使中，驾驶人的视觉判断能力与车辆速度有关，速度变化时，对于车外环境的判别能力也发生变化。视觉的判断能力在行驶中与静止时完全不同，车辆高速行驶时，驾驶人因注视远方，因而视野变窄。实验表明，速度为40km/h时，视野低于100°；70km/h时，视野低于65°；100km/h时视野低于40°。因此，设计行使速度较高的道路，特别是高速道路，道路两旁必须要有隔离措施，而且不许行人或自行车走在车行道旁，以免发生危险。

行使中驾驶人的视觉与车辆速度有关的另一方面是：驾驶人在驾驶中观看事物时，视线焦点随着速度的增加而距离愈远，实验表明，速度为20km/h时眼睛至焦点为67m；40km/h时，为200m；60km/h时，为335m，……。掌握这些特点，对研究交通安全是十分必要的。

1. 视力

视力是人的眼睛分辨两物点之间最小距离的能力。在一定条间下，眼睛分辨的物体越小，视力就越好。视力可以分为静视力和动视力，人在静止状态下测得的视力为静视力，动视力是指人和视标处于运动(其中人和视标一方运动或两方都运动)时检查的视力。研究表明，驾驶人的静视力与能够安全行驶的速度有密切的关系，静视力越差，驾驶人能安全行驶的速度就越低。我国驾驶人的体检视力标准为两眼的视力均在0.7以上，或裸眼视力0.4以上矫正视力达到0.7以上，对交通事故资料进行统计发现，低视力驾驶人的交通肇事率比视力正常的驾驶人显著偏高。研究还发现，驾驶人的动视力随车辆行驶速度的变化而变化，车速提高动视力降低，同时动视力还与年龄有关，年龄增大动视力降低。动视力好的驾驶人一般静视力较好，正常人动视力比静视力低 10%～20%c，特殊情况下甚至降低 30%～40%。

2. 立体视觉

立体视觉是视觉器官准确判断物体远近、高低、前后、深浅和凹凸等三维空间位置的高级视觉功能，通常人的左眼视物体的左侧，右眼注视物体的右侧，这样物体在视网膜上呈现了视差，视差是产生立体视觉的重要因素。汽车驾驶是高风险职业，要求驾驶人有高敏锐立体视觉功能，倘若驾驶人立体感丧失形成立体盲，那么驾驶人对道路、车辆、行人、树木、房屋等看作一平面图像，就无法准确判断前方车辆、行人等物体的精确速度、距离和位置，只能凭借以往的经验和感觉来估计物体的轮廓形状，在信息感知、分析和判断阶段都容易出现偏差，导致交通事故的发生如表 2-22 所示，因此在日前的驾驶人身体检测中，也应该增加立体视觉检测项目，以减少由于驾驶人立体视觉异常引发的道路交通安全事故。

立体视觉异常与肇事关系　　表 2-22

视觉功能	调查人数(人)	肇事人数(人)	肇事率(%)
正常	1 844	274	14.86
立体视觉异常	97	37	38.14

3. 视野

在静止状态下，头部固定不动，人的眼睛注视前方所能看到的范围称为静视视野，仅将头部固定，眼球自由转动时能够看到的范围称为动视野。驾驶人视野按其功能可分为前方视野、侧方视野和后方视野。前方视野是从汽车挡风玻璃上看到的外界范围，是汽车运行中最主要的视野；侧方视野是通过侧窗所能看到的外界范围，它对车辆起步、停车、转弯和低速行驶时有重要作用；后方视野是从后视镜所看到的外界范围，在超车、制动和转弯时发挥作用。正常人的视野人每只眼睛上下达 135°～140°，左右达 150°～160°。动视野比静视野左右约宽 15°，上方约宽 10°，下方基本不变。人眼的视野可用视野计进行测定，如果驾驶人的双眼视野过小，则不利于行车安全。研究还发现，驾驶人的视野与行车速度有密切的关系，如图 2-18 所示。随着行车速度的提高，驾驶人越注视远方，视野越窄，注意力越集中景象的中心而置两侧于不顾，形成“山洞观”，容易引起驾驶人疲劳、瞌睡。因此在设计道路时，应限制道路的直线长度，强制促使驾驶人变化注视点的方向，避免打盹肇事。

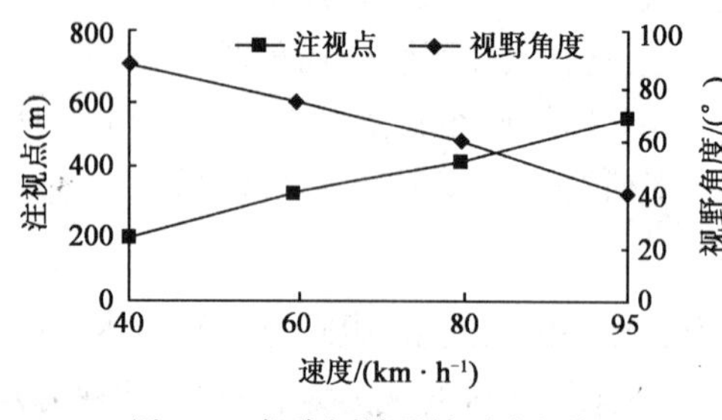

图 2-18　驾驶人的视野与速度的关系

4. 色觉

色视觉是眼睛对颜色的感觉，是一种复杂的物理——心理现象，人看物体颜色之所以不同，是不同波长的光线作用于视网膜后在人脑引起的主观印象的差异。人眼一般可在光谱上区分出红、橙、黄、绿、青、蓝、紫 7 种颜色，每种颜色都与一定波长的光线相对应；在可见光谱的范围内波长长度只要有 3～5nm 的增减，就可被视觉系统分辨为不同的颜色。色觉对驾驶人安全行车非常重要，颜色具有进退性、易见性、对比性和对心理作用的强弱性，在进行交通信号、交通标志、标线颜色选择时也充分利用了驾驶人的色觉特性，如果驾驶人是色弱或色盲，就很难正常及时分辨颜色，进而容易引发交通事故。同时也研究了驾驶人夜晚无道路照明设施时对不用颜色物体的辨认能力，把发现前方有物体的距离称为认知距离；随着车辆向前移动，进一步确认前方是障碍物或行人的距离称为确认距离；车辆进一步前移，能够确认行人的移动方向的距离称为确认动向距离。如果认知距离与确认距离差值大的，则驾驶人有更充分的反应时间，对行车安全有利，反之对行车安全不利。驾驶人仅依靠车灯照明，对于不同色彩的物体的认知距离、确认距离和确认动向距离，如图 2-19 所示。

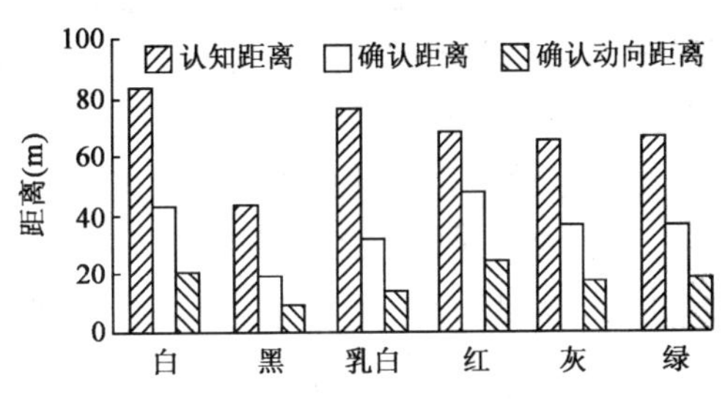

图 2-19　不同颜色物体的辨认距离

5. 视觉适应

人从亮处进入暗处时，最初看不清楚任何东西，经过一定时间视觉敏感度逐渐增加，恢复了在暗处的视力，这称为暗适应，暗适应需 3～6min 才能基本适应，10～30min 才能完全适应；从暗处到亮光处，最初感到一片耀眼的光亮，不能看清物体，只有稍待片刻才能恢复视觉，看清物体，这称为明适应，明适应出现较快，约需 1min 即能适应。当车辆从隧道外进入没有照明设施的隧道内时，驾驶人约发生 10s 的视觉障碍，夜晚在城区和郊区结合处，由于照明条件的改变也会使驾驶人产生视觉障碍，从而影响行车安全，容易引发交通事故。了解驾驶人的暗适应变化特点，对顶防交通事故的发生是十分必要的。

6. 眩目

若视野内有强光照射，颜色不均匀，使人的眼睛产生不舒适感，形成视觉障碍，这就是眩目。眩目是由眩光产生的，眩光会使人的视力下降，下降的程度取决于光源的强度、视线与影响光之间的夹角、光源周围的亮度和眼睛的适应性等多种因素。为了避免眩光的影响，可以采取交通工程措施，比如改善道路照明，设置中央分隔带并种植树木等措施，以及使用偏振玻璃做灯罩，带防眩眼镜等，减少眩目对驾驶人夜间行车安全的影响。

四、驾驶人的心理特性

不是所有的人都适合从事驾驶工作，也不是所有的人都具备与驾驶工作相适应的心理条件。在驾驶人中，总有一些人比其他人更易发生交通事故。驾驶人员肇事的代价，也非从事一般行业的人由于失误而造成的后果所能比拟。汽车驾驶人的工作是与接受大量信息，对其进行综合分析并迅速采取行动相联系的。为此，对人体的心理因素作出客观的评价，具有非常重要的意义。

1. 感觉与知觉

驾驶人认识周围环境是从最简单的心理活动——感觉开始的。感觉是客观事物的个别属性作用于人们的感官在头脑中的反映。

与驾驶人行为有关的最重要的感觉有视觉、听觉、平衡觉、运动觉等。视觉和听觉是眼、耳的功能，而平衡觉是由人体位置的变化和运动速度的变化所引起的。人体在进行直线运动或旋转运动时，其速度的加快或减慢，以及体位的变化都会引起前庭器官中感觉器的兴奋而产生平衡觉。运动觉是由于机械力作用于身体肌肉、筋腱和关节中的感觉器而产生兴奋的结果。大脑皮层中央前面是运动觉的代表区。运动觉为我们提供关于身体运动状况的情报。

由于感觉是客观世界的主观映象，因此产生感觉必须具备两个条件：一是客观外界的刺激事物，并且要有足够的强度，能为主题所接受；二是主观的感觉能力。显然，为了能更好地感知交通信息，保证行车安全，就必须提高驾驶人对各种信息的感受性。

知觉是比感觉更为复杂的认识形式。知觉是在感觉的基础上，对事物各种属性的综合反映，它是同时参与知觉的不同感觉器官以某种优势的器官为基础，并综合了两个或若干个感觉器官的感知结果。在实际生活中，人们都是以知觉的形式来直接反映客观事物。

2. 注意

注意就是人们心理活动对一定事物对象的指向和集中。指向，就是在每一瞬间把心理活动有选择地指向于一定的对象，而同时离开其余的对象。集中，就是把我们的心理活动贯注于某一事物对象，表现为全神贯注、聚精会神、凝视、倾听等。被注意到的事物，就被感知得比较清晰、完整、正确；未被注意到的事物，就被感知得模糊。例如，汽车驾驶人在行车中，虽然车、马、行人拥挤，情况复杂，但只要集中精神，注意了来车、行车和交通信号等情况，能清楚的认识到与行车完全有关的各种变化，不受各种干扰的影响，就能保证行车安全。同样也有一些驾驶人，在同一路段行驶，对各种车、马、行人的动态漫不经心，不注意来车、行人和交通信号，思考时三心二意，遇情况采取措施不当，手脚忙乱而发生交通事故，这就是没有"注意"。

注意可分为两类，即无意注意和有意注意。

无意注意时事先没有预定的目的，也不需要作意志努力的注意，主要是由事物的外部特点所引起的，如强烈的光线、一声异响、一声尖叫、浓郁的气味、新奇的外形、万绿丛中一点红等。例如，汽车驾驶人在行车中看到路边广场上有马戏团在演出，无意中看了两眼，等回过头时，突然一个小孩已经跑到路中间，因为对小孩的来向和去意不明，以为小孩向左跑，就向右打方向，结果小孩却向右跑，就在这一刹那发生了事故。行车途中，车外环境不断变化，新鲜事、稀奇事以及各种强烈的刺激实在太多了，如果不能控制自己而成了无意注意的奴隶，东张西望，听这听那，思潮起伏，那是非常危险的。

有意注意是有预定目的，必要时还作一定意志努力的注意。它主要是由于安全行车所必需的条件而引起的，而且强烈或新奇。例如，必须注意交通信号和交通标示，注意车、马、行人的动态，转弯时要注意对方来车等。这些都是有目的、有意识的注意，即使身体疲倦了还要强迫自己注意，所以要求一定的意志努力去达到，否则就会发生交通事故。

无意注意可以变为有意注意。例如，在行车中驾驶人听到底盘后轴部分一声异响，一时又消除了，这就是无意中引起了驾驶人的有目的有意识的注意倾听异响发出的部位和原因，以便采取措施，避免机件事故的发生。又如，车队购进一辆新型汽车，美观实用，引起某驾驶人的无意注意。当车队领导决定把这辆新车交给该驾驶人时，他就要去观察研究新车的特点，掌握新车的技术性能，这就变为有意注意了。再如大雨天在山路上行驶时，突然听到一声巨响，引起了驾驶人的无意注意，但会使其立刻想到这可能随时山洪暴发，要危及行车安全，便立刻变为有意注意，注意观察山路两旁的路基情况和远近的变化情况，以便采取安全措施。

有意注意也会转化为无意注意，因为仅靠有意注意，驾驶人容易疲倦。如果驾驶汽车不只是完成运输任务，而且怀有浓厚兴趣，又能发现一些新的操作要点等，那么有意注意就会转化为无意注意。这样，两种注意不断交替转化，汽车驾驶人就可以把注意长期持久地集中在安全行车上。

3. 记忆

在生活过程中，我们每个人都常会获得大量的信息，有看到、听到的，也有触觉到的。我们得到的印象即使经过一段时间，也不会从自己的知觉中完全消失。而是我们得以储存过去经验的心理过程，就叫做记忆过程。离开了这一过程，就不可能在实际上把握现实。

驾驶人具有特别有效的记忆能力，这种记忆品质，主要表现在记忆的范围、速度、准确性、持久性和完备性。有时，记忆的完备性是最有价值的记忆品质，它可以确保在必要时再现所需的材料。有时，在时间紧迫的情况下，驾驶人必须运用自己的知识和动作复杂的技能。在这种情况下，驾驶人能否采取及时有效的措施，在很大程度上取决于其记忆的完备性。

记忆的效率不是固定的，很多原因能使其受到影响并发生变化。研究结果证明，工作 6h 以后，驾驶人的记忆会有明显的减退。一般来说，人的记忆随着年龄的增长而出现衰退，这主要表现在记忆速度迟缓和对事物保持集中注意的能力下降。要增强记忆力，只能靠平时坚持不懈地锻炼和充分使用自己的记忆力，经常记忆、回忆过去记住的事物并重新记忆，这样可以增强自己的记忆力。

4. 思维

感觉、知觉、记忆和回忆等可以为人们提供关于具体事物及其外在属性方面的感性材料，但是，这些现实世界个别事物和现象的感性材料即使记忆深刻，也显然难以满足积极活动的需要。比如道路标示可以作为感觉和知觉在汽车驾驶人的头脑中反映出来。但是，这一心理过程本身并不能对下列经常发生的问题作出回答："现在该做什么，怎么做？后果如何？"等等。感性材料不能作为预见事态发展的唯一依据。要预见事态的发展必须全面分析，概括事实，得出结论，用于其他类似的事实。这个从个别到一般，再从一般到个别的往返过程，是在一个复杂的心理认识过程中实现的，这个复杂的心理过程就是思维。

思维的第一个重要特征是概括性。这就说感觉和知觉不同，人们通过思维获得的信息，是对来自各种事物的大量感性材料进行加工制作的结果。这种信息是这些事物某些最本质特征的概括的形态。思维的第二个重要特征是，它能够间接地反映客观现实，也就是说，思维转移根据间接特征指示那些不直接作用于分析器官的事物的本质。

5.情绪与情感

人在活动中会对自己周围的世界表现出自己的态度，这种态度总是以带有某些色彩的体验形式表现出来，如高兴、忧愁、愉快、失望、悲伤、害怕、恐惧、苦恼等，这就是各种形式的情绪和情感。

情绪一般是指与人的生理需要相联系的态度体验，如防御反射、事物反射等无条件反射引起的高级、复杂的体验。

对于驾驶人来说，情感中的道德感、理智感、美感均具有重要的意义。

道德感是一个人对人们的行为和对自己本人行为的情绪态度。道德感在人们共同活动中发生、发展，并受该社会实践占统治地位的道德标准所决定。道德感的特点是它们有积极作用，是完成工作、作出高尚行为的内部动机。驾驶人应该具有礼貌、谦让、为他人着想、尊重他人、同情他人、关心交通“弱者”的优秀道德感。

理智感是人在智力活动过程中所产生的体验。驾驶人在完成驾驶任务的活动中会引起一系列深刻的情感体验。寻找驾驶规律，发现各种路面情况的规律及其产生的原因和特征，保证安全行驶的方法、措施等，往往会伴有有所发现的特别高兴的情感。当驾驶人认识了安全行车的规律，成功地通过交通环境复杂地段的体验，会推动他进一步努力思考、总结规律，从而更有效的完成任务，保证交通安全。

美感是根据美的需要，按照个人所掌握的社会上美的标准，对客观事物进行评价时所产生的体验。一个人只有具备对美好事物有良好美感时，才能成为一个高尚的人，才会为别人的幸福和方便牺牲自己的个人利益。如驾驶人应该对给他提供交通方便的人产生深切的尊敬感，愿意向他们学习，主动为别人让车、让路。

6.意志

意志是一种自觉的、具有确定目的的、与克服某些困难相联系的心理活动。驾驶人在驾驶工作中，为了达到安全行车的目的，充分发挥自己的体力和智力克服大量困难，正确地处理路面情况，按捺住他的满腔情感，冷静的应付复杂的交通矛盾冲突。所有这些都是驾驶人的意志表现。每个驾驶人都有着自己独特的个性意志特征，优秀的驾驶人应当是一个个性意志特征具有稳定性的人。

7.事故心理

交通事故中人的原因分为直接原因和间接原因。直接原因是指交通事故的发生是由于驾驶人在感知、判断和反应操作等方而出现了错误而导致的；间接原因是指驾驶人当时的条件和自身状态（如驾驶人的情绪、生理、心理状态等）对驾驶产生的影响。

(1)感知错误

在行车过程中，驾驶人要通过各种感觉器官获得有关的交通信息，安全驾驶的前提就是要保证驾驶人的正确感知，而感知觉的产生，必须依赖于光线、声音等客观刺激的存在以及健康的感觉器官和清醒的头脑。如果缺少其中任何一个环节，都不可能产生正确的感知觉；驾驶人如果不能全面、正确地获得所需要的交通信息，就有可能发生交通事故。驾驶人感知错误可分为几种情况：一是当刺激出现时，由于天气或其他条件的限制，而使驾驶人没有感觉或无法感觉到而造成感知错误；二是当刺激物出现时，由于某种原因产生感知错误或感知不全面。造成这些感知错误的原因主要有以下几种：

①注意不当。由于驾驶人精神恍惚或正在考虑与驾驶无关的事情，而不能集中注意观察交通情况，对前面行驶车辆的减速、转向或停止等信息不能作出正确反应，致使本该发现的危险情况没有被发现或及时发现。人的注意力越分散，注意的质量损失越大，驾驶人也因此不能长时间注意道路和交通情况。近几年世界各国对驾驶人注意的范围，注意的分配、转移等问题进行了研究，通过分析行车过程中驾驶人的视觉活动情况，可以大致估计出交通情况对驾驶人提供的信息多少和意义。

②观察错误。由于驾驶人视野狭窄、视线固定，不能发现交通情况的发展变化，不能分辨危险程度等，从而造成知觉延误，观察不正确、不全面。除此之外，由于道路条件不好，交通标志和路面交通标记不清楚，路旁的违章建筑对视线的遮挡，恶劣天气对视觉的干扰以及交叉路口冲突区域太大等，都可能使驾驶人观察出现错误而导致交通事故。

③判断错误。在驾驶过程中，驾驶人要根据自己感知到的交通信息，并结合自己的知识经验，对道路线形、距离、车速等进行判断，并在此基础上进行决策。如果通过大脑思维所作出的判断与实际不相符合即判断错误，那么将会出现决策错误，很可能导致交通事故的发生。一般来说，造成判断不准确的原因主要有以下几种：

a. 感知错误。驾驶人要对事物的特征和关系作出正确的判断，必须以对事物的正确、全面的感知为前提，否则就将作出错误的判断。

b. 知识经验不足。有些驾驶新手，由于缺乏一定的驾驶经验，当他们遇到突如其来的情况时，不能运用已有的知识对新事物作出合理全面的推测，从而导致错误的判断。

c. 心存侥幸和思维缺陷。对于驾驶人来说，驾驶行为受道路状况、气候条件以及交通环境等条件的制约，而这些条件是在不停的变化的。有些驾驶人往往喜欢用自己的主观想象和猜测去参与交通行为，或者是过高地估计了自己的驾驶技术，心存侥幸、轻信自己能够有效避免或防止危险的发生；也有的驾驶人，根本不考虑驾车环境和条件的变化，只是孤立、静止地看待一些交通问题而忽视了当时、当地的具体情况，从而导致判断错误。

(2)反应操作不恰当

驾驶人的反应，是指在行车过程中，对外界刺激所产生的反应速度以及采取相应措施的速度。驾驶人操作不恰当有两种情况：一是反应迟缓，二是反应不准确。

①反应迟缓。反应迟缓就是对于自己作出的判断不能立即付诸行动。反应迟缓的原因有：先天的因素，即大脑机能水平，头脑不灵，反应时间要长些；后天条件，即驾驶人的实践经验，在实际驾驶中的训练以及他的知识范围，个人经历、年龄、性别，与车辆道路的熟悉程度有关。

②反应不准确。驾驶人反应的准确性与交通安全有着非常密切的关系。由于汽车行驶速度快，交通情况瞬息万变，任何一个不准确的动作都有可能造成交通事故。

(3)驾驶人的不良情绪

有些驾驶人因家庭纠纷而烦恼、急于赶时间或通过闹市、狭窄的街道等而产生厌烦、急躁的情绪,这些都会影响到他们的注意力,因此常常会出现因观察错误而导致的交通事故。

(4)疲劳驾驶

驾驶人在精神紧张、连续处理交通信息产生疲劳以后再继续驾驶车辆,身体机能就会明显下降,如果连续驾车数个小时,就会表现感觉迟钝、知觉减弱、注意分散等,这样就会使操纵动作的准确性降低。

(5)酒后驾驶

饮酒对人的心理影响比对身体的影响还要大,酒后驾车会使驾驶人的视野变窄,各种感觉迟钝和不平衡,注意范围缩小,注意分配和转移能力减弱,对信息的处理能力降低,情绪不稳定,喜欢超车或超速行驶等,严重地扰乱了正常的操作过程。酒精的作用会使驾驶人神经产生麻痹,失去克制力,容易引发交通事故。

8.驾驶人的可靠性

决定驾驶人可靠程度的要求有驾驶汽车的适应性、训练素养和工作能力。这些因素总是相互影响的,它们是评价汽车驾驶人的职业素质的主要依据。

(1)适宜性

①情绪的稳定性。驾驶汽车是一项责任重大的工作,因为它关系到人的生命安全。交通状况的复杂性以及由此产生的危险,通常引起驾驶人心理状况的变化,这在不同驾驶人表现是不一样的。经验丰富、自信心强、性格坚定果断的驾驶人,在遇到紧急情况时,动作往往比平时更准确和迅速。而不太老练的驾驶人则会手忙脚乱,动作失常,神色慌张,不仅不能采取必要的行动,相反,还会采取多余的不必要的行动,这种不必要的行动、不必要的情绪兴奋和紧张会减弱自己对动作的控制力,以致出现某种错误的驾驶动作。

情绪的稳定性是指驾驶人在复杂危险的情况下,克服惊慌和恐惧感,准确迅速的采取行动的能力。这是驾驶人重要品质之一。

②反应。在直接影响交通安全的所有心理素质中,最重要的是驾驶人对道路环境变化的反应速度。反应是人体器官因某种外界刺激而发生的相互动作。

复杂反应是驾驶人活动中的主要反应形式。因为驾驶人经常要评价交通环境中不同客体的特征,还要通过操纵机构完成相应的动作。

驾驶人的任何反应都应具备有正确性、准确性较高的速度。比如某道路环境要求驾驶人驾驶汽车右转,如果驾驶人因判断错误而向左转,这个反应就是不正确的。在确定转弯方向的同时,还应当选择好汽车转弯的半径和角度。反应的速率取决于驾驶人评价道路上的行人或汽车与自己的距离以及操纵驾驶机构所用的时间。这个时间越短,驾驶人反应的速率越高。如果驾驶人反应迟钝,那么,在突然出现危险时,他就会由于不能及时采取必要的行动而酿成交通事故。

(2)训练素养

驾驶人的可靠性在很大程度上取决于其职业训练。也就是说,驾驶人在工作中的可靠性

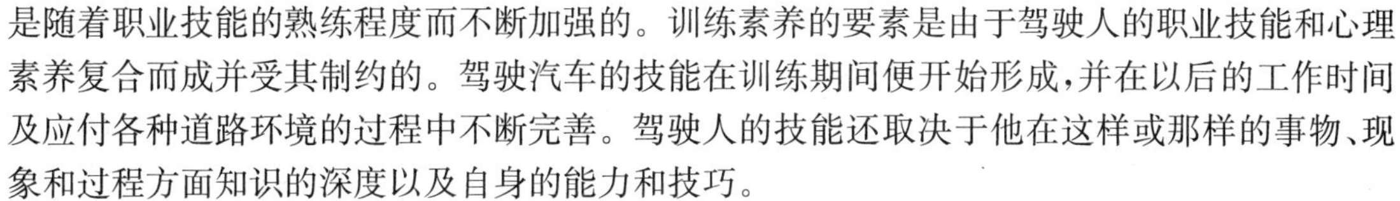

是随着职业技能的熟练程度而不断加强的。训练素养的要素是由于驾驶人的职业技能和心理素养复合而成并受其制约的。驾驶汽车的技能在训练期间便开始形成，并在以后的工作时间及应付各种道路环境的过程中不断完善。驾驶人的技能还取决于他在这样或那样的事物、现象和过程方面知识的深度以及自身的能力和技巧。

(3)工作能力

工作能力是确定驾驶人可靠性的重要因素。驾驶人的安全驾驶在很大程度上取决于其工作能力的稳定性。如果驾驶人处于健康无病状态，家庭和工作条件良好，睡眠、饮食和休息正常，那么他的工作能力就能得到增强，而疲劳、饮酒、吸烟等则会导致驾驶人的工作能力下降。

第五节　道路环境与交通安全

目前大多数交通安全研究中对人、车往往给予较多的关注。由于交通事故的作用主体是人或车辆，交通执法时为了更好更快地完成事故的处理和理赔，确定责任人(肇事者)，最方便的就是从人和车这两个因素入手，很少从交通环境、交通服务水平的角度来处理问题，因此统计数字中较少提及道路交通环境的影响因素。

但是应当说道路行车环境对车辆的安全行驶是有重要影响的，因为驾驶人的驾驶操作是处在一定的行车环境中进行的，他必须及时了解和把握不同的行车环境的特点，快速处理各种环境条件带来的诸多变化，才能保障行车安全。通过查阅有关资料可以将影响道路交通安全的行车环境归纳为以下几个方面：即交通量的大小、强风天气、大雨天气、雾雪天气、高温天气以及黄昏黎明和夜间等环境照度比较低时的时间段的日常自然现象。在上述6个大方面中有以下几个方面对交通安全的影响较为突出，即交通量的大小、特殊天气、夜间和黄昏黎明时刻等。下面分别对它们的影响进行简要分析。

一、交通量与交通安全

交通量的大小对行车安全有较大的影响。一般情况下，当交通量大时，车辆之间相互干扰与碰撞的机会就增多。特别是当超车时，若超车等待时间较长，超车的驾驶人易产生急躁情绪，这会影响到他的驾驶操作动作的准确性与灵敏性，容易导致交通事故的发生。

在交通量小时，车辆之间的距离比较大，车辆可以以自由车速行驶，干扰因素少，有利于行车安全。但此时，个别驾驶人可能容易放松警惕，而超速行车，一旦遇到视距不足、车道狭窄或其他的紧急情况时，出现险情，往往会因来不及采取措施而发生事故，这就是为什么交通量小而事故率有时却比较高的原因。随着交通量的增大，在最初的增大过程中，由于驾驶人注意力提高，交通事故的数量反而会有所降低。

我国学者钟连德等人利用一条高速公路连续3年的事故数据和交通流数据，对V/C(交通量与相应路段的通行能力的比值)和事故率的关系进行了统计分析，研究结果如图2-20所示，从图中可以看出：当V/C较低时，事故率比较高；随着V/C增大，事故率逐渐降低；当$V/C=0.60$左右时，事故率最低；当V/C再增大时，事故率又开始增大，V/C与事故率的关系呈U形

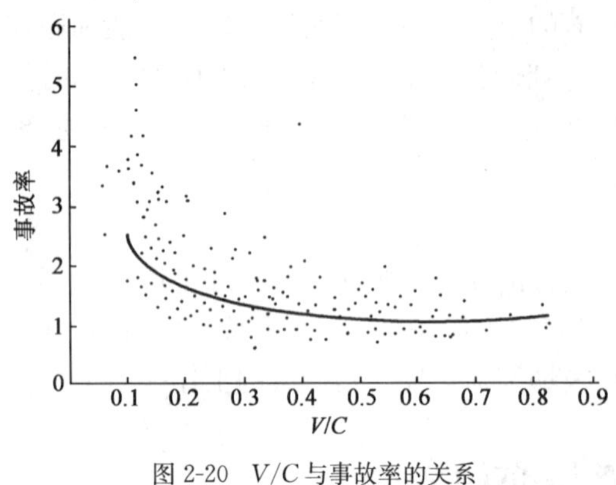

图 2-20 V/C 与事故率的关系

曲线。产生这种现象的原因可能是：当 V/C 较小(即交通量较小)时，由于路面比较空旷，车辆之间的相互干扰小，行车自由度高，车速往往很快，一旦发生危险，容易造成躲闪不及而产生安全隐患，此时发生的事故多为单车事故；随着交通量的增大，当 V/C 增大，道路的利用率变高，车辆间有一定的干扰，行车速度随之降低，驾驶人此时警惕性增强，所以事故率下降；当 V/C 达到一个比较大的值，事故率达到最低；但是随着 V/C 进一步增大，车辆之间相互干扰就会严重，车辆变换车道超车需求增大，冲突随之增大，事故率上升，此时多发生刮蹭、追尾等多车事故。

二、特殊天气与交通安全

气候条件对交通的直接影响主要表现在改变了路面物理性、观察视线、车辆自身安全性等方面。在强风、大雨、浓雾、雪等天气条件下，驾驶人的视线会受到影响，车辆也较正常情况下变得难以控制。在这些不利于行车的天气里行车，比平常增加了很多不安全因素，驾驶人稍微有些疏忽大意，就有可能导致交通事故的发生。下面根据有关方面的知识对它们作出分析。

1. 强风天气

强风天气是对公路有较大影响的因素之一，在公路上遇到强风天气时若风向与公路的方向垂直则车辆侧面会受到横风作用，如果风力较强，会使车辆难以控制而偏离行车路线发生交通事故，而且这种横风作用是随行车速度的提高而加剧的；若风向与汽车行驶的方向相同，则会给汽车额外的推力，当汽车紧急制动时会增加汽车的制动行驶距离，增加了发生危险的可能性。

2. 下雨天气

雨天也是对交通安全有较大影响的因素之一。在雨天行车，驾驶人的视线障碍较大。特别是高速行车中，驾驶人常常只能看到雨刷扫过的部分，同时挡风玻璃内侧可能会产生湿气而阻挡了驾驶人的视野。这些情况都将导致驾驶人的视线降低，对安全行车造成不利影响；另外，雨水会使路面变得湿滑，使轮胎与路面之间的摩擦系数减小，当汽车紧急制动时会增加汽车的制动行驶距离，增加了发生危险的可能性；由于路面湿滑还可能会使汽车发生侧滑或滑溜的危险，特别是当汽车行驶在弯道上时这种现象更加明显，对行车安全造成不利影响。

另外，雨天还会出现的一种现象就是“水滑”，水滑就是高速行车时轮胎与路面之间的积水不能得到及时排除，雨水像一个楔子卡进轮胎与路面之间，而产生抬力使车轮上浮，失去轮胎与路面的附着力，此时，汽车的转向制动都将失效，汽车因无法控制而容易发生交通事故。如图 2-21 所示。

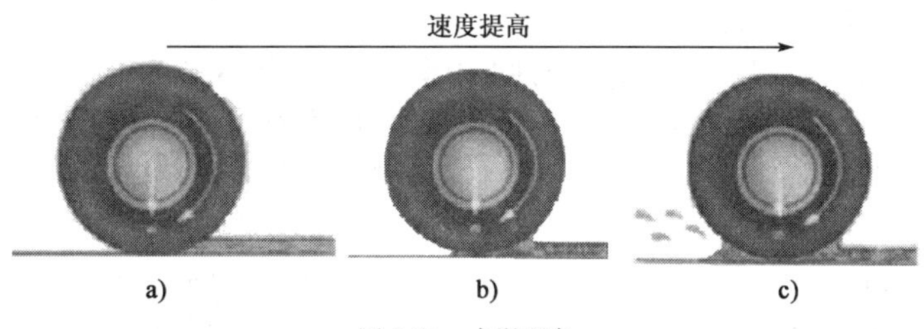

图 2-21　水滑现象

a)轮胎全面接地，无悬浮；b)轮胎部分悬浮；c)轮胎完全悬浮

3. 雾雪天气

公路上突发雾降低了公路上的能见度，驾驶人的视线变得模糊不清，驾驶人对道路情况难以看清。尤其是浓雾天气，对驾驶人的观察判断能力影响更大，更容易发生交通事故。在高速公路上，由于车流量大，车速高，因雾而发生的交通事故无论从数量上还是从严重性上都明显高于一般公路，且浓雾天气引起的交通事故常是一连串的追尾相撞的恶性事故。通过对多起因雾引起的高速公路交通事故的分析，可以大体将雾引发交通事故的过程归结如下：大雾是因影响能见度的变化而影响公路上车辆的行驶状况。高速行驶的车辆在进入能见度突然变差的雾区时，驾驶人做出的反应一般是迅速减速。问题恰恰就经常出现在减速这一过程中，减速过慢则可能会与前方在雾区里已减速车辆相撞；减速过快时，行驶在后面的驾驶人常会因视线不清，刹车不及而发生追尾相撞。一旦有两辆车相撞，因雾中能见度低下，后面快速行驶车辆即使能识别到前方车辆，但由于车距太近、车速太快，采取刹车已为时过晚，因而发生连环撞车事故。也有的驾驶人在雾区突然识别出前方事故车辆，同时感到刹车距离不够而急打方向绕过事故车辆，则可能会撞到公路的护栏，或与另一车道上行驶的车辆相撞，不过在高速公路上迎面撞车事故较少见。

在下雪时驾驶人的视线也会受到影响，道路积雪后更难观察地面状况，行车不安全的因素增多，而且由于气温较低，路面积雪经轮胎碾轧溶化后会结冰，使路面附着力减小，汽车驱动轮容易打滑空转，汽车难以控制，容易发生交通事故。

三、环境照度与交通安全

夜间由于没有阳光照射，其环境照度与白天相差很大，驾驶人视觉、空间知觉受到很大的影响，物体视认性变得较差。若某路段上防眩设施不完善，则在夜间行驶时对向来车的灯光还有可能会使驾驶人的眼睛产生眩目；若对向来车比较多时，对向来车灯光的快速变化还有可能会使驾驶人的眼睛产生明适应与暗适应现象，眩目和明暗适应都能使驾驶人的视力暂时下降，使得驾驶人一时不容易看清车外路况信息；从而为高速公路交通埋下安全隐患。下面对眩目和明暗适应简单做些分析。

1. 黄昏和黎明时环境照度的急剧变化

由一般的经验可以得知，由明处到暗处或由暗处到明处时，眼睛需要适应一段时间，视力才能得到恢复，这个恢复的过程被称做适应。由明处到暗处的适应叫暗适应；由暗处到明处的适应叫明适应。暗适应比明适应需要的时间要长。入暗室时，大约需要15min才能适应，要完全恢复则需要30min以上。而明适应一般只需要几秒钟到1min。在道路上行车时出现的明暗适应发生在黎明和傍晚时刻，这两个时刻环境照度一个是快速升高一个是快速降低，这对在高速公路上行驶的驾驶人极为不利。

黄昏时刻行车(图2-22)，由于环境照度急剧下降，物体反射的光线变弱，驾驶人的暗适应一时还难以形成而不容易看清前方路况信息，这对高速行驶在高速公路上的驾驶人来说极为不利，遇到险情时非常容易发生交通事故。

图2-22　黄昏时刻行车时情景

此外，在黎明时刻也有类似黄昏时的情形，只不过在黎明时刻驾驶人需要适应的是明适应，而明适应比暗适应所需要的时间要短，所以相对于黄昏时刻，黎明时的环境照度变化驾驶人更容易适应一些，但由于黎明时刻，某些驾驶人经过夜间长时间的驾驶，可能有些疲劳而反应迟钝，所以尽管驾驶人对黎明时的环境照度变化更容易适应些，但有资料表明黎明时也是交通事故的多发时间段。

2.夜间对向来车造成的眩目

在夜间行车，如果中央分隔带的绿化措施或防眩设施设置不当，则对向来车的灯光会引起驾驶人眩目。眩目主要是指在眼内的角膜与网膜之间的媒质产生散射而引起的反应，这种现象使人产生眩目的感觉，产生眩目时人的眼睛前是光茫茫一片，什么也看不清。对于汽车灯引起的眩目，有关试验资料指出：驾驶人所感觉到的眩目程度，无论是动态还是静态试验，在产生眩目的距离上并没有多大差异；根据静态试验，感到眩目的距离为100±25m。

根据有关资料：眩目可使静视力下降至0.4，如果要恢复到1.1则需要20s；眩目可使动视力下降至0.3，经40s才可使视力恢复到0.6左右。但实际上，对向车灯光并不一定正射在视网膜中央，同时驾驶人可以转动眼球避开强光，这样造成眩目的程度会有所减弱，所以一般情况下，眩目可使视力下降25%，恢复视力的时间约需要3～4s，在这3～4s的视力恢复过程中，若前方道路出现了危险情况或者是有关的道路信息没有被驾驶人看清楚交通事故就有可能发生。

四、其他

1.道路视觉环境

在人、车、环境道路交通系统三要素中，人只有理解环境，根据环境信息正确操作，才能保证安全行车。因此，环境的好坏对安全行车影响较大，其中视觉环境对驾驶人影响最大。道路本身及交通设施的影响主要表现在以下三个方面：

(1)行车视距

视距不良对驾驶人的影响很大，造成驾驶人无法从道路环境中获取足够的视觉信息而精神紧张，一旦出现紧急情况，判断和操作出错，从而造成事故。在我国，由于各种原因，在山区道路平曲线处、平面交叉口及公路凸曲线顶部，视觉不良的设计很常见，这些地方也相应成为事故多发点。如汽车上到坡顶前，汽车前方是一片盲区，汽车接近坡顶时视距几乎为零。这时若坡顶对向有汽车驶来，因中间坡顶遮挡视线，双方彼此不能看到，常常造成碰撞事故。

(2)交通标志标线

现阶段，由于交通标志设计不合理或设置不当导致的交通问题相当突出，使道路及周围路网体系不能发挥应有的功能。道路使用者经常由于对交通标志系统感到困惑而迷失方向。在天气条件不良的环境下，由于交通标志的视认性不佳而导致的交通安全问题突出，包括雨、雪、雾天以及强光下逆光的视认性问题。

(3)非交通标志干扰信息

道路是为交通服务，因此，道路空间内要尽量避免非交通标志的设置，以免对驾驶人造成视觉干扰，分散注意力，带来安全隐患。太阳光、强反射光、夜间会车时的迎光、远处的强光、原野上积雪的反光、进出隧道光线的变化等都会使驾驶人造成光线错觉，从而导致操纵失误。

2.道路景观

公路沿途的景观设计，不仅要考虑景观美化功能，还要通过有效设计，加强驾驶人的视线诱导，减轻紧张和乏味，并在事故发生时减轻灾难程度。有位驾驶人说，他曾驾车翻过一个山坳，望着远处的山景时，心里突然升起一种阴森森的感觉，好像置身于地府之中，非常害怕和紧张，不知不觉中就将车驶出了路外。经调查，曾经驾车经过那个山坳的驾驶人中许多都有同感。其原因在于道路与路外景观的不协调。如果在经过这个山坳的道路外侧种几排树或设一堵防护墙，挡住驾驶人投向远处可怕山景的视线，其行车安全性就可能大大提高。这个事例说明，利用道路景观可以很好地促进道路安全。景观对安全的作用主要体现在三个方面：

(1)视觉诱导

道路景观的视觉诱导功能包括视线诱导和线形诱导两方面。视线诱导就是利用植物在立面上所成的竖线条引导驾驶人视线，使驾驶人集中注意力。

(2)消除紧张和疲劳

汽车行驶在公路上，驾驶人要随时应付千变万化的情况，精神高度紧张，很容易疲劳，好的公路景观(如丰富的公路绿化、形态各异的建筑构造物及道路线形的弯曲和起伏等)能使驾驶人感受到富有节律感、多变性的景观，产生愉悦的心理，有效缓解不良反应，达到消除精神疲劳、提高行车安全的目的。

(3)遮光防眩

道路的交通流量大，夜间行车较多，受对向行驶车辆前照灯对射的影响，极易造成司机眩目，对行车安全十分不利。中央分隔带绿化的主要目的之一是防眩，避免对向车的灯光对驾驶人眼睛的刺激。

3.道路布局

道路布局形态决定了路网布局和道路的基本条件，决定了路网的交通特性，从而在一定程度上影响着城市交通安全。我国城市重庆，被称为山城，其道路交通的特点就是弯道多，上下坡多，道路系统呈现立体形态，路网不但在平面上交叉，在空间也有交叉。

4.交通管理水平

交通管理水平是影响交通安全的首要因素，所有的事故本质上都可以在管理上找到原因，加强交通管理水平，提高从业者的综合素质，是解决交通安全问题的重中之重。

5.人口密度

人口密度直接影响城市交通状况，过大的人流加重了道路交通的负荷，同时增加了危险发生的可能性。

除以上几点外，城市的人文环境、交通安全文化发展的水平，也对交通安全起着重要的影响作用。居民的素质高低、行为习惯、出行心理，等等，对道路交通安全影响的作用是不可估量的。

第三章　车辆跟驰行为与道路交通安全

车辆跟驰行为是交通流中一种比较普遍也比较重要的行为，对其研究有助于理解交通流的特性。跟驰模型在交通流理论的发展过程中起到了极其重要的作用，因此对道路交通安全、交通管理、通行能力、服务水平等的研究有重要意义。

道路交通安全是对行驶在道路上的车辆最基本的要求，也是交通管理永恒的主题。对城市道路上驾驶行为模型和车辆跟驰模型的研究，为进行有效的交通规划、道路建设与改进、交通管理与控制、先进的车辆控制系统及驾驶辅助系统的研究与开发、道路交通事故防范、智能运输系统研究等基础性工作提供理论依据。本章重点讨论跟驰理论的主要内容，介绍跟驰理论的定义，回顾国内外早期的车辆跟驰模型，引出四种改进后的跟驰模型：动态期望车头时距模型、不同灵敏度的跟驰模型、基于自适应模糊神经推理的跟驰模型、基于信息融合技术的驾驶人协同仿真模型。最后简要的介绍跟驰理论存在的不足和提出跟驰模型未来发展方向。

第一节　车辆跟驰理论的提出

一、车辆跟驰理论的定义

车辆跟驰理论是运用动力学方法探究在限制超车的单车道上，行驶车队中前车速度的变化引起的后车跟驰状态的反应，并用数学模式加以分析阐明的一种理论。车辆跟驰理论研究非自由行驶状态下车队的行驶特性，此状态的车队具有制约性、延迟性和传递性等特点。这些特点决定了交通信息沿车队向后传递不是平滑连续而是像脉冲一样间断连续的。车辆跟驰行驶是车辆行驶过程中一种很重要的现象，对其研究有助于理解交通流的特性。跟驰理论所研究的参数之一就是车辆在给定的速度 v 下跟驰行驶时的平均车头间距 s，平均车头间距则可以用来估计单车道的通行能力。在对速度—间距关系的研究中，单车道通行能力的估计基本上基于以下公式：

$$C = 1\,000 \times v/s \tag{3-1}$$

式中：C——单车道通行能力(veh/h)；

v——速度(km/h)；

s——平均车头间距(m)。

研究表明，速度—间距的关系可以由下式表示：

$$s = \alpha + \beta v + \gamma v^2 \tag{3-2}$$

式中：系数 α、β、γ 可取不同的值；其物理意义表示如下：

α——车辆长度 l；

β——反应时间 T；

γ——跟驰车辆最大减速度的 2 倍之倒数。

附加项 γv^2 保证了足够的空间，使得头车在紧急停车的情况下跟驰车辆不与其发生碰撞，γ 的经验值可近似取为 $0.023s^2/\mathrm{ft}$。一般情况下 γ 是非线性的，对于车速恒定(或近似恒定)、车头距相等的交通流，γ 的近似计算公式可取 $y = 0.5(a_{\mathrm{f}}^{-1} - a_{\mathrm{l}}^{-1})$，其中 a_{f}^{-1} 、a_{l}^{-1} 分别是跟车和头车的最大减速度。

二、车辆跟驰理论模型的提出与发展

20 世纪 40 年代末，随着第二次世界大战的结束，各国的经济得到了较大的发展。由于工业化进程的加快，对于物资、人员的运输提出了更高的需求。汽车具有机动、灵活、快速、方便以及适应性强的特点，得到了迅速发展。汽车运输在各种交通运输方式中所占的比重逐渐扩大，其地位日益重要。但是，随着汽车运输的发展，交通事故和交通阻塞骤增，由于交通问题日益严重，迫使各国投入大量人力、物力进行交通流基础理论和交通管理研究。交通量的增长使得交通流中各车辆的独立性越来越小，早期交通流理论研究中所采用的概率论方法越来越不适合，迫使交通流理论研究者寻求新的模型。

1950 年，Reushel 开始研究车辆在排队行驶时的运行状态。1953 年，Pipes 运用动力学分析车辆跟驰现象，标志着跟驰理论的解析方法研究的开始。在 20 世纪 50 年代后期到 60 年代中期，日本的米谷和佐佐木、密西根大学的 Forbes、美国通用汽车公司动力实验室的 Herman，Rothory 及其研究组进行的研究，对跟驰理论进行了进一步的扩充。从此，跟驰模型成为交通流理论研究的一个重要分支。此后的一段时间，跟驰理论的研究工作进展不多，主要是对早期研究的一些问题进行了更深入的探讨。到了 20 世纪 80 年代以后，随着计算机技术的发展，对交通流特性的研究采用了微观交通流仿真模型。跟驰模型作为微观交通仿真模型所必需的基本组成部分，其研究工作引起了人们的重视。近年来，随着智能运输系统 ITS (Intelligent Transportation System)的提出与发展，出于对交通流特性以及车辆在 ITS 下的分离控制的了解需要，跟驰理论再一次成为关注的热点课题。同样，一些先进的技术如自动智能巡航系统(Autonomous Intelligent Cruise Control System)也需要对车辆的跟驰模型进行更加细致的研究。在新技术的推动下，对跟驰理论的研究一方面是对更细致的微观行为进行更深入的研究，另一方面是与宏观交通流特性的研究结合得更加紧密。如对于驾驶人跟随过程的有关感知刺激模式的深入研究，对各种交通流状态下的不同跟驰模型探讨等，这些研究对于跟驰理论自身的发展和运用起到了良好的推动作用。

随着研究手段和数据采集手段的多样化发展，在车辆跟驰模型的研究过程中，不断地吸收了新的研究方法，从传统的经典物理学、心理学到控制论、统计学、模糊数学、神经网络技术等，都得到广泛应用并开发出诸如基于期望间距的模型、基于驾驶人心理反应的模型、以及模糊逻辑模型、神经网络模型等。

三、车辆跟驰理论的研究意义

跟驰理论试图通过观察各个车辆逐一跟驰的方式来了解单车道交通流的特性。这种特性的研究可以用来描述交通流的稳定性，加速干扰以及干扰的传播，检测高速公路上汽车车队的特性，检验管理技术和通信技术，使追尾事故减到最低限度。此外，跟驰模型还可以用于分析、计算道路通行能力。跟驰模型作为交通流理论的一个重要部分，深入的研究跟驰现象有助于更进一步了解交通流特性。这种了解对于进行交通安全、交通管理、通行能力、服务水平等方面的分析都有着重要的意义。意义主要有以下三点：

第一，研究的目的是通过观察各车辆逐一跟驰的方式来了解单车道交通流的特性。这种特性的研究曾用于检验管理技术和通信技术，以便使在稠密交通时的追尾碰撞事故减少到最低限度。通过求解跟驰模型的方程，可以得到任意时刻车队中各车辆的速度、加速度和位置，用于分析车队的安全状况，在此基础上，提出改进车队安全的措施。如给驾驶人提供较多的信息、设法减少驾驶人的反应时间等。此外，跟驰理论研究过程中需要对驾驶人和车辆特性进行深入探讨，而这些特性对追尾碰撞的发生具有关键性的影响，控制影响碰撞的因素，达到提高安全行驶的目的。

第二，对于跟驰理论的研究可以了解车辆相互影响时的运行特性，确定道路通行能力。在通行能力的理论分析过程中，通常以时间度量的车头时距和空间度量的车头间距为基础，推导通行能力的理论分析模型，驾驶人对车头时距和车头间距的选择正是跟驰模型研究的核心问题。通过了解微观的车辆特性，可以从机理上对通行能力进行分析，得出合乎情理的通行能力。同时，由于跟驰理论从微观角度对于交通流中的每一个人车单元的运动规律进行研究，它能定量地给出一些能反映驾驶人在前进过程中的行驶自由性的指标（如加速度干扰、单位里程较大幅度的制动次数等），这些指标能反映出服务水平，对于将服务水平进行定量化描述有着一定的价值。

第三，跟驰模型研究的另一重要运用是进行交通仿真模拟。在 20 世纪 80 年代后期所进行跟驰模型研究，基本上都是基于开发交通流仿真模型或是模拟驾驶而进行的。根据不同的开发目的，这些研究中的模型各有特点，如专门用于城市道路交通模拟的跟驰模型注重了对城市交通中车辆反复停车—起步的模拟、基于自动巡航系统模拟注重了对自动巡航系统的人机操作界面模拟、对驾驶人在 ITS 道路条件下的驾驶模拟则注重于对驾驶人的信息接受与处理的模拟等。通过对各种交通流的模拟，可以进行道路通行能力研究、服务水平划分、交通政策评价、管理策略检验、安全性分析、控制技术设备论证等方面的工作，从而改善交通环境、提高交通设施服务水平与效率。

第二节　经典跟驰模型回顾

车辆跟驰模型是交通仿真中不可或缺的理论基础，同时也是通行能力研究与服务水平评价、交通流波动理论研究的基础。单车道车辆跟驰理论认为，车头间距在100～125m以内时车辆间存在相互影响。分析跟驰车辆驾驶人的反应，可将反应过程归结为以下三个阶段：

感知阶段：驾驶人通过视觉搜索相关信息，包括前车的速度及加速度、车间距离、相对速度等。

决策阶段：驾驶人对所获信息进行分析，决定驾驶策略。

控制阶段：驾驶人根据自己的决策和头车及道路的状况，对车辆进行操纵控制。

跟驰理论的一般形式可用传统控制理论的框图表示，如图3-1所示。

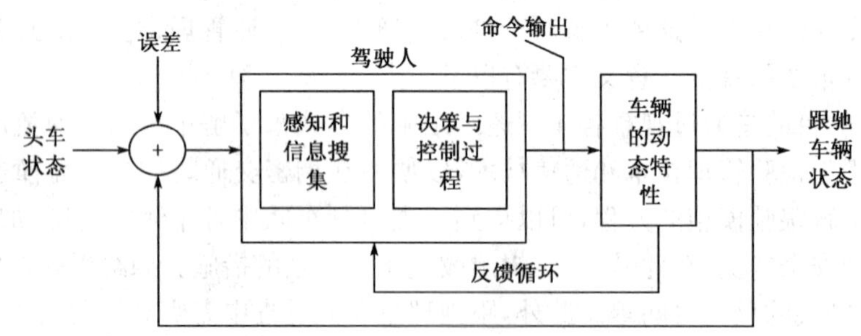

图3-1　车辆跟驰框图

一、国外车辆跟驰模型研究回顾

国外在车辆跟驰现象的研究主要从20世纪50年代开始，国外的学者从多个角度针对跟驰现象建立了相关的跟驰模型，通过对驾驶人、车辆及所处道路三者或是把驾驶人、车辆以及所处道路交通环境联合起来进行研究。有些学者也能从心理学角度考虑驾驶人自身因素，考虑影响车辆跟驰行为的因素，研究结果达到了一定的预期效果，起到了很好的指导作用。经典的模型主要有基于安全车距的跟驰模型：Pipes与Forbes建立的跟驰模型，此模型的建立，标志着人们开始着重于对交通流中跟驰现象做定量的分析研究，而由Kometani和Sasaki提出安全距离模型(CA模型)，这类模型主要是通过运用了经典牛顿运动定律去寻找一个特定的车辆跟驰安全距离；刺激—反应模型，包括GM模型和线性模型，这两类模型着重在描述驾驶环境中各种刺激对驾驶人行为的影响，国外很多专家学者对这两种模型都做了大量深入的研究和对模型进行改进；生理—心理模型，这类模型运用一系列阈值和期望距离体现人的感觉和反应，通过划定了不同的值域，在不同的值域，后车与前车存在不同的影响关系建立定量的模型反应车辆跟驰现象。下面具体讨论国外4种经典的车辆跟驰模型。

1. 基于安全车头间距的跟驰模型

(1)Pipes与Forbes的跟驰模型

1953 年 Pipes 建立了车辆跟驰模型并给出解析结果，标志着车辆跟驰模型的解析方法研究的开始。Pipes 的车辆跟驰模型源于加利福尼亚机动车法规中对驾驶人跟驰行驶的建议：在跟随行驶过程中，安全距离至少为一个车身长度，并随速度每增加 16km/h，就增加一个车长。表示如下：

$$d_{\min} = L_n[v_{n-1}(t)/4.47] + L_n \tag{3-3}$$

式中：$d_{\min}$——两车的最小车头间距(m)；

L_n——车长(m)；

$v_{n-1}(t)$——前车速度(m/s)。

Pipes 与 Forbes 的跟驰模型是早期的研究成果，此模型的特点是形式简单，物理意义明确，具有开创意义。

(2)安全距离模型

安全距离模型也称防撞模型(Collision Avoidance Models，简称 CA 模型)，该模型最初在 1959 年由 Kometani 和 Sasaki 提出，该模型最基本的关系并非 GM 模型所倡导的刺激—反应关系，而是寻找一个特定的跟驰距离(通过经典牛顿运动定律推导出)。如果前车驾驶人做了一个后车驾驶人意想不到的动作，当后车与前车之间的跟驰距离小于某个特定的跟驰距离时，就有可能发生碰撞。最初模型如下式所示：

$$\Delta x(t-T) = \alpha v_n^2(t-T) + \beta_1 v_{n+1}^2(t) + \beta v_{n+1}(t) + b_0 \tag{3-4}$$

式中：b_0——常数；

α、β、β_1——待定系数。

1981 年，Gipps 对此模型的研究取得了重大突破，他考虑了几个先前研究中忽略的次要因素，提出了如下模型：

$$\begin{aligned} v_n(t+T) = \min\{&v_n(t) + 2.5a_nT[1 - v_n(t)/v_n][0.025 + v_n(t)/v_n]^{1/2}, \\ &b_nT + \sqrt{[b_n^2T^2 - 2b_n[x_{a-1}(t) - S_{n-1} - x_n(t) - v_n(t)T] - b_nV_{n-1}^2(t)/b]}\} \end{aligned} \tag{3-5}$$

式中：a_n——车辆 n 的驾驶人所愿采用的最大加速度；

b_n——车辆 n 的驾驶人所愿采用的最大加速度；

S_{n-1}——车辆 $n-1$ 的效果尺寸，其值等于车身长度加停车间距；

b——车辆 n 的驾驶人认为车辆 $n-1$ 会采取的最大减速度。

上式右端共有两项：第一项由两个限制条件合并而成，即期望车速限制和由汽车动力特性决定的加速度限制，当该项对大多数车辆起作用时，交通流处于自由行驶状态；第二项是防止碰撞限制，当它起作用时，交通流处于拥挤状态。$v_n(t+T)$取值可以在两式之间平滑地转换。Gipps 没有标定该模型的参数，而是假设 $b_n=3\text{m/s}^2$ 进行仿真，结果发现该模型既能在两辆车之间产生扰动的传播，也能在车队中产生扰动的传播。从此，安全距离模型被广泛地应用于计算机仿真中。

这一模型的优点在于可以用一些对驾驶行为一般感性假设来标定模型。大多数情况下只需知道驾驶人将采用的最大制动减速度，就能满足整个模型的需要。然而，仍有许多问题有待解决。如避免碰撞的假设在模型的建立中是合乎情理的，但与实际情况存在着差距。在实际的交通运行中，驾驶人在很多情况下并没有保持安全距离行驶。造成这种情况的原因是多方面的。在实际交通环境中，一方面，前导车极少采用挡墙式制动，造成驾驶人趋于采用冒险的方式进行驾驶；另一方面，驾驶人可以看到前方不止是一辆前导车，而且还有其他车辆以及诸如远方信号灯等交通信息，驾驶人综合判断这些信息后，能及时对前导车的变化做出反应。因此，在利用基于安全间距的跟驰模型进行通行能力的分析，很难与实际最大交通量吻合。

2. 刺激—反应模型

(1)GM(General Motor)模型

GM模型是从20世纪50年代后期逐渐发展起来的车辆跟驰模型。该模型首先由通用汽车研究小组的Chandler、Herman和Montroll提出来。他们认为，在车辆跟驰过程中，跟驰车辆的驾驶人通过视觉感知与前导车的距离以及前导车后部面积在视野中的大小变化来判断与前车接近或是离去，通过接受这一刺激并作出判断，实施操作从而达到安全而紧密地跟随前车行驶。GM跟驰模型由驾驶动力学模型(Driving Dynamic Model)推导而来，并引入反应=灵敏度×刺激的观念。其一般公式为：

$$a_{n+1}(t+T)=cv_{n+1}^{m}(t+T)\frac{\Delta v(t)}{\Delta x^{l}(t)} \tag{3-6}$$

式中：$a_{n+1}(t+T)$——$t+T$时刻第$n+1$辆车的加速度；

$\Delta v(t)$——t时刻第n辆车与第$n+1$辆车之间的速度差；

$\Delta x(t)$——t时刻第n辆车与第$n+1$辆车之间的距离；

c、m、1——常数。

这个模型的基本假设为：驾驶人的加速度与两车之间的速度差成正比，与两车的车头间距成反比，同时与自身的速度也存在直接的关系。GM模型清楚的反映出车辆跟驰行驶的制约性、延迟性及传递性。

GM跟驰模型形式简单，物理意义明确，具有开创意义，许多后期的跟驰模型研究都是以其建立的刺激—反应的方程为基础，在前车紧急刹车时，后车维持不致发生尾撞的最小安全距离为前提推导而得的。然而，由于对敏感度的考虑不同——认为是常量或是变量，刺激的内含不同——变为速度、距离或速度与距离，推导过程的假设不同——反应时间内行驶距离与减速行驶距离计算方法不同，从而产生了多种多样的车辆跟驰模型。但是GM模型的通用性较差，现在较少使用GM模型，这是因为在确定m和l的过程中存在大量的矛盾之处。国外许多学者都GM模型的m和l值做了大量的研究分析，表3-1列举了GM模型理想参数m和l值的组合。

GM模型的理想参数组合汇总表 表3-1

来　源	m	l	方　法
Chandle，Herman和Montroll	0	0	微观
Gazis，Heman和potts	0	1	宏观
Herman和potts	0	1	微观
Helly	1	1	宏观
Gazis，Herman和Rothery	0～2	1～2	宏观
May和Keller	1	3	宏观

续上表

来　源	m	l	方　法
Heyes 和 Ashworth	−0.8	1.2	宏观
Treiterer 和 Myers(减速、加速)	0.7/0.2	2.5/1.6	微观
Ceder 和 May(单阶段)	0.6	2.4	宏观
Ceder 和 May(非拥挤、拥挤)	0/0	3/0～1	宏观
Hoefs(非刹车减速、刹车减速、加速)	1.5/0.2/0.6	0.9/0.9/3.2	微观
Aron(减速、稳定、加速)	2.5/2.7/2.5	0.7/0.3/0.1	微观
Ozaki(减速、加速)	0.9/-0.2	1/0.2	微观

(2)线性跟驰模型

1959 年 Helly 提出了线性跟驰模型，该模型考虑了前方两辆车制动减速是否对后车加速度的影响项。该模型如式(3-7)所示：

$$a_n(t) = C_1\Delta v(t-T) + C_2[\Delta x(t-T) - D_n(t)]$$
$$D_n(t) = \alpha + \beta v_n(t-T) + \gamma a_n(t-T) \tag{3-7}$$

式中：$D_n(t)$——期望跟驰距离；

C_1、C_2、α、β、γ——参数。

在 Helly 进一步的研究发现，C_1 应当与车间距变量 $1/\Delta x$，反应时间 T，以及速度变量有关。这样就产生了 $m=0$，$l=1$ 的 GM 模型。由于该模型物理意义明确，模型形式简单实用，目前人们在实践中大量地使用该模型。

Hanken 和 Rockwell (1967)以及 Rockwell, Ernst 和 Hanken (1968)对线性跟驰模型做了进一步的研究和标定。他们分别在“理想”的道路和拥挤的城市街道上进行试验。该研究发现由于持续跟驰时间加长，后车反应时间影响变小了，在一定的置信区间下可以预测出反应时间。后来的仿真显示，尽管该模型能够较好地描述加速度较小状态下的交通流，但是当前车的扰动加大时，模型产生明显的错误，即产生明显大于实测的车头时距。

Bekey、Burnham 和 Seo 在 20 世纪 70 年代中期再次利用线性模型，尝试用源于最优控制系统设计原理的传统模型推导出新的车辆跟驰模型。该模型利用 Treitertcr 和 Myers 的航测数据，对模型进行标定。结果显示后车能够很好地重复前车的加减速轨迹，但加速阶段和减速阶段之间的变化过于平滑。同时也应注意到，反应时间非常短，很可能是由于“后车驾驶人观察其前方 2～3 辆车”的缘故。这表明驾驶人可以通过判断前面 2～3 辆车的状态作为自己跟驰的依据。模型表达式如下：

$$a(t+0.1) = 1.64(x-1.14v) + 0.5v \tag{3-8}$$

Aron 也对线性模型进行了深入的研究。他把调查的数据分为加速和减速两个阶段。研究发现 Ox 对加速度的影响在这两个阶段几乎是一致的，且为一常数，约为 0.03；而 Δv 对加速度的影响则不同，减速阶段约为 0.36，稳定跟驰状态约为 1.1，加速阶段为 0.29。他把该模型应用于 SITRA-B 系统中，来重点解决城市道路网络中各种低速交通流的问题。

1995 年 Xing 在线性模型和 GM 模型的基础上提出了一个新的复杂的模型，该模型主要包括四项："标准"驾驶状态，从标准排队开始的加减速状态、坡度影响状态、自由行驶状态。对于"标准"驾驶状态如式(3-9)所示：

$$a=\alpha\frac{\Delta v(t-T)}{\Delta x(t-T_1)'}+\beta\frac{\Delta x(t-T_2)-D_n[v(t-T_2)]}{\Delta x(t-T_2)^m}-\gamma\sin\theta+\lambda(V_n-v_n)$$

$$D_n(v)=a_0+a_1v_n+a_2v_n^2+a_3v_n^3 \tag{3-9}$$

式中：V_n——车辆 n 的期望车速。

国外许多学者都对线性模型的 Δv 和 Δx 值做了大量的研究分析，得出了线性跟驰模型研究的不同参数组合。表 3-2 为线性模型的理想参数组合概括。线性跟驰模型在实际应用时，通常是在一个模拟时钟内先移动前车，然后再移动后车，后车的位置满足模型设计的约束。这些模型是基于离散的扫描时钟建立的，所以适合于在计算机上应用。但这些跟驰模型有如下缺点：①模拟的时钟长度在大多数情况下不易缩短。②驾驶人的制动反应时间受模拟时钟的限制。③驾驶人的知觉阈值在跟驰算法中没有给予考虑。④前后车的串行处理方法，不适合于现实中支配智能车辆。

线性模型的理想参数组合概括 表 3-2

来　源	$C_1(\Delta v)$	$C_2(\Delta x)$
Helly(1959)	0.5	0.125
Hanken and Rockwell(1967)	0.5	0.06
Bekey, Burnham and Seo(1977)	0.5	1.64
Aron(1988)(dcn/ss/can)	0.36/1.1/.29	0.03/0.03/0.03
Xing(1995)	0.5	0.05

3. 心理—生理模型(AP 模型)

生理—心理模型也称反应点模型(Action Point Models)简称 AP 模型，这类模型用一系列阈值和期望距离体现人的感觉和反应，这些界限值划定了不同的值域，在不同的值域，后车与前车存在不同的影响关系。生理—心理模型是一种跟驰决策模型。表 3-3 为心理—心理模型的研究成果。

心理—生理模型的研究成果 表 3-3

Michaels(1963)	首次提出生理—心里跟驰模型理论
Lee 和 Jones(1967)	推导出具体公式(基于 Montroll 加速干扰概念)
Evan 和 Rothery(1973)	基于知觉试验进一步发展该模型，目的在于量化 Michaels 提出的阈值
德国 Burnham 和 Bekey(1976) Lee(1976)和 Kumamoto(1995)	构造了一个完全可以运行的仿真模型，第一次把这些阈值的各种属性结合在一起
Wiedemann(1992)	定义了 6 种阈值和期望距离。并运用它们将驾驶行为划分为自由行驶、接近过程、跟随过程和紧急刹车 4 种状态，并提供了其相应加速度计算方法
Reiter(1994)	用测试车辆测反应点
Zhang, Y. L 等(1998)	在 Michaels 的基础上提出了多段时的模型

1963 年，Todosiv 在研究 $\Delta a-\Delta v$ 相位图时，发现相对加速度只是在被称为作用点（Action Point）的地方才改变。他认为驾驶人的速度感知阈值是这些作用点产生的根源。速度感知阈值被定义为在一定的视觉样本时间和一定的车头时距下，驾驶人以一定的概率所能感知到的临界相对速度。通过对速度感知阈值的研究，发现在同样的车头时距下，正的临界相对速度大于负的临界相对速度。这样就导致了车头时距向大的方向漂移。驾驶人为了解决这个问题，会采用一个负的相对速度，直至两车的车头时距达到一个较小值以后，再降低车速。Todosiv 通过假设驾驶人随即采取不同的视觉样本时间，由相应的临界曲线，确定了驾驶人的作用点。Michaels 通过分析驾驶人生理和心理的一些潜在因素，认为驾驶人通过分析视野中前车尺寸大小的改变，即前车在驾驶人视觉中投影夹角的变化，感知前后车相对速度，模型具体推导如下。

在小视角的情况下：

$$W = R\theta \tag{3-10}$$

式中：W——观察目标的宽度；

R——观察者与目标之间的距离；

θ——视角。

由 $W=R\theta$ 对 t 进行求导，得：

$$\theta \mathrm{d}R/\mathrm{d}t + R\mathrm{d}\theta/\mathrm{d}t = 0$$

将 $\mathrm{d}R/\mathrm{d}t=\Delta v$，代入上式得：

$$\mathrm{d}\theta/\mathrm{d}t = -w\Delta v/R^2 \tag{3-11}$$

根据 $\mathrm{d}\theta/\mathrm{d}t$ 的感知界限值（感知界限值介于 $3\sim10\times10^{-4}$ rad/s，其平均值约为 6×10^{-4} rad/s）判断是否正在与前车接近。一旦超过这个速度感知阈值，驾驶人将选择减速，使相对速度的感知不超过这个阈值，是否感知到前车的变化是驾驶人进行操作的基础：当两车的速度差低于速度感知阈值时，驾驶人感受到的只是距离的变化。对于距离的任何变化，只有超过 JND（Just Noticeable Distance）值，才可能被驾驶人感知。这个 JND 值可以根据 Weber 定律确定。Weber 定律指出：视角是按一定的百分比变化的，一般为 10%；但是当后车与前车的距离摆动不定时，这个阈值将发生较大的漂移，此环境下的距离感知阈值为 12%，并且逼近过程较开放过程小；在非常近的跟驰距离内，由于对驾驶动作的要求精确，驾驶人可能不能完全控制车辆的加（减）速，因此需要最小值来控制汽车的加（减）速。

Michaels 将车辆跟驰状态划分为三个阶段：第一阶段，两车的速度差低于速度感知阈值，驾驶人仅仅通过对距离变化的感知来确定他是否处于逼近状态；第二阶段，速度差超过阈值，驾驶人降低速度，从而使视角变化率维持在阈值或其附近；第三阶段，驾驶人在一个确保车辆驾驶和速度控制的车头时距下，尽量将相对速度保持为零。

如何来最终确定这些阈值是非常重要的，因为驾驶人将根据它来决定是加速、减速还是保持原速，直至突破某个阈值为止，否则驾驶人感觉到状态没有发生变化或至少变化率没有改变。Lee 和 Jones 推导出具体公式。Evans 和 Rothery 进行了一系列基于知觉的试验进一步发展该模型。试验的目的在于量化 Michaels 提出的阈值。试验要求测试车内的乘客判断与前车的距离是在变大还是在变小，并且只允许在一个时间间隔内观察目标并做出判断。在所有的试验数据中，1923 个数据的反应时间为 1s，247 个数据为 2s。分析表明是否能正确判断车头间距的变化与 $v/\Delta x$ 和观测时间间隔有关。同时也注意到，当 Δx 增加时，驾驶人可能会出现错觉，即他们认为正在接近前车，而事实上并非如此。

心理反应类的跟驰模型已经应用于许多实践中，这类最大优点在于：充分考虑了不同交通环境下，驾驶人的不同反应，行为阈值模型充分考虑了驾驶人的生理、心理因素对驾驶行为的影响和制约，及由此而产生的不同驾驶行为，从建模方法上更接近实际情况，也最能描述大多数日常所见的驾驶行为，从建模方法上更接近交通流实际运行状况。其缺点在于，该类模型的参数较多，子模型之间的相互关系比较复杂，并且对于各种阈值的调查观测比较困难。因此，仅根据阈值来划分跟驰状态值得进一步探讨。

4.基于模糊推理的跟驰模型

在跟驰理论的发展过程中，最值得注意的是模糊推理理论在跟车模型研究中的应用。该模型主要通过推理司机未来的逻辑阶段来研究司机的驾驶行为。这类模型最具特色的是把模型的输入项分为几个相互部分重叠的“模糊集”，每个模糊集用来描述各项的隶属度，例如，一个模糊集可以用来描述或量化车间距“太近”，若车头时距小于 0.5s，则“太近”这个模糊集的隶属度或真实度就为 1，若车头时距大于 2s，则“太近”这个模糊集的隶属度或真实度就为 0，中间的数值表示了真实度或隶属度的等级，一旦定义清楚隶属度的等级，就可以通过逻辑推理得到输出模糊集，例如，如果“近”而且“继续近”那么就“制动”。根据实际运行过程来估计输出集的状态值，作为所有计算结果的总和。

Kikuchi 和 Chakroborty 用模糊推理方法来研究跟驰模型目的是模糊化传统的 GM 模型中的 Δx、Δv 和 a_{n-1} 作为输入集，并把每个模糊集分成 6 个等级。三个模糊集之间彼此相关，首先根据 v_{n-1} 结合头时距的大小设定 Δx 集的等级，然后假设模糊推理机制的运行规则。模型具体如下：

$$\text{IF } \Delta x = '\mathit{ADEQUATE}' \quad \text{THEN} a_{n,i} = (\Delta v_i + a_{n-1,i} x T)/\gamma \tag{3-12}$$

式中：T——反应时间，取值 1s；

γ——后车驾驶人希望在 γ 时间内能够跟上前车，取值 2.5s。

如果 $\Delta x \neq '\mathit{ADEQUATE}'$，那么根据 *ADEQUATE* 的变化大小，$a_i$ 将被归入其邻域中去，Δx 每增加或减少一个等级，a_i 将随之增加或减少 0.3m/s^2。模型如下：

$$a_{n,i} = (\Delta v_i + a_{n-1,i} x T)/\gamma + 0.3\Delta x \tag{3-13}$$

该模型描述了如何运用模糊推理系统表达跟驰状态，与传统 GM 模型相比，该模型具有局部稳定性。从上式中可以看出，最终的跟驰距离仅与最终速度有关而与初始跟驰距离和速度无关，尽管该模型在总体上能够预测“反应”的变化，但有两个因素可能导致与实际有出入：一个是该模型认为能够精确地得出 a，为 0.3m/s^2，这是否可能非常值得探讨；另一个是已经从线性跟驰模型中得知 Δx 对加速度的影响非常小。

二、国内车辆跟驰模型研究回顾

我国在车辆跟驰研究的范围主要集中在理论方面，尚未形成完整的体系，研究相对比较分散，对国内前人的研究缺乏继承性，但通过对我国特有的一些交通流状态的研究，创造性地提出了一些能够解决实际问题的跟驰模型。研究早期，韩直提出了基于运动学方程的车辆跟驰模型，并在考虑不同刹车距离的基础上，对该模型进行了改进。荣建提出了基于可变跟驰时间和随机因素的车辆跟驰模型。陈建阳提出了关于速度平方的车头间距方程，并着重分析了交通流微观模型与宏观模型的关系。许轮辉在分析现有的非线性模型的基础上，着重讨论了滞后时间与跟驰状态的关系，提出基于滞后时间的非线性模型。总的来说，由于研究的时间不长且缺乏关于驾驶人反应的基础研究，基本没有实测数对现有的理论模型进行标定或验证。下面具体介绍一下国内学者研究的跟驰模型。

1. 基于动力学的跟驰模型

1995 年韩直在考虑了车辆性能和道路因素的基础上加入了动力因子项，提出了基于动力学的改进车辆跟驰模型。模型表达式如下：

$$a_{n+1}(t+T) = \left|[2B+T_{g}(\phi\pm\varphi)]+\sqrt{[2B+T_{g}(\phi\pm\varphi)]^{2}-8Cg(\phi\pm\varphi)}\right|/T \tag{3-14}$$

$$B = v_{n+1}(t)+a_{n+1}(t)T/2 \tag{3-15}$$

$$C = x_{n+1}(t)-x_{n}(t)+T^{2}a_{n+1}(t)/4+L_{0}+L+B^{2}/[2g(\phi\pm\varphi)] \tag{3-16}$$

式中：ϕ——滑动摩擦系数；

φ——坡度；

g——重力加速度；

L——车长；

L_0——车辆停止时，前后车两辆车的间距。

通过研究分析，韩直认为众多的车辆跟驰模型是在对灵敏度的考虑不同——认为是常量或变量，对刺激的内涵不同——表现为速度、距离或速度与距离，推导过程的假设不同——反应时间内行驶距离与减速行驶距离计算方法不同的基础上提出的。这些模型中 PITT 模型最能与实际情况吻合。但是该模型从推导过程来看，有一些不合理之处，如车辆停车时，前后两辆车的距离为 0.304 8m，而不是某一参数，t 时刻前后车之间的速度差小于 0.304 8m/s 时，前后车之间的距离差以 $bk(u-v)^2$ 来反映，t 时刻前后车之间的速度差大于 0.304 8m/s 时，不考虑前后车在减速期间行驶的距离差，这种假设显然存在不是很合理；后车在 t 时刻和 $t+T$ 时刻的速度相等，这不但与实际交通情况不符，而且与推导的初衷不符。他根据改进减速期间车头间距差，及加入车辆性能和道路因素的影响项，提出基于动力学的改进车辆跟驰模型。

2. 基于可变跟驰时间和随机因素的跟驰模型

荣建基于可变跟驰时间和随机因素提出了新的车辆跟驰模型。他认为现有通行能力的理论计算公式，不能与实际情况很好地吻合。从理论上分析，这类模型至少在以下两个方面的考虑有欠合理：第一，在跟驰状态中，无论人在路的具体情况如何，公式中的反应时间均按常数来处理。根据 Todosiev 和 Hofes 的研究，最小期望间距与速度的关系不是线性的，从实际的行车经验可见，紧急状态和自由行车状态下，驾驶人的反应时间也应该是不同的。如果将反应时间作为常数处理，则仅考虑了跟驰状态中的一种特定情况，不能描述整个跟驰状态。第二，当交通流处于稳定状态时，认为车辆的速度在时间和空间上都是恒定不变的。Todosiev 认为在跟驰过程中，随着行车速度的不同，驾驶人在感觉速度差时会出现差异，会导致反应时间不同。从微观上看，各车辆的速度并非常数，不考虑随机因素的影响，使理论模型无法体现驾驶人、车辆的总体特性对通行能力的影响，而这一点在交通阻塞的形成过程中却占据着重要的地位。

考虑到反应时间通常指驾驶人从感受刺激、判断到操作之间的时间间隔，没有考虑车辆机械反应的时间，荣建提出了跟驰时间的概念，指驾驶人从感受刺激、判断、操作，一直到车辆开始加、减速反应的时间长度。从变化的跟驰时间和车速的随机性这两个方面入手，以车头间距的一般形式为基础，重新描述理论跟驰间距模型，如下式：

$$S = vT + d_4 + L + \varepsilon \tag{3-17}$$

式中：T——跟驰时间；

ε——随机项；

d_4——停车后的安全距离；

L——车长。

跟驰时间用实际速度与跟驰速度的比值来描述。正如多数的交通流参数一样，车头间距也是个随机变量，所以在构造车头间距时，必须加入随机项£。可以考虑跟驰时间变化规律和车头间距随机因素的车头间距计算公式，在跟驰状态下为：

$$S = \left[\alpha \tan\left(\frac{\pi}{2}\frac{V}{V_f}\right)(T_{max} - T_0) + T_0\right]v + d_4 + L + \beta\sigma \tag{3-18}$$

式中：σ——跟驰时间标定常数；

V_f——跟驰速度；

T_{max}——最大跟驰时间；

T_0——最小制动操作时间。

3. 基于滞后时间的非线性的跟驰模型

许轮辉在分析现有的非线性模型的基础上，着重讨论了滞后时间与跟驰状态的关系，提出基于滞后时间的非线性模型。他认为驾驶人从感觉到前车运行状态的改变到采取措施使后车速度实现相应的调整有一个过程，需要一定的时间。因此，后车的速度相对于前车的速度而言，不仅具有跟随性，而且还具有滞后性。根据非线性模型的一般形式推导出滞后时间与车速和车距之间的关系函数：

$$T[h(t)] = k\frac{dh(t)}{dv_e} \tag{3-19}$$

式中：$h(t)$——后车与前车之间的距离；

$T[h(t)]$——跟驰滞后时间；

k——驾驶人跟驰反应差异系数；

v_e——平衡状态时跟驰速度。

从一般的非线性模型可以看出，滞后时间 $T[h(t)]$实质上是由车辆间的距离 $h(t)$决定的。滞后时间与状态有关的微分系统的特点之一就是有可能出现因果倒置关系，即先输入的信号后又输出，后输入的信号先又输出，这在实际的跟驰问题中是不合理的，据此提出改进模型：

$$v\{t+T[h(t)]\} \approx v(t)+a(t)\times T[h(t)] \tag{3-20}$$

4. 基于期望车头间距的跟驰模型

陈建阳根据现有的非线性模型和线性模型。在考虑驾驶人的冒险程度和车辆的加速性能的基础上也提出了一个改进的微观车辆跟驰模型。他认为驾驶人在行驶过程中除了对前车的速度变化进行响应外，还要对前后车间距的变化做出反应。为了安全或不感到紧张，通常总希望与前车保持一定的距离，称为"期望间距"。其大小和车辆的加减速性能、驾驶人的反应时间、冒险程度及车辆当时的速度有关。当实际车头间距小于期望间距时，驾驶人减速，反之，加速。为此提出改进的微观车辆跟驰模型为：

$$a_n(t+T)=c_1 f_1[v_{n-1}(t)-v_n(t)]+c_2 f_2\,|x_{n-1}(t)-x_n(t)-D[v_n(t)]| \tag{3-21}$$

$$D[v_n(t)]=b_1 v_n^2(t)+b_2 v_n(t)+b_3$$

式中：c_1、c_2、b_1、b_2、b_3——比例常数。

b_2 与车辆加速度性能有关；b_3 与驾驶人的反应时间有关。

基于期望车头间距跟驰模型研究是近年来的研究热点，但因实验样本数据采集困难，对不同驾驶人，不同驾驶环境下的研究很少。

5. 基于期望车头时距的跟驰模型

2004 年，周静、陈森发发现期望车头间距是随车速变化而变化的，而期望车头时距基本保持在 2s 的小范围内波动。因此提出了基于车头时距的跟驰模型，模型表达式为：

$$\ddot{x}_{n+1}(t+\tau)=af_1[xn(t),x_{n+1}(t),\dot{x}n(t),\dot{x}_{n+1}(t),L]+$$

$$bf_2[xn(t),x_{n+1}(t),\dot{x}_{n+1}(t),T] \tag{3-22}$$

$$f_1=\frac{\dot{x}n(t)-\dot{x}_{n+1}(t)}{xn(t)-x_{n+1}(t)-L} \tag{3-23}$$

$$f_2=\frac{xn(t)-x_{n+1}(t)}{\dot{x}_{n+1}(t)}-T \tag{3-24}$$

式中：τ——驾驶人反应时间；

a——驾驶人对车速和距离的反应参数；

b——驾驶人对车头时距的反应参数；

L——车身长度。

虽然此模型能较好地反应交通流状况但其期望车头时距仍为静态常量，与实际交通流不相符。

从以上的讨论可以看出，对于跟驰模型呈现出如下趋势：内容的细致化、深入化；手段和方法的多样化；应用的专门化。后期的研究工作是深入和细致的，而且模型的"逼真"能力较早期也有了很大的提高。

但总体上来讲，以往研究仍然缺乏描述跟驰行为的时间序列数据；缺少贴近现实的能够解释驾驶人间动机和行为差异性的因素；20 世纪 60 年代初建立的驾驶人模型依然是目前大多数的跟驰模型的标定的基础，随着社会的发展，科技的进步，人的观念的变化，交通法规的完善，需要对驾驶人模型进行修订驾驶人的跟驰行为受到众多复杂因素的影响，如何将这些因素的影响量化到模型中是一件非常困难的事情，跟驰模型仍需进一步深入研究。

第三节　跟驰模型的改进

经典车辆跟驰模型在一定的交通运行条件下均可以很好地拟合实际数据，但是应用范围均有所限制。由于车辆跟驰行为受到诸多因素的影响，车辆跟驰模型难以体现驾驶人的感觉、理解、判断、决定等一系列心理、生理活动的不确定性和不一致性。因此为了更好地描述交通流的特性，提高交通安全，改进车辆跟驰模型已成为必然，从而确切的描述实际情况。

现已有的用于描述驾驶行为的车辆跟驰模型大多从控制论角度出发进行模型构建，对模型加以变形、修正，以期得到统一的车辆跟驰行为模型。其缺点是，忽略了车辆性能的差异和驾驶人自身的特性差异等，用具有相同参数的模型掩盖了不同车辆、驾驶人的跟驰行为所具有的客观的个性。把期望车头时距视为常量就是表现之一，期望车头时距是受人车单元特性影响且实时变动的。静态期望车头时距模型并不能确切地描述现实交通流。因此，本章提出了一种动态期望车头时距跟驰模型，使其成为随跟驰车辆性能差异和驾驶人自身差异而变化的动态变量，以期更加准确的描述交通流。

交通系统不能被简单地视为一种纯机械系统，而应该被看成一种由物理（等价于其中的运动）和心理（等价于人的感知和处理）相互作用的系统，人的主观因素在系统中发挥着重要的作用。因此，深入研究在跟驰过程中驾驶人的行为及其心理、生理特性是一个主要方向。从交通心理学角度来看，人对事物的灵敏度是随着外界的刺激变化而变化的，驾驶人对不同的速度差和车间距离的反应是一个动态变化的过程，当前后车间距与驾驶人期望的安全距离相差较大时，驾驶人则更可能考虑前后车的间距对跟随车的影响，反之，驾驶人则更可能考虑前后车的速度差对跟随车的影响。由此本节针对驾驶人的此心理特性，建立了一种考虑不同灵敏度的车辆跟驰模型，以期更加准确地描述车辆的跟驰行为。

同时，由于交通系统的复杂性，特别是跟驰行为影响因素的多样性、因素自身的随机性以及影响程度的度量困难，在实际跟驰现象中车速、车间距离等参数呈动态性和不确定性，本节针对这一问题，利用能够处理不完整信息、学习和自适应能力强的模糊神经推理系统，建立基于智能方法的车辆跟驰模型，以期能够在一定程度上真实表达车辆的跟驰特性。

最后，道路交通系统向驾驶人提供的信息很复杂，呈现出多源性、异构性和层次性，“驾驶人能感知所有信息变化”的假设，忽略了驾驶人对信息的筛选过程，不符合实际情况。在现实车辆运行过程中，驾驶人执行某驾驶任务时会采用一系列高信息感知变量来指导自己的行为决策和控制车辆的运行。并且驾驶人能感知的变量类型有限，驾驶人所满意的行驶状态范围受限于感知和控制局限性。针对此缺陷，本章利用在处理信息时具有综合性、可靠性和精确性的信息融合技术，模拟驾驶人信息感知、分析决策和车辆控制的全过程，建立跟随驾驶协同仿真模型。

一、动态期望车头时距的跟驰模型

1. 建模

现有跟驰模型把期望车头时距视为常量，因实际交通流具有动态性，静态期望车头时距模型并不能确切地描述现实交通流。考虑到实际现象中期望间距不是常数，而是随车速随机变化的，固定的车头间距不能真实反应交通流，动态车头间距又很难模拟，而车头时距对具体的驾驶人而言，仅在小范围内波动，对整体分布特性而言，它服从概率分布，取值在1～3s之间，故在静态车头时距跟驰模型的基础上，对车头时距进行动态修正，建立动态车头时距模型。

由于期望车头时距 T 是一个受人车单元特性影响的变量，在不同条件下服从不同的概率分布，如韦布尔分布，皮尔逊Ⅲ型分布，复合指数分布，对数正态分布等[31]，故本文考虑运用韦布尔分布描述期望车头时距 T 的动态变化特性。因为韦布尔分布对具有连续型分布的交通特性的拟合性能好且较简单，易于用计算机实现，其函数表达式为：

$$P(h \geqslant T) = \exp\left[-\left(\frac{T-\gamma}{\beta-\gamma}\right)^{\alpha}\right], \gamma \leqslant T \leqslant \infty \tag{3-25}$$

进行逆变，得到：

$$T_0(t) = \gamma + (\beta - \gamma)\sqrt[\alpha]{\ln(1/p)} \tag{3-26}$$

式中，β、γ、α 为分布参数，取正值且 $\beta > \gamma$。$T_0(t)$称为期望车头时距，γ 称为起点参数，α 称为形状参数，β 称为尺寸参数，p 称为随机数。

为了在仿真中表现人车单元特性即驾驶人自身特性差异和车辆性能差异对期望车头时距的影响需要进行修正。在驾驶人方面，影响因素包括其自身的年龄、性别、经验、身体状况、驾驶倾向性等等，研究证明年龄、性别等差异导致的驾驶行为差异最终都表现为驾驶人紧密跟随意愿的强弱，所以选用紧密跟随意愿来表征驾驶人自身特性差异；在车辆性能方面，选用前后车跟随类型为指标对期望车头时距进行修正，因为该指标可以综合车型、制动性、车内环境等车辆性能差异。

根据紧密跟随意愿强弱把车头时距取值范围 1～3s 均分为 10 等份，对应从最激进 1 型到最保守 10 型的 10 类驾驶人。驾驶人紧密跟随意愿越弱，跟驰行为越保守，车头时距越大；反之，驾驶人紧密跟随意愿越强，跟驰行为越激进，车头时距越小。一般，驾驶人跟驰时车头时距落入 5、6、7 型的居多，取值为 1.8～2.4s。但是如果车辆不能平稳运行，驾驶人车头时距取值会有所增加。实验时可先生成 0～1 之间均匀分布的随机数然后转换为相应的驾驶人类型：$Type = \mathrm{int}10 \times Random(0,1)$。不同的驾驶人对期望车头时距有不同的选择，即 $T_{\mathrm{dr}}(t) = N \times T_0(t)$。$T_{\mathrm{dr}}(t)$ 是修正后得到的不同类型驾驶人的期望车头时距；N 是驾驶人特性的影响权重，为一正态分布的随机数，根据调查发现其均值为 1。N 越小，表明驾驶人越保守，反之则越冲动，其值由驾驶人类型 Type 决定。N 值的获得可先产生 12 个(0,1)平均分布的随机函数，再用大数定理模拟。

研究中将所有前导车和后随车分为小车跟随小车、大车跟随小车、小车跟随大车、大车跟随大车 4 种类型，即：

$$T_{ve} = \begin{cases} T_1 & \text{小车跟随小车} \\ T_2 & \text{大车跟随小车} \\ T_3 & \text{小车跟随大车} \\ T_4 & \text{大车跟随大车} \end{cases}$$

不论道路因素指标如何，小型车跟随小型车时 T 值最小，大型车跟随小型车次之，接着是小型车跟随大型车，大型车跟随大型车时 T 值最大。这是因为当小型车跟随小型车时，由于小型车具有较小的几何尺寸，后随车具有较好的视距，可以同时看到多辆前导车带来的信息，驾驶人的反应快一些，而且小型车的刹车性能较好，所以 T_1 一般较小。对于大型车跟随大型车的情况，由于后随车受到前导车辆几何尺寸的影响，视野较小，缺乏足够的信息，同时大型车辆的刹车性能较小，所以 T_4 往往较大。当大型车跟随小型车时，因为视距较好，驾驶人反应较快可以弥补一些刹车性能较差带来的影响，所以 T_2 值略大于 T_1。当小型车跟随大型车时，前导车的尺寸使后随车的视距变小，虽然后随车刹车性能较好，但驾驶人由于心理因素的影响仍留有较大的期望车头时距 T_3。上述 4 种跟车类型的期望车头时距的关系大致是 $T_1 < T_2 < T_3 < T_4$，不同跟车类型下的期望车头时距如表 3-4 所示。

不同跟车类型下的期望车头时距 表 3-4

类型	小型车—小型车		大型车—小型车		小型车—大型车		大型车—大型车	
	普通路面	冰雪路面	普通路面	冰雪路面	普通路面	冰雪路面	普通路面	冰雪路面
时距(s)	1.889	3.120	2.398	3.327	2.344	3.657	2.943	3.901

模型仿真时首先根据实际道路情况估计各种跟车类型的比例值，如假设小车跟随小车的比例为 μ_1，大车跟随小车的比例为 μ_2，小车跟随大车的比例为 μ_3，则大车跟随大车的比例为 $1-\mu_1-\mu_2-\mu_3$。再沿用随机数的办法判定车辆类型，当随机数位于$[0,\mu_1]$之间，则认为是小型车跟随小型车，以此类推，落于$[\mu_1,\mu_2]$内则认为是大型车跟随小型车，落于$[\mu_2,\mu_3]$内则为小型车跟随大型车，落于$[\mu_3,1]$内则为大型车跟随大型车。则有：

$$T_{ve} = [\mu_1 T_1 + \mu_2 T_2 + \mu_3 T_3 + (1-\mu_1-\mu_2-\mu_3) T_4]/4 \tag{3-27}$$

以上仿真中所有随机数均选用由 Waclarence 和 Marsaglia 于 1965 年提出的组合发生器来产生。将期望车头时距进行人车差异修正后即可得到：

$$T(t) = \mu T_{dr}(t) + \eta T_{ve}(t) \tag{3-28}$$

式中：μ、η——权重系数，二者之和等于1。

2. 仿真及分析

数据采集主要是利用五轮仪实验系统进行的跟车实验获得。在两实验车上分别安装已标定好的五轮仪及车辆数据采集处理系统。两实验车以一定的初始间距在指定路线上一前一后作多次逆时针循环跟驰行驶。每绕行一周，前后车驾驶人交换一次；每绕行两周，前后车交换一次；每绕行三周，车上驾驶人与路上等待驾驶人交换一次。实验中共选定10名驾驶人代表10种不同类型的驾驶人。此实验获得的信息主要包括各时刻前车后车速度、加速度和前后车相对车间距。记录间隔取0.5s。表3-5为实验获得的部分数据样本。

数据样本　　表3-5

时间(s)	1	2	3	4	5	6	7	8	9	10	11	12
$v_{前}$(m/s)	1.12	1.76	4.25	4.25	4.92	5.66	6.13	7.54	8.96	10.56	10.78	11.36
$a_{前}$(m/s^2)	0.5	1.23	1.25	1.25	0.71	1.20	1.01	1.17	1.09	1.33	0.84	0.73
$v_{后}$(m/s)	0.65	1.45	3.15	3.15	4.59	5.23	6.41	7.83	9.51	10.55	11.36	11.96
$a_{后}$(m/s)	0.65	1.20	0.94	0.94	1.23	0.97	0.93	1.21	1.24	1.11	0.93	0.79
$S_{相对}$(m)	8.18	9.56	10.96	11.86	16.89	17.28	17.76	18.53	18.79	19.36	19.57	19.88

依据交通部"职业驾驶人适宜性及检测的研究"课题组对驾驶人心理、生理素质随机抽样调查的结果，选取驾驶人反应时间的最大值0.932s作为τ的仿真数值。车长L对小车的取值为4m，对大车的取值为6m。汽车加速度限制范围为$-2.5\sim2.5\text{m/s}^2$。驾驶人对车速和距离的反应参数a取值为2.39m/s，对车头时距的反应参数b取值为1.524m/s^3。四种跟驰类型的比例分配依次对应为[0,0.137]，[0.137,0.338]，[0.338,0.640]，[0.640,1.00]。权重系数$\mu=0.6$，$\eta=0.4$。

实验获得的前1 000个数据用来标定韦布尔分布参数。首先计算样本均值m和方差S^2，并按下式计算样本分布的偏倚系数C_s：

$$C_s=\frac{\sum_{i=1}^{n}(x_i-m)^3}{(n-3)S^3}\tag{3-29}$$

"韦布尔分布拟合用表"查出与C_s对应的参数$1/\alpha=0.3$、$B(\alpha)=3.277$、$A(\alpha)=0.340\,8$。故可得韦布尔分布参数如下：

$$\alpha=0.333;\beta=m+S\cdot A(\alpha)=2.369;\gamma=\beta-S\cdot B(\alpha)=0.548\tag{3-30}$$

3. 仿真结果及评价

实验后3 000个数据作为仿真验证目标值。仿真从第三秒开始，因为前两秒不属于跟驰行为。仿真中第3s至60s的模型输出如图3-2所示。图中"原模型"指静态车头时距模型，

"新模型"指建立的动态车头时距模型。

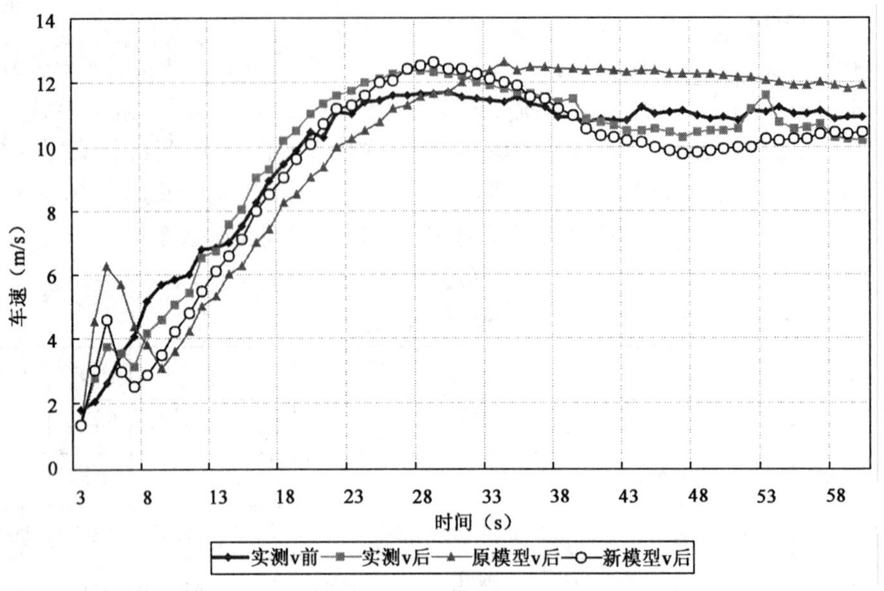

图 3-2 仿真模型后车车速比较图

从图 3-2 中各曲线的变化可以看出，改进后模型得到的输出明显优于原模型。在抽取的仿真时间段中，实际上后车车速在 15s 左右第二次超过前车，32s 左右后车车速开始下降，至 36s 左右与前车基本相等，随后基本上以略低于前车的车速继续行驶。但在原模型中，后车车速在 29s 左右才超过前车，此后一直高于前车车速没有下降。改进后的模型能较好的反应后车车速的变化过程，即在 20s 左右后车车速超过前车，后车车速上升大约 9s 后在 29s 左右开始下降，至 38s 左右降至前车车速，随后后车是以略低于前车的车速继续行驶。这是定性的分析，定量分析时以平均绝对误差作为指标。原模型产生的后随车仿真速度与实测数据的平均绝对误差值为 1.715 9m/s 而新模型产生的后随车仿真速度与实测数据的平均绝对误差只有 0.762 9m/s。因此动态期望车头时距模型比常量车头时距模型更加贴近实际交通流状况。

二、考虑不同灵敏度的车辆跟驰模型

1. 建模

上节我们已经知道车辆跟驰模型被认为是一种刺激—反应问题。最初的线性车辆跟驰模型假定后车的跟驰反应只依赖它与前导车的速度差，而与两车的间距无关，1959 年 Helly 提出的模型中的采用加速度根据前一辆或两辆车是否正在刹车增加了一些附加项，考虑了两车的间距。1977 年 Bekey、Burnham 和 Seo 再次利用线性跟车模型尝试用源自最优控制系统设计的传统模型推导新的跟驰模型。1988 年 Aron 进一步发展了线性跟驰模型。1995 年 Xing 在线性跟驰模型和 GM 模型的基础上提出了一个新的复杂模型。我们在第二节中表 3-2 给出了他们研究成果，从他们的研究成果可以看出：前后车的速度差和前后车的间距对跟随车的加速度的影响程度并没有形成统一的意见，并且除了 Aron 研究的模型外，前后车的速度差和前后车的间距对加速度的灵敏度都是固定不变的。从交通心理学角度来看，人对事物的灵敏度是随着外界的刺激变化而变化的，驾驶人对不同的速度差和车间距离的反应是一个动态变化的过程，当前后车间距与驾驶人期望的安全距离相差较大时，驾驶人则更可能考虑前后车的间距对跟随车的影响，反之，驾驶人则更可能考虑前后车的速度差对跟随车的影响。本文提出的跟驰模型旨在考虑前车与跟随车在不同的行驶状态下驾驶人的不同灵敏度，从而更加准确地描述了车辆的跟驰行为。

1959 年，Helly 提出的模型中采用的加速度根据前一辆或两辆车是否正在刹车增加了一些附加项。其简化的模型如下：

$$x''_{n+1}(t+T)=C_1[x'_n(t)-x'_{n+1}(t)]+C_2[x_n(t)-x_{n+1}(t)-D_n(t)]$$

$$D_n(t)=\alpha+\beta x'(t)+\gamma x''_{n+1}(t) \tag{3-31}$$

式中：$D_n(t)$——后车的期望间距；

$x_n(t)$——前车的 t 时刻的位移；

$x_{n+1}(t)$——后车的 t 时刻的位移；

C_1、C_2、α、β、γ——待定系数，其他符号意义同上。

第二节我们就分析了 Helly 模型，知道 C_1、C_2 为固定值，即对于不同的速度差和车间距离与期望间距的差值，驾驶人的灵敏度即反应强度是一定的。而从 Aron 的研究可以看出，前后车的速度差对加速度的影响是不同的，减速阶段约为 0.36，稳定跟车状态时为 1.1，加速阶段为 0.29。另一方面，大量的调查事实表明：跟随车驾驶人对车距过小和车距比较大时的反应强度是不一致的，那么驾驶人对前后两车车间距离的灵敏度也不是一个固定的值。从上面分析，认为前车的加速度对于不同的速度差和车间距离与期望间距的差的灵敏度是个变化值：当车间间距与期望间距的差较大时，驾驶人更多是关注车间距离与期望间距的差的影响，对速度差产生的影响程度就关注的就比较小，则驾驶人对车间距离与期望间距的差的反应强度就应该比较大，对速度差的反应强度就应该比较小；反之，当车间距离与期望间距的差比较少时，驾驶人则更多关注速度差的影响，对车间距离与期望间距的差的影响程度就关注的比较小，则驾驶人对速度差的灵敏度就应该比较大，对车间距离与期望间距的差的灵敏度就比较小，模型框图如图 3-3 所示。

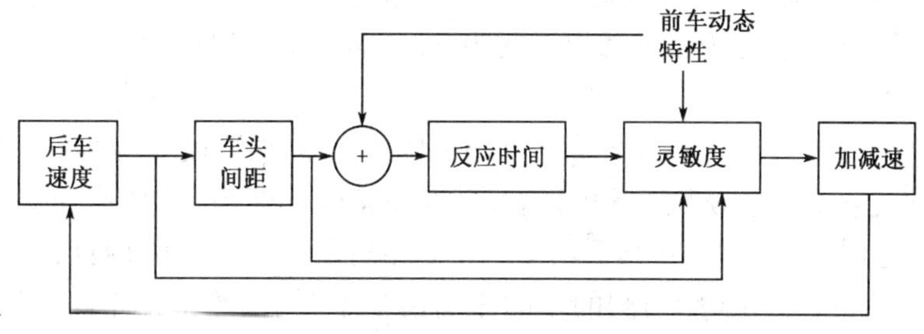

图 3-3　考虑不同的灵敏度跟驰模型框图

根据上面分析，建议的新模型为：

$$x''_{n+1}(t+T)=\frac{C_1\left|x'_n(t)-x'_{n+1}(t)\right|}{C_1\left|x'_n(t)-x'_{n+1}(t)\right|+C_2\left|x_n(t)-x_{n+1}(t)-D_n(t)\right|}[x'_n(t)-x'_{n+1}(t)]+$$
$$\frac{C_2\left|x_n(t)-x_{n+1}(t)-D_n(t)\right|}{C_1\left|x'_n(t)-x'_{n+1}(t)\right|+C_2\left|x_n(t)-x_{n+1}(t)-D_n(t)\right|}[x_n(t)-x_{n+1}(t)-D_n(t)] \tag{3-32}$$

式中：$D_n(t)$——后车期望安全间距，其他符号意义同上。

这里 $D_n(t)$ 计算公式如下：

$$D_n(t)=\alpha+Tx'(t)+\frac{1}{2}x'^2(t)/j \tag{3-33}$$

式中：α——跟随车停车后的安全车距；

j——跟随车制动的最大减速度。

2. 仿真与分析

对新模型进行仿真，即仿真城市交通中车辆的跟驰行为，以小型车为仿真对象。假设仿真路段为一封闭系统，未考虑超车行为。

本文用的对比模型用的是在 1995 年 Xing 线性跟驰模型和 GM 模型的基础上提出了一个新的模型，研究的结果为：

$$x''_{n+1}(t+T)=0.5[x'_n(t)-x'_{n+1}(t)]+0.05[x_n(t)-x_{n+1}(t)-D_n(t)]$$
$$D_n(t)=7+0.5x'(t) \tag{3-34}$$

依据交通部“职业驾驶人适宜性及检测的研究”课题组 1990 年和 1996 年在全国部分省市对职业驾驶人的心理、生理素质随机抽样调查结果。采用各省驾驶人反应时间的最大值为 0.932s作为 T 仿真时间间隔。

在跟驰状态下，考虑到安全的需要，两车停止时需保持的距离 $\alpha\geqslant 3$m，本文取 α 为 3m。干燥路面时 j 取为 6m/s^2，潮湿路面取为 5m/s^2，积雪路面取为 2.85m/s^2，所以本文取干燥路面的 $j=6$m/s^2。那么后车期望安全间距为：

$$D_n(t)=3+Tx'(t)+\frac{1}{2}x'^2(t)/6 \tag{3-35}$$

式(3-32)中 C_1、C_2 本文分别取为 0.5、0.125，用 MATLAB 进行仿真，前车的加速度通过随机数来产生，限制范围为－2.5～2.5m/s^2，初始速度为 10m/s，初始位移为 15m；跟随车的初始速度为 8m/s，初始位移为 0m；仿真时间为 50s。同时，在相同条件下，对新跟驰模型亦进行仿真。

仿真结果如图 3-4～图 3-6 所示。图 3-4 中的新模型的加速度在前车的速度的变化中控制在一个合理的范围以内。从图 3-5 可以看出，在前车的速度 8m/s 加速到 19m/s，然后再减速到 7m/s 的过程中，Xing 模型中前后两车的车间距离在 0 到 20s 中保持的也相对稳定，然而在 35s 到 50s 中，Xing 模型前后两测的车间距离出现了明显的波动，并且在第 47 个 T 时间段，前后两车的车间距离只有 3.381m，这说明 Xing 模型的稳定性不强。而新模型中前后两车间距离都保持相对的稳定性，没有出现很大的波动，这体现了在一车队中，后车跟随前车运行，驾驶人总不愿意落后很多，而是紧随前车前进。同时也体现了新模型具有很好的一个稳定性。从图 3-6 可以看出，前车改变运行状态后，后车也改变，但前车与后车运行状态的改变不是同步的，这很好的体现了车辆跟驰特性中的延迟性。从图 3-6 还可以看出，新模型的后车速度比传统模型的后车速度更接近前车的速度，新模型的前后车的速度差的绝对平均值为 1.84m/s，而 Xing 模型的前后车的速度差的绝对平均值为 1.95m/s，这说明了新模型的前车的运行状态能够更好的传递给后车，更接近实际的交通跟驰特性；同时在 Xing 模型中，加速和减速过程中对速度差的反应强度都比较大，导致了在前车的速度变化比较大时，跟随车的加速度过大，速度变化的不平稳，不吻合驾驶人实际驾车情况（减速和加速强度大，乘员乘坐不舒服），而新模型的速度变化较平稳，更符合实际情况。

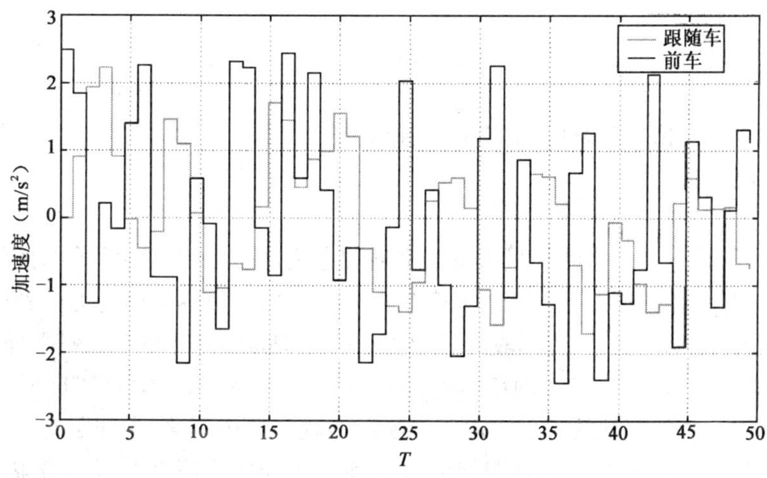

图 3-4　新模型的前后车的加速度

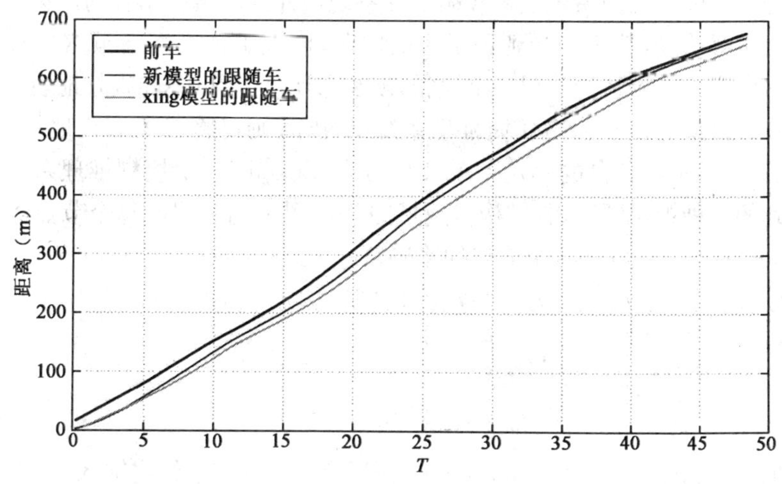

图 3-5　Xing 模型和新模型的位移仿真结果

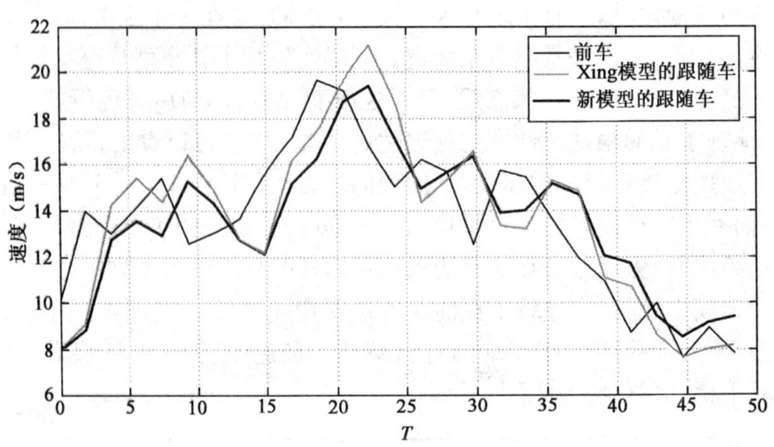

图 3-6　Xing 模型和新模型的速度仿真结果

三、基于自适应神经模糊推理系统的跟驰模型

1. 建模

车辆的跟驰行驶行为是道路上最常见的交通现象之一。跟驰模型反映的是跟随车辆的驾驶人在获得前导车的有关信息后做出的刺激反应行为。由于车辆跟驰行为受到诸多因素的影响，传统的车辆跟驰模型难以体现驾驶人的感觉、理解、判断、决定等一系列心理、生理活动的不确定性和不一致性，而人工神经网络具有能够处理不完整信息、学习和自适应能力强的特点，使之能够应用于跟驰模型的建立。由于在实际跟驰现象中车速、车间距离等参数呈动态性和不确定性，因此单一使用人工神经网络的方法建模不能完全真实地反映车辆的跟驰特性。针对这一问题，应用自适应模糊神经推理系统（ANFIS）建立跟驰模型。

自适应神经网络模糊推理系统是将模糊推理系统与神经网络相结合的产物。由于模糊推理本身不具备自学习功能，其应用受到了很大的限制；而人工神经网络虽然具备很强的自组织、自学习功能，但由于起始结构类似一个黑箱，缺少透明度，所以不能很好地表达人脑的模糊推理功能。而基于自适应神经网络模糊推理系统 ANFIS 则可将二者有机地结合起来，既能发挥二者的优点，又可弥补各自的不足。ANFIS 是将 Sugeno 一阶模糊推理系统以网络的形式来实现而得到的一种神经网络，其结构构造见图 3-7，图中同一层的每个节点具有相似的功能（这里用 O_1, i 表示第 1 层的第 i 个节点的输出）。

第 1 层：该层每个节点 i 是以节点函数表示的方形节点，即：

$$O_{1,i} = u_{Ai}(x_1), i = 1,2 \tag{3-36}$$

$$O_{1,j} = u_{B(i-2)}(x_2), i = 3,4 \tag{3-37}$$

式中：$O_{1,i}$——模糊集 $A(A=A_1, A_2, B_1, B_2)$ 的隶属函数，它确定了给定输入 x_1 或 x_2 满足量 A 的程度。

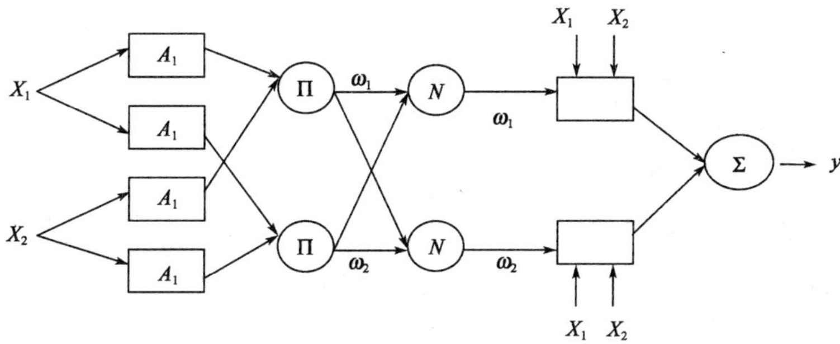

图 3-7 典型 ANFIS 系统结构示例

A 的隶属函数可以是任意合适的参数化隶属函数，如一般的钟型函数：

$$u_{\mathrm{A}}(x)=\frac{1}{1+\left|\frac{x-c_i}{a_i}\right|^{2\mathrm{b}_i}} \tag{3-38}$$

第 2 层：该层的节点在图 3-7 中用Ⅱ表示，将输出信号相乘，而将其乘积输出为：

$$O_{2i}=\omega_i=u_{\mathrm{A}i}(x_1)u_{\mathrm{B}i}(x_2),i=1,2 \tag{3-39}$$

第 3 层：该层的节点在图 3-7 中用 N 表示，第 i 个节点计算第 i 条规则的 ω_i 与全部规则 ω 值之和的比值为：

$$O_{3i}=\overline{\omega}f_i=\frac{\omega_i}{\omega_1+\omega_2},i=1,2 \tag{3-40}$$

第 4 层：该层每个节点 i 为自适应节点，其输出为：

$$O_{4i}=\overline{\omega}f_i=\overline{\omega}(p_ix_1+q_ix_2+r_i),i=1,2 \tag{3-41}$$

第 5 层：该层的单节点是一个固定节点，计算所有输入信号的总输出为：

$$O_{5i}=\sum_i\overline{\omega}f_i-\frac{\sum_i\omega_if_i}{\sum_i\omega_i} \tag{3-42}$$

通过以上步骤建立了一个功能上与 Sugeno 模糊模型等价的自适应网络。ANFIS 是一种颇具特色的神经网络，该网络具有以任意精度逼近非线性函数的功能。

单车道车辆跟驰理论认为，车头间距在 100～125m 以内时车辆间存在相互影响，市内车辆行驶速度一般在 60km/h 内。因此，设定行车间距 DS 的基本论域为{0,125}；跟随车与前车速度差 ΔV 的基本论域为{−60,60}；行车间距 DS 的模糊子集设为{MS,S,M,L,ML}；速度差 ΔV 的模糊子集设为{NB,NS,ZO,PS,PB}；跟随车的加速度 ACC 的模糊子集设为{NB,NS,ZO,PS,PB}。车辆跟驰模型使用高斯隶属函数，以前后 2 车的相对距离 DS 和相对速度 ΔV 为模糊输入，跟随车的加速度 ACC 为模糊输出，依靠经验可建立 25 条模糊推理规则。模糊规则见表 3-6。

模 糊 规 则　　表 3-6

ACC		DS				
		MS	S	M	L	ML
ΔV	NB	ZO	PS	PS	PB	PB
	NS	NS	ZO	PS	PS	PB
	ZO	NB	NS	ZO	PS	PS
	PS	NB	NB	NS	ZO	ZO
	PB	NB	NB	NS	NS	ZO

利用模糊规则产生的数据作为 ANFIS 系统的训练数据，设初始步长为 0.01，利用 MATLAB 编程训练车辆跟驰 ANFIS 模型。如图 3-8～图 3-11 所示。

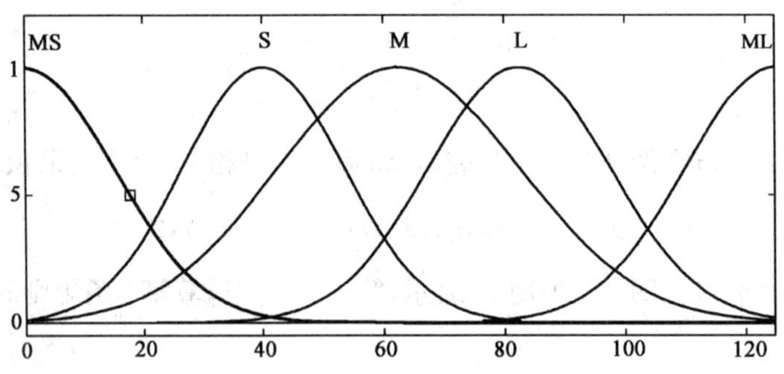

图 3-8　跟随车与前车行车间距 *DS* 的隶属函数

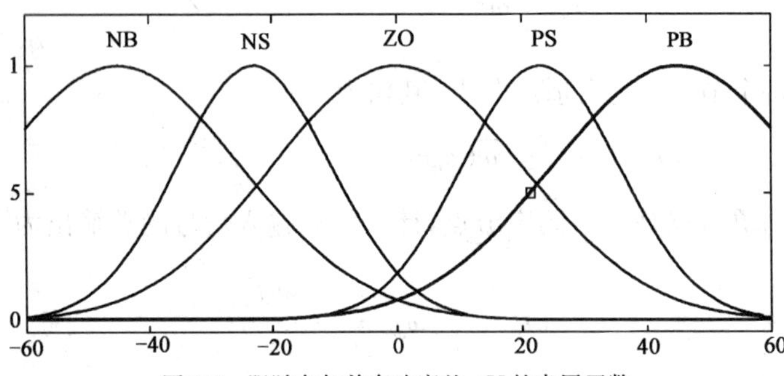

图 3-9　跟随车与前车速度差 Δ*V* 的隶属函数

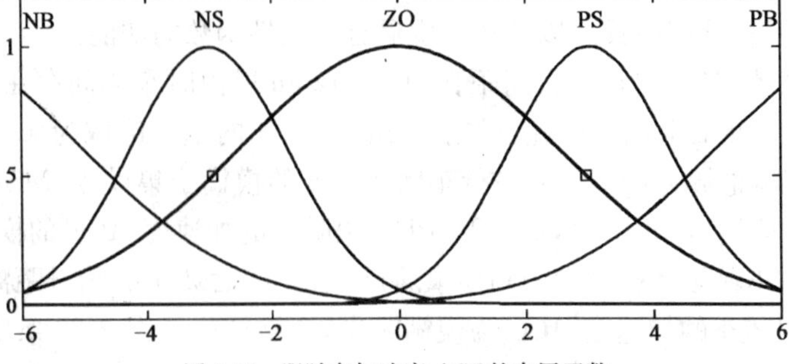

图 3-10　跟随车加速度 *ACC* 的隶属函数

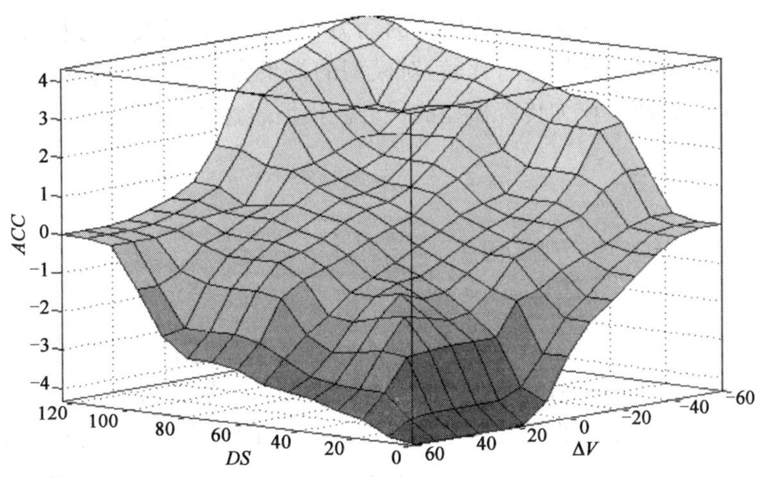

图 3-11　跟随车加速度 ACC 的输出曲面

2. 仿真与分析

为了对车辆跟驰 ANFIS 模型进行验证，需测定车辆跟驰动态过程参数。在长沙市的快速道路（二环路）上进行了车辆跟驰行为交通调查。利用加拿大 Waypoint 公司开发的 GrafNav GPS 后处理软件进行数据的后差分处理，可以得到每辆试验车的定位时间、经纬度、高程、三维速度等数据。将这些数据进行转化和处理就可以得到交通流理论需要的跟驰数据，包括车辆速度、车辆车头间距和加速度，部分数据见表 3-7。

试验所得交通流数据　　表 3-7

测试时间 (s)	1 车速度 (m/s)	2 车速度 (m/s)	1 车加速度 (m/s^2)	2 车加速度 (m/s^2)	1 车 2 车之间距离 (m)
1	8.653	12.113	1.217	−2.317	9.769
2	8.961	11.916	0.916	−0.137	17.188
3	7.524	9.126	1.269	−0.681	13.217
4	7.916	9.231	1.412	−0.791	29.317
5	8.793	8.846	0.783	0.951	10.189
6	8.691	8.975	0.697	2.667	30.232
7	11.519	10.177	0.508	0.327	10.239
8	10.778	9.923	0.617	2.793	32.327
9	12.196	9.576	0.976	0.751	8.417
10	12.796	9.923	0.617	2.793	32.357

分别对基于 ANFIS 的跟驰模型和传统的动力学模型进行仿真，通过对模型的仿真结果与试验所得的真实结果的一致性进行比较，对模型的效果做出评价。选取目前在交通仿真系统中应用较多的 Herm 模型作为传统模型的代表。模型表达式如下：

$$a_2 = a^+ \frac{v_2^{\beta+}}{g_2^{\gamma+}}(v_1 - v_2) \tag{3-43}$$

$$a_2 = a^- \frac{v_2^{\beta-}}{g_2^{\gamma-}}(v_1 - v_2) \tag{3-44}$$

式中：a——加速度；

v——车速，下标“1”、“2”表示前车和跟随车；

a^+、β^+、γ^+、a^-、β^-、γ^-——分别为加速跟驰及减速跟驰时的模型参数。

利用数理统计方法对模型的仿真效果进行评价。为了便于与观测的真实结果进行对比，引进 3 个比较指标：相对误差均值 MAPE、相对误差方差 VAPE 和误差分布概率。

$$\text{MAPE} = \frac{\sum_{i=1}^{N}\left[\frac{a_2(t) - a_2^-(t)}{a_2(t)}\right]}{N} \tag{3-45}$$

$$\text{VAPE} = \sqrt{\frac{\sum_{i=1}^{N}\left[\frac{a_2(t) - a_2^-(t)}{a_2(t)}\right]^2 - \sum_{i=1}^{N}\left[\frac{|a_2(t) - a_2^-(t)|}{a_2(t)}\right]^2}{N(N-1)}} \tag{3-46}$$

式中：$a_2(t)$——t 时刻后车加速度的实测值；

$a_2^-(t)$——t 时刻对后车加速度的预测值。

不同模型误差指标统计结果如表 3-8 所示。

不同模型误差指标统计结果　　表 3-8

模型类型	MAPE	VAPE	误差分布概率(%)
Herm	3.18	129.56	17.6
ANFIS	0.516	10.97	34.8

四、基于信息融合的跟随驾驶行为协同仿真模型

1. 建模

客观真实的描述驾驶人的驾驶行为，有利于深入认知交通流微观特性，分析驾驶人行为差异。目前，普遍将驾驶行为分为信息采集、分析决策和车辆控制三个阶段，采用连续单一的控制规则将认知过程与车辆控制过程分离，用牛顿变量独立控制驾驶行为。事实上，道路交通系统向驾驶人提供的信息很复杂，呈现出多源性、异构性和层次性。“驾驶人能感知所有信息变化”的假设，忽略了驾驶人对信息的筛选过程，不符合实际情况。本文利用信息融合技术模拟驾驶人信息感知、分析决策和车辆控制过程，建立了驾驶行为协同模型。信息融合技术在处理信息时具有综合性、可靠性和精确性，已受到各领域的广泛关注，近几年也开始应用于交通事故检测、交通流预测等。

从传感器处理角度看，信息融合技术分为数据融合、特征融合和决策融合三个层次。其中，决策融合包括软决策融合和硬决策融合。从信息处理角度看，信息融合技术分为观测采集、整理定向、评估决策和控制执行四个阶段。信息融合技术与驾驶行为三阶段存在对应关系[46]。因为当驾驶人面对道路上纷繁复杂的交通信号时，可以看成一个高度完美的自适应、自学习反馈系统，也是一个信息加工系统。如图 3-12 所示，信息采集时，驾驶人相当于多个传感器的综合体，负责完成数据融合；分析决策时，驾驶人相当于各种协调规则、算法，负责完成特征提取和软决策，其中，特征提取是驾驶人将当前场景与累计经验的匹配，软决策为驾驶人操作策略决策；决策被执行即对车辆进行状态控制时，驾驶人相当于效应器官，负责完成硬决策。

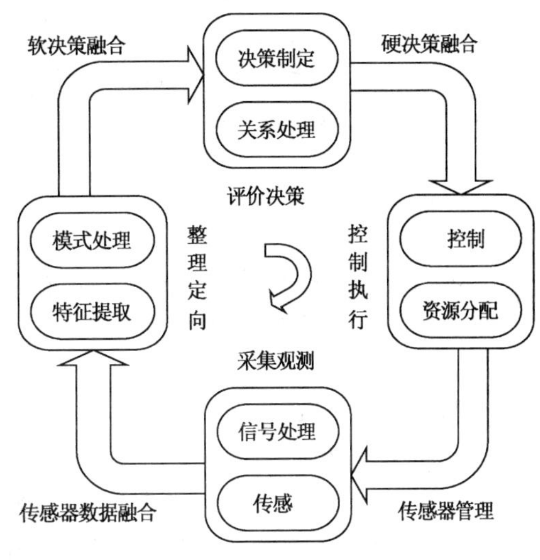

图 3-12　信息融合流

驾驶人协同模型以动态交通信息为输入，利用单个神经元仿真驾驶人对信息的筛选过程，应用信息融合技术模拟驾驶人对信息的分析、决策过程，输出车辆控制状态。协同模型流程如图 3-13 所示。

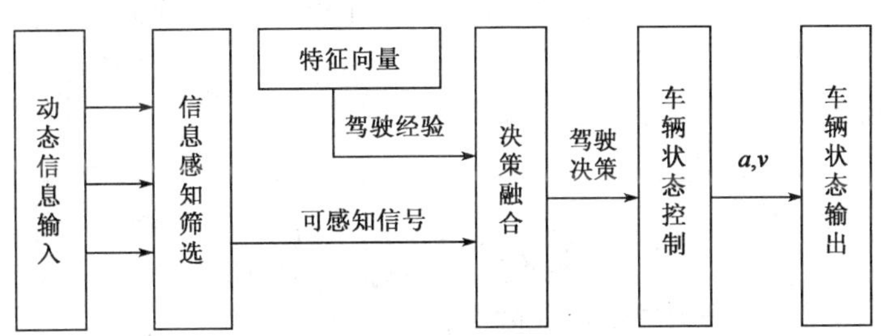

图 3-13　协同模型流程

驾驶人行车过程中感受到的信息可以分为两类，即动态信息和静态信息。动态信息是指在行车过程中驾驶人需要时刻关注其变化状态的信息，如前车车速、前后车相对间距、后车车速等变量；静态信息是指经驾驶人大脑处理后不需要实时更正的信息，如道路情况、天气情况等行车环境指标。此类信息引起驾驶人感应必须满足三个条件：足够的刺激强度、刺激需维持一定的时间、有一定的刺激强度随时间的变化率。也就是说，驾驶人对此类信息的感知存在一个感应阈值，若刺激强度小于此阈值，驾驶人不能进行正常感知。采用图 3-14 所示的单神经元感知环节描述驾驶人对动态信息的感知过程。各输入信息经权值 $w_i(i=1,2,\cdots)$ 和阈值 $b_i(i=1,2,\cdots)$ 线性作用后与原始信息点乘输出。若点乘结果小于阈值，定义输出为 ϕ，表示驾驶人无法感知当前信息的改变，车辆维持当前运动状态；若输出大于阈值，输出新的车辆状态，表示驾驶人可以感知当前信息的改变。

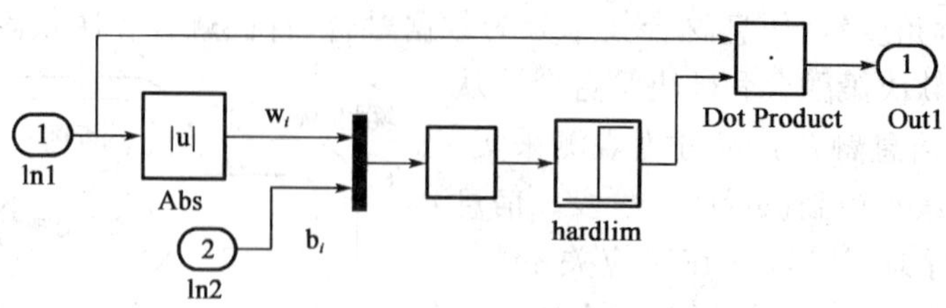

图 3-14　动态信息感知器

驾驶人凭借以往累计的驾驶经验，对当前能感知到的各种信息其进行分析、判定，形成驾驶决策。模型中将驾驶人经验提炼为特征向量，利用模糊融合的方法模拟驾驶人决策。

(1)特征融合

将跟驰过程中驾驶人控制行为分为停车(R_1)、减速(R_2)、维持(R_3)、加速(R_4)和急加速(R_5)五类。利用改进的模糊径向基高斯神经网络(FNN)提取驾驶行为特征向量 $T_i=(T_1, T_2, \cdots, T_m)$ 作为驾驶人经验。FNN 采用最大隶属度函数，由递阶自组织学习算法确定最小知识规则，由负梯度下降法确定隐层参数。隐层的作用函数采用类似高斯函数 $P_i(x)$：

$$P_i(x)=\exp\left(-\sum_{j=1}^{n}\frac{|x_j-c_i|^2}{2\sigma_i^2}\right) \tag{3-47}$$

式中：x——n 维输入数据向量；

c_i——第 i 个基函数的中心，与 x 具有相同维数的向量；

σ_i——第 i 个感知的变量，其决定了该基函数围绕中心点的宽度；

$|x_j-c_i|$——向量 x_j-c_i 的模。

输出层实现从 $P_i(x)$到 vk 的线性映射，即：

$$y_{\mathrm{k}}=\frac{\sum\limits_{i=1}^{m}a_{\mathrm{ik}}P_i(x)}{\sum\limits_{i=1}^{m}P_i(x)}, k=1,2,\cdots,p \tag{3-48}$$

其中 p 为输出节点数；m 为感知单元的个数；a、i、k 为连接权值。

(2)决策融合

采用模糊积分法[47]模拟驾驶人决策融合。设有 n 个样本，每个样本有 m 个指标，对类别 R_i 的信任程度用模糊测度 g_i 表示。第 j 类控制行为的特征向量在模糊可测空间上的可测函数 $h(x)$为：

$$h(x_i)=1-\left|\frac{x_i-T_{ji}}{\max(x_i,T_{ji})}\right|, [1\leqslant j\leqslant 5, 1\leqslant i\leqslant m, 0\leqslant h(x)\leqslant 1] \tag{3-49}$$

此函数反映了采集到的特征指标属于第 j 类运行模式的信任程度。

构造模糊测度：$(g^1, g^2, \cdots, g^m)=(w_1, w_2, \cdots, w_m)$，依式(3-49)～式(3-51)计算特征信息 $x_1, x_2, \cdots, x_m$ 属于各驾驶类别的模糊值，取 $e_i=\max(e_1, e_2, \cdots e_5)$。

$$e_i=\int_x h(x)og(\cdot)=\max_{i=1}^{m}\min\{h[x_i, g(A_i)]\} \quad (A_i=\{x_i, i=m\}) \tag{3-50}$$

$$g(A_1)=g(x_1)=g^1, g(A_i)=g^i+g(A_{i-1})+\lambda g^i g(A_{i-1}) \tag{3-51}$$

式(3-50)为 h 相对于 g 的模糊积分。λ 可按下式计算：

$$\lambda+1=\prod_{i=1}^{m}(1+\lambda g^{i}),\lambda>-1,\text{and}\quad \lambda\neq 0 \tag{3-52}$$

各操作行为下每个指标的影响系数即权值为 $w_1=C_{11}\lambda_1, w_2=C_{12}\lambda_1,\cdots,w_m=C_{1m}\lambda_1$，其中，$C_{1i}(i=1,2,\cdots,m)$反映了 x_i 对 y_1 的影响程度，由 PCA 法取自式(3-52)：

$$\begin{cases} y_1=C_{11}x_1+C_{12}x_2+\cdots+C_{1m}x_m \\ y_2=C_{21}x_1+C_{22}x_2+\cdots+C_{2m}x_m \\ \vdots \\ y_m=C_{m1}x_1+C_{m2}x_2+\cdots+C_{mm}x_m \end{cases} \tag{3-53}$$

当驾驶人判定采用停车操作时，车辆以最大制动力短时间内将车速减为零值；当判定操作类型为维持时，车辆加速度置为零。其他操作行为的车辆状态按以下规则输出：设 t 时刻跟随车的运动状态为位置 $x(t)$、速度 $\dot{x}(t)$和加速度 $\ddot{x}(t)$。将 $t+T_{\mathrm{p}}$ 时刻跟随车加速度看成在已有加速度 $\ddot{x}(t)$的基础上附加一个可行增量 $\Delta\ddot{x}(t+T_{\mathrm{p}})$，即 $\ddot{x}(t)-\Delta\ddot{x}(t+T_{\mathrm{p}})\leqslant\ddot{x}(t+T_{\mathrm{p}})\leqslant\ddot{x}(t)+\Delta\ddot{x}(t+T_{\mathrm{p}})$。则可得到经过前视时间 T_{p} 后，$t+T_{\mathrm{p}}$ 时刻跟随车的一系列可行状态：

$$\begin{cases} \ddot{x}(t+T_{\mathrm{p}})=\ddot{x}(t)+\Delta\ddot{x}(t+T_{\mathrm{p}}) \\ \dot{x}(t+T_{\mathrm{p}})=\dot{x}(t)+\ddot{x}(t+T_{\mathrm{p}})T_{\mathrm{p}} \\ x(t+T_{\mathrm{p}})=x(t)+x(t)T_{\mathrm{p}}+0.5\ddot{x}(t+T_{\mathrm{p}})T_{\mathrm{p}}^{2} \\ D_{\mathrm{r}}(t+T_{\mathrm{p}})=D_{\mathrm{r}}(t)+[\dot{x}(t)-\dot{x}_{\mathrm{r}}(t)]T_{\mathrm{p}}-\dot{x}(t)T_{\mathrm{p}}+0.5\ddot{x}(t+T_{\mathrm{p}})T \\ \dot{x}_{\mathrm{r}}(t+T_{\mathrm{p}})=\dot{x}(t+T_{\mathrm{p}})-[\dot{x}(t)-\dot{x}_{\mathrm{r}}(t)] \end{cases} \tag{3-54}$$

式中 $D_{\mathrm{r}}(t)$、$\dot{x}_{\mathrm{r}}(t)$分别为 t 时刻两车间距和相对速度。

从驾驶人自身安全性和紧密跟随特性两个角度考虑，车辆的最优跟驰状态决策如下：

$$\left(\frac{D_{\mathrm{r}}}{D_{\mathrm{stop}}}\right)\geqslant 1;\quad \text{and}\quad \min\left|\frac{\dot{x}_1(t-T_{\mathrm{p}})}{\dot{x}_{\mathrm{f}}(t)}-1\right| \tag{3-55}$$

其中，$D_{\mathrm{stop}}=D_{\mathrm{r}}(t-T_{\mathrm{p}})+\dfrac{[\dot{x}_1(t-T_{\mathrm{p}})]^2}{\ddot{x}_1(t)}-\dfrac{[\dot{x}_{\mathrm{f}}(t)]^2}{\max[\ddot{x}_{\mathrm{f}}(t)]}-x_1(t-T_{\mathrm{p}})\cdot(T_{\mathrm{r}}+T_{\mathrm{sys}})$

式中，T_{s} 为驾驶人车头时距，T_{r} 为反应延迟时间，T_{sys} 为制动系统的延迟时间。依据交通部“职业驾驶人适宜性及检测的研究”，其值分别设为 2.02s、2.45s 和 0.536s。

2. 模型验证与分析

表 3-9 为数据样本，表 3-10 为利用前 200 个样本计算所得的特征向量。利用交通数据对协同模型进行离线检验。为演示决策变化过程，选择经感知环节输出非空的样本 23 到 24 的决策过程进行说明。由表 3-9 可知，驾驶人获得的动态交通信息 x_i 为(11.45，−1.12，10.47，−0.74，75.4，53.4)，模型判定驾驶人需要操作车辆，改变运行状态。由表 3-10 和式(3-56)可得出每种决策的 $h_j(x_{ji})$：

部分样本数据 表 3-9

样本＼指标	v_l(m/s)	a_l(m/s^2)	v_f(m/s)	a_f(m/s^2)	D(m)	D_0(m)
1	12.46	0.15	6.36	0.23	83.0	31.5
2	12.51	0	19.23	−1.15	56.0	22.5
3	14.26	−0.15	8.23	−0.15	1.0	20.0
4	14.33	−0.26	12.05	0.12	135.7	57.0
5	13.86	−0.11	12.21	0.26	101.4	56.0
…	…	…	…	…	…	…
23	11.45	−1.12	10.47	−0.74	75.4	53.4
24	10.36	−1.12	9.73	−0.93	78.66	53.4
…	…	…	…	…	…	…
242	9.72	0	12.68	0.56	54.0	57.0
243	9.60	0.23	12.43	0.12	53.0	45.0
244	6.58	0.56	12.30	−0.24	57.3	43.0

特征向量 表 3-10

特征指标＼策略输出	刹车 R_1	减速 R_2	维持 R_3	加速 R_4	急加速 R_5
前车车速(m/s)	10.23	11.45	12.05	14.36	15.71
前车加速度(m/s^2)	−0.23	0.16	0.56	0.67	1.06
车间距(m)	14.12	23.75	24.52	33.46	2.87
前后车速比	∞	0.92	0.98	1.2	1.36

$$h_j(x_{ji}) = 1 - \left|\frac{x_i - T_{ji}}{\max(x_i, T_{ji})}\right| = \begin{pmatrix} 0.77 & 0.46 & 0.33 & 0.61 & 0.96 \\ 0.99 & 0.59 & 0.57 & 0.42 & 0.33 \\ 0.89 & 1.0 & 0.95 & 0.80 & 0.73 \\ 0.83 & 0.56 & 0.24 & 0.77 & 1.0 \end{pmatrix} \tag{3-56}$$

由 PCA 法得到权重为：(0.24,0.24,0.18,0.13,0.11)。由此构造模糊测度 g_λ，通过模糊积分以 $h_j(x_{ji})$得到：$h_j(x_{j1},x_{j2},x_{j3},x_{j4})=(2.76,17.83,10.74,9.65)$。

其属于 1～5 类驾驶决策的模糊值为(0.78,0.92,0.53,0.21,0.14)，则 $x_{\max}(0.78,0.92,0.53,0.21,0.14)=0.92$。因此，驾驶人在下一时刻采用减速行驶，这与表 3-9 中第 24 号样本的实际情况相符，模型输出车速为 9.46m/s，加速度为−1.14m/s^2。

图 3-15 为引导车速的变化情况，图 3-16 为协同模型和贾顺平中模糊逻辑模型与实测数据的离线检验结果，其中图 3-16a)为车速变化图，图 3-16b)为加速度变化图。模糊模型和协同模型输入一样的信息，采用三角函数，通过重心法得出加速度的取值，可以看出：

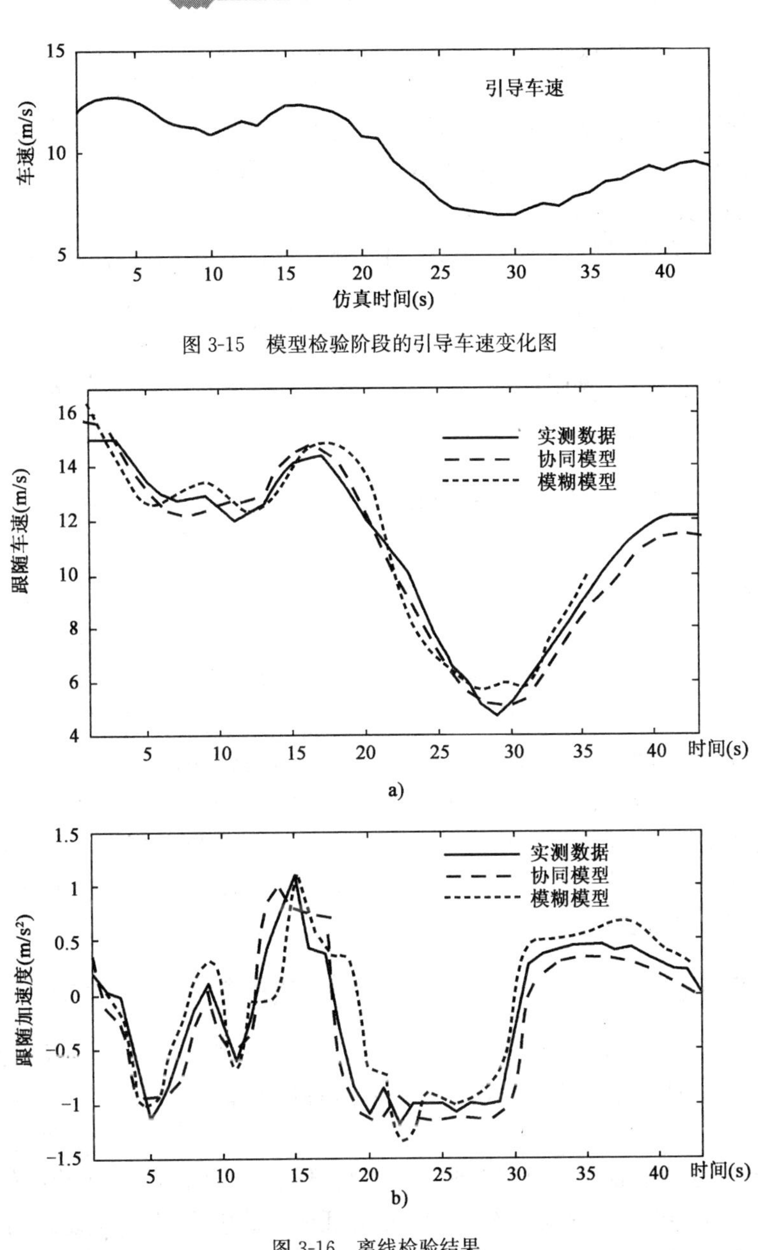

图 3-15　模型检验阶段的引导车速变化图

图 3-16　离线检验结果

(1)虽然协同模型和模糊逻辑模型均能反映跟随车状态变化趋势,但与模糊逻辑模型相比,无论是车速还是加速度协同模型都具有更高的拟合度。原因有两点:第一,模糊逻辑模型中的驾驶人经验是人为约定的,具有强烈的主观性;而协同模型中的经验是通过信息融合技术直接在原始数据中提取的,可以看成是驾驶人以往的在线学习结果,随着学习数据的改变,学习的结果亦不相同,可以体现环境差异对驾驶人的影响。第二,协同模型涵盖了从驾驶人信息感知、分析决策到车辆状态控制的全过程,且物埋意义明确;而模糊逻辑模型推断出驾驶人操作方案后利用重心法得到车辆状态，淡化了变量的物理意义，容易造成结果失真。

(2)模糊逻辑模型的输出变化相对频繁，而协同模型的输出变化相对平缓，曲线较为光滑。例如在检验时间的第 21s 到 30s 左右，引导车速变化微弱，跟驰车实际状态改变很小，但模糊逻辑模型输出的加速度变化频繁，与实测值偏差较大。这是因为模糊逻辑模型没有考虑到驾驶人对信息的筛选过程，认为驾驶人能对任何变化程度的信息进行感知并做出相应反应。事实上，受生理、心理限制，驾驶人并不能对每个时刻的所有交通信息都做出反应，尤其是信息变化微弱时驾驶人往往会忽略这些变化，维持当前操作。协同模型通过设置单神经元模拟驾驶人对变化信息的筛选过程，可以体现驾驶人行为的间断性，使最终结果能更真实的反映车辆状态。

第四节　跟驰模型不足及发展方向

车辆跟驰模型已被研究了半个多世纪，研究经历控制工程、感知和心理学几个阶段。近几年来，车辆跟驰模型在交通工程和安全等研究领域变得更加重要。交通工程人员逐步认识到对跟驰过程中驾驶人刺激—反应过程研究进一步深入的必要性，认为交通系统不能简单的视为一种纯机械系统，而应该被看成是一种由物理(等价于其中的运动)和心理(等价于人的感知和处理)相互作用的系统，人的主观因素在系统中发挥着重要的作用。因此，对在车辆跟驰过程中驾驶人的行为动机及其心理、生理特性包括驾驶技能、驾驶的倾向性、对于安全感的需求、感知交通环境变化的能力、对刺激的反应灵敏度、最大加减速度的接受值等诸方面做了深入研究。交通心理学家研究车辆跟驰的动机是，寻找减少追尾碰撞的途径和从心理学的角度描述与跟驰有关的操作的实现。

一、跟驰模型不足

各国学者虽然在过去的半个世纪里从不同的角度来分析研究跟驰现象，建立了不同的跟驰模型，研究结果也达到了一定的预期效果。但是各模型适用性还是存在着不足的地方。其主要问题有：

第一，未能充分的从心理学角度考虑驾驶人自身因素。作为道路交通系统的信息处理者、决策者、调节者和控制者，驾驶人是人—车—路—环境系统中最核心、最复杂的组成部分，在行车过程中，驾驶人需要连续不断地从道路环境和车辆运行状况中获取道路交通信息和车辆运行信息，并对其进行加工处理，然后做出决策。这一过程始于驾驶人对外部世界引起的感觉，结果表现为对外部刺激的反应(动作、行为或情绪和语言反应等)中介于驾驶人的人格特征。这其中的心理活动分为 3 部分：认知过程、意向过程和人格特征。认知过程包括感觉、知觉、注意、学习、记忆、语言、思维、推理和解决问题的过程。在人们认知过程中，必然伴随着对认知客体与自身关系的理解或体验，这就会出现情绪、情感、本能和动机；与此同时还会出现如何对待外间世界的意向、意志及由其驱动的动作等意向过程。此外，不同人格特征的驾驶人其驾驶行为也不同，这主要包括年龄、性别、性格、智力、技能、兴趣、爱好、特长、社会价值观和人生经历等。因此，人自身作为一个极其复杂的系统具有延续性、相关性、自学习性、复杂性、模糊性、离散性、时变性、随机性、不确定性等特征，需要从认知心理学的角度对驾驶行为及车辆跟驰模型进行深入地研究。

第二，未能综合考虑影响车辆跟驰行为的各种因素。传统的车辆跟驰模型提出的影响因素简单、单一，脱离了驾驶行为和驾驶人本身的实际情况，导致这些模型只能在很苛刻的条件下成立，传统的车辆跟驰模型无法对后车驾驶行为做与实际相符的定性分析和定量描述，无法得到普遍的适用性。此外，以往对车辆跟驰模型的研究，多数是基于对交通现象的感性认识，主要是定性的分析影响车辆跟驰行为的因素，且未直接涉及影响车辆跟驰行为的因素的定量选择问题。

第三，有些传统的车辆跟驰模型，经常只考虑驾驶人、车辆及所处道路三者或是把驾驶人、车辆以及所处道路交通环境孤立开来进行研究，而忽略驾驶行为模式的选择与实现是人、车、道路、环境之间协同作用的效果。

二、跟驰模型发展方向

1.跟驰模型内容细致化、深入化

传统的车辆跟驰模型，提出的影响因素简单、单一，脱离了车辆跟驰行为和驾驶人本身的实际情况，导致这些模型只能在很苛刻的条件下成立，由于影响驾驶行为和车辆跟驰行为的因素具有多样性、复杂性、模糊性、延续性、相关性、随机性、时变性和不确定性，传统的车辆跟驰模型无法对后车驾驶行为做与实际相符的定性分析和定量描述，无法得到普遍的适用性。且目前跟驰模型为简化模型把其中的动态参数（如期望车头时距）视为常量，但实际交通流具有动态性，因此静态的跟驰模型并不能确切的描述现实交通流。随着交通科技的进步，动态数据采集，以及数据分析等方法有了进一步发展，较准确的描述现实交通流已成为改进已有跟驰模型的必要条件。因此跟驰模型的内容必将更加细致、深入。

2.研究手段和方法多样化

传统的车辆跟驰模型提出的影响因素比较简单，很难对后车驾驶行为做与实际相符的定性分析和定量描述，可通过多样的研究手段，如统计学、认知心理学、模糊数学、灵敏度分析等，再结合驾驶人认识能力、人格因素和个人经历的因素，深入研究影响车辆跟驰行为的刺激因素，并综合考虑各种道路交通环境、自然地理环境，应用人工智能控制神经网络、模糊控制、预测控制方法和智能协同技术，建立新一代的基于智能控制理论的车辆跟驰协同仿真模型。

随着更多研究人员的加入和研究手段和数据采集手段如人工智能技术、行为科学、心理学、计算机技术及交通流数据采集技术等的迅速发展，易于标定、针对性强和适应性更广的车辆跟驰模型的建立将成为可能，微观交通流模拟也将成为研究交通运输问题的可靠手段。

此外，随着ITS，驾驶人信息诱导系统和车辆自动智能巡航系统的开发建立，将智能运输系统提供的信息看作道路交通环境信息，车辆跟驰过程中，不仅仅局限于前后两车之间相对运动获得的信息，而是综合考虑各方面信息，建立新一代的车辆跟驰协同仿真模型。

3.跟驰模型应用具体化

随着对交通系统的深入研究，开发了许多专门针对某一特定问题研究的跟驰模型。如在对交通流仿真的过程中，对于在高速公路与城市道路上有针对性地开发了不同的跟驰模型；针对驾驶人信息诱导系统的模型；ITS 研究中针对特定控制下的车辆跟驰模型等。

毫无疑问，跟驰理论将随着交通科学研究的逐步深入而不断的发展，交通工程学者对跟驰理论的研究也将会促进交通流理论极其相关领域的研究、发展与完善。

第四章　安全车距与道路交通安全

随着高速公路的迅速发展，高速公路的交通事故一直呈上升趋势。追尾碰撞是高速公路交通事故的主要类型之一。一方面，如何防止追尾碰撞事故，确定跟随车的临界安全车距，指导驾驶人保持合理的车头间距，显得尤为重要。另一方面，在全智能化汽车尚未投入使用以前，要有效地预防汽车追尾事故的发生，可通过开发汽车防追尾碰撞装置予以实现，而安全车距作为开发汽车防追尾碰撞装置的理论基础。所以，研究临界安全车距对预防汽车追尾事故的发生具有积极的意义。

安全车距数值的多少，根据汽车运行中的速度高低、气候、道路的好坏、驾驶人反应的快慢和汽车制动的技术状态等因素综合分析累计而成。然而在很多的追尾碰撞事故中发现：当前车已非正常制动减速时，跟随车往往会发生追尾碰撞交通事故。没有考虑前车减速状况的跟随车安全车距缩小了它的适用范围，降低了它的指导行车安全的科学性。同时，在车辆防碰撞系统的运动学模型中，涉及的变量比较多且情况复杂，具有较大的随机性和模糊性。另一方面，交通系统不能被简单地视为一种纯机械系统，而应该被看成一种由物理（等价于其中的运动）和心理（等价于人的感知和处理）相互作用的系统，人的主观因素在系统中发挥着重要的作用。驾驶人注意力不集中导致的干扰，已成为影响驾驶人反应时间的重要因素之一，也直接影响着安全车距确定。

第一节　车距判定影响因素分析

一、车距判定常用参数概念

在道路交通领域，有很多表现车车距离的相似的定义，如车距、时距、安全车距。它们的概念相似，但实际有所不同，让我们先来加以区别。

行车间距：行车间距是指呈纵向列队状的两辆在行车辆间实际保持的间距。

车头时距：指的是在同一车道上行驶的车辆队列中，两连续车辆车头端部通过某一断面的时间间隔。车头时距是在提出车头间距以后，考虑同一条道路上行驶的前后车辆行驶速度并不相同的现实状况下，提出的以时间差衡量相邻两车距离的参数。

安全车距：即安全行车间距，指行驶在高速公路上同一车道的后车与前车之间为保证交通安全而必须保持的行车间距，如果前、后两车行车间距保持在此距离以上，则不会发生追尾碰撞类交通事故。安全车距的提出，使驾车行驶在道路上的驾驶人认识到了车距对交通安全事故的重要性，从而在驾驶行为中更加注重对车距的合理判定，并在应急过程做出更加合理的反应措施。通过对安全车距的定义和计算，在交通事故现场，交通事故的责任认定也可以根据事故双方交通事故发生时的车距和反应进行合理的划定。另外，安全车距为研究车辆防追尾的研究提供了具体的参数信息，车辆防止追尾等相关的研究可以将合理的安全车距应用到系统的研发中，更好的服务交通安全领域。

临界安全车距：即临界安全行车间距，是指为保证安全而两车之间必须保持的最小行车间距。临界安全车距的提出丰富了安全车距的内涵，在对交通安全的研究中，临界安全车距通过对不同种类车辆之间的速度差别，制动能力的差别，和各种突发事故发生条件下的考虑，得出一个更具有参考性的安全距离，为驾驶人提供了相对更可靠的数据供他们进行参考，也为进一步的交通安全研究和更深层次的软件开发提供了支持。

二、影响车距判定的因素

驾驶人行车时，一般是按照自己的驾驶经验来确定安全车距，将车距始终保持在安全车距范围之内。但是显然，由于车速，驾驶人特性，道路条件，交通环境等因素的影响，驾驶人会对车距产生错误的判断，由此导致追尾等交通事故的发生。

在研究车距判定因素问题时，经常提到的观点是从以下几个方面进行分析：

1.驾驶人特性

实际行驶过程中，驾驶人要根据观察到的情况，结合已有的知识经验，判断前后车辆的速度、距离、动向、行车动态、自己车辆的情况，然后决定自己是否调整与前车的行车间距及车速，或者超车、合流。

(1)动视力与行车速度对车距判定的影响

驾驶人在行车过程中，有超过80%以上的信息是依靠视觉得到的。驾驶人的眼睛是保证行车安全的重要感觉器官，眼睛的视觉特性与交通安全有着密切的关系。

动视力是指人和目标物处于运动时检查所得的视力。驾驶人在行车过程中的视力称为动视力。人与物体相对静止时，视觉辨别物体细节的能力称为静视力(简称视力)。然而，汽车在行驶时，驾驶人观察环境中的物体是相对运动的。在相对运动时，视觉辨别物体细节的能力称为动视力。静视力好是动视力好的前提，但是静视力好的人动视力不一定好。研究表明，驾驶人的动视力随着相对速度的提高而降低。一般情况下动视力比静视力低10%～40%，图4-1是不同年龄的驾驶人的动视力与车速的关系曲线。图中32岁的驾驶人以54km/h的速度行驶时动视力为1.0，而以7.2km/h的速度行驶时动视力为0.75。动视力的降低影响对道路标志、标线的辨认，随着车速的提高，辨认能力明显减弱。如车速为60km/h，可以看清240m远的标志；当车速增加到80km/h时，只能看到160m远的标志。对路面标线的辨认也是一样，车速 30km/h 时，辨认距离为 37.4m；车速为 40km/h 时，辨认距离便降到 33.7m。总之行车速度提高，动视力减弱。

(2)行车车速对视距的影响

汽车运行中停车、会车和超车都需要有足够能见度的视距。汽车运行速度越高，需要的停车视距、会车视距和超车视距就越长。从而所需要的能见度距离也越长。图 4-2 为车速与视距的关系。如车速为 100km/h，附着系数为 0.5 时的停车视距是 160m，会车视距是 320m，超车视距是 500m，那么应有相应的能见度，保证紧急停车、会车和超车过程的安全。

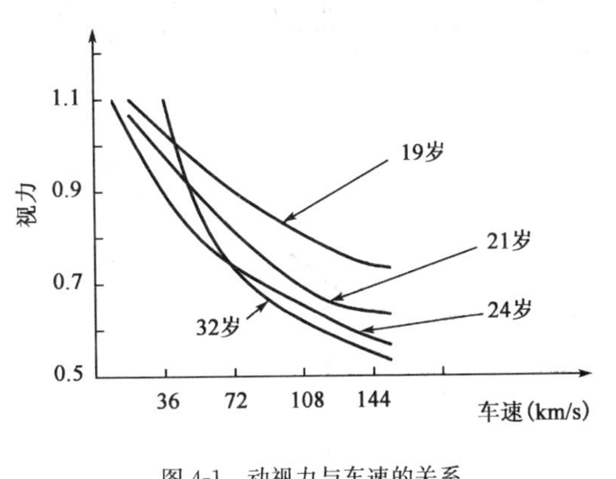

图 4-1　动视力与车速的关系

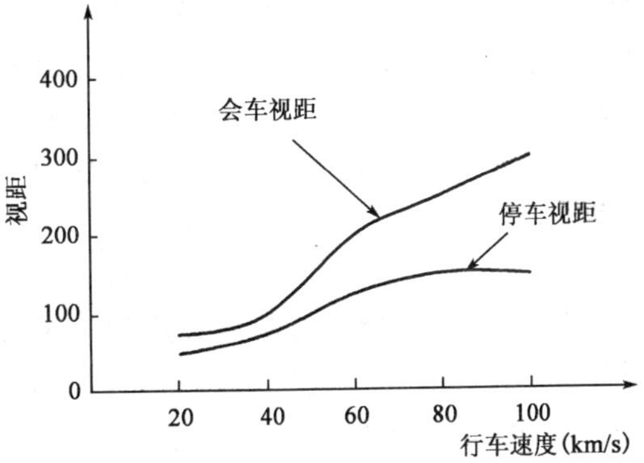

图 4-2　车速与视距的关系

2. 道路因素

道路是车辆及行人通行的场所和基础条件。如果道路的结构及性能出现缺陷，往往也会成为引发交通事故的重要因素。道路对交通事故的影响可分为两种情况：一种是因为道路的缺陷直接导致交通事故的发生，例如路基塌陷、路面溜滑、路面坑洼等；另一种是因为道路的缺陷诱使驾驶人的驾驶行为发生偏差，进而导致交通事故的发生，例如道路几何线形设计不合理、路面宽度不足、行车视距不足等。

3. 交通环境因素

环境是车辆、道路、行人共同所处的时间、空间范围及其特征。其中，影响安全车距判定的环境因素有地理环境、气候条件、交通条件和其他因素四个方面。特别是气候因素的影响，如雾天，大雨雪情况下对驾驶人的视线造成一定的影响，导致驾驶人在安全车距内不能正确判断而引发交通事故。

第二节　传统临界安全车距分析

一、汽车制动过程分析

通过第一节相关的概念我们知道，安全车距是指行驶在道路上同一车道的后车与前车之间为保证交通安全而必须保持的行车间距，当前车正常行驶或进行制动时，后车根据对前车的观察做出制动反应。当双方反应结束后，两车之间不会造成碰撞的发生。

传统的安全车距分析，是指在前车正常制动的条件下，后车驾驶人进行制动的过程。驾驶人对车辆实施制动的过程分为三个阶段，如图 4-3 所示。当后车驾驶人驾驶汽车以一定的车速行驶到某一位置时，发现前车的制动信号，这时这一凸显危险信息将刺激驾驶人的视网膜神经末梢，并通过神经网络传给大脑，大脑对该信息进行确认后又通过神经系统指挥右脚松开加速踏板并转踏在制动踏板上，同时加力消除制动踏板间隙，这个阶段所消耗的时间被称为驾驶人的反应时间，第二个阶段是驾驶人将制动踏板进一步加力踏下，制动管道的气压或液压开始增大并直至达到要求的制动气压力，也就是达到制动的最大减速度的过程，这个阶段所经历的时间很短，车辆处于一个变减速的过程。第三个阶段，是制动器以最大的制动减速度提供刹车后，汽车减速直至停车的过程。

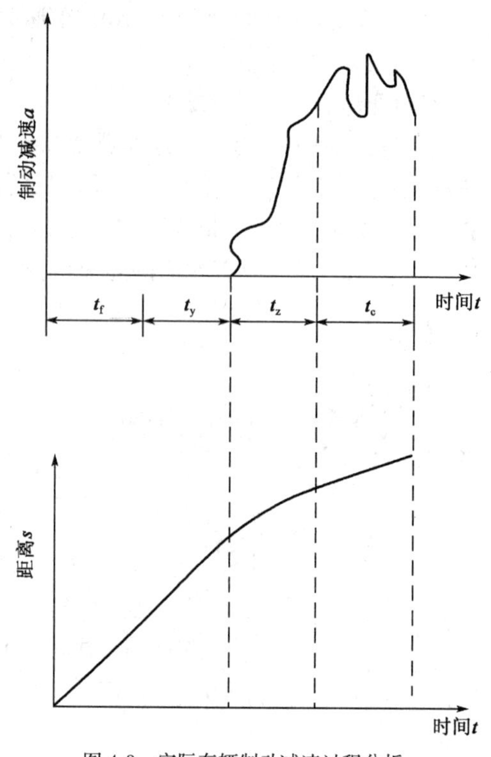

图 4-3　实际车辆制动减速过程分析

二、公式推导过程

传统的临界行车安全车距计算公式的推导如下：设 1 号车为前车，2 号车为后车，当后车驾驶人发现前车制动信号灯亮时随之制动直至停车，需要经过三段时间：即后车驾驶人制动感觉反应时间 t_f、后车制动协调时间 t_2 和持续制动时间 t_c，在这三段时间内汽车所行驶的距离分别为 S_1、S_2 和 S_3。车速以 m/s 为单位，距离以 m 为单位。t_f 时间内后车做匀速运动，则该时间内后车所走距离为：

$$S_1 = V_0 t_f \tag{4-1}$$

式中：V_0——后车制动前的初速度。

t_2 可以分为制动传递延迟时间 t_x 和制动增长时间 t_z。那么 t_x 时间内仍然以匀速运动来计算；t_z 时间内，制动力成线型增长为变减速运动，在制动力不断增长的 t_z 阶段，车辆的制动加速度也随着制动力的增加而增加，即：

$$\frac{d_u}{d_t} = kt\left(k = -\frac{j_{a2}}{t_z}, j_{a2}\text{ 为后车 2 的最大减速度}\right)$$

由$\frac{d_u}{d_t}=kt$ 对速度进行积分可以得到 t_z 时间后的速度 V_z

$$V_z = V_0 + \frac{1}{2}kt_z^2$$

对 t_z 阶段的行驶的距离 S_z 积分

$$S_z = \int_0^{t_z} [V_0 + \int_0^t (k \times u) \cdot d_u] \cdot d_t$$

这样就得到 t_z 阶段的行驶的距离 S_z。

$S_z = V_0 t_z + \frac{1}{6} k t_z^2$，带入 k 的公式可得：

$$S_z = V_0 t_z - \frac{1}{6} j_{a2}$$

可以算出 $S_2 = V_0 t_x + S_z$，得到式(4-2)

$$S_2 = V_0 t_x + V_0 t_z - \frac{1}{6} j_{a2} t_z^2 \tag{4-2}$$

在 t_c 时间内，后车处于持续制动阶段，做匀减速度运动。其初速度为 V_z，末速度为 0，故行驶距离 $S_3 = \frac{V_z^2}{2 j_{a2}^2}$，然后带入上一步骤中求出的 V_z，就可以得到式(4-3)：

$$S_3 = \frac{V_0^2}{2 \times j_{a2}} - \frac{V_0 t_z}{2} + \frac{1}{8} j_{a2} t_z^2 \tag{4-3}$$

它们的和为后车的制动行驶距离 S_F：

$$S_F = S_1 + S_2 + S_3 = V_0 t_f + V_0 \left(t_x + \frac{t_z}{2} \right) + \frac{V_0^2}{2 \times j_{a2}} - \frac{1}{24} j_{a2} t_z^2 \tag{4-4}$$

我们令 $t = t_f + t_x$。通常我们称 t 为制动操作反应时间，它包括驾驶人的制动反应时间和制动传递延迟时间，又因 t_z 非常小，故可忽略不计，则后车的制动行驶距离公式简化为：

$$S_F = V_0 t + \frac{V_0^2}{2 \times j_{a2}} \tag{4-5}$$

对于前车来说，从后车发现其制动信号灯亮算起到制动停车止，前车所走的距离应是该车持续制动时间内所走的距离。可得前车的持续制动距离简化公式为：

$$S_Q = \frac{V_0^2}{2 \times j_{a1}} \tag{4-6}$$

式中：S_Q——前车持续制动距离；

j_{a1}——前车制动减速度；

V_0——前车制动前的初速度，因高速公路为稳定交通流，可认为前后两车的初速度是相等的。

所以临界安全车距为：

$$S_V = S_F + S_0 - S_Q = S_0 + V_0 t + \frac{V_0^2}{2} \left(\frac{1}{j_{a2}} - \frac{1}{j_{a1}} \right) \tag{4-7}$$

式中：S_V——前后两车的行车安全距离，如图 4-4 所示；

S_0——制动停车后前车车尾距后车车头间的安全间距。

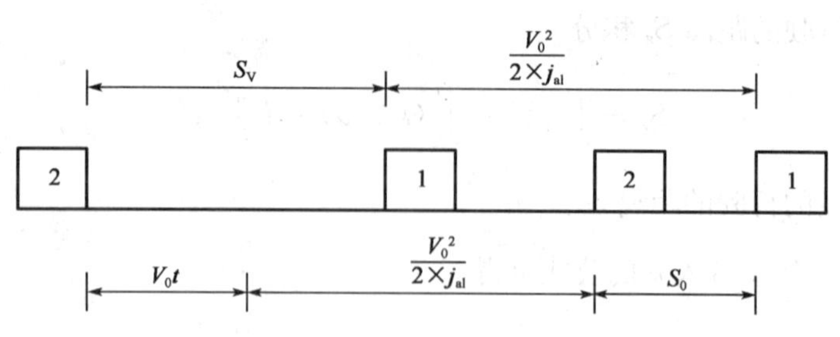

图 4-4 前后车的行车安全距离示意图

第三节 考虑前车减速状况下的跟随车距分析

对传统临界安全车距的研究，很大程度上对交通安全的改善起到了较好的作用，针对不同车型之间，不同道路条件下，和不同速度的前后两车之间的安全车距的研究，使驾驶人避免行车过程中只能凭借驾驶经验来判定车距是否安全，通过对传统临界安全车距的认识，能较好的全面考虑各种影响因素下实际行车条件下的安全车距的判定，为安全行车提供了有力的帮助。但我们认识到，传统安全车距公式的推导，是在假设前车正常制动条件下为前提的，并以前车以正常制动直至停止的时间为重要参数计算临界安全车距的大小，显然，前车处于正常减速状态下这个假设并非都是成立的，恰恰相反，交通事故往往发生在前车不是以正常的制动情况下，而是因为前车的行车方向上突然出现了紧急事态，比如是交通事故的发生，或是其他紧急情况的出现，这时前车制动的时间，距离都会因此有很大的改变。显然，在这种情况下，传统的临界安全车距不能保证车辆的安全，也不能提供给驾驶人更准确的安全车距的判定基础。

一、前车减速状况的跟随车安全距离分析

通过计算公式的推导过程来看，其公式的推导以前车正常制动为条件，即前车处于正常的减速状态。但交通事故往往发生在车辆不是以正常制动的情况下。从定义来看，临界安全行车间距，是指为保证安全而两车之间必须保持的最小行车间距。然而以此为条件的临界安全车距并不能保证车辆的安全，并且还有可能诱发连环追尾碰撞的交通事故。

传统计算临界安全车距公式以前车的正常的减速状态为条件，即前车以正常制动减速度 j_{a1}，使前车的速度变为 0。然而当前车发生交通事故时，前车并非以正常的制动减速度方式停止，即前车并非已正常制动减速度 j_{a1} 使前车速度变为 0。当前车发现前面有障碍物或者紧急的情况，前车有三种形式使速度变为 0。

①前车以正常的制动减速度使得速度变为 0，也就是传统计算公式中所用的条件，即前车以正常的减速度 j_{a1} 使前车的速度变为 0，那么在此种情况下，临界安全车距式(4-7)是具有很好的指导意义的。

②当前车发现前面有障碍物时或者有紧急情况，前车开始以正常制动，但是由于各种原因，前车速度还没有变为 0 时，前车就与障碍物相撞。前车与障碍物相撞后车速变为 0。

假设1号车发现前方有障碍物或者紧急情况时，经过反应及动作时间，汽车以制动减速度 j_{a1} 作匀减速阶段，最后以车速 V_c 与障碍物相撞。那么在此段时间内，前车行驶的距离为：

$$S_Q = \frac{V_0^2 - V_c^2}{2j_{a2}} \tag{4-8}$$

当2号车发现1号车制动信号灯亮，2号车制动行驶距离 S_F 按式(4-5)计算所得。

那么后车临界的安全车距计算公式为式(4-9)，如图4-5所示。

$$S_V = S_F + S_0 - S_Q = S_0 + V_0 t + \frac{V_0^2}{2}\left(\frac{1}{j_{a2}} - \frac{1}{j_{a1}}\right) + \frac{V_c^2}{2 \times j_{a1}} \tag{4-9}$$

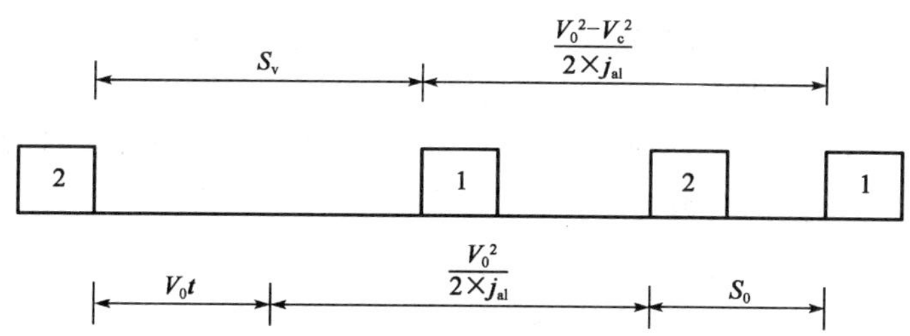

图4-5　第二种形式的前后行车安全距离示意图

③当前车前面有障碍物或者发生紧急情况，前车驾驶人还没有时间进行制动，前车速度 V_0 驶向障碍物，相撞之后，前车的速度变为0。当后车发现前车发生碰撞后，后车开始制动。

前车的制动距离 S_Q 就为变为0，那么当后车发现前车发生事故后，进行反应和制动，那么后车制动行驶的距离 S_F 为公式4-5计算所得。

那么临界的安全车距计算公式为式(4-10)，如图4-6所示。

$$S_V = S_F + S_0 = S_0 + V_0 t + \frac{V_0^2}{2 \times j_{a2}} \tag{4-10}$$

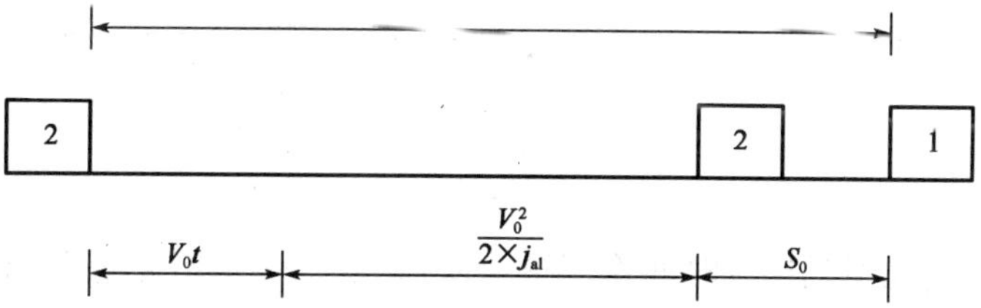

图4-6　第三种形式的前后行车安全距离示意图

通过上面的分析，由于后车驾驶人很难预料前车面临的状态，如果以第一种正常减速为条件所得的 S_V 作为临界行车安全车距，当前车发生交通事故时，或当跟随车驾驶人由于注意力不集中时，前车已经停车，反而容易导致追尾碰撞事故。所以根据临界行车安全距离的定义，笔者认为应该选取前车的第三种减速形式作为临界安全车距的条件，则临界安全车距计算公式为公式(4-10)。

二、算例分析

根据中国当前高速公路的实际情况，汽车行驶的速度为 60～120km/h，即 $16.7\text{m/s} \leqslant V_0 \leqslant 33.3\text{m/s}$；考虑到安全问题，两车停止时需保持的距离 $S_0 \geqslant 3\text{m}$，本文取 S_0 为 3m。

考虑基准条件下（正常情况），即跟随车和引导车的制动强度大致相等，而车辆制动减速度按照路面附着系数的平均值来取。干燥路面取为 6m/s^2，潮湿路面取为 5m/s^2，积雪路面取为 2.85m/s^2，所以本文取干燥路面的 $j_{a1} = j_{a2} = 6\text{m/s}^2$，并且在第二种减速形式中，假设 $V_c = \frac{1}{2}V_0$ 进行计算。

在传统的临界安全车距的计算中，t_1 的取值为制动感觉反应时间的平均值。根据临界安全车距的安全条件，就必须考虑驾驶人的感觉反应时间的分布。

统计分析表明：经验的制动感觉—反应时间概率不是正态分布，其对数呈逼近的正态分布，图 4-7 为感觉反应时间的对数正态分布。

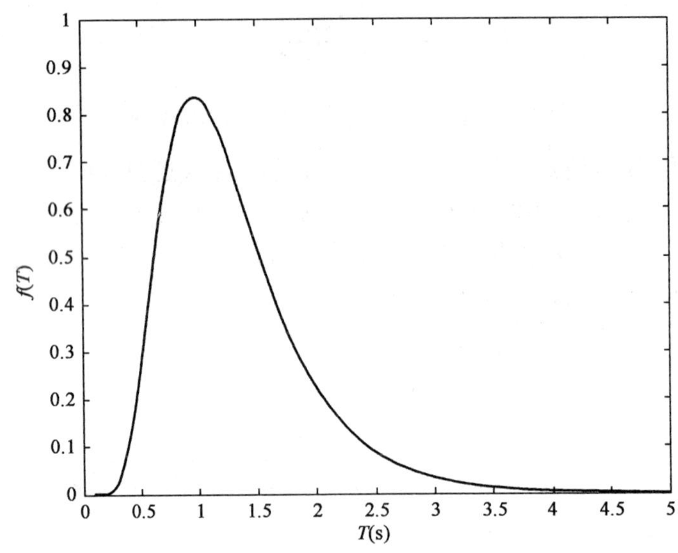

图 4-7　驾驶人的制动感觉—反应时间分布

Lerner 等人对制动感觉反应时间作了进一步研究，通过对数正态分布将这些数据转化，得到表 4-1 的数据。

制动感觉—反应时间 t_1(s)　　表 4-1

均值	标准差	5%	50%	85%	95%	99%
1.31	0.61	0.57	1.18	1.87	2.45	3.31

选取概率为 5%到概率 95%对应的制动感觉反应时间之内的值进行计算（t_x 取 0.2s），即取 $0.77 \leqslant t \leqslant 2.65\text{s}$。

计算结果如图 4-8、图 4-9 所示。其中图 4-8 是根据传统跟随车的临界安全车距的公式(4-7)计算的结果。图 4-9 是考虑前车不同的减速状态的跟随车临界安全车距计算结果,图4-9中的曲面 1 是式(4-7)计算的结果,曲面 2 是式(4-9)计算的结果,曲面 3 是式(4-10)计算的结果。

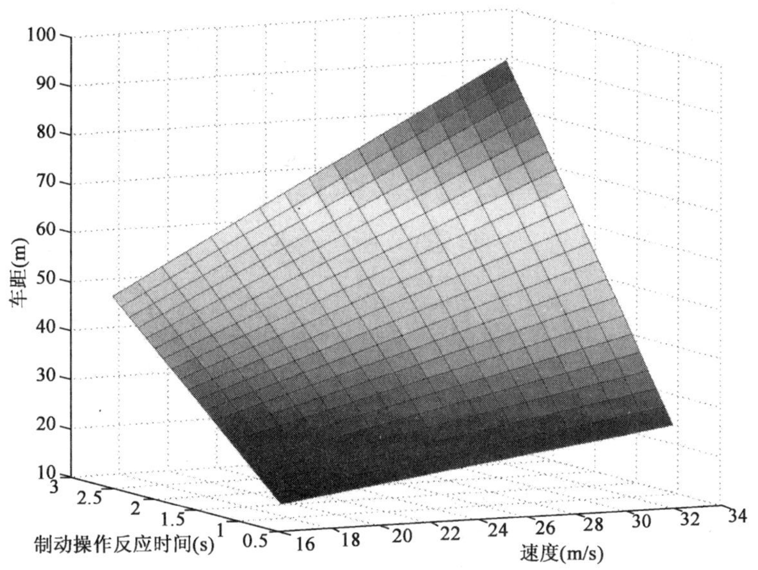

图 4-8 传统公式计算的跟随车临界安全车距

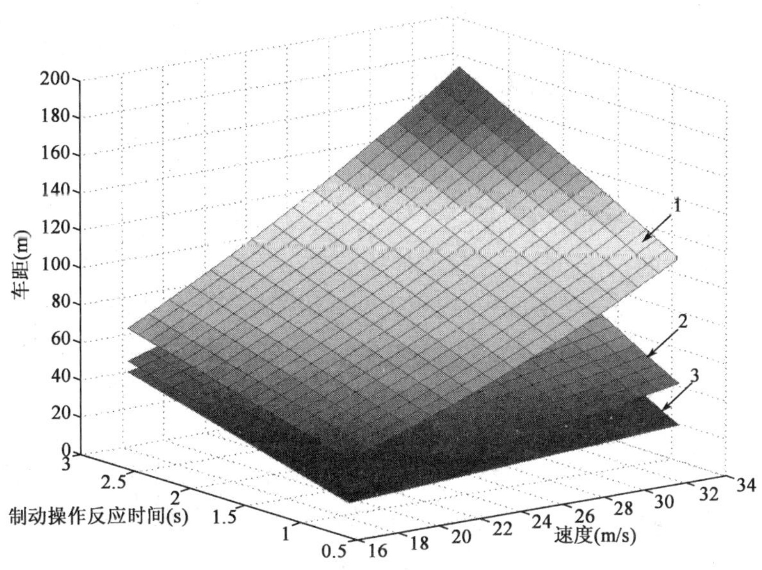

图 4-9 考虑前车不同减速状况的跟随车临界安全车距

从图4-9可以看出，前车的减速状况对跟随车安全车距影响很大，并且随着速度的增大，前车没有制动减速这一过程的临界安全车距与前车正常制动减速的临界安全车距的差值也越大，那么在高速的情况下，传统的跟随车安全车距很难保证安全。所以在车速比较高的路段，特别是在高速公路上，更应该考虑前车的减速状况，确保行车安全。在实际情况中，由于视距、道路线形、驾驶人、车辆等原因，前车发生碰撞，没有进行正常制动减速，如果后车以前车正常制动减速所得的临界安全车距进行跟随，由于车间距离过小，很可能与前车相撞，从而引发连环追尾的特大交通事故。同时从图4-8、图4-9还可以看出，驾驶人制动操作反应时间的差异对临界安全车距影响也非常大，选取合适的制动操作反应时间指导安全行车是至关重要的，根据临界安全行车车距的安全需要和统计学原理，取概率为95%对应的制动感觉反应时间是合理的。综上所述，在干燥的路面上，取概率为95%对应的制动感觉反应时间和前车没有制动减速的一个过程为条件计算所得的临界安全车距是能够很好地指导驾驶人安全行车。

第四节　外源性视觉选择性注意下的跟随车安全距离分析

一、外源性视觉注意基本理论

人对视野中的信息只能有选择地进行加工，这被称为视觉选择性注意。注意可以被吸引到某一刺激所在的区域，也可以从一个刺激转到另一个刺激。这些注意朝向的表现形式可以是外显的头动和眼动，也可以是单纯由中枢机制达到的隐蔽的朝向，通过反应时、识别阈限和ERP等指标测量出来。

对于环境信息的加工，有自下而上的加工或称数据驱动的过程，以及自顶向下的加工或称目的引导的两个过程，前者往往是自动化，而后者是有控制的加工。在视觉选择性注意领域，这一类问题被归结为注意的控制问题：注意选择是外源性(Exogenous)的还是内源性(Endogenous)的，即注意选择在多大程度上是源于视觉刺激的特性或是源于人本身的目标状态。

1. 内源性注意选择

早在两个世纪多以前，William James(1890)即已提出有两类注意：主动的，随意的，耗费心神的；被动的，反射性的，不随意的，不费心神的。现在一般称这两类过程为内源性和外源性选择注意。Posner(1980)在一项实验中，应用了这类研究的一个常用范式：空间线索技术。在目标刺激之前，在注视点给被试呈现一个加号或箭头做为线索，线索的有效性作为一个自变量：加号出现，目标刺激等概率的出现在注视点的左右两侧，称为中性条件；呈现箭头，如果目标刺激有80%的概率出现在箭头所指的一边.则是有效条件；如果有20%的概率出现在箭头所指的一边，则是无效条件。比较三种实验条件的平均反应时和错误率，来考察注意的朝向。相对于中性条件，反应时短或错误率低的称作获利，反之叫损失，通过这种“利益—损失”分析来说明注意选择过程的存在。注意指向的区域将得到更好的加工，反应时更短，错误率更低；非注意指向的区域反应时变长，错误增多。如果有效条件获利，无效条件损失，说明存在着注意朝向。实验结果正是如此，说明被试对目标出现地点的预期导致了注意的预分布，这种注意朝向是受意图控制的，故称为内源性注意选择，又叫作随意性注意选择。

2. 外源性选择注意

外源性注意选择的实验证据要相对晚近一些。Jonides(1981)证明，无论外周线索对目标出现地点提不提供信息，都能吸引注意；而中央线索只有在对目标出现地点提供信息的条件下，才能吸引注意。而且外周线索引发的注意朝向不受第二重任务的影响，不能被自主地抑制，被视为是反射性的和自动化的；中央线索引起的注意朝向是被控制的，受第二重任务的影响。Remington(1992)等人更证明，即使被试知道外周线索不可能指示出目标出现的位置，注意仍被它所吸引。由于外周线索引发的注意选择独立于意图控制，主要取决于刺激特性，故称为外源性注意选择，又叫作不随意注意选择。

具有什么特征的外周线索能引发不随意注意选择？Yantis&Jonides(1984)认为从原先的空白处突然出现的外围刺激具有吸引注意的能力。他们用注意选择研究的另一个常用的方法视觉搜索来验证这个假设。被试要在屏幕上 N 个元素中迅速判断指定的目标元素是否存在。如果平均反应时随 N 增大而增大(称为集合大小效应)，说明这 N 个元素是序列加工的；如果平均反应时间独立于 N 的大小，说明这 N 个元素是平行加工的在他们的实验中，一开始屏幕上呈现的是一系列字符“日”，然后“日”的一些笔画消失而变成了字母(比如 E)，这些是非突现的字母；同时，一个字母出现在原先空白的地方，这是突现的。目标字母有相同的可能性是所有这些字母中的一个，所以被试不会有意地去注意突出字母。实验结果显示在目标字母是突出的情况下，没有集合大小效应；而目标字母是非突现的情况下则有集合大小效应。这不能以平行加工来解释，而说明一个带有突出的字母能吸引注意，总是被优先加工。

3. 外源性注意选择的不随意性

(1)特异子与外源性注意选择

在一个由大量元素构成的视觉显示中，如果一个或几个元素在某一维度上与其余所有元素都不相同，而其余元素在这一维度上又都一致的话，这一个或几个元素就称之为特异子(Singleton)。特异子在主观上很显著，似乎应该是一种能引发外源性注意选择的刺激。Pashler(1988)证实了这个假设。他让被试在许多 O 字母中搜索一个/符号，或在/中搜索 O，在部分实验尝试中，非目标字母中的两个被以不同颜色显示出来，这与任务是无关的，要求被试忽略它们。结果发现在有颜色特异子出现的实验尝试中，反应时间都变长了，Tbeeuwes(1991,1992)同样证实了颜色特异子在已知与任务无关的情况下也能吸引注意。Joseph&Optican(1996)报告了另一种不随意地吸引注意的特异子：纹理中的方向差别，用它来作为线索在已知线索与任务无关的情况下，被试对出现在它附近的目标反应更为准确。这些研究都表明特异子能够独立于意图地吸引注意，但也有支持相反结论的实验。Jonides&Yantis(1988)报告，颜色特异子和亮度特异子不能吸引注意。Hillstrom&Yantis(1994)用类似的视觉搜索方法发现运动特异子也不能吸引注意。他们让被试在旋转过的字母 L 中搜索一个旋转过的字母 T。结果发现，反应时没有差别。

如何解释这些似乎矛盾的结果？Bacon&Egeth(1994)认为这是由于被试采用了不同的注

意策略。在某些条件下被试进入“特异子探测”模式，在另一些刺激条件下，被试进“特征探测”模式。他们用实验显示，只有在任务可能以“特异子探测”的模式来完成时，一个被要求忽略的特异子才可能吸引注意。在一个视觉搜索任务中，包含几个同样的目标或是呈现几个各不相同的刺激作为非目标，都使得不可能仅仅靠搜索特异子来发现目标，这样的条件下，无关的特异子不能吸引注意。

(2)突现与外源性注意选择

从上面提到的几个实验研究来看突现刺激似乎可以很可靠地，自动化地吸引注意。Jonldes&Yantis(1988)在把突现与颜色特异子和亮度特异子进行比较之后，更认为突现具有特殊的吸引注意的能力，可能某些视觉通道对视场中的突然变化特别敏感。Muller&Rabbitt(1989)在已引发出内源性选择注意的背景下研究外周突现的作用。他们用一个箭头指导被试将注意集中在一个目标区域，然后在四个可能的目标区之一的附近，呈现一个加亮的小方块。结果发现，由箭头引出的内源性选择注意会被随机的，与任务无关的小方块的突现所干扰。因此他们认为注意预先分配到特定的区域并不能阻止突现引起的注意转移。Mccormick(1997)使用亮度在意识阈之下的突现刺激作为外周线索，发现其可以自动地吸引注意在实际上已经满足了自动化加工的三个最强条件之一：加工不在意识控制下进行。即便如此，还是有一些实验表明突现并不是在所有的情况下都能吸引注意，对突现吸引注意的高度自动化提出了挑战。Yantis&Jonides(1990)年做了一系列实验发现如果注意高度集中在目标区域，非目标区出现的突现并不能把注意从目标区吸引过来，在某些条件下注意是可以不被突现吸引的：①被试确定地知道目标将要出现的位置；②被试有充分的时间提前集中注意，Theeuwes(1991)的实验结果支持了他们的结论。

4. 内源性和外源性注意选择的相互作用

在任何时候内源性和外源性注意选择都不可能完全独立开来。正如我们已经提到的，某些特异子能自动地吸引注意，但必须在被试进入“特异子探测”模式的条件下；突现刺激能够不随意地吸引注意，但也会受到别处已经高度集中的注意的抑制。内源性和外源性选择注意相互作用的机制是怎样呢？FolkRemington&Johnston(1995)提出了一个理论框架来说明这个问题。他们认为存在一种注意的控制设定(control settings)，反映着高层的，由当前任务引出的知觉目标，比如，指导语要求“搜索红色的垂直线段”，那么当前感兴趣的视觉特征就是“红色”，“垂直”等，这就会控制注意的分布。不随意注意，即使是突现引出的，最终也是决定于这种控制设定他们用实验证明，一个无关的空间线索，只有当和目标属性一致或相近时才能吸引注意。Folk 等人在 1994 年做了一系列实验，进一步验证了他们的假设，并进行了一定的修正。他们认为注意控制定势起着广泛的调节作用，但是它只区别两类刺激：动态的的不连续性和静态的不连续性。动态的不连续是通过刺激属性在时间上的变化来定义的，静态的不连续性是通过刺激属性在空间上的变化来定义的。相应的，注意转移应该在同一类刺激之间得到，而在这两类刺激间是观察不到注意的转移的。

5. 突现吸引注意的机制

有两种可能的机制来解释第一种注意到突现是一种亮度的突然增加，认为这可能会激活一些对高时间额率敏感的视觉通路，从而引导注意朝向突现物(Yantis&Jonides. 1984)。Yantis&Hill—strom(1994)提出了另一种可能，认为突现是视野中新物体的出现，需要产生一个新的知觉表征，比如一个客体文件(Kahneman&Treisman. 1984；Kahneman. 1992)来容纳知觉物体的属性，这就会触发一个注意的中断信号，从而吸引注意到新物体。他们设计了一系列实验来检验这两种理论。使用与背景等亮度的刺激，如用与背景不同的纹理来使一个新的知觉物体显现出来，这种突现没有亮度的变化。实验结果支持“新物体”理论，即使没有亮度变化，视野中新物体的出现也能吸引注意，而单纯的亮度增加不能吸引注意。Hillstrom&Yantis(1994)也证实，运动本身不能吸引注意，但当运动把一个物体从它的背景中分隔出来时，注意就被吸引了。对于突现吸引注意的这种解释和实验方法，也有不同看法。主要认为Yantis&Jonides(1984)及其以后的同类实验中，“日”字符的视觉暂留会延缓非突现字母的知觉，从而显得突现字母受到了优先加工。这一问题目前正在争论之中。

二、外源性视觉选择性注意下的跟随车安全距离分析

驾驶人的注意力是有一定限度的，注意包括内源性注意和外源性注意。外源性注意主要指外周线索所引发的注意选择，独立于被试意图控制，主要取决于刺激特性，这种线索引导的是自下而上的自动化加工。

在分析 2032 起道路交通事故指引分析结果中发现，由于注意力不集中导致的交通事故占到 195 起，为总数的 9.6%。可见驾驶人注意力不集中导致的干扰，已成为影响驾驶人反应时间的重要因素之一。Mihal 和 Barrett 考察 75 名职业驾驶人发现：选择性注意与事故数有显著的正相关。而汽车在行驶过程中，其中有 80%的外界信息是依靠驾驶人的视觉获得[58]。本文主要讨论与目标出现位置(即前车状态)无关的外周突现刺激即外源性视觉选择性注意，如驾驶人观看车外的街景、色彩奇异的广告、驾驶人试图接电话时等外周突现刺激物的影响。

中国科学院心理研究所在较为严格的条件下，证实了与任务无关的突现刺激能够吸引注意力。在较为严格的实验条件下，证实了当注意处于高度集中状态时，突现刺激物不能引起自动化加工的外源性选择注意，而当注意不被集中在某一位置时，与人物无关的突现刺激能够不随意的吸引注意，注意转移以注意中心连续移动的方式进行，支持外源性选择注意的自动加工且认为外源性注意转移是按照类似于探照灯光束移动方式进行，注意光束有一定大小，在其范围内的目标受到更好的加工，移动 1°视角大约需要 25ms，用偏心距对反应时间进行回归分析，得到斜率为 0.025。

由上面中国科学院心理研究所的结果可设定驾驶人受到外源性干扰时反应时间的线性模型。

$$T = 0.025\theta + t \tag{4-11}$$

式中：t——无干扰时制动减速反应时间；

θ——前车与刺激物的角度；

T——外源性干扰时制动减速反应时间。

本章计算驾驶人在干扰情况下[60]驾车应保持的安全距离。当后车驾驶人及时发现前车制动信号灯亮时随之制动直至停车，需要经过三段时间，即后车驾驶人制动反应时间 T、后车制动协调时间 t_2 和持续制动时间 t_3，在这三段时间内汽车所行驶的距离分别为 s_1、s_2 和 s_3，它们的和是后车的制动非安全距离 s_f。当车速以 km/h 为单位，距离以 m 为单位。t_2 包括后车制动传递延长时间 t'_2 和后车制动力延长时间 t''_2。

$$s=\frac{v_0 T}{3.6}+\frac{v_0 t'_2}{3.6}-\frac{v_q t'_{2q}}{3.6}+\frac{v_0^2}{2\times 3.6 j_{a2}}-\frac{v_q^2}{2\times 3.6 j_q}+s_0 \tag{4-12}$$

式中：t'_{2q}——前车制动传递延长时间；

v_q——前车速度；

j_q——前车制动减速度。

三、算例分析

根据式(4-11)和式(4-12)，考虑最不利的情况，如果跟随车的制动强度小于引导车的制动强度：引导车为车轮滚动压印，跟随车为抱死滑动，引导车制动效果好，制动减速度 $j_q=8.40\text{m/s}^2$，跟随车制动减速度 $j_{a2}=6.86\text{m/s}^2$，因为 t 一般情况下集中在(0.2,2.0)s 内。前后车都为液压制动系统即 $t'_2=t'_{2q}$，$s_0=3\text{m}$，则可计算前后车不同速度时的安全距离如表 4-2、表 4-3所示。

$\theta=30°$时，前后车不同速度时的安全距离(m) 表 4-2

v_q / 速度	前 30(km/h)		40(km/h)		50(km/h)	
	$t=0$	$t=2$	$t=0$	$t=2$	$t=0$	$t=2$
30	14.2	29	2.68	17	—	2.8
40	31.0	51	19.4	39	4.61	24
50	51.9	76	40.3	64	24.4	50

$\theta=40°$时，前后车不同速度时的安全距离(m) 表 4-3

v_q / 速度	前 30(km/h)		40(km/h)		50(km/h)	
	$t=0$	$t=2$	$t=0$	$t=2$	$t=0$	$t=2$
30	16.3	31	4.77	19	—	4.8
40	33.8	53	22.2	42	7.39	27
50	54.4	80	43.8	68	28.9	53

利用认知心理学的研究成果，在假定驾驶人视觉受到外部突现刺激(干扰)情况下，分析了驾驶人在外源性视觉干扰情况下的安全距离。当外部刺激物与前车的角度越小，驾驶人外源性注意力受到的干扰越小，要求的安全距离越小，也能更好的避免追尾事故的发生，所以对驾驶人突现刺激物情况下反应时间检测也具有极其重要的作用。

第五节　基于自适应神经模糊推理系统的临界安全车距

一、基于 ANFIS 的高速公路临界安全车距建模

自适应神经模糊推理系统(adaptive neural—fuzzy inferencesystems,记为 ANFIS)是将模糊推理系统与神经网络相结合的产物。模糊推理系统巧妙地引入了“隶属度”的概念,使规则数值化,从而处理结构化的知识。神经网络一般不能处理结构化的知识,但神经网络具有自适应自学习的功能,通过对大量数据的学习,估计输入输出数据之间的映射,并具有很强的泛化能力。ANFIS 则充分利用模糊推理系统与神经网络各自的优良特性,作为一种颇具特色的神经网络,同样具有以任意精度逼近任何线性或非线性函数的功能,且收敛速度快、误差小、所需训练样本少。ANFIS 是将 Sugeno 一阶模糊推理系统以网络的形式来实现而得到的一种神经网络,考虑 N 个输入、一个输出的系统,该系统每个输入分成 M 个模糊集,对一阶 Sugeno 模型,它的 MN 个模糊规则为:

若 x_1 是 A_{1i},x_2 是 A_{2i},……,x_{N} 是 $A_{\mathrm{N}i}$,则:

$$y_{i|i2\cdots i\mathrm{N}} = \sum_{k=1}^{N} P_{i|i}2(k)x_{\mathrm{k}} + q_{i|i2\cdots i\mathrm{N}}, i_{\mathrm{N}} = 1,2,\cdots,M \tag{4-13}$$

图 4-10 是 $N=2$、$M=3$ 的 ANFIS 网络结构。在这种网络当中,同一层的结点具有相同类型的输出函数。但不同层的结点具有不同的输出函数,整个网络结构详述如下:

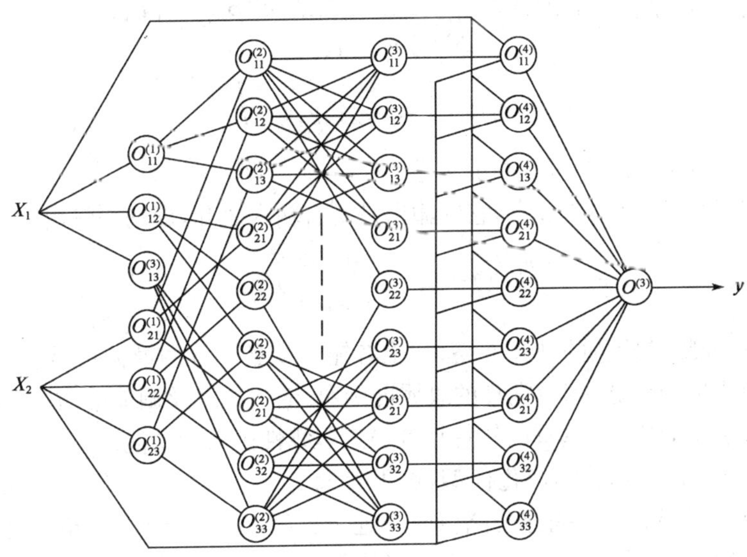

图 4-10　$N=2$,$M=3$ 的 ANFIS 结构

第 1 层:该层每个结点的输出函数为:

$$O_{kl_K}^{(1)} = u_{kl_K}(x_k) k = 1,2,\cdots,N; i_k = 1,2,\cdots,M \tag{4-14}$$

式中 x_k 为第(k,i_k)个节点的输入，A_{kl_K} 是语言模糊集（如 $M=3$，时，常为“small”、“middle”、“large”），显然 $O_{kl_K}^{(1)}$ 是相应的输入 x_k 隶属于模糊集的隶属度，这里 A_{kl_K} 的隶属度是参数化隶属度函数，即隶属函数完全由有限个参数所决定，如钟形函数：

$$u_A(x) = \frac{1}{1+\left|\dfrac{x-c_i}{a_i}\right|^{2b_i}} \tag{4-15}$$

完全由三个参数$\{a_{ki_k}, b_{ki_k}, c_{ki_k}\}$所决定。

第 2 层：该层有 MN 个结点，每个结点的输出是所有输入的乘积，但该层的输出不必一定是乘积的形式，其实只要是代表模糊“与”的任何 T 模算子即可。

$$O_{i_1 i2\cdots i_k}^{(2)} = \sum_{k=1}^{N} O_{ki_k}^{(1)} = \sum_{k=1}^{N} u_{ki_k}(x_k) \quad i_1, i_2, \cdots, i_N = 1,2,\cdots M \tag{4-16}$$

第 3 层：该层有同第一层一样数目的结点，输出为：

$$O_{i_1 i_2\cdots i_N}^{(3)} = O_{i_1 i_2\cdots i_k}^{(2)} / \sum_{i_N=1}^{M} O_{i_1 i_2\cdots i_k}^{(2)} = \frac{\sum\limits_{k=1}^{N} u_{Aki_k}(x_k)}{\sum\limits_{i_n}^{M}\sum\limits_{k=1}^{N} u_{ki_k}(x_k)} \quad i_1, i_2, \cdots, i_N = 1,2,\cdots M \tag{4-17}$$

第 4 层：该层有同第三层一样数目的结点，每个结点就是一个自适应结点，其输出：

$$O_{i_1 i_2\cdots i_N}^{(4)} = O_{i_1 i_2\cdots i_N}^{(3)} y_{i_1 i_2\cdots i_N} = \frac{\sum\limits_{k=1}^{N} u_{Aki_k}(x_k)}{\sum\limits_{i_N}^{M}\sum\limits_{k=1}^{N} u_{ki_k}(x_k)} \left[\sum_{k=1}^{N} P_{i_1 i_2\cdots i_N}(k) x_k + q_{i_1 i_2\cdots i_N}\right]$$

$$i_1, i_2, \cdots, i_N = 1,2,\cdots M \tag{4-18}$$

这里 $P_{i_1 i_2\cdots i_N}(k)$、$q_{i_1 i_2\cdots i_N}$ 是可调整的参数。

第 5 层：该层只有一个节点，它的输出是所有输入之和，即网络输出：

$$y = O^{(5)} = \sum_{i_1, i_2, \cdots, i_N = 1}^{M} O_{i_1 i_2\cdots i_N}^{(4)} \tag{4-19}$$

ANFIS 是一种颇具特色的神经网络，如果各输入变量划分的模糊集足够多，通过调节网络第一层各结点中输出函数（即模糊集的隶属度函数）的参数以及调节第四层中输出函数的参数 $P_{i_1 i_2\cdots i_N}(k)$、$q_{i_1 i_2\cdots i_N}$，该网络具有以任意精度逼近非线性函数的功能。

对于 $S_V=f(v_0,t,j_{a1},j_{a2})$为简化模型，这里考虑 $j_{a1}=j_{a2}$，即两车的最大制动减速度相同（两车的道路附着条件相同）。高速公路汽车车速一般行驶在 50～120km/h 内，车速 v_0 的基本论域为{50,120}，不同的路面的最大减速度限制如表 4-4 所示。因而 ϕ 值的基本论域为{2.0,6.0}。

后车的制动反应时间包含有驾驶人反应时间和制动传递延迟时间；驾驶人反应时间在0～

2s 范围内，制动传递延迟时间取为 0.2s。因此，制动反应时间的基本论域{0.2,2.2}。在最不利条件按公式(4-7)计算出最大临界安全车距为 244.2m，最小临界安全车距为 20.3m，因此临界安全车距的基本论域为{20.3,244.2}。最大减速度 φ 的模糊子集设为{NB,NS,0,PS,PB}；制动反应时间 t 的模糊子集设为{NB,NM,NS,0,PS,PM,PB}；制动初始速度 v_0 的模糊子集设为{NB,NM,NS,0,PS,PM,PB}；临界安全车距 S_V 的模糊子集设为{NB,NM,NS,0,PS,PM,PB}。语言值的隶属度函数选用高斯形隶属度函数，建立如下所示的模糊推理规则，产生的数据作为 ANFIS 系统的训练数据，设初始步长为 0.01，在 MATLAB 中编程训练建立的模型。

不同路面最大减速度　　表 4-4

路面情况	φ值(m/s²)	路面情况	φ值(m/s²)
干路面	6.0	冰雪路面	2.0
湿路面	4.5		

模糊推理规则表为：

IF V_0 IS NB AND t IS NB AND φ IS NB THEN S_v IS NB

IF V_0 IS NB AND t IS NB AND φ IS NS THEN S_v IS NB

IF V_0 IS NB AND t IS NB AND φ IS 0 THEN S_v IS NS

IF V_0 IS NB AND t IS NB AND φ IS PS THEN S_v IS NM

IF V_0 IS NB AND t IS NB AND φ IS PB THEN S_v IS 0

IF V_0 IS NB AND t IS NS AND φ IS NB THEN S_v IS NB

……

IF V_0 IS PB AND t IS PB AND φ IS PB THEN S_v IS NB

二、算例分析

考虑三个简单的模型，模型 1 设两在行车的行车速度为 100km/h，驾驶人反应时间为 1.1s，利用 ANFIS 模型计算出在不同的路面情况下的汽车临界安全车距(m)；模型 2 为设驾驶人反应时间为 1.1s，路面情况为湿路面时计算在不同车速时的临界安全车距(m)，并将模型 1、模型 2 计算出结果与文献《高速公路行车安全距离的分析与研究》提出的计算模型结果进行对比；模型 3 为行车速度 100km/h，路面情况为干路面，在制动反应时间不同时的临界安全车距(m)。结果分别如表 4-5～表 4-7 所示。经对比分析，行车间距较计算模型所得的安全车距较为合理，更接近实际的情况，对汽车高速追尾减少有很好的指导意义，同时提高了公路的运输效率的基础。

速度 V_0＝100km/h、t＝1.1s 时不同路面下的临界安全车距　　表 4-5

路面情况 φ	干路面	湿路面	冰路面
临界安全车距(ANFIS 模型)	43.2	108.6	188.3
临界安全车距(计算模型)	41.1	112.8	176.0

路面情况为湿路面(即 φ=4.5m/s^2)、t=1.1s 时不同车速下的临界安全车距 表 4-6

车速(km/h)	50	60	70	80	90	100	110	120
临界安全车距(ANFIS 模型)	40.6	50.6	64.4	79.2	98.1	114.3	142.2	168.4
临界安全车距(计算模型)	39.6	51.1	64.2	78.8	94.5	112.8	132.8	152.6

路面情况为干路面(即 φ=6m/s^2)、v_0=100km/h 不同制动反应时间下的临界安全车距 表 4-7

制动反应时间 t(s)	0.2	0.5	0.8	1.1	1.5	1.8	2.1	2.2
临界安全车距(ANFIS 模型)	16.4	26.4	34.1	43.2	52.5	61.5	69.4	74.5

第五章　车速离散性与道路交通安全

随着我国社会经济的发展，道路上有越来越多的车辆在行驶。30年前，仅有10%的汽车速度可达到150km/h，到如今达到这一速度的汽车已经超过90%。对道路交通安全而言，随着车辆数量和车速的增加，交通事故数量以及严重程度也在不断的增加。在工业发达国家车辆超速以及速度不当所造成的交通事故大约占死亡性交通事故的30%，南非约50%的交通事故与车速有关。多个国家的经验表明，平均车速每增加1km/h，交通事故伤害就会增加3%，死亡性交通事故就会增加4%～5%，反之亦然。车辆超速不仅是其他国家交通事故的诱因，也一直是中国道路交通事故多发的主要原因。2007年中国因机动车超速导致11 478人死亡，与前几年相比，机动车超速导致的交通事故死亡人数有所减少，但所占交通事故死亡人数的比例仍然很高。因此，研究车速与道路交通安全的关系，科学管理车速对于改善我国道路交通安全性和减少交通事故非常重要。

第一节　车速的离散分布

一、车速离散性

车速是交通参与者选择出行方式和出行路线主要考虑的因素之一，驾驶人总是希望行驶在道路上的车辆能够以较高的车速换取较高的运输效率。受不同驾驶人个体特性差异和不同车辆性能差异的影响，分布在道路上的车速表现出强烈的离散性，制约了交通流通行能力，带来了交通隐患，它既是道路环境综合作用的结果又是追尾发生的重要原因之一。研究表明，后车对前车的跟随行为实际上是一定滞后时间内后车状态对前车状态的重复。如果行驶在道路上的车辆都能按照前车状态一致行驶，车流将非常有序，发生追尾的可能性很小。但是受驾驶人特性、车辆性能和道路环境差异的影响，车速分布的离散性是不可避免的，正是这种离散性构成了跟驰车流的不确定性，导致了混沌的出现。交通流混沌现象一旦形成，非线性的交通系统将产生不稳定的发散过程。此时系统内部变量的微小改变将会导致整个系统的不稳定，如：混沌条件下，速度和车头间距在振荡上给定一个微小的扰动，有可能使振荡扩大而致使交通堵塞甚至交通事故。同时，存在混沌现象的交通流具有回环性。以车速为例，车速会增大、减小、再增大、再减小，而每一过程都不尽相同，轨迹十分混乱。这种混乱的轨迹会使交通系统交替出现稳定、不稳定状态，增加行车风险。

1. 车速离散分布原因

车速是交通参与者选择出行方式和出行路线主要考虑的因素之一，驾驶人总是希望行驶在道路上的车辆能够以较快的车速换取较高的运输效率。由于道路上行驶的车辆具有不同的油门开度、制动阈值、横摆角速度等，驾驶人也具有不同的驾驶倾向性、反应灵敏度、生理、心理特征等，加之道路环境的差异，如不同的路面湿度、摩擦力、道路环境能见度等，使得分布在道路上的实际车速具有不同程度的离散性。

不同的流量，交通流所能提供给车辆的运行条件是不一样的。当道路上车流量较小时，车辆行驶的自由度较大，且可以自由超车，这时车辆按其期望车速行驶，车流平均速度很高；随着交通流量的增大，道路上车流密度也不断增加，车辆行驶的自由度越来越小，车辆超车受到限制，使得车流平均速度减小。这种特性可以由速度—流量关系很好地体现出来。

2. 车速离散分布规律

为了进一步研究车速离散性对交通流造成的影响，有必要对车速的离散分布进行讨论。

在乡村公路和高速公路上，运行车速一般呈正态分布；在城市道路或高速公路匝道入口处，车速比较集中，一般呈偏态分布；在非高峰时期，自由度比较高的畅通情况下，运行车速一般呈正态分布；在高峰时期拥挤状态下的车辆的车速比较接近，一般呈偏态分布。

这是因为在乡村公路和高速公路或城市道路非高峰时期，道路上的交通流基本处于自由状态，车流运行并不均一。一方面，这种状态下的交通组成不稳定，另一方面，自由流状态下实际的车流量较小，个别慢车的出现将使车流的离散性大大的增加。随着流量的增加，车辆间相互制约加大，车流速度的离散性逐渐下降。而在城市到匝道入口处或高峰时期，道路上的车流量增加，此时车速比较集中，车辆行驶受到制约，车辆之间相互干扰，行驶缓慢，车速向偏态分布转变。

而相关研究表明，若车速分布的离散性过大，会制约道路通行能力，带来交通隐患。

二、车速离散性对交通安全的影响

大量的统计研究显示，车速分布的指标与交通事故直接存在着相关性。特别是在不同路段的速度差与事故率和事故严重程度息息相关。对车速的分布指标与安全水平的关系加以说明。

Tatlor 将车速样本的偏度及峰值与事故率进行了相关分析，得到的与交通安全相关的结论是：有偏度的速度分布的区段比无偏度的速度分布的区段具有显著偏高的事故率。

Garber 和 Gadiraju 分析了速度分布指标与事故记录之间的关系，得到的结论是：对于所有等级的道路，速度方差未增大时，交通事故率上升；当公路区段的平均速度增高时，其事故率并不一定上升。这也充分说明了速度离散程度对交通安全水平存在着严重的影响。

澳大利亚道路运输局(RTA)2000年的研究表明,在单人死亡事故中,速度因素占致因总因素的37%,2人死亡事故中,速度因素占44%,3人及以上死亡事故中,速度因素占59%。根据澳大利亚的研究,当设计车速大于90km/h时平均车速会略低于设计车速,当设计车速小于90km/h时平均车速会略高于设计车速。事故数与速度的关系不显著,主要和速度的离散性相关。速度离散性大,会频繁发生车辆超车和被超车,容易发生事故,也就是说路上行车的车辆,不仅仅是车速比一般车辆快的那些车容易发生事故,比一般慢的车辆也很容易发生事故。

1964年Solomon等人通过对970km路段上与事故相关的1万名驾驶人的调查发现,事故与车速的关系呈U形,拥有最低的事故率的样本,其速度分布在高于均值的15%~20%的区间内,当速度偏差大于这个范围时。不论其速度是低于还是高于均值,都会出现事故率上升。

Munden转换了思路,从驾驶人的角度来研究这个问题。他直接观察在道路开车的驾驶人并记录他们的车辆行驶的状态数据;然后对比速度数据与驾驶人的事故记录;随后再根据驾驶人的事故记录对他们进行分组,对各组再次进行速度与驾驶人事故记录的对比分析。得出的结论是:车速最接近均值的驾驶人,具有最低的事故记录;所驾驶车辆的速度偏离均值的驾驶人,他们所涉及的事故次数越多。

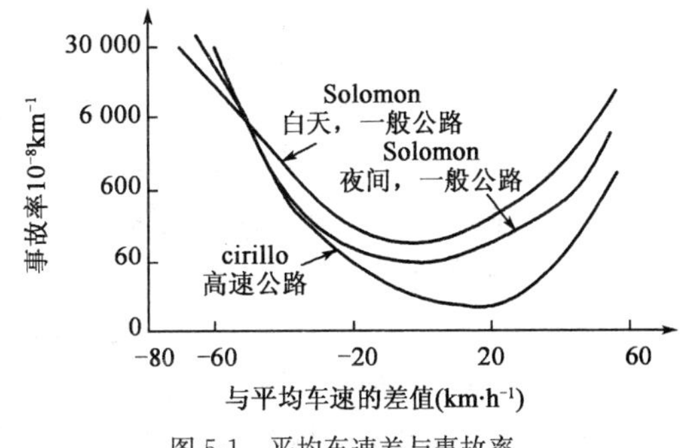

图5-1　平均车速差与事故率

1990年Harkoy、1991年Fildes等人的研究也有相同的结论。如图5-1所示。

所以由以上这些研究成果,可以认为,不论从交通流、车辆,还是从驾驶人的方面分析,车辆运行车速与平均速度的差值越大,发生事故的可能性也就越大,即车速离散程度与事故率之间存在着正相关的关系,车速方差越大的低点其安全性能越差。为了减少事故数,应该注意不是降低速度,而是要降低速度差。车速离散是非稳态交通流的重要特征,它与交通流的基本特征参数(流量、速度、密度)之间的关系近年来受到越来越多学者的关注。

研究表明,车辆的车速与平均车速的差值越大,即车速分布越离散,事故率就越高。早在1964年,Solomon就研究过交通事故和速度两者之间的关系,在研究中,他将事故诱因归结为速度的变化。他对四车道的高速公路进行了交通观测,对不同道路断面的事故率进行了计算和分析,总结出最初的车速模型,其计算公式如下:

$$I = 10^{0.000\,602\Delta V^2 - 0.006\,675\Delta V + 2.23} \tag{5-1}$$

式中:I——路段事故率($10e^5$ veh/km);

ΔV——速度梯度,及断面的运行车速与平均运行车速的差值(km/h)。

蒙纳斯大学事故研究中心在1993年也对车速和平均车速的差值与事故率的关系进行了研究。计算模型为:

$$I = 500 + 0.8\Delta V^2 - 0.014\Delta V \tag{5-2}$$

结果表明，车辆的速度无论是高于还是低于平均车速，其车速差值越大，事故率就会越高。

LIU 和 POPOFF 曾对车速及 85%位车速和 15%位车速之差与伤亡率的关系进行研究，得出 85%位车速和 15%位车速之差每降低 1km/h，伤亡率降低 7%。计算式如下：

$$CR = 190.7\,\overline{V} - 17\,126.1$$

$$CR = -0.00\,298\,\overline{V} + 0.0\,405\text{Diff} - 3.366 \tag{5-3}$$

式中：CR——百万车公里伤亡率；

$\overline{V}$——平均车速(km/h)；

Diff——85%位车速与 15%位车速之差(km/h)。

英国交通研究实验室的 BURUGA. A 研究出的 EURO 模型同样表明，事故率和平均车速与超速行驶者的比例存在很大关系，平均车速和车速差异会对事故率产生很大影响。模型如下：

$$\Delta\ln N = \frac{1.536}{\overline{V}}\Delta V \tag{5-4}$$

式中：N——年平均事故次数(次/年)。

裴玉龙、程国柱根据我国成渝、石太、广佛、京石等部分高速公路平均车速、车速标准离差与事故的统计数据，对平均车速、车速标准离差和亿车公里事故率进行了回归分析。图 5-2 为车速标准离差与亿车公里事故率的关系曲线。

建立关系模型：

$$AR = 9.583\,9e^{0.055\,3\sigma} \tag{5-5}$$

式中：σ——车速标准离差(km/h)。

该模型表明，车速的标准离差与事故率关系为指数关系，当车速分散程度越小，车辆基本上接近交通流的平均速度行驶，此时，车辆具有良好的行驶状态，道路发生事故率就越低；车速的分散程度越大，即车速偏离平均车速程度越大，会导致频繁的超车现象出现，进而车辆换车道的数目会增加，跟驰车辆不得不频繁的调整车速，车辆间的干扰增加，交通事故发生率增大。所以随着车速离散程度的提高，事故率将以指数增长率增长。所以通过降低车速分布的离散性，可以减少事故的发生率。

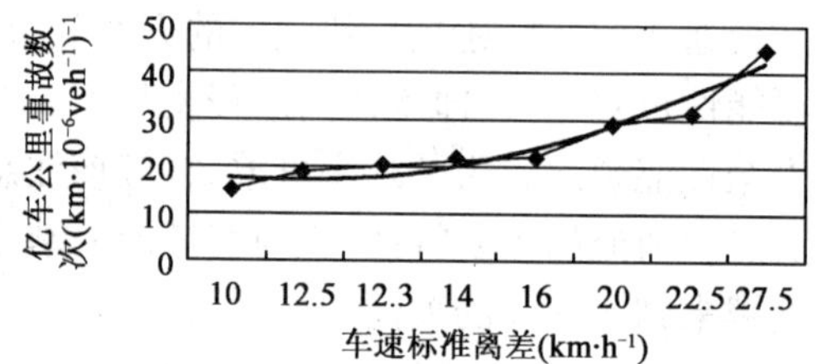

图 5-2　车速标准差与亿车公里事故率关系曲线

第二节　车速离散性对车流状态的影响

行驶在道路上的各种车辆，由于出行目的不同、车型不同、行驶路线不同，其运行状态随道路条件、交通环境和驾驶人特点而有不同的变化，引发了跟驰车流的不确定性，就会出现各种运行状态的不同，从而导致了交通流的不同状态的出现。根据交通流的运行状态不同将其分为规则运动、周期运动、准周期运动、过渡性周期运动、混沌运动及碰撞。利用 NaSch 模型和

MATLAB 软件，仿真研究不同车流密度下，车速离散性与跟驰车流混沌特性的关系。

一、车流状态转换类型

利用 NaSch 模型和 MATLAB 软件，仿真研究不同车流密度下，车速离散性与跟驰车流混沌特性的关系。为简化仿真环境，NaSch 模型产生的跟驰车流仅含两种具有不同最大车速的车辆。

1. NaSch 模型

NaSch模型是 K. Nagel 和 M. Schreckenberg 于 1992 年提出的，其建模的思想是车辆总是试图以最大的速度行驶，不希望发生碰撞，同时，并非每辆车都以最理想的状态行驶。NaSch 模型采用离散的时空和状态变量，规定车辆运动的演化规则，并通过大量的样本平均来揭示交通运行规律。交通系统中的 CA 模型是这样描述的：时间及车辆的位置、速度、加速度都被认为是离散的变量，一条道路用一维格点链来表示，每一格点代表一元胞，这一元胞的状态或是空或是只能被一辆车子占据，每一元胞或格点赋予一定的值，代表该点的物理状态。速度定义为车辆在一个时步内向前移动的格点数。系统的状态按照一套预先定义好的规则进行更新。

NaSch 模型的特点是考虑车辆的速度分布为离散的，同时引入随机减速延迟规则。该模型的大容量高速并行计算，显示出高速公路车流从运动畅通相到局部阻塞相的相变。NaSch 模型由车辆加速、减速、随机反应和车辆位置更新四个过程组成。

在 NaSch 模型中，将车道离散为等距的一维格点，并将所有车辆由左至右编号，每一时间步根据车辆的速度对车辆的位置进行调整，实际过程中车辆具有不同的运动速度，车辆状态由车辆本身的速度 V 所表示，$V \in [0, V_{max}]$，用 $x_i(t)$ 表示第 i 辆车在 t 时刻的车尾位置，第 i 辆车在 t 时刻与前方紧邻车辆$(i+1)$之间的间距为：$gapl_i(t) = x_{i+1}(t) - x_i(t)$ 。在每一演化时步 $t \rightarrow t+1$ 中，车辆状态都按照 NaSch 模型的演化规则进行速度和位置的并行更新。NaSch 模型车辆状态演化的更新规则和步骤为：

加速过程：

$$V_{ji}(t+1) \rightarrow \min(V_{ji}(t)+1, V_{j\max})$$

确定性减速过程：

$$V_{ji}(t+1) \rightarrow \min(V_{ji}(t), gap_{ji}(t))$$

以概率 p 随机减速过程：

$$V_{ji}(t+1) \rightarrow \max(V_{ji}(t)-1, 0)$$

位置更新：

$$x_i(t+1) \rightarrow x_i(t) + V_{ji}(t+1)$$

仿真采用周期性边界条件，每一演化时步 $t \rightarrow t+1$，每辆车的随机减速概率 p 为可调变量。

NaSch 模型的四步规则是描述交通流现象最基本的规则。第一步反映了驾驶人在驾驶过程中以其所能达到最大速度行驶；第二步说明了车辆之间的相互影响，每台车辆根据与邻居的相互作用情况来调整运行速度；第三步真实地反映了现实交通流系统中不同的驾驶人具有不同的行为模式。NaSch 模型验证了正是由于驾驶人的不确定性的加速或突然的减速直接产生了交通堵塞。

NaSch模型虽然比较简单，却可以描述一些实际交通现象，例如，随着车辆密度增加和速度的变化，系统会发生由运动到拥堵的临界“相变”，车辆在运动过程中，会出现启止波(Start—StopWave)。NaSch模型能较好地再现高速公路车辆运动畅通和阻塞形成的基本特征。最近利用实测数据验证NaSch模型时表明：虽然在相同的条件下所作的数值模拟给出的最大流量小于实测数据，而且不会出现同步流和不能发现临界点附近存在亚稳态。于是很多学者在NaSch模型的基础上不断进行研究和改进，先后提出了与速度有关的随机延迟刹车模型(VDR模型)、T2模型、BJH模型、相对速度模型、SDNS模型等各种各样的改进模型，使这些模型能够较好的描述交通中的非线性现象。最近，文献采用开放边界条件，研究了该模型在不同的参数条件下的交通性质。分析了边界开放程度、最大速度、减速概率等因素对系统流量、密度及关联函数的影响，得到了各种情况的相变行为。虽然NaSch模型不太完善，但却能真实地反映了绝大多数交通现象。由于该模型非常简单，适合实时在线工作，因此得到了广泛的应用。如：美国城市智能交通项目TRANSIMS，德国杜依斯堡的内城交通，达拉斯/福斯—华斯地区的交通规划以及北莱茵—魏斯特伐利亚地区的交通公路网。

2. 车速的分布

车速的分布特征，影响并决定着道路特定位置的交通安全性能。车速分布规律中的指标包括地点车速的样本均值、车速的样本方差、样本标准差、标准差系数(标准差与均值之比)、偏度、峰值。如表5-1。

车速分布及其特征值　　表5-1

流量范围辆(h)	平均速度(km/h)	标准差(km/h)	15%位车速(km/h)	50%位车速(km/h)	85%位车速(km/h)	分布形式
0～400	68	6.20	62.0	68.0	75.0	正态分布
600～1 000	71.9	3.93	68.0	71.0	76.4	正态分布
1 200～1 600	60.9	7.31	57.0	62.0	66.0	偏正态分布
1 800～2 200	50.6	7.35	43.0	51.0	58.0	偏正态分布

这种车速离散性一般符合正态分布或偏态分布，图5-3为呈正态分布和速度。

$$f(x)=\frac{1}{\sqrt{2\pi\sigma}}e^{-\frac{(x-\mu)^2}{2\sigma^2}} \tag{5-6}$$

$$f(x)=\begin{cases} e^{-\frac{(x-\mu)^2}{2\sigma^2}}\Big/\int_0^{\infty}e^{-\frac{(x-\mu)^2}{2\sigma^2}}\mathrm{d}x & ,x\geqslant 0 \\ 0 & ,x<0 \end{cases} \tag{5-7}$$

式(5-6)为正态分布密度函数，式(5-7)为偏态分布密度函数。μ为均值，σ为方差。

$$y=normpdf(x,60,10)*(2*pi)^{\wedge}0.5*10^{\wedge}0.5/$$
$$[(normcdf(\mathrm{inf},60,10)-normcdf(0,60,10)]*(2*pi)^{\wedge}0.5$$

3. 车流状态转换

仿真中利用随机减速概率P控制所得车速符合偏态分布。以第3、4辆车之间的车头间距变化状态为例对交通流混沌特性进行说明。交通流状态是通过仿真结果的图形以及

Lyapunov指数法来判定的。为去除仿真刚开始的轻微扰动，车头间距取后 1 000 个数据。

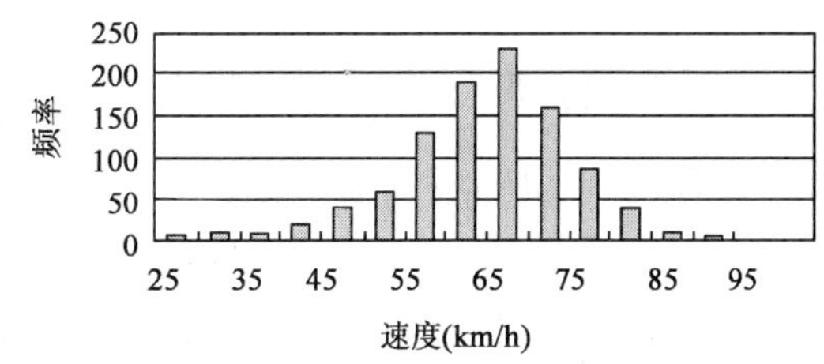

图 5-3　呈正态分布的速度

设道路由 1 000 个格点组成，对应的实际道路长度大约为 $L=7.5\text{km}$。假设有 N 辆车在道路上行驶，每个车辆占据一个格点，对应的实际长度约为 7.5m。则车辆的总密度为 $\rho=N/L$。定义最大速度 $V_1\max$ 为每秒 5 个格点的车辆为快车，共有 N_1 辆，其对应的实际车速约为 105km/h，车道占用率 $C_1=N_1/L$；定义最大速度 $V_2\max$ 为每秒 3 个格点的车辆为慢车，共有 N_2 个，其对应的实际车速约为 62km/h，车道占用率 $C_2=2N_2/L$。$C=C_1+C_2$。为分析车辆混合程度即车速离散程度，引入混合比例系数 n，$n=C_2/C$ 是慢车的占用率与总占用率的比值，则快车占用比率为 C_1/C，$0\leqslant n\leqslant 1$。仿真采用周期性边界条件，设交通流密度为 20～90 辆/km。初始时刻，两种车辆按照混合比例系数 n 及设定的仿真环境分布在车道上。

仿真得到的第 3、4 辆车之间的车头间距状态包括规则运动、周期运动、准周期运动、过渡性周期运动、混沌运动及碰撞。图 5-4～图 5-9 描述了仿真所得的各种运动状态。

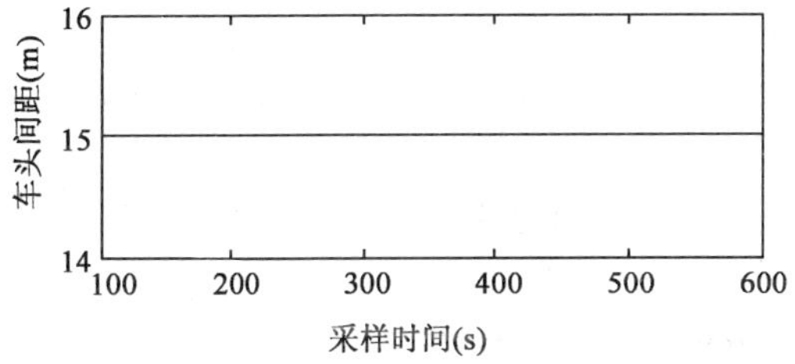

图 5-4　规则运动

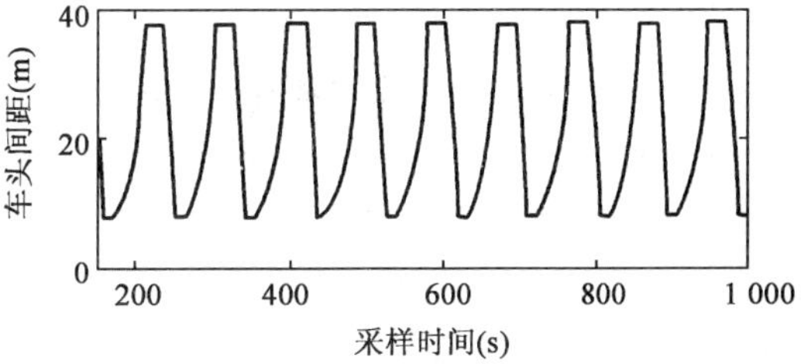

图 5-5　周期运动

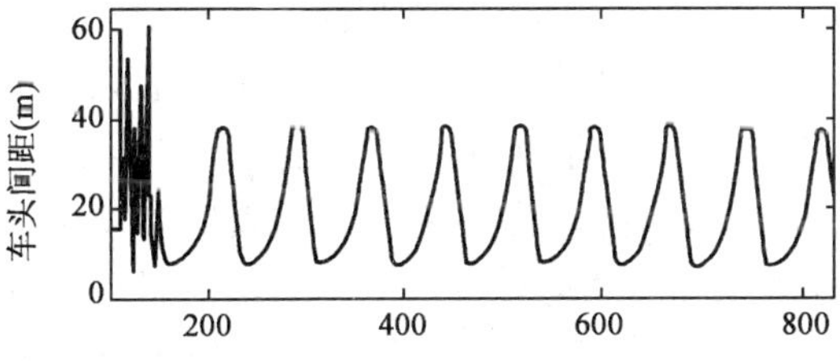

图 5-6　过渡性周期运动

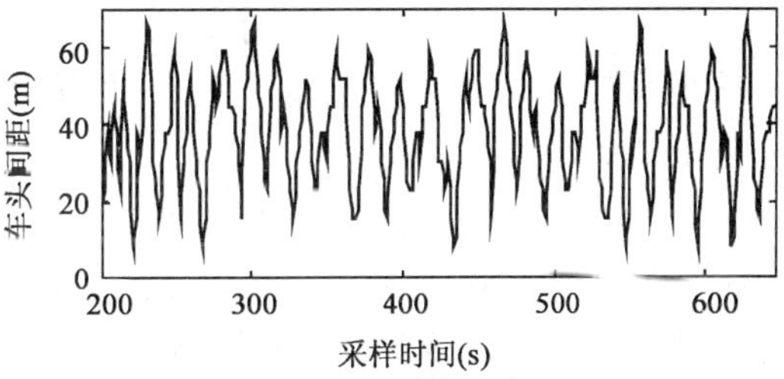

图 5-7　准周期运动

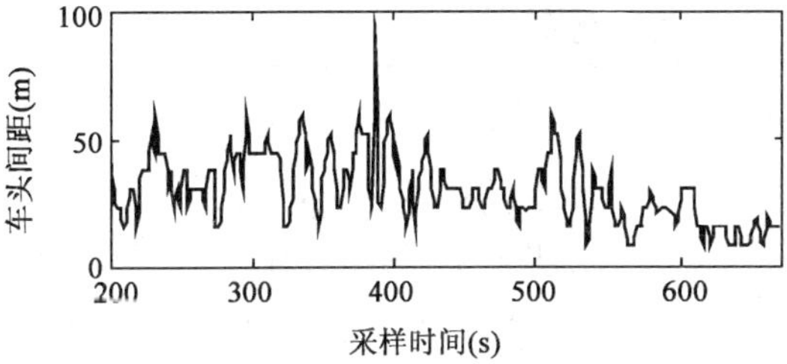

图 5-8　混沌运动

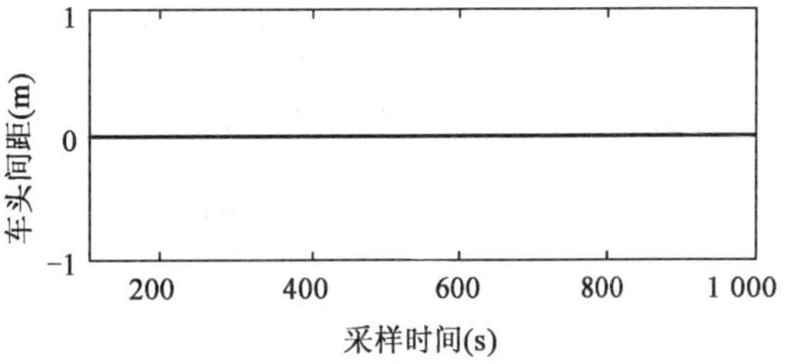

图 5-9　碰撞

二、车流密度变化对交通状态影响

研究发现，不同交通流密度下的车流变化状态各不相同。当车流密度较低，属于20～32辆/km时，随着n的改变，出现了准周期运动、规则运动及混沌运动3种状态。这说明低密度车流中也存在可以产生混沌的不确定性因素。

以$\rho=20$辆/km该密度段（A类）车流代表，表5-2给出了其车流状态随车n的改变情况。由表可知，当$n=0$and1即车流中仅存在单一的快车或慢车时，此时，道路上的车流以基本相同的平均车速行驶，驾驶人几乎没有加速减速的行为，车流呈现规则运动，车间距基本保持在15m左右，这时的交通状态是安全的。当$n\in[0.43,0.55)$即车流中快车和慢车数量基本相当时，此时，车流密度不大，车辆的行驶自由度较大，车辆可以按其期望车速行驶，驾驶人随机加速和减速行为的概率较小，车速离散性较小，车流呈现准周期运动，此时系统较为稳定，交通流状态较为安全；当$n\in(0,0.43)$和$n\in[0.55,1)$时，车流中准周期运动和混沌运动交替出现，并以准周期运动结束。且若定义：$\Delta n=|0.5-n|,n\in(0,1)$，则有$\Delta n$越大，混沌运动与准周期运动的交替越频繁，混沌状态出现的次数越多。这说明当道路上存在两种不同最大速度的车辆时，车流状态对n十分敏感，n的微小变化都会引起混动的出现。

这是因为，低密度交通流中，车辆处于自由状态，个别慢车或快车的出现将会使车流的速度标准差大大增加，造成行车安全隐患，所以出现了准周期运动和混沌运动的频繁交替。但是这种安全隐患程度较轻，在驾驶人的自我调节下，可以很快得到消散，故每次振荡后，车流会回复准周期状态。随着Δn的逐渐减小，车速离散性逐渐降低，车流的状态交替现象减缓，准周期运动出现的时间增长。至$n\in[0.43,0.55)$时，车辆呈现单一的准周期运动。

随着车流密度的增加，车流的不安全隐患加大，状态的转化十分复杂。当密度增加至32～45辆/km时（B类），在不同n值下出现了准周期运动、规则运动、过渡性周期运动及混沌运动4种状态，系统仍处于稳定状态，没有发生碰撞。以$\rho=40$辆/km为该类车流代表，表5-2给出了其车流状态随n的改变情况。当$n\in[0,0.11)$时，车流呈现混沌和过渡性周期；当$n\in(0.84,1]$时，车流呈现混沌和准周期；当$n\in(0.39,0.52)$时，车流呈现过渡性周期和规则运动；当$n\in[0.11,0.39]$时，车流由混沌运动开始过渡到准周期运动、混沌运动，最后呈现准周期运动；当$n\in[0.52,0.84]$时，车流呈现混沌运动和过渡性周期运动的交替。后两个区间内，Δn越大，车流状态的变化过程越复杂。

$\rho=20$辆/km时、A类车流状态变化表　　表5-2

n值	0	(0,0.43)	[0.43,0.55)	[0.55,1)	1
状态	规则运动	准周期—混沌—准周期…—准周期	准周期	准周期—混沌—准周期…—准周期	规则运动

比较A、B两类车流的状态变化过程可以发现：

当车流中快慢车数量相当，即 $n=0.5$ 左右时，系统最为稳定，混沌现象较轻。当 n 由 0.5 分别向左右趋近时于 0 或 1 时，车流状态的变化过程，包括存在的车流状态及变化频率，基本对称。

B 类车流的变化状态较 A 类有所增加，但状态交替却不及 A 类频繁。这是因为随着密度的增加，车辆间相互制约加大，车流的速度标准差逐渐下降，对 n 的敏感程度降低，车流维持当前状态的能力相对较强。也正是由于道路上车辆的增多使得车辆间相互制约加大，系统内部不确定因素增多，车流状态变化更加复杂。

需要说明的是，表 5-5 中对应 n 的车流状态仅能代表 B 类车流所存在的变化状态的种类，不能代表变化状态出现的顺序。如：当 $n=0.3$、$\rho=45$ 辆/km 时的车流状态与表 5-3 中 $n\in[0.26,0.39]$ 的状态相同，但其出现顺序为准周期—混沌—准周期—混沌—准周期。

$\rho=40$ 辆/km 时、B 类车流状态变化表　　表 5-3

n 值	[0,0.11)	[0.11,0.26)	[0.26,0.39]	(0.39,0.52)	[0.52,0.84]	(0.84,1]
状态	混沌—过渡性周期	过渡性周期—混沌—准周期—混沌	混沌—准周期—混沌—准周期	过渡性周期—规则运动	混沌—过渡性周期—…—过渡性周期	混沌—准周期

当车流密度增加至 45 辆/km 及以上时，车流开始出现碰撞，归为 C 类车流。研究发现，该密度段中的车流状态与 n 值无明显关联，任何 n 值下都有可能出现碰撞。车流状态表现为碰撞与其他一种或若干种运动状态的组合，如混沌运动与碰撞组合，准周期、混沌运动与碰撞组合，过渡性周期与碰撞组合等。其中，在碰撞前一刻，混沌状态占了 54%，准周期状态占了 21%，过渡性周期状态占了 16%，周期状态占了 9%。这说明，跟驰车流中的大部分碰撞都是由混沌状态转化来的。随着车流密度的增加，特别是当车流密度接近甚至超过饱和状态时，无论 n 取值如何，系统都十分敏感。至于由较稳定的车流状态，如准周期状态，直接转化得来的碰撞，本文认为其与 NS 模型的随机减速规则有关。实际交通流中，此类碰撞由驾驶人随机性失误造成。仿真中规定，若出现碰撞，仿真结束。故该类车流的最终状态均为碰撞状态。

第三节　车速离散对交通流混沌的影响

一、交通流混沌的提出

交通系统是复杂的大系统，组成系统的各元素之间存在着复杂的非线性关系，这就必然导致一些混沌现象的产生。交通系统中存在着混沌现象，用混沌理论来分析研究交通中存在的问题，有助于人们把握交通系统的规律性，为解决交通问题开辟了新的途径。

研究表明，车速离散程度越大，即车速偏离平均车速程度越大，会导致频繁超车现象出现从而增加车辆变换车道的数量，跟驰车辆不得不频繁调整车速，车辆间的干扰增加，交通事故发生率增大。车速离散性构成了跟驰车流的不确定性，导致了混沌的出现。交通流混沌现象一旦形成，非线性的交通系统将产生不稳定的发散过程。此时系统内部变量的微小改变将会导致整个系统的不稳定，如：混沌条件下，速度和车头间距在振荡上给定一个微小的扰动，有可能使振荡扩大而致使交通堵塞甚至交通事故。同时，存在混沌现象的交通流具有回环性。以车速为例，车速会增大、减小、再增大、再减小，而每一过程都不尽相同，轨迹十分混乱。这种混乱的轨迹会使交通系统交替出现稳定、不稳定状态，增加行车风险。

所以，对交通流的混沌现象分析，有助于我们更深的认识交通流状态，进一步控制协调交通流从混沌状态转化为有序状态，从而提高道路交通的行驶安全。

二、混沌的基本概念和特性

混沌是非线性动态系统的一种可能的定态。从系统科学的角度看，混沌无处不在，不仅物理运动学中存在着可以用眼睛观察到的混沌，例如：物体从斜坡滚落、风中的旗帜飘动、袅袅上升的炊烟等；在人们不能直接观察到变化轨迹的复杂的自然界现象中也普遍存在着混沌，例如：变化无常的天气存在着混沌，生物的繁衍中存在着混沌，天体、地球、地壳的运动变化存在着混沌等；在人类的社会经济活动中也存在着混沌，例如：令人琢磨不定的股市变幻中存在着混沌，音乐艺术中存在着混沌等。实际上，一些看似杂乱无章的运动，都存在着规律性的混沌现象。显然，交通流的运动中也存在混沌现象。一般认为，混沌就是指在确定性系统中出现的一种貌似无规则的，类似随机的现象。混沌不是简单的无序而是没有明显的周期和对称，但却是具有丰富的内部层次的有序结构，是非线性系统中除了平衡态、周期解和拟周期解之外的一种新的存在形式。但是至今还没有公认的混沌的严格定义。人们可以从以下几个基本特征来检验混沌的存在：非周期性，对初始条件的敏感性，长期行为的不可预测性，既稳定又不稳定，确定性随机性，奇怪吸引子上的动力学行为。

不管对混沌的各种定义有何区别，混沌的本质特征是相同的，综合起来有以下几点：

①混沌具有有界性。混沌是有界的，它的运动轨线始终局限于一个确定的区域，这个区域称为混沌吸引域。无论混沌系统内部多么不稳定，它的轨线都不会走出混沌吸引域。所以从整体上来看混沌系统是稳定的。

②混沌具有内在随机性，是确定性系统内部随机性的反映。它不同于外在的随机性，系统是由完全确定性的方程描述，无须附加任何随机因素，但系统仍会表现出类似随机性的行为。

③混沌具有遍历性。混沌运动在其混沌吸引域内是各态历经的，即在有限时间内混沌轨道经过混沌区内每一个状态点。

④混沌有分形的性质。各种奇怪吸引子都具有分形结构，由分维数来描述其特征。

⑤混沌具有标度不变性。它是一种无周期的有序，在由分岔导致混沌的过程中，遵循费根包姆常数系，这一常数是倍周期分岔走向混沌的普适性数值特征。

⑥混沌现象具有对初始条件的敏感依赖性。只要初始条件稍有差别或微小扰动就会使系统的最终状态出现巨大的差异。因而，混沌系统的长期演化行为是不可预测的。

道路交通系统是一个由人、车、路、环境（含交通控制装置）组成的整体。从道路交通系统各基本要素的自身特性可以看出，影响交通流的每一个因素中都存在着不确定性，而决定一辆车在路上运动状态的往往是以上多种因素相互作用的结果。什么时间什么驾驶人驾驶着什么样的车辆以什么样的运动状态进入路网是不可预知的，进入路网后，车辆的运行状态又将受到前车的运动状况以及道路的拥挤程度等因素的影响，而这些因素如何变化是不可预知的。同时，人们的出行目的、驾驶人的喜好等都有可能随时变化，以及驾驶人个体心理状态、道路特性、天气因素、突发事件等都会影响交通流的变化，从以上论述可以看出，交通流中不仅存在着不确定性，而且这种不确定性不仅受到客观条件与环境的影响，还受到人的影响，根本无规律可循，所以它属于本质不确定性。而这些不确定性，就形成了交通流的内部机制，这种内部机制就构成了形成交通流混沌现象的主要因素。交通系统是一个具有随机性、动态性和自适应性的开放的复杂大系统。组成系统的各因素之间存在着复杂的非线性关系，而且受到各种不确定性因素的干扰，导致了混沌现象的产生：拥挤的马路上车辆时走时停；交通事故导致的交通堵塞；城市中有的道路车水马龙，而有的道路人车稀少；商业区和人口密集的地方交通拥挤不堪，而有的地方交通却宽松有余；一条道上的交通流存在着高峰期和低峰期，随时间在不断的变化，而且每天都遵循着大致相同的变化规律；不同的人选择的交通方式也不同，而各种交通方式的交通量却遵循一定的变化规律。交通入口处的交通流本身是非混沌的，在交通网中运行一段时间后会表现出明显的混沌现象，可见交通系统的内部机制是造成交通流混沌的一个原因。而且交通控制信号可能是加剧交通流混沌的另一个主要因素。

交通流的混沌运动和周期运动的转化总是伴随着车头间距的变化而产生的，混沌的产生总是随着车头间距的减小而发生。由于驾驶人都是想尽快到达自己的出行目地的，所以规则运动时，车头间距是在不断缩小，当车头间距缩小到一定程度(这个值和行车速度有关，由于驾驶人一般会随着车头间距的缩小而逐渐降低车速，所以，车头间距越小，跟车车辆速度会越低。当车头间距接近这个值以后，驾驶人为了避免碰撞事故的发生就要急剧降低行车速度，这时就会出现短暂的混沌现象，随后，驾驶人会不断调整自己的车速，使两车的车头间距趋于正常，这时混沌现象就会消失。交通流混沌现象是实际交通流中普遍存在的一个现象。

交通流的有序运动一旦受到某种来自外界的干扰或者来自由驾驶人和车辆本身的特性所决定的不确定因素的影响，这些影响最终造成交通流的内在随机性，总会使跟驰车辆的车头间距发生变化，从而导致交通流混沌现象的发生。

三、跟驰车流混沌特性

跟驰是车队行驶的常见方式，它主要从驾驶人接受某种刺激后做出的反应模式，利用微分方程来描述车辆行驶状态，对车辆队列中车与车之间的关系进行分析和研究，有助于深入了解交通流特性。跟驰车流作为一个复杂的开放系统，受众多随机因素影响，表现出复杂的非线性，具备存在混沌现象的3个主要特征：

①初始条件敏感性。在跟驰过程中，若给振荡的车速和车头间距一个微小的扰动，无论这种扰动是来自内部还是外部的，都有可能使振荡扩大而导致交通阻塞甚至事故。也就是说，跟驰过程中初始条件的变化可能导致结果面目全非，一个初始条件可能对应着数个结果值。

②回环性质。以车头间距为例，跟驰过程中车头间距总是减小，增大，再减小，再增大，循

环往复。每一次循环都不尽相同，轨迹十分混乱，表现出系统内部的不稳定性。

③自相似性。跟驰中，系统在某一特定条件下能处于暂时稳定的状态，随后又不稳定，这个过程具有明显的自相似性。如：由于驾驶人不能非常准确的判断车头间距，不能精确的维持施加在油门上的压力，其只能通过不断的加减速来调整车速，使车头间距在一定范围内小幅调整，保持在期望车头间距附近振荡，如图 5-10 所示。Weidman 把图 5-10显示的寻找吸引点的过程称为振荡过程(Oscillating processes)。

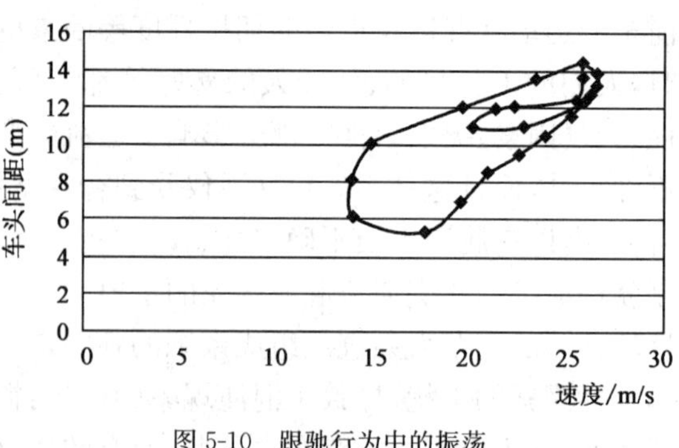

图 5-10 跟驰行为中的振荡

四、车流混沌的判定

对于简单的动力学系统，可以通过分析系统结构，建立动力学方程，研究各变量变化的情况，根据混沌的基本特征来判断其是否具有混沌特性。但是对于交通这个复杂系统，影响因素非常复杂，难以根据系统结构建立其动力学方程，只能根据系统中一些可观测变量的实测数据来判断系统是否是混沌系统。因此常采用时间序列分析的方法来判断系统是否具有混沌特性。

现有的混沌识别方法有大致可分为定性和定量两类，定性的混沌识别法有：Poincare 截面法、频闪法、功率谱法、主分量分析法(PCA 分布)、小波变换法、自相关函数法等；定量的混沌识别法主要有：Lyapunov 指数、关联维数、Kolmogorov 熵、替代数据法、残差诊断、“搅拌”诊断、Hus 指数等方法。

定性的判别方法只能从图形上作直观判断，使用时很难掌握一个明确的标准。定量判别方法各有其优缺点，但是其共同缺点是对样本量要求很高，计算量很大，无法满足实时性的要求，例如常用的 Lyapunov 指数算法要求样本量大于 1 500 个，少于 1 500 个样本用它无法识别是否出现了混沌。而在某些系统的状态控制问题中，必须尽快地捕捉到产生混沌的时刻，以便及时采取控制措施，使系统朝有序的方向运动。交通流系统就是这类系统的一个典型例子。我们识别混沌的目的就是为了即早发现混沌，马上采取管理措施，使交通流尽可能的处于有序状态。

Lyapunov 指数用于量度在相空间中初始条件不同的两条相邻轨迹随时间按指数律吸引或分离的程度，这种轨迹收敛或发散的比率称 Lyapunov 指数。对于系统 $x_{n+1} = f(x_n)$，其 Lyapunov 指数 λ 为：

$$\lambda = \lim_{n \to \infty} \frac{1}{n} \sum_{i=0}^{n-1} \ln |f(x_i)| \tag{5-8}$$

Lyapunov 指数 λ 实际上就是系统在各次迭代点处导数绝对值的对数平均，它从统计特性上反映了非线性系统的动力学特性。在混沌的诊断中，λ 起着非常重要的作用：若 $\lambda < 0$，系统

收敛于不动点；若 $\lambda>0$(且有限)，系统即不会稳定在不动点，也不存在稳定的周期解，同时也不会发散，表明系统进入混沌；分叉点对应于稳定轨迹的边缘，故 $\lambda=0$。

五、车流混沌的诱发途径及结构

按照非线性动力学的观点，引发混沌的主要途径包括 Feigenbaum 途径、Pomeau-Manneville 途径和 Ruelle-Takens-Newhouse 途径。交通仿真系统是从规则的运动状态，亦即周期点开始发生变化，当参数的变化达到某一临界值时，系统的时间行为在周期和混沌之间振荡；当参数继续变化时，系统发展为混沌运动。这种通过有时规则有时混沌的间歇状态转变为混沌运动状态的形式沿袭的是 Pomeau-Manneville 途径，即阵发混沌的形式。

利用 Pincus 定义的近似熵和 Feldman 修正的统计复杂度公式，对车流中的混沌现象进行定量分析。其中，近似熵 AE(Approximate Entropy：ApEn)的概念是 1991 年 StevenM. Pincus 从衡量时间序列复杂性的角度提出的，用于度量信号中产生新模式的概率，是用一个非负数来表示某时间序列的复杂性。计算方法如下：

设原始数据序列为：$x_1,x_2,\cdots x_N$，共 N 个数据点。①给定维数 m，用原数据组成一组 m 维矢量：$x_i=[x_i,x_{i+1},\cdots,x_{i+m-1}]$ 其中：$i=1\sim N-m+1$；②定义 x_i 与 x_j 之间的距离：$d_{(i,j)}=[\mid x_{(i+j)}-x_{(j+k)}\mid]$；③给定阈值 $r(r>0)$，对每一个 i 值统计 $d_{(i,j)}$ 小于 r 的数目及此数目与距离总数 $N-m+1$ 的比值，记作 $C_i^m(r)$，$C_i^m(r)=\{[d_{(i,j)}<r]\text{的数目}\}$；④对 $C_i^m(r)$ 取对数，再求其对所有的 i 的平均值，记作 $\Phi^m(r)$：$\Phi^m(r)=\frac{1}{N-m+1}\sum_{i=1}^{N-m+1}\ln C_i^m(r)$；⑤把维数加 1，变成 $m+1$，重复①～④步，得 $\Phi^{m+1}(r)$；⑥理论上，此序列的近似熵为：

$$AE(m,r,N)=\lim_{N\to\infty}[\Phi^m(r)-\Phi^{m+1}(r)] \tag{5-9}$$

此极限值以概率 1 存在。但在实际工作中 N 不可能为∞，当 N 取有限值时，可得到序列长度为 N 时的近似熵估计：

$$AE(m,r,N)=\Phi^m(r)-\Phi^{m+1}(r) \tag{5-10}$$

AE 值与参数 m、r、N 的选取有关。近似熵还有以下特点：

①使用近似熵描述信号的复杂性具有较好的抗噪声、抗干扰能力。

②使用较短的数据就可以较稳健地估计出信号的近似熵。

③既可用于随机过程又可用于确定性过程，当用于两者的混合过程时，混合比例不同，近似熵值也不同。

对于仿真所得的交通流车头时距序列$(y_1,y_2,\cdots,y_N)$，给定模式维数 m 和相似容限 r。首先进行 m 维相空间重构得：$Y_{(i)}=(y_i,y_{(i+1)},\cdots,y_{(i+m+1)})$，$i=1,2,\cdots,N-m+1$。从而有近似熵：

$$AE(m,r,N)=\Phi^m(r)-\Phi^{m+1}(r) \tag{5-11}$$

式(5-11)中，$\Phi^m(r)$为交通流车头时距序列的平均自相关程度。计算统计复杂度时，首先以车头时距的均值 E1 为界分为 2 个部分，然后分别对这 2 个部分以其均值 E2 和 E3 为界再进行两分，共得得到 4 分的符号化序列。选择分为 4 分是因为周期序列以 4 种周期状态为界。

则仿真所得的车头时距的统计复杂度为：

$$C = H(Y)L(Y) \tag{5-12}$$

$$H(Y) = -\sum p_y \log_2 p_y \tag{5-13}$$

$$D(Y) = \sum[p_y - \frac{1}{N}]^2 \tag{5-14}$$

式(5-13)、式(5-14)中，$y=1$、2、3、4 代表 4 种状态，p_y 为随机变量 Y 取值为 y 时的概率，H 为信息熵，D 为非平衡项，表示 p_y 与均匀分布的离散度。

表 5-4、表 5-5 中给出了不同离散度和密度下，部分车流混沌现象的近似熵和统计复杂度。表中"×"代表对应状态非混沌，对应的近似熵和统计复杂度不予考虑。

混沌现象近似熵计算结果　　表 5-4

ρ（辆/km） \ N	0	0.11	0.26	0.39	0.43	0.52	0.55	0.84	1
20	×	0.498 3	0.486 3	0.476 5	×	×	0.474 9	0.489 9	×
25	×	0.497 6	0.489 6	0.477 4	×	×	0.475 2	0.492 1	×
32	×	0.499 6	0.498 2	0.478 2	×	×	0.475 1	0.499 8	×
35	0.536 6	0.597 4	0.592 7	×	×	0.544 6	0.549 8	0.576 9	0.5433 6
40	0.537 5	0.600 1	0.586 7	×	×	0.567 3	0.567 8	0.596 4	0.538 2
42	0.537 7	0.607 7	0.586 6	×	×	0.569 6	0.572 1	0.601 9	0.535 6
45	×	0.675 9	0.676 2	0.667 3	0.654 9	×	×	0.679 6	0.662 1
50	×	0.681 2	0.680 4	0.669 7	0.656 7	×	0.653 6	0.679 3	×
70	×	0.680 9	0.680 5	×	×	0.651 1	0.662 4	0.680 2	0.666 31
90	0.655 7	0.694 1	0.681 7	0.678 3	0.660 1	×	0.659 7	0.681 3	×

观察表 5-4 可知，计算得到的近似熵取值在 0.474 9 到 0.695 8 之间。按照已有文献的研究结果，周期序列的近似熵接近于 0，而白噪声序列的近似熵在 2.0 以上。因此，表 5-4 中即远远大于周期系统，又远远小于白噪声系统的近似熵进一步证明了交通流系统既不是周期的也不是完全随机的系统，而是存在混沌的动力学系统。同时，随着车流密度的增加，系统的复杂程度不断增加，混沌现象越来越难以排解。仿真车流中，低密度车流的近似熵集中在[0.474 6，0.499 8]，中间密度车流的近似熵集中在[0.536 2，0.607 7]，较高密度车流集中在[0.655 2，0.681 4]。而在同一车流密度下，我们可以发现 Δn 越大，近似熵越大，混沌现象越复杂。

观察表 5-5 可知，在不同的 n 值下，统计复杂度分别集中在 0.330 0、0.520 0 及 1.000 0 附近，与车流密度、车速离散性没有明显关联。不同 n 值下，统计复杂度的不同取值说明引起交通流混沌的非线性结构各不相同，但是统计复杂度取值较为近似的那些混沌，起非线性结构又具有相似性。也就是说，仿真所得的混沌现象虽然非线性结构各不相同，但是主要可以分为三类，它们分别以统计复杂度为 0.330 0、0.520 0 和 1.000 0 时的非线性结构为代表。

混沌现象统计复杂度计算结果　表 5-5

N / ρ (辆/km)	0	0.11	0.26	0.39	0.43	0.52	0.55	0.84	1
20	×	1.302 1	0.312 4	0.370 0	×	×	1.065 2	0.563 1	×
25	×	1.302 1	0.985 4	0.327 6	×	×	1.063 7	0.921 4	×
32	×	0.317 9	0.365 4	1.069 5	×	×	1.011 2	0.523 7	×
35	0.526 9	0.333 7	0.357 9	×	×	0.329 7	1.002 4	1.003 9	1.023 6
40	0.339 7	1.064 5	1.021 1	×	×	0.578 9	0.521 4	0.511 8	0.329 5
42	0.369 5	1.021 4	1.002 65	×	×	0.632 19	0.318 9	0.339 7	0.317 1
45	×	0.571 2	0.365 4	1.001 0	0.569 8	×	×	1.032 5	1.024 7
50	×	1.032 5	1.024 7	1.021 1	0.654 8	×	0.632 15	1.025 7	×
70	×	0.563 2	0.631 8	×	×	1.035 6	1.037 5	0.331 6	0.532 9
90	1.034 8	1.025 8	1.102 1	0.598 5	0.556 3	×	1.065 4	1.039 1	×

第四节　车速离散对汽车追尾影响

随着我国经济的快速发展，交通运输业和汽车工业的高速发展，汽车保有量急剧增加，汽车追尾事故也呈上升态势，公路交通运输是我国国民经济的基础型产业，是国家发展和支持的交通形式。行车安全性问题制约了道路发挥其应有的巨大作用，交通事故也成为全球性主要公害之一，而汽车追尾事故是道路交通中仅次于正面和侧面相撞的多发事故类型。如图 5-11～图 5-14 所示。研究表明，后车对前车的跟随行为实际上是一定滞后时间内后车状态对前车状态的重复。如果行驶在道路上的车辆都能按照前车状态一致行驶，车流将非常有序，发生追尾的可能性很小。但是受驾驶人特性、车辆性能和道路环境差异的影响，车速分布的离散性是不可避免的，它既是道路环境综合作用的结果又是追尾发生的重要原因之一。如果能找到车速分散性对汽车追尾风险的影响就能在一定程度上提高道路安全性。

图 5-11　两车追尾事故

图 5-12　连续追尾事故(一)

图 5-13　连续追尾事故(二)

图 5-14　连续追尾事故(三)

一、追尾事故发生机理

导致追尾事故的原因复杂、不确定性因素很多，追尾发生的形式也多种多样。交通流中车辆跟驰运动时，车距和车速之间固有的测不准关系，会导致追尾发生，其发生机理分为紧随追尾和不确定性追尾。

1. 紧随追尾

在一队汽车中，后车跟随前车运行，驾驶人总不愿意落后很多，而是紧跟前车前进，这就是"跟随条件"。从安全角度考虑，跟驶车辆要满足两个条件：一是"车速条件"，即后车的车速 v_A 不能长时间的大于前车车速 v_B，只能在前车速度附近摆动，否则就会发生碰撞；二是"间距条件"，即前后两车之间，必须保持足够的距离，称之为安全距离，保证有足够的时间供后车驾驶人作出反应，采取制动措施。在紧随要求之下，车速条件和间距条件，就构成了车队跟随行驶的制约条件，满足此二条件，即可确保紧随行车安全。一旦这两个约束条件遭到破坏，追尾事故就有可能发生。

(1)车速条件破坏

通常，后车的车速一般不会长时间地大于前车车速，也不会长时间小于前车的车速，而是在前车速度附近摆动，这样就可以保证不会发生碰撞。这里，问题的关键在于后车驾驶人如何估计前车的速度，据此来调节后车的速度，使得后车的速度始终在前车速度附近的小范围内摆动。若由于某种原因造成后车驾驶人对于前车速度的估计明显偏离，或者前车速度突然剧烈改变，车速约束条件就会被破坏，就会有追尾隐患。

(2)间距条件破坏

正常行车时，在相继的前后两车之间，保持有足够安全距离，驾驶人有足够的时间对于异常状态进行识别，作出判断，并采取相应的制动措施。然而，这里的所谓安全车距一般地说是由后车驾驶人根据经验通过目测估计出来的，存在较大的随意性及估计误差，特别是当安全距离估计明显不准确，间距条件遭到严重破坏时，留给驾驶人进行异常状态进行识别，作出判断，并采取相应的制动措施的时间充裕量就极其有限了。在这种情形下，追尾就有发生的可能。

由此可见，追尾就是发生在车速条件被破坏或间距条件破坏的情形下。

2. 不确定性追尾

考虑到前后车之间的车距 $x(t)$波动服从于高斯分布函数的情形：

$$p(x) = (a/4)^{1/4} e^{-a(x-x_0)^2/2\sigma_x^2} \tag{5-15}$$

式中：x_0——两车之间的平均车距；

σ_x——两车车距的均方根误差。

类似地，前后两车之间的相对运动速度 $v(t)$的波动一般也服从高斯分布：

$$q(v) = (\beta/4)^{1/4} e^{-\beta(v-v_0)^2/2\sigma_v^2} \tag{5-16}$$

式中：v_0——车之间相对运动的平均速度；

σ_v——两车之间相对运动速度的均方根误差。

前后车之间的车距 $x(t)$ 与前后两车之间的相对运动速度 $v(t)$ 的协方差为：

$$Cov(x,v) = \langle xv \rangle - \langle x \rangle \langle v \rangle \tag{5-17}$$

于是有跟车运动的不确定性关系：

$$\sigma_x \sigma_v \geqslant \frac{1}{2}\sqrt{1+4Cov_{xv}} \tag{5-18}$$

它表明，在跟车运动时，间距条件和车速条件原则上是互相排斥的。一般说，人们无法准确地满足间距条件和车速条件。跟车时，人们对于车速估计的均方根误差以及对于车距估计的均方根误差不仅不会同时为零，而且在精度上必须满足上式所给出的约束条件。也就是说，间距条件和车速条件原则上不可能同时精确满足，当间距条件满足的好时，车速条件就不可能较好满足；反之，当车速条件满足的好时，间距条件就不可能较好满足，不确定性关系给出了间距条件和车速条件同时成立的精度上限。

跟车运动不确定性现象的存在，成为追尾事故发生的根源之一。有时，驾驶人一味追求间距条件的高精度满足，即 σ_x 很小，根据不确定性原理，势必导致车速条件的严重破坏，车速极不确定，后车与前车车速的偏差 σ_v 很大，从而导致极大的追尾隐患。同样，若后车驾驶人一味追求车速条件的满足，就会导致间距的很大偏差，也会带来追尾隐患。

二、追尾事故研究方法

造成追尾的直接表现形式是后车减速不及时或减速度不够，撞上了前车。由于汽车追尾事故的发生有其随机性，涉及的因素很多，对汽车追尾事故发生的描述存在着很大的随机性和模糊性且具有不可重复性。

传统的追尾事故研究方法多是对大量往年资料进行整理分析的统计。这些方法都建立在往年大量的统计资料基础上，由于每一起追尾事故发生都有其具体的因素，用统计的方法描述追尾事故表现出较大的随机性，因而对如何避免事故的发生缺乏充分的依据，也无法采取有效的措施来减少事故的发生。

计算机仿真方法对道路交通中汽车追尾事故进行研究，为道路交通安全运行提供参考。与传统的统计评价方法相比，仿真方法具有更高的直观性和可操作性。尤其在历年资料和现实信息比较缺乏的情况下，仿真方法表现出更大的柔韧性。

与传统的交通分析技术相比，计算机交通仿真技术具有非常明显的优势，主要体现在以下几方面：

(1)模型机制与交通系统的实际运作机制紧密对应

交通仿真分析注重的是对系统运行全过程的描述，而要做到这一点首先必须在模型机制上与实际系统运作机制吻合，这与数学解析方法的重“结果”轻“过程”是有本质区别的。

(2)模型描述的准确性和灵活性

微观仿真模型以交通系统最基本的要素如单个的车辆、车道、信号灯等为建模单元，因而能准确、灵活地反映各种道路和交通条件的影响。

(3)交通分析的开放性

通过良好的用户输入输出界面，模型的运算结果可方便地与用户交互，增强了模型应用的实用性和方便性。仿真结果的动画演示的直观性使得即使是非专业人员也能很容易理解。

(4)强大的路网动态交通状态描述能力

时间扫描技术为路网的动态交通状态描述提供了最大的支持。

三、应用实例——基于仿真的车速离散性对追尾事故研究

1. 基本思路

考虑到不同道路环境下，车速分布状态不尽相同。将高速公路的车速分布情况作为车速分布符合正态分布规律的代表，将城市道路的车速分布情况作为车速分布符合偏态分布规律的代表，利用 ANFIS 分别仿真车速分布离散性对追尾风险的影响。

为了更好的找出追尾风险与车速条件和间距条件的关系，以便于更好的量化车辆间的追尾风险程度，此处我们构造追尾风险系数指标对追尾风险进行评价。

如图 5-15 所示，纵向排列的前导车 A 和跟随车 B 在道路上行驶时必须满足下式才不易发生追尾：

$$D > v_{B0}(t_1 + t_2) + \frac{t_3}{2}(v_{B0} - v_{A0}) + \frac{v_{B0}^2}{2j_{Bmax}} - \frac{v_{A0}^2}{2j_{Amax}} + L \tag{5-19}$$

式中：t_1——驾驶人反应时间；

t_2——制动器协调时间；

t_3——制动减速度增长时间；

j_{Amax}——A 车的最大减速度；

j_{Bmax}——B 车的最大减速度；

v_{A0}——A 车的初始车速；

v_{B0}——B 车的初始车速；

L——车长。

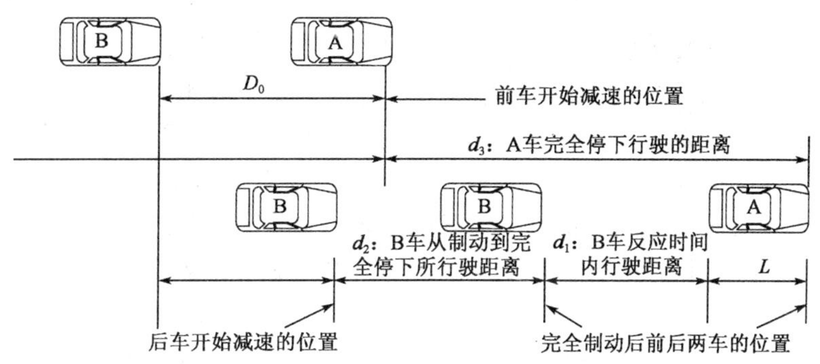

图 5-15　行驶车辆位置变化示意图

由式(5-12)可知，行车间距 D 随 A、B 车的行车速度及制动性能、跟随车辆驾驶人的反应时间、车长等因素的变化而变化。其中，车长可视为常数。因此，若不考虑车辆制动性能差异

和驾驶人反应时间差异,汽车发生追尾的风险主要与行车间距和行车速度有关 $P=f(D,\Delta v, v_B)$。也就是说:①道路上行驶的前后两车之间必须保持足够的距离,称之为安全距离,以保证后车驾驶人有足够的时间对异常状态进行识别,做出判断,并采取相应的制动措施,称之为"间距条件"。②后车的车速不能长时间大于或小于前车车速,只能在前车速度附近波动,称之为"车速条件"。上述两个约束条件相互制约,只要一个条件遭到破坏,便存在追尾风险。风险的大小与约束条件的被破坏程度有关。一般来说,驾驶人无法准确地满足间距条件和车速条件。每个驾驶决策都有可能导致追尾事故的发生,只是事故风险的大小不同而已。

基于上述分析,本文构造追尾风险系数 m 用于评价前后两车行车过程中发生追尾事故的可能性:

$$m=(v_B/v_A)/(D/T\cdot v_B)-1=\frac{v_B}{v_A}\cdot\frac{T\cdot v_B}{D}-1 \tag{5-20}$$

式中:T——驾驶人车头时距;

$T\cdot v_B$——驾驶人心中期望的安全车头间距;

v_B/v_A——"车速条件",用于评价驾驶人紧密跟随特性;v_B/v_A 与 m 成正比,其值越大,追尾风险越大;

$D/T\cdot v_B$——"间距条件",用于评价驾驶人安全特性,$D/T\cdot v_B$ 与 m 成反比,其值越大,追尾风险越小。为使"车速条件"与"间距条件"之比在零点取车辆"安全"与"不安全"的转换边界,其比值减 1。若 $m<0$,记为"$-$",表示当前车辆行驶状态安全,m 的数值代表安全的大小,其值越大,车辆越安全;若 $m>0$,记为"$+$",表示当前车辆行驶状态存在追尾风险,m 的数值代表追尾风险的大小,其值越大,追尾的可能性越大。则跟随车队的整体追尾风险可定义为均值 $\overline{m}$:

$$\overline{m}=\frac{\sum_{i=1}^{n}m_i}{n} \tag{5-21}$$

2. 仿真分析

仿真模型选用一维的元胞自动机模型——NaSch 模型作为仿真的基本模型。

当初始车速偏差落在设定范围内时,仿真所得的高速公路总体平均车速为 90.3~105.6km/h,城市道路总体平均车速为 43.7~55.3km/h。将其按照式(5-6)、式(5-7)和式(5-21)计算每一步演变时步中得到的速度方差 σ、风险系数 $\overline{m}$,并将风险系数按方差的升序排列。每次仿真均进行了 400 次时步演化。分别以总体平均车速为 96.3km/h 的仿真数据作为高速公路的代表和平均车速为 53.8km/h 的仿真数据作为城市道路的代表对结果进行说明。分析仿真数据,可得出以下几点:

①仿真结果表明,不论初始时刻车速分布标准差 σ_0 如何,高速公路车速的总体标准差 σ 总大于城市道路车速的总体标准差 σ_0。这是因为:高速公路上车流量较小,车辆行驶的自由度较大,各车可按其期望车速行驶,允许改变的车速差值较大;城市道路上,交通流量分布大,车辆行驶的自由度相对较小,加之道路管制措施,使得车辆可以获得的允许车速变化值较小。

此结果与实测数据一致。表 5-6 为两种道路环境下仿真所得总体车速标准差与初始车速标准差关系的部分样本，表 5-6 为实测数据。由表 5-6、表 5-7 可知，两个表格中描述的总体车速标准差与初始车速标准差之间的关系具有一致性。

车速标准差样本仿真数据(km/h)　　表 5-6

初始值 $\sigma_0(v)$ / 仿真结果 $\sigma(v)$	高速公路(km/h)				城市道路(km/h)			
	10	15	20	35	3	6	10	12
时步为 100	18.2	22.3	28.4	19.7	3.2	3.6	9.4	11.3
时步为 200	7.4	10.5	12.8	22.2	1.1	7.2	11.5	5.6
时步为 300	9.6	16.1	19.5	36.8	2.6	5.6	10.7	10.3
时步为 400	9.8	9.3	22.7	38.4	7.8	4.5	15.8	16.4

车速标准差样本实测数据(km/h)　　表 5-7

标准差 / 采集时刻	高 速 公 路				城 市 道 路			
06:00	9.6	11.8	22.4	29.3	5.6	8.4	11.3	15.6
09:00	15.3	15.6	30.4	19.4	3.2	5.6	7.9	7.9
13:00	12.7	20.4	19.8	34.8	6.8	10.1	5.6	20.6
17:00	25.7	14.8	25.6	15.3	4.6	9.6	11.3	11.3
20:00	16.8	16.1	14.3	25.6	7.8	8.5	9.4	10.4

②随着总体车速标准差 σ 的增加，追尾风险呈上升趋势。与高速公路追尾风险相比，城市道路追尾风险对总体车速标准差 σ 更敏感。如图 5-16 所示。图 5-16a)中城市道路追尾风险变化趋势线的斜率 k_1 明显大于图 5-16b)中高速公路追尾风险变化趋势线的斜率 k_2。这是由于城市道路上平均车速较低，限制条件较多造成的。图 5-16 中，一个横坐标对应多个纵坐标点，这是随机减速概率 p 对驾驶决策造成的不确定性影响的直观表现形式，与实际交通状态相符。实际交通流中，随着车速分布离散性的上升，汽车追尾风险的变化趋势不可能是连续上升的，而是采用一种间断、折回的方式达到上升的目的。

③图 5-17 给出了仿真中初始车速偏差对整体追尾风险 $\overline{m}$ 的影响。观察图 5-17 可以得出下以三点：

第一，仿真中道路的整体追尾风险不存在不断减小或不断上升的既定趋势，$\overline{m}$ 的峰值是随机出现的，但是每次当 $\overline{m}$ 持续上升以后必然存在 $\overline{m}$ 下降的过程。此现象与初始车速标准差 σ_0 无关。造成的原因是因为 NS 模型对车辆的减速过程存在确定性减速和随机性减速两种方案。确定性减速用于模拟驾驶人为规避风险而采取的安全性较强的减速行为，引导车流向有序状态演化；“随机性减速”用于模拟外界干扰对驾驶人的影响，此减速行为会引发不安全因素。实际道路上，不论车速分布特性如何，受外界随机性干扰的影响，车辆总是处于安全—不安全—安全、追尾风险增加—减小—增加的循环过程中。因此，仿真结果与实际情况是相符的。

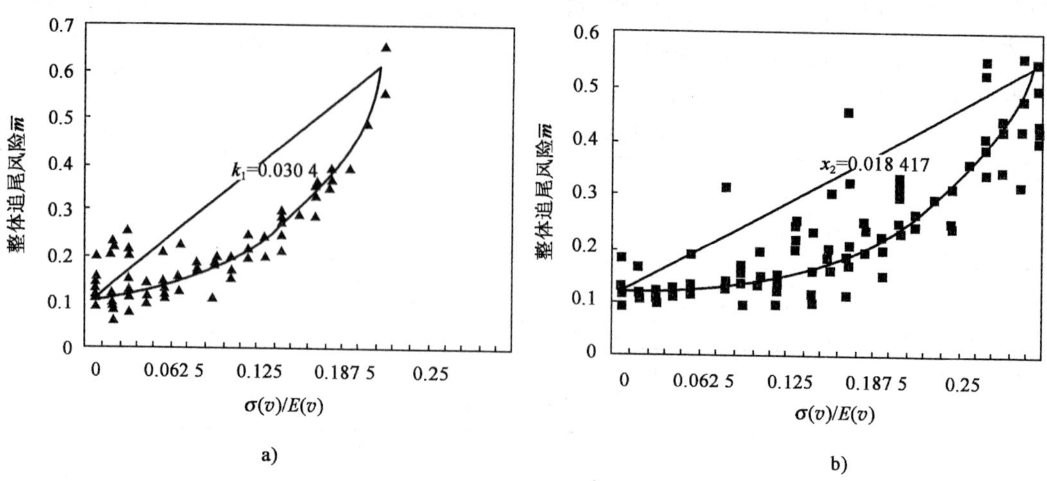

图 5-16 σ与$\overline{m}$关系

a)城市道路；b)高速公路

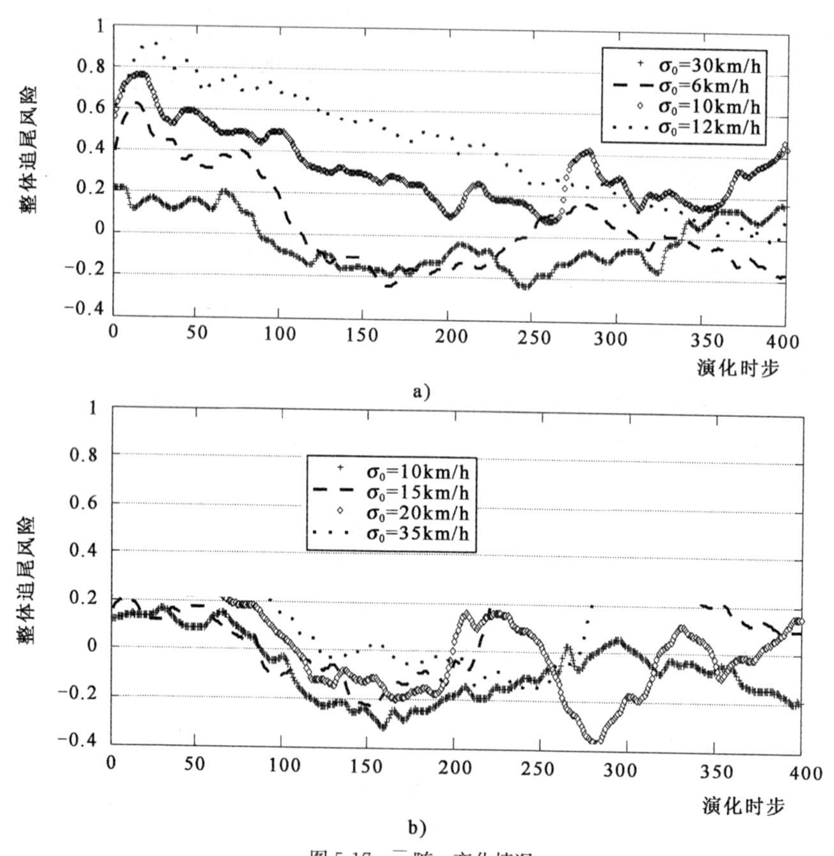

图 5-17 $\overline{m}$随σ变化情况

a)城市道路；b)高速公路

第二，仿真初期（1时步至50时步），初始平均车速一定，初始车速标准差σ_0对整体追尾风险影响较大，即σ_0越大，$\overline{m}$越高，越不利于车辆安全行驶。与高速公路整体追尾风险相比，城市道路整体追尾风险对初始车速标准差σ_0更敏感，初始车速标准差σ_0的微小改变都会增加追尾风险。在图5-17a）中，初始车速偏差σ_0由3km/h增加到6km/h时，城市道路的整体追尾风险就已经明显上升，图中分别代表初始车速偏差σ_0为3km/h和6km/h的曲线已经相隔了一定距离。而图5-17b）中分别代表初始车速偏差σ_0为10km/h、15km/h和20km/h的曲线比较接近，直到初始车速偏差σ_0增加至35km/h，高速公路的整体追尾风险才出现明显增加。

第三，随着仿真的进行，在城市道路上，当初始车速标准差σ_0较小时，$\overline{m}$很快可以得到消散，但当初始车速标准差σ_0上升到较高水平时，整体追尾风险很难在短时间内降至安全范围。图5-17a）中车速偏差σ_0为12km/h的曲线在仿真中虽然振荡下降，但直至仿真快要结束时才落入安全范围；而车速偏差σ_0为10km/h的曲线一直在0值上方振荡，甚至在随机因素的影响下，$\overline{m}$值在260时步明显上升，追尾风险增加。

道路上车速分布离散是不可避免的现象，它和汽车追尾事故存在某种联系。借助NaSch模型，仿真研究这种车速分布离散性和汽车追尾事故风险值的关系。结果表明，高速公路车速的总体标准差σ大于城市道路车速的总体标准差σ。随着总体车速标准差σ的增加，汽车追尾风险呈上升趋势。与高速公路追尾风险相比，城市道路整体追尾风险对总体车速标准差σ更敏感。仿真初期，初始平均车速一定，初始车速标准差σ_0越大，整体追尾风$\overline{m}$险越高，但整个仿真过程中道路的整体追尾风险不存在既定趋势，受随机因素干扰，$\overline{m}$峰值的出现是随机的。

第六章　驾驶人可靠性与交通安全

第一节　人的可靠性研究发展历程

人是生产中的主体，是最活跃的因素，同时人的失误也是复杂人—机—环境中重要的潜在事故源。统计表明：人的失误所造成的伤亡事故占伤亡事故总数的70%～90%。所以，对人的可靠性研究对整个系统的可靠性是很有意义的。

人的可靠性是研究人为因素、人为差错以及人在复杂系统中对系统可靠性的作用及其控制提高措施。在现代企业生产和生活的大系统中，物的不安全因素具有一定的稳定性，而人则由于其自身及社会的影响，具有相当大的偶然性和随意性。

一、人的可靠性的提出及相关概念

人的可靠性是在20世纪50年代发展起来的一门综合性的边缘学科，也是可靠性学科的重要分支学科，是随着可靠性工程学的发展而发展起来的。最早是在1958年H. L. Williams首先提出的，他认为系统可靠性预测中必须包括人的可靠性，否则预测的系统可靠性不能代表实际的情况。同时在1960年A. Shapero等人指出，在所有的设备失效中，人为差错占23%～45%的比例，此后人的可靠性研究被广泛地重视起来。1973年，《美国电气电子工程师协会可靠性学报》出版的《人的可靠性》专集，被认为是人的可靠性研究史上的一个重要里程碑。1979年美国三哩岛核事故和1986年前苏联的切尔诺贝利核泄漏事故，使人们更加重视系统中人的可靠性研究。

任何系统都是有人参与的系统。因此，在开展人的可靠性研究过程中，应将人、机、环境三大因素进行综合考虑。但在早期的可靠性研究中，系统的可靠性研究仅仅考虑了硬件部分，而人的可靠性往往被忽略，因而不可能获得全系统的可靠性。

随着现代化企业人—机—环境系统的日益变得复杂和精细化的提高，由人—机—环境系统组成的生产体系，其安全可靠性引起了人们的高度重视。对于机器设备的可靠性，目前已有各种可靠性测试仪器问世，其理论与测试方法已十分成熟。但对于生产体系中人的可靠性研究，无论是在理论上还是方法上，都由于人的复杂性而未得到广泛应用。机器设备的可靠性研究与人的可靠性研究是系统可靠性研究的两个方面，其所需要的背景知识也是不同的。

1. 人的可靠性

随着科学技术的发展，可靠性已作为一门专门的学科，并不断地得到发展。可靠性理论基础始建于20世纪30年代初。最初，它把统计方法运用于工业产品的质量控制中。自20世纪50年代以来，可靠性理论及应用得到了蓬勃发展，至今它已渗透到许多科学技术领域，受到越来越多的重视，得到更加深入、广泛的研究。

可靠性被定义为：单元在给定条件和给定时间内完成规定功能的概率。人的可靠性的概念是从研究系统工程可靠性时引发的，这个概念认为人的行为存在着可靠性，因此，可将人的行为不发生失误的可能性叫做人的可靠性。人的可靠性一般定义为：人在规定的时间内、规定的条件下，无差错地完成规定任务的概率。

科学技术的飞速发展，使大规模、现代化的人—机—环境系统为企业带来了巨大的经济效益，同时也深刻地改变着人们的工作方式。然而，这样的系统也随之可能带来两方面的问题：在强调以人为本的时代，系统是否能满足人的特性、满足人的舒适性需求。更为突出的是，相当多这样的系统，一旦发生安全事故，就有可能导致社会的巨大灾难。造成这些事故的根源在于，系统的安全与效益不仅取决于它自身的技术水平，还取决于它与人和环境的协调程度。随着科技进步，系统设备的可靠性不断提高，运行环境得到大大改善，但作为人—机—环境系统极其重要的一方——人，一方面，由于人的生理、心理、社会、精神等方面的特性，既存在一些内在弱点，又有极大的可塑性和难以控制性；另一方面，尽管系统的自动化程度提高了，但系统归根结底还是要由人来操控，要人来设计、制造、组织、维修、训练，需要人进行决策。因而，人在系统中的作用不是削弱了，而是更加突出了。

2. 人为差错

近年来，人的可靠性越来越多地受到了人们的重视，主要有两方面的原因：一是人—机—环境系统已向高度精密和高度复杂化发展，而导致系统失效，将可能产生深远影响和不可预测的后果，如美国三哩岛核电站事故；二是各种研究表明，系统失效很大一部分是由于人为差错造成的。国内外许多专家认为，大约90%的事故与人为差错有关，而仅有10%的事故归咎于不安全的物理、机械条件。

综上所述，事故的主要根源在于人为差错，而人为差错的产生则是由人的不可靠性引起的。因此，研究人的可靠性和开展对人的可靠性分析，从而找出产生人为差错的根源所在，在人—机—环境系统中尽可能地减少由人为差错造成的事故，提高人—机—环境系统的安全性，是各种人—机—环境系统所面临的问题。

人为差错是指人行为的失误，为此，必须研究人的行为。根据行为心理学的观点，人的行为模式可表示为：

$$S(刺激)\rightarrow O(个体)\rightarrow R(反应)$$

这是一个不断循环的过程。

于是，可以把人的行为 B 用变量人 p 与环境 e 的函数关系表示为：

$$B = f(p,e) \tag{6-1}$$

根据人行为的原理，可知人为差错主要表现在：人感知环境信息方面的失误，信息刺激人脑；人脑处理信息并做出决策的失误；行为输出时的失误等方面。针对这三方面，又可把人失误的原因归结为过负荷、决策错误和人机学原因 3 个方面。其失误模型可用图 6-1 表示。

过负荷是指人在某种心理状态下的承受能力与负荷不相适应，包括身体的、生理的和心理的负荷。人的能力则指身体的、生理的和心理等方面的承受能力（人本身的自然属性）；当前的心理状态；与当前工作有关的知识和技术水平；因服用药物或酒、压力、疲劳等导致的临时能力下降。

决策错误是指某些情况下，人员选择不安全行为比选择安全行为更加合乎逻辑。主要包括图 6-1 中三方面的原因。

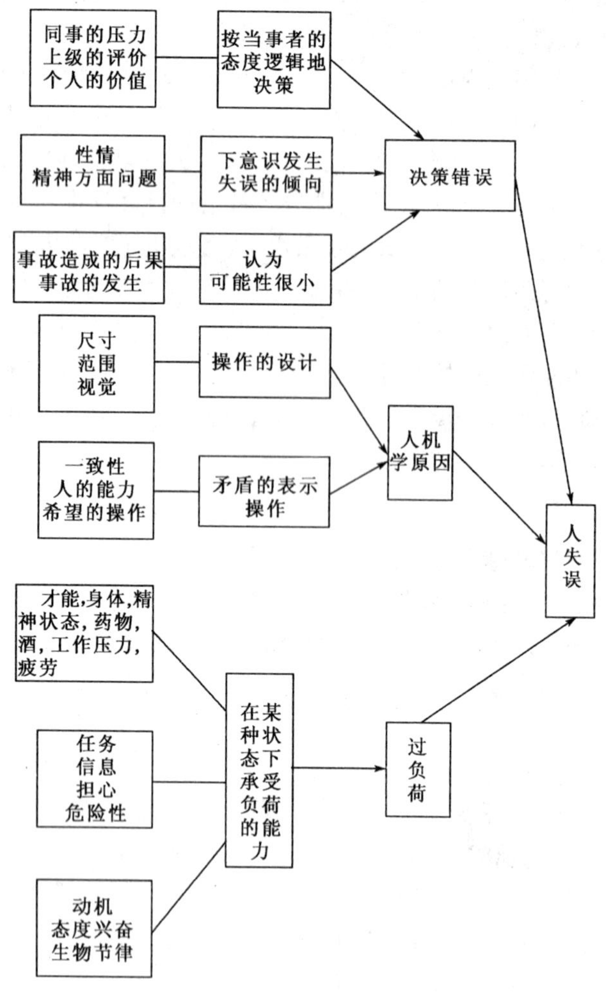

图 6-1 失误模型

人机学原因主要包括两方面：当前的工作条件与他的体格不适应；工作平台的设计使人易失误。

3. 可靠度

在规定的条件下和规定的时间区内，完成规定功能的概率称为可靠度，一般用 $R(t)$ 来表示。因为它是在规定的时间内的概率，所以可靠度是时间的函数。

根据可靠度的定义，用概率方式表示：

$$R(t)=\begin{cases}P(T>t) & t\geqslant 0\\ 0 & t<0\end{cases}\tag{6-2}$$

其中，T 是系统的寿命，它是一个随机变量。上式的含义就是表示 T 至少要比 t 长的概率。可靠度是一个概率值，因此具有如下性质：

① $0\leqslant R(t)\leqslant 1$。

②可靠度函数随着工作时间 t 的延长而逐渐减小，也就是预先规定的工作时间 t 越长，系统的寿命 T 比规定时间 t 长的可能性就越小，反之时间 t 越短，系统的寿命 T 比 t 的可能性就越大。也可以理解，可靠度函数 $R(t)$ 是一个非增函数。

③根据可靠度的定义，假定开始时系统内所有事物都是完好的，只要规定的时间充分长，系统定会全部失效或者出现故障。即：

$$R(0)=1;\ R(\infty)=0$$

4. 累积失效概率

和可靠度相反，在规定的条件下和规定的时间内失效的概率称为累积失效概率，其数值上等于1减可靠度，一般用 $F(t)$ 表示，即：

$$F(t)=1-R(t)\tag{6-3}$$

事实上这个概率是表示 T 比规定的时间 t 短的概率，即：

$$F(t)=\begin{cases}P(0\leqslant T\leqslant t) & t\geqslant 0\\ 0 & t<0\end{cases}\tag{6-4}$$

累积失效概率有如下性质：

① $0\leqslant F(t)\leqslant 1$。

②累积失效概率函数是随时间 t 的延长而逐渐增大的，所以和可靠度函数相反，它是一个非减函数。

③ $F(0)=0;F(\infty)=1$。

5. 失效率

失效率是用来衡量可靠性水平高低的一个特征量。其定义为：设系统在时刻 t 处于可用状态，当 Δt 趋于0时，在时间区间 $(t,t+\Delta t)$ 内出现失效的条件概率与区间长度 Δt 之比的极限，用 $\lambda(t)$ 表示。

从定义可以看出，$\lambda(t)$ 实质上一个条件概率密度。工作到某时刻处于可用状态的系统，这是这个概率的条件。由条件概率公式可得：

$$\lambda(t)=\int_{0}^{t}-\ln R(t) \tag{6-5}$$

二、人的可靠性的研究现状

人—机—环境系统在任何时候都存在着潜在失效。在现代企业生产系统中，其潜在的失效主要存在于生产系统日常的操作、运行、管理、维护和培训之中，构成了潜在的人为失误，如操作人员、设计人员、决策人员、管理过程等做出的不当决定。人的可靠性研究最早可追溯到20世纪50年代，美国国家实验室开展的一项人因失误概率度量的工作，标志着人因失误及其可靠性分析这一新领域的诞生；随后几十年里，一些研究成果得到了不同程度的应用。人的可靠性分析(Human Reliability Analysis，HRA)则是以分析、预测、减少与预防人的失误为研究核心，以行为科学、认知科学、信息处理和系统分析、概率统计等理论为基础，对人因可靠性进行分析和评价的新兴学科，它是人机工程学的延续和发展，现已逐渐形成一门相对独立的学科。

近年来，国内在人的可靠性方面也有了较深入研究，特别是在航空航天、武器装备、核电工业、电力行业、机械制造等方面开展了一系列人的可靠性研究，也有不少这方面的文献资料，此外在其他行业如化工、汽车制造、石油勘探、家电产品等也开展了人的可靠性的研究应用。

从人的可靠性分析的角度入手，在民用航空核电工业、机械制造、汽车工业等许多领域，开展了人的失误心理学、失误生理学、人体科学、人类工效学和人的行为科学分析等多方面对人的失误规律进行研究。特别是结合现代化企业生产的特点，重点开展了人员可靠性与系统安全、人员可靠性与作业环境、人员可靠性综合管理系统、人员素质与人的可靠性关系研究、人的失误心理学分析、人—机系统可靠度分析、人的不安全行为分析、人为失误的原因分析及对策等研究工作，而且通过实际应用日趋显得成熟。结合以上研究领域的思路和方法可以看出人的可靠性研究具有下列特点：

①在系统可靠性分析中，把人的动作作为系统单元来考虑人的可靠性问题。

②人的可靠性具有不确定性。环境对人的行为影响很大，一个人在不同环境中和不同的人在同样的环境中都可能有不同的反应。

③人本身存在弱点。一是生理的，包括体力、反应速度、生物节律以及对外部环境变化的适应能力。二是主体意识，包括人本身的意识、动机、期望、感知、情感以及对自我行为的控制能力。

④人的失误是不可避免的，既频繁又带有突发性和不可预见性，很难掌握其发生的规律性。导致人为失误的可能情况有：有缺陷的工艺过程；不合适、无效或失效的仪表；相关知识的缺乏；不符合操作规程；不合适的标示；错误的反馈信息；身体的不适；失效的设备；内部的联络沟通不够；用脑过于疲劳；频繁出现失误；不适用的工具；工作环境的安全性；紧张的人际关系；内部体制所引起的不满情绪。

⑤人具有的主观能动性。在大多数场合人能及时发现自己的失误，并在产生失误之前得到纠正。因此，在研究人的可靠性时，还应考虑人的动作可修正性。

以不安全行为的人的可靠性评估方法为基础，通过测量人的可靠度能比较直观地发现不安全行为的发生频率，从而得知系统中人的可靠性水平；通过人的可靠性分析系统，可以有效地对人的可靠性进行分析和评估。从系统安全的角度来看，由于人为失误事故的存在，提高人的可靠性已成为复杂人—机—环境系统中避免事故发生的一个重要途径。要提高人的可靠性首先必须对人的可靠性有一个科学、可行的定性和定量分析的评价方法，同时在评价过程中，指出提高人的可靠性途径。

第二节　驾驶人可靠性研究的应用

随着我国市场经济的持续高速发展和改革的不断深入，交通运输迅速增长，全国的机动车驾驶人每年以10%的速度递增。而商品经济空前繁荣，也带动了交通各方面的飞速发展。但由于交通中的人、车和环境诸要素与道路交通的客观要求不合理、不协调以及汽车使用量的增加等原因，从而出现了驾驶人队伍素质参差不齐，交通事故不断等问题，交通事故已成为当今世界的一个严重的社会问题。根据相关资料的统计，全世界每年因道路交通事故死亡的人数逾50万人，并且有逐年上升的趋势，而我国又是道路交通死亡人数最多的国家之一，因此减轻道路交通事故中人员伤亡、降低财产损失和改善人—机—环境系统的安全性能，是摆在当今科研人员面前的严峻课题。

在人—机—环境系统中，人作为道路行车系统的一个重要组成部分，特别是驾驶人的可靠性将直接影响交通行车系统的工作可靠性。由于驾驶人的操作不可靠所产生的重大交通事故已屡见不鲜。资料表明：道路交通事故中竟有60%～80%与驾驶人的失误(也就是人的不可靠)有关。而且，近年来，这个比例还有上升的趋势。导致这个比例上升的原因主要有两个：第一，车辆的日趋庞大而且复杂，致使驾驶人的操作能力下降，导致驾驶人的失误增加；第二，虽然驾驶人的能力没有下降，但是随着科学技术的不断进步，车辆或相关系统的可靠性不断提高，而驾驶人的能力又不可能随之而提高，致使驾驶人的失误所产生的问题相对突出。

驾驶人的可靠性对交通运输系统的可靠性、安全性所起的重要作用已被人们所认识，交通运输系统是具有关键性人为差错的冗余系统，因此，对驾驶人工作可靠性的研究显得异常重要，它已成为可靠性工程学的一个重要分支。

一、驾驶人可靠性影响因素

对影响驾驶人可靠性的因素进行科学分类是研究驾驶人可靠性的关键问题之一，围绕驾驶人的特点，同时考虑到车辆的特性和环境的特性，以及它们之间的相互关系，根据人—机—环境系统工程理论，影响驾驶人的可靠性的因素可分为行为、心理、生物节理等内在因素和机器、环境等外在因素两个方面。

1. 行为心理因素分析

行为心理因素可以分为性格、动机、情绪、意志4个方面的因素，而且比身体因素复杂的多，在很大程度上受人的性格影响。

(1)人的心理“弱点”因素

①投机取巧心理。人有喜欢动脑筋,争取以最小的代价来获得最大报酬的心理状态,同时又怕麻烦,图省事,走捷径,常有漏掉正常工序,从而出现失误。

②过度自信的心理。由于人不能充分的看清自己的实力,往往会造成过分自信从来造成判断错误而引起事故。

③侥幸心理。几乎人人都有侥幸心理,但其表现程度不同。侥幸心理对安全生产的危害极大,它往往会麻痹人的警惕性,容易导致事故的发生。

④逆反心理。在某些特定的条件下,有些人的言行在好胜心、好奇心、对抗情绪等心理作用下,会产生一种与常态行为相反的对抗心理,从而极易导致事故的发生。

⑤虚荣心理。一些人为表现自己取得群体的赞扬,而不承认自己的不足之处,不虚心向别人学习,不懂装懂,盲目操作,常常会导致事故的发生。

(2)生理“弱点”因素

①记忆局限。人的记忆力有一定的局限性。

②反应力局限。人不能马上分析判断出所接受的一切信息,对部分信息的反应只有靠本能完成,其安全可靠性较低。

③注意力的局限。人的注意力具有一定的局限性,即使注意力达到高度集中,也不能达到百分之百。

④视觉的局限。人的视力范围只在一定的范围内,并不能对有效视觉范围之外的事物做出反应。

这些人的生理“弱点”是在异常的情况下的影响因素,使得人的行为能力失常,没有正常的信息接受、处理、判断和决策及行为控制等能力,往往会导致事故的发生。

(3)无意识行为因素

①人的技术素质不高。可能由于技术不娴熟,难以控制突发事故的发生,使得可以避免的事故发展成恶性事故。

②无法感知。通常在恶劣的作业环境中,由于物理因素、化学因素往往超越了感知范围,使得操作者无法正确判断,无意识做出一些不安全的行为,无意诱发事故。

2. 生物节律影响因素

生物节律是自然现象。人体有一百多种生物节律,而人的体力、情绪、智力节律又是最重要的3种节律。每一种节律都有各自的周期,一个周期又分为高潮期、低潮期和临界期。

在高潮期各种生理功能都处于上升阶段,因此,在这一阶段,人的失误率低,不易导致事故的发生。低潮期是为节律的补充阶段,人的身心功能处于下降状态,体力不支,情绪易于波动,思维不敏捷。而在临界期,人的体力、情绪、智力都处于极不稳定的过渡状态,易于出现粗枝大叶、出差错,机体各方面协调差,易于发生事故。

3. 机、环境因素

①车辆的设计不合理,不符合人的生理/心理特点。具体表现为车辆质量不好、车辆性能

不佳、机件损坏或机械故障和设计制造方面的缺陷等。

②环境特性变化不适应。路窄、路障、陡坡、路面超高、路基松软、缺少护墙、路标、视线不良、混合交通的秩序混乱和自然条件的影响等，总的说就是道路状况不良，环境变化无常，缺少安全设施。

③驾驶人—车关系设计不合理。车的设计不符合人的习惯性动作导致事故。

④驾驶人—环境设计不合理，不相适应。道路状况：道路线路与人无好的视距导致事故。交通情况：交通流量、运输距离和运输行程等与驾驶人不相适应。气候条件：昼夜、阴晴、雨、雪、雾、风、温度和气压等恶化驾驶人的驾车条件。其他因素：道路运输组织水平和社会舆论等。

⑤驾驶人—车辆—环境的总体变化不合理。车辆交通量和车辆拥有量的影响。只有准确把握影响驾驶人可靠性的各种因素，才能为研究与提高驾驶人的可靠性奠定基础。

二、驾驶人可靠性研究方法及其综合评价

驾驶人的可靠性分析也就是人的可靠性分析（Human Reliability Analysis，HRA），它是以人因工程、系统分析、认知科学、概率统计、行为科学等诸多学科为理论基础，以对人的可靠性进行定性与定量分析和评价为中心内容，以分析、预测、减少与预防人的失误为研究目标。

1.驾驶人可靠性研究方法

HRA 的发展过程大致可以划分为两个阶段（第一代和第二代），从 20 世纪 60～80 年代中后期，这一阶段产生的 HRA 模型基础是以人的行为理论为基础的，也就是被称为静态的专家判断与统计分析相结合的第一代 HRA 方法。其中最具代表性的是 THERP。第二代 HRA 的开发开始于 20 世纪 90 年代，它将人的可靠性放在了复杂的动态环境下去探究人的失误机理。其中比较具有代表性的方法是 CREAM、ATHEANA。这里介绍 7 种比较常用的 HRA 方法。

（1）THERP 方法

人的失误率预测技术（Technique for Human Error Rate Prediction，THERP）方法是建立在任务分析基础上的一种比较完善的人员可靠性分析模型，不仅提供了分析人误的机制，还提供了定量化的数值分析方法。如果驾驶人的工作能划分为一系列的读数、操作等动作单元，则可以用 THERP 来分析人员正确完成该工作的可能性。该方法主要是基于人因可靠性事件数模型，按事件发展的过程，对人因事件涉及的所有行为进行分析，并在事件树中确定失效途径后进行定量计算。它以任务为中心，将人的操作行为分解为一系列的基本动作，通过对这些基本动作赋予可参照的基本失误概率，继而使用概率安全评价 PSF 进行修正，并且考虑相关性和恢复因子的影响，最终得到复杂操作任务的人误概率。但是，受到数据和工具的限制，THERP 对诊断决策过程中因时间压力所导致的人误度量过于粗糙，PSF 的敏感性也不够。

（2）OAT 方法

操作员动作树（Operator Action Tree，OAT）是 John Wreathall 于 1982 年提出的。该方

法将人对事件的响应分为三个连续的阶段:观察阶段、判断阶段、对事件的响应。OAT 假设第三阶段发生的错误,即执行响应动作过程中出现的失误不是最重要的,最重要的是发生在第二阶段的失误。因而 OAT 取决于对操作员正确判断时间概率的确定。OAT 与其他一些早期的 HRA 方法相比,明显改进就是将人的响应行为划分为三个阶段——观察、判断、响应动作。不足是 OAT 仅考虑了其中的第二阶段中的失误,没有考虑 PSF 的作用。

(3)HCR 方法

人的认知可靠性模型(Human Cognitive Reliability,HCR)是建立在模拟机数据收集研究,以及 Rasmusssen 认知过程 SRK 分类的基础上取得的基础性研究成果。它提供了一种用模拟机实验数据进行人—机交互作用过程中人的可靠性分析的有力工具,在认知过程的定量化中考虑了时间相关性的影响。HCR 方法需要利用模拟机实验的结果,对资源的需求要求较高,而很多情况下很难将人的决策过程明确划分。模拟机实验表明,情景对人的绩效影响很大,HCR 模型仅仅考虑时间因素的影响是不够的。

(4)SILM 方法

成功似然指数法(Success LikelihoodIndex Method,SLIM)是一种基于专家判断的人误定量化方法。其基本假设是人误概率决定于 PSF 的综合影响,如时间、规程、培训等。通过专家,使用系统化的方法确定一系列任务的 PSF,评价这些任务在 PSF 上的得分,并且给出 PSF 的相对重要性。根据这些评价的结果,可以为每一个任务得到其对应的成功似然指数(SLI),并将 SLI 转化为对应的任务失效概率。SLIM 方法不要将任务分解得很细,而是依据一个高层次和相对整体的任务描述。主要不足是 PSF 的取值和权重由专家给出,具有一定得不确定性,而且需要有一个专家组来完成定量化任务。

(5)HEART 方法

人误评估与减少技术(Human Error Assessmentand Reduction Technique,HEART)通过基本的人误概率值和失误产生条件 EPC 相乘积的方法得到定量化数值。它提供了 9 种通用任务的基本人误概率值和 38 种 EPC 的影响因子。分析人员进行定量化时,首先从 9 种通用任务中选择一种类似的通用任务,取其值为基本的概率值。然后判断该任务受到哪些 EPC 影响,得到其影响因子。将基本概率值和影响因子相乘即得到最终的人误概率。HEART 方法使用简单、快速,还提供了一些有针对性的补救措施,可以在设计阶段确定。

所设计系统的不足,提出改进措施。该方法提供了详细 EPC 的影响描述,与其他类似的修正方法相比容易操作;不足之处是需要依赖较多的专家判断,并且该方法的数据来自人机工程领域的研究结果,还需要对这些数据及其来源进行验证。

(6)CREAM 方法

认知可靠性与失误分析方法(Cognitive Reliabilityand Error Analysis Method,CREAM) CREAM 是基于情景控制模型发展起来的一种第二代人的可靠性分析(HRA)方法。它的基本原则是它的双向性原则——追溯和预测(即:既可以对已发事故的原因进行追溯式分析,也可以对人的失误概率进行定性和定量的预测)。CREAM 的定量预测方法有两种:基本法和扩展法。基本法得到的是一般失效概率(概率区间),用于筛选分析;而扩展法得到的是失效概率的具体值。CEEAM法强调人在生产活动中的绩效输出不是孤立的随机性行为,而是依赖于人完成任务时所处于的情景环境或工作条件(共同绩效条件,CPCS),它们通过影响人的认知控制模式和其在不同认知活动中的效应,最终决定人的响应行为。

(7)ATHEANA方法

人误分析技术(A Technique for Human Error Analysis,ATHEANA)是一种基于运行经验的改进的HRA方法。其目的是"开发一个HRA定量化过程和PRA模型的接口,从而可以分析真实事故中发现的人误"。在操作过程中,人员会处于一种易发生错误的"非正常"情景,即失误迫使情景。在失误迫使情景下,人误发生的可能性比"正常"情景下发生随机人误的可能性大。ATHEANA方法着重强调并分析在失误迫使情景下人员可能发生的认知决策失误。ATHEANA方法由两部分组成:追溯式分析,分析事故为什么发生,并分析可以采取哪些措施来防止类似事件的发生;定量化分析,确定人误事件发生的概率。该方法本身没有提供定量化所需的数据,主要依赖于专家判断和HEART方法中的数据进行定量化。

2. HRA方法的综合评价

这些年来,HRA专家采用不同的评价标准,从不同的角度、不同的目的对部分HRA方法做了比较,这些评价对选用HRA方法具有参考意义。从有效性、可用性、可靠性、工程性4个方面对前述7种HRA方法进行了比较评价。

以有效性、可用性和可靠性为主要评价指标,对现行比较常用的HRA方法进行分析、比较研究,发现THEPR和HCR是相对较好的HRA方法,这与国际上HRA专家的评价结果是一致的,与现实使用的广泛性也是一致的。见表6-1、表6-2。

7种HRA方法评价结果 表6-1

评价 / 方法	有效性				可用性				可靠性				工程性	
	完备性	完整性	准确性	灵敏性	数据可用	易用性	程序化	适用性	一致性	数据可信	可证明	可比性	相容性	可追溯性
THERP	+	+	+	+	+	+	+	+	+	+	+	+	+	+
OAT	+	+	−	−	−	+	+	−	−	+	+	+	+	+
HCR	−	+	+	−	+	+	+	−	+	+	+	+	+	+
SILM	+	+	−	+	+	−	+	+	−	−	−	−	+	+
HEART	+	+	−	−	+	+	−	+	+	+	−	−	+	+
CREAM	+	+	+	−	−	−	+	+	+	+	−	−	+	+
ATHEANA	+	+	+	+	−	−	+	+	+	+	−	−	+	+

注:"+"表示一般;"−"表示低。

7种HRA方法综合评价结论　　表6-2

评价指标	有效性	可用性	可靠性	工程性
THERP	+	++	++	++
OAT	−	+	+	+
HCR	+	+	++	++
SILM	+	+	−	+
HEART	+	+	−	+
CREAM	+	−	+	+
ATHEANA	+	−	+	+

注："++"表示高；"+"表示一般；"−"表示低。

三、驾驶人的可靠性研究中存在的问题

驾驶人的可靠性对交通运输系统的可靠性、安全性所起的重要作用已被人们所认识，交通运输系统是具有关键性人为差错的冗余系统，因此，对驾驶人工作可靠性的研究显得异常重要，它已成为可靠性工程学的一个重要分支。人因问题贯穿系统的设计、制造、使用、维护、交通管理等各阶段和各方面问题的关键是建立科学合理的驾驶人可靠性模型。驾驶人可靠性研究就是考察、分析、评价人的因素对系统可靠性、安全性、经济性所起的作用和影响。以前，由于认识上的不足以及分析方法的欠缺，驾驶人因素分析往往被忽视或仅根据经验作粗略的定性评价。这种状况已经不能满足现代交通系统可靠性分析的要求。对驾驶人可靠性分析应包括科学的定性分析和定量分析。定量分析的目的是为了系统可靠性分析提供数据，并有利于定性分析。

由于下面的原因，对驾驶人工作可靠性的分析具有相当的难度，这是因为：

①驾驶人的动作作为系统单元，由于人的行为之复杂性，对其分类难以做到十分精确。

②驾驶人在系统内某时刻的行为不仅受到系统的支配，也受到其个体内在因素的作用，以及时间、空间的影响。人的行为是其行为形成因素集合的函数。

③不同的驾驶人在同样的环境中可以有不同的反应，即人与人之间存在个体差异，相应地，环境效应对人的行为影响很大，致使驾驶人工作可靠性具有不确定性。

④驾驶人动作单元失效造成的交通事故是由于人为差错而为，但未必所有的人为差错都必然诱发交通事故。

⑤人为差错既频繁，又带有突发性和无序性，使得其数据收集很困难。

⑥人具有主观能动性，在许多场合能及时发现自己的失误并在造成后果前加以纠正。

⑦分析驾驶人工作可靠性时，还要考虑人的动作可校正因素。

第三节　驾驶人可靠性评价

驾驶人作为车辆的控制者，作用是极其重要的，其失误行为会直接导致交通事故的发生。交通事故成因分析表明，由驾驶人的判断失误、非期望行为、失去意识等造成的事故占总事故的 92%～95%。研究驾驶人在行车过程中的可靠性已经成为交通微观模拟、智能车辆开发、道路交通事故防范、道路环境评价的核心问题之一，对分析交通事故致因、指导驾驶人职业考核与培训有着非常重要的现实意义。尤其是现代社会，汽车行驶速度越来越高，道路条件错综复杂，交通状况瞬息万变，驾驶人必须随时适应其变化，迅速、正确、准确、不倦地感知—判断—处理好各种交通信息，才能确保行车安全。在人、车、路系统中，驾驶人的人为因素可靠性必须包括在系统安全性能预计中。

汽车驾驶人可靠性是指汽车驾驶人在规定的反应时间内，在规定的驾驶环境下，无差错的、安全的完成驾驶任务的能力。机动车辆的运行状态某种程度上是驾驶人驾驶行为的外在机械化表现。如何定量计算驾驶人可靠性，不仅能为控制交通事故提供依据，而且对评价和修改汽车动态人机环境系统的设计也具有十分重要的意义。

一、驾驶人可靠性量化方法研究

1. 汽车驾驶人可靠性量化基本思路

系统可靠性工程理论中采用可靠度 R 来衡量系统可靠性的大小，R 是研究对象在规定的条件和时间内，完成规定功能的概率。其只具有统计意义，与研究对象在某时刻的状态无关。汽车驾驶人在一次驾驶任务中整体可靠性的大小是由一系列单个驾驶操作的可靠性(称为瞬态可靠性)组成的，其值与驾驶人在某时刻的状态紧密相关，不能简单的用 R 来统计。因此，定义“可信度 $A(t)$ 为规定条件下，在任意时刻上正常完成车辆驾驶操作的概率”来衡量驾驶人瞬态可靠性。

设驾驶人在任意时刻 t 的差错率为 $\lambda(t)$，驾驶人单次操作所用时间为 Δt（包括驾驶人感知信息、进行分析决策和完成车辆操作的所有时间），则驾驶人在任意时刻 t 的理论可信度 $A_T(t)$ 由下式计算：

$$A_{\mathrm{T}}(t) = e^{-\lambda(t)\Delta t} \tag{6-6}$$

相应的，驾驶人在任意时刻 t 的理论不可信度为：

$$F_{\mathrm{T}}(t) = 1 - A_{\mathrm{T}}(t) = 1 - e^{-\lambda(t)\Delta t} \tag{6-7}$$

考虑到行车过程中，驾驶人每次操作都会受到多维信息的干扰，导致驾驶人的差错率并非常数。因此，计算驾驶人实际可信度时需在理论计算式上加以修正。由于随行车时间的增长，影响驾驶人可信度的影响因子会发生改变，将整个行车历程按影响因子的不同分成 n 个阶段，第 i 阶段的可信度影响因子分别为 A_i、B_i、$C_i\cdots(i = 1,2,3,\cdots,n)$，对应因子的修正系数为 a_i、b_i、$c_i\cdots(i = 1,2,3,\cdots,n)$，则汽车驾驶人在任意时刻 t 的可信度可依下式计算：

$$A(t)=\begin{cases}1-(a_1\cdot b_1\cdot c_1\cdots)\cdot(1-e^{-\lambda(t)\Delta t}),(\text{第 1 阶段})\\ \cdots\\ 1-(a_i\cdot b_i\cdot c_i\cdots)\cdot(1-e^{-\lambda(t)\Delta t}),(\text{第 } i \text{ 阶段})\\ \cdots\\ 1-(a_n\cdot b_n\cdot c_n\cdots)\cdot(1-e^{-\lambda(t)\Delta t}),(\text{第 } n \text{ 阶段})\end{cases} \tag{6-8}$$

则，驾驶人某次行车任务的整体可靠性 R 由可信度 $A(t)$ 及其分布的均值 E 和方差 σ^2 共同刻画。

以上是驾驶人可靠性定量化的基本思路，式(6-8)中驾驶人差错率的求解，各影响因子系数的确定将在下文详细介绍。

2. 驾驶人差错率求取

汽车驾驶人的反应时间是可靠性的一个评价指标，其值可以推算出驾驶人在某次操作中的不响应概率。驾驶人在行车过程中产生的差错在某种意义上都可以视为由驾驶人响应延迟造成，其中错误的响应操作可视为驾驶人对正确的操作完全没有响应，不响应概率为 1。因此，驾驶人不响应概率 $P(t_r)$ 和驾驶人差错率 $\lambda(t)$，满足 $P(t_r)=\lambda(t)$，可由下法取得：

设汽车驾驶人响应时间序列为 $T_r=(t_{r1},t_{r2},\cdots,t_{ri},\cdots,t_{rN}),i=1,2,\cdots,N,t_{ri}<t_{r(i+1)}$，$F_i$ 表示前 i 个汽车驾驶人的响应概率。选用对数正态分布函数来表征驾驶人在时间 t 的不响应概率：

$$P(t_r)=1-\Phi((\ln t_r-\mu)/\sigma) \tag{6-9}$$

其中，$\Phi(\cdot)$ 为标准正态分布函数，μ 为对数均值，σ 为对数标准偏差。

对式(6-9)进行归一化处理，取驾驶人响应中值为 $T_{\frac{1}{2}}$，则：

$$\Phi^{-1}(F(t_r))=\frac{1}{\sigma}\ln t_r-\frac{1}{\sigma}\ln T_{\frac{1}{2}} \tag{6-10}$$

记 $y=\Phi^{-1}(F(t_r))$，$x=\ln t_r$，$a=\dfrac{1}{\sigma}$，$b=-\dfrac{1}{\sigma}\ln T_{\frac{1}{2}}$。由于每一组 (t_{ri},F_i) 唯一对应一组 (x_i,y_i)，x 和 y 具有线性关系，可求得：

$$\begin{cases}\sigma=1/a\\ T_{1/2}=\exp(-b\sigma)\end{cases} \tag{6-11}$$

则驾驶人不响应概率即驾驶人差错率为：

$$P(t_r)=1-\Phi((\ln T_w/T_{1/2})/\sigma)=\lambda(t) \tag{6-12}$$

二、影响因子修正系数的确定

1. 可靠性影响因子选取

驾驶人行车过程中，处于不同的阶段受到的干扰因素不同。每个阶段应该区别对待。选取驾驶人作业时间 A、操作频率 B、危险性 C、个性特征 D、生理节律 E、噪声 F、振动 G、气候环境 H、信息复杂度 I 和驾驶人修复性 J 等 10 个因素为初选影响因子，采用主成分分析法(PCA)依据每个阶段的不同特点对其进行筛选。

考虑到以上10个影响因子之间是非线性关系，而传统PCA只是一种线性降维技术，需对其进行改进。传统PCA中协方差矩阵的获得是计算的关键，该矩阵中包含了特性向量之间的线性关系，用相似测度——距离测度来刻画。其中，距离测度以两个向量矢端的距离作为考虑的基础，是两向量各相应分量之差的函数；相似测度则以两个向量的方向是否相近作为考虑的基础。由此可判断，当原始变量呈现非线性关系时，传统PCA中协方差矩阵与模糊相似测度矩阵的作用一致。因此，利用模糊相似测度矩阵 $(r_{ij})_{p\times p}$ 代替协方差矩阵进行因子筛选，

设给定的数据集为：

$$\begin{bmatrix} x_{11} & x_{12} & \cdots & x_{1p} \\ x_{21} & x_{22} & & x_{2p} \\ \vdots & \vdots & & \vdots \\ x_{n1} & x_{n2} & \cdots & x_{np} \end{bmatrix}$$

驾驶人初始矩阵为：

$$X=\begin{pmatrix} & A_i & B_i & C_i & D_i & E_i & F_i & G_i & H_i & I_i & J_i \\ I & 0.3 & 0.4 & 0.6 & 1 & 0.9 & 30 & 40 & 1.7 & 0.4 & 0.945 \\ II & 2.0 & 0.43 & 0.5 & 1 & 0.9 & 30 & 33 & 1 & 0.7 & 1 \\ III & 4.3 & 0.37 & 0.6 & 0.9 & 0.7 & 25 & 20 & 14 & 0.55 & 0.930 \end{pmatrix}$$

①按下式计算模糊相似测度，使其为非负定矩阵。

$$(r_{ij})_{p\times p}=\frac{\sum_{k=1}^{m} x_{ik}\cdot x_{jk}}{\sum_{k=1}^{m}\sqrt{x_{ik}^{2}}\cdot\sqrt{x_{jk}^{2}}} \tag{6-13}$$

②求正交矩阵 U，使得 $UTU^{T}=\Lambda=\begin{bmatrix} \lambda_1 & & & \\ & \lambda_2 & & \\ & & \cdots & \\ & & & \lambda_p \end{bmatrix}$，其中 $\lambda_1\geqslant\lambda_2\geqslant\cdots\geqslant\lambda_p\geqslant 0$ 。

③计算主成分 Y_i 的贡献率：

$$\frac{\lambda_j}{\sum_{i=1}^{n}\lambda_i},j=1,2,\cdots,p \tag{6-14}$$

④计算主成分 Y_j 的累计贡献率：

$$\sum_{i=1}^{n}\frac{\lambda_j}{\sum_{i=1}^{n}\lambda_i},j=1,2,\cdots,p \tag{6-15}$$

⑤选取前 $m(m<p)$ 个主成分，使其累计贡献率达到一定的要求。

2. 修正系数确定

将选中的驾驶人影响因子分为一类因子和二类因子两类分开进行系数修正。其中，一类因子与可信度成正比，为驾驶人修复性；二类因子与可信度成反比，包含除驾驶人修复性外的9个影响因子。

驾驶人行车历程中，第一阶段的事故百分率约为 24.53%～35.59%，第二阶段约为 10.14%～19.74%，第三阶段约为 65.33%～70.89%。可以理解为各阶段中驾驶人通过自我修复分别使 64.41%～75.47%，80.26%～89.86%，29.11%～34.67%的事故得以避免。则各阶段一类因子的系数范围设为 0.6441～0.7547，0.8026～0.8986，0.2911～0.3467。

二类因子系数量化值 $P_i(i=1,2,3)$ 按式(6-16)计算：

$$1-\lambda_e=\prod P_i(1-\eta_i) \tag{6-16}$$

式中：λ_e——基本失误率；

η_i——各阶段的事故百分率。

驾驶人可信度实际计算公式修正如下：

$$A(t)=\begin{cases}1-(b_1\cdot i_1\cdot d_1\cdot c_1\cdot h_1\cdot e_1)\cdot(1-e^{-\lambda(t)\Delta t})\cdot(1-j_1),(t\in 第1阶段)\\1-(i_2\cdot b_2\cdot c_2\cdot a_2\cdot d_2)\cdot(1-e^{-\lambda(t)\Delta t})\cdot(1-j_2),(t\in 第1阶段)\\1-(a_3\cdot b_3\cdot f_3\cdot g_3\cdot i_3)\cdot(1-e^{-\lambda(t)\Delta t})\cdot(1-j_3),(t\in 第1阶段)\end{cases} \tag{6-17}$$

第四节　驾驶人可靠性量化应用实例

图 6-2 为检测所得某驾驶人反应时间在行车历程中随时间的变化情况。由图明显可知驾驶人反应时间可为三段，分开推算驾驶人差错率。

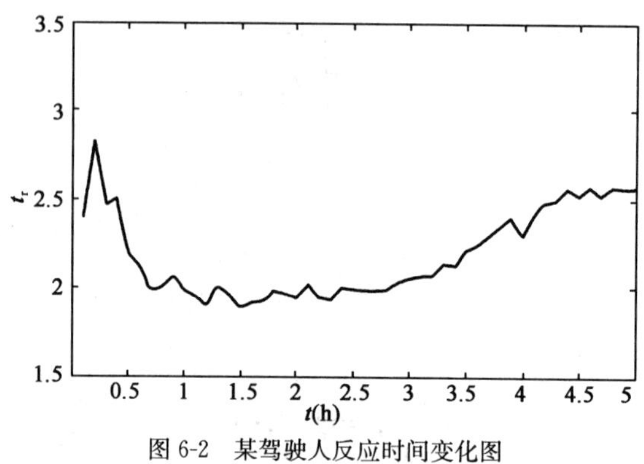

图 6-2　某驾驶人反应时间变化图

各时刻 $\lambda(t)$ 计算结果整理后如表 6-3 所示。由表可知，三个阶段中第二阶段的差错率和方差最小，驾驶人状态最为稳定、可靠。

差错率 $\lambda(t)$ 分布(次/s)　　表 6-3

项目＼阶段	I	II	III
E	0.017	0.000 28	0.008 0
80 分位数	0.021	0.000 31	0.007 5
90 分位数	0.019	0.000 29	0.008 3
方差	0.003	0.000 05	0.000 5

一、可靠性影响因子选取

表 6-4 为各因子贡献率 $\gamma_i(i=1,2,\cdots,10)$ 和累计贡献率 $\gamma(i)(i=1,2,\cdots,10)$ 。依据表 6-4 计算结果,选取累计贡献率达 0.99 的影响因子:第一阶段为操作频率 B_1、信息复杂度 I_1、个性特征 D_1、驾驶人修复性 J_1、危险性 C_1、气候环境 H_1 和生理节律 E_1,共 7 个因子;第二阶段为信息复杂度 I_2、操作频率 B_2、驾驶人修复性 J_2、危险性 C_2、驾驶时间 A_2 和个性特征 D_2,共 6 个因子;第三阶段为驾驶时间 A_3、操作频率 B_3、驾驶人修复性 J_3、噪声 F_3、振动 G_3 和信息复杂度 $I3$,共 6 个因子。

影响因子 PCA 分析结果 表 6-4

阶段 \ 因子		B_1	I_1	D_1	J_1	C_1	H_1	E_1	F_1	G_1	A_1
I	r_i	0.334 1	0.300 7	0.175 9	0.097 6	0.055 9	0.024 1	0.005 3	0.003 9	0.001 3	0.001 2
	$r(i)$	0.334 1	0.634 8	0.810 7	0.908 3	0.964 2	0.988 3	0.993 6	0.997 5	0.998 8	1
		I_2	B_2	J_2	C_2	A_2	D_2	E_2	H_2	G_2	F_2
II	r_i	0.352 7	0.273 3	0.201 9	0.101 1	0.043 1	0.023 8	0.012 1	0.001 6	0.000 9	0.000 4
	$r(i)$	0.352 7	0.626 0	0.827 9	0.929 0	0.972 1	0.995 9	0.997 1	0.998 7	0.999 6	1
		A_3	B_3	J_3	F_3	G_3	I_3	C_3	D_3	E_3	H_3
III	r_i	0.258 8	0.250 4	0.247 8	0.123 6	0.109 0	0.002 8	0.003 1	0.001 9	0.001 5	0.001 1
	$r(i)$	0.258 8	0.509 6	0.757 0	0.880 6	0.989 6	0.992 4	0.995 5	0.997 4	0.998 9	1

二、确定修正系数

按乐观法取最小值,各阶段基本失误率取 0.015,0.000 17,0.001,事故百分率取24.53%,10.14%,65.33%。

以第一阶段为例:$1-0.0001=P_1(1-24.53\%)\Rightarrow P_1=1.32$。

则第一阶段二类因子修正系数的取值范围是 1~1.32。同理可得,第二阶段二类因子修正系数取值范围是 1~1.12;第三阶段二类因子修正系数取值范围为 1~2.88。

从上面的量化范围来看,各因子修正系数的取值与驾驶人可信度之间的关系是合理的。一类因子的影响会使可信度增加,因此取值小于 1;二类因子的影响会使驾驶人可信度降低,因此取值大于 1。

三、可靠性量化结果及分析

1. 计算机仿真设计

若实验条件允许可以对驾驶人进行测评打分,将可信度分为强可信、较可信、可信、弱可信和不可信 5 个等级,采用模糊推理确定修正系数,各因子对应的权重取其贡献率。权重和各等级代表值可按表 6-5 设置。考虑到实地测评打分的方式工作量大,本文采用计算机模拟确定修正系数:假设汽车驾驶人行车历程为5小时,按时间步长仿真模拟;利用反应时间序列计算差错率,因子修正系数和操作时间在适当范围内随机产生;反应时间序列循环结束或有事故发生则仿真结束。

可信度模糊推理代表值及权重　　表6-5

阶级	代表值	强可信	较可信	可信	弱可信	不可信	权重
第一阶段	B_1	1.10	1.17	1.20	1.24	1.29	0.334 1
	I_1	1.009	1.14	1.15	1.19	1.22	0.300 7
	D_1	1.12	1.13	1.15	1.16	1.20	0.175 9
	J_1	0.737 4	0724 1	0.713 7	0.673 8	0.655 5	0.104 0
	C_1	1.10	1.11	1.19	1.25	1.27	0.055 9
	H_1	1.12	1.20	1.25	1.27	1.29	0.024 1
	E_1	1.15	1.16	1.17	1.18	1.19	0.0053
第二阶段	I_2	1.009	1.10	1.107	1.109	1.11	0.352 7
	B_2	1.007	1.009	1.10	1.114	1.117	0.273 3
	J_2	0.872 4	0.849 6	0.827 5	0.813 7	0.806 3	0.206 0
	C_2	1.02	1.07	1.09	1.10	1.11	0.101 1
	A_2	1.08	1.09	1.0	1.1	1.15	0.043 1
	D_2	1.02	1.04	1.07	1.09	1.0	0.0238
第三阶段	A_3	1.50	1.90	2.20	2.40	2.55	0.258 8
	B_3	1.50	1.90	2.20	2.40	2.55	0.250 4
	J_3	0.345 3	0.338 6	0.319 0	0.312 2	0.301 7	0.255 4
	F_3	1.45	1.60	1.75	1.90	2.23	0.123 6
	G_3	1.50	1.63	1.80	1.94	2.10	0.109 0
	I_3	1.40	1.55	1.60	1.70	1.90	0.0028

2. 可靠性量化结果

某行车历程中驾驶人反应时间按图6-2变化时,由计算机按图6-3仿真模拟流程模拟得到的驾驶人可信度如图6-4所示。由图可知,可信度变化符合倒盆浴曲线可分为三个阶段。第一阶段为适应期,驾驶人对行车环境的熟悉过程,可信度在波动中迅速上升,历时约0.20h,可信度均值是0.924 6,方差是0.040 3。第二阶段为稳定期,驾驶人适应、熟悉了当前的行车环境,精神状态良好,可信度维持较高水平,均值是0.999 4,方差是0.001 5,历时约2.5h。第三阶段为损耗期,长时间驾车使驾驶人感觉到疲劳,失误增大,可信度下降。该阶段可分为两个部分,前1.6h可信度下降较为缓慢,均值是0.998 2,方差是0.002 6;后0.9h可信度下降斜率加大,均值是0.906 4,方差是0.015 9,容易发生事故。整个行车过程中,可信度高于0.99 9的占43.67%,低于0.9的占16.74%。驾驶人基本可靠性取0.9,故建议该驾驶人在其可信度降至0.9即行车4h左右中途休息,调整状态,以减少交通事故。

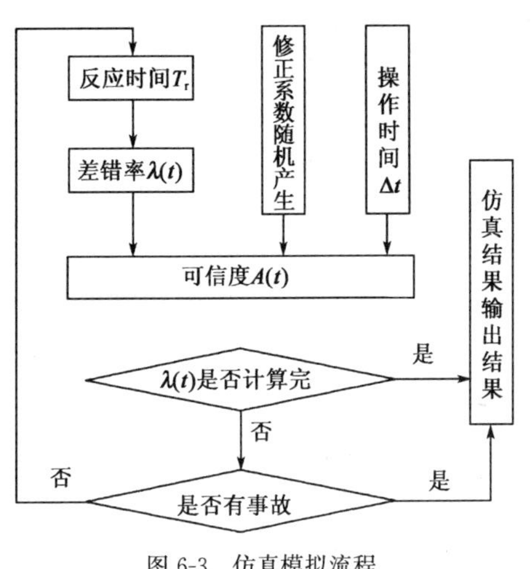

图 6-3　仿真模拟流程

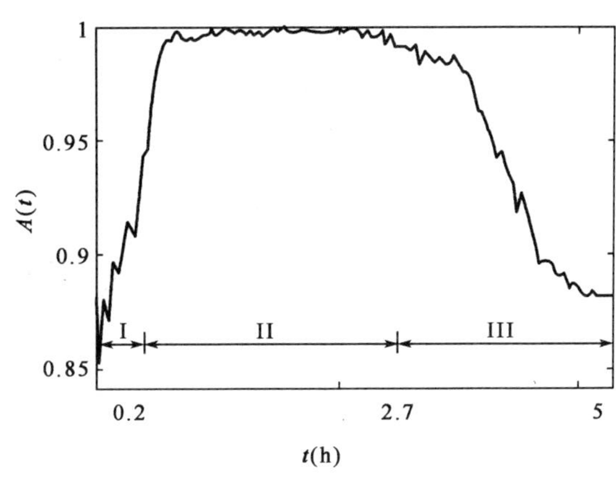

图 6-4　计算机模拟得到的驾驶人可信度

3.影响因子对可靠性的影响分析

(1)一类因子对可信度的影响

图 6-5 为驾驶人修复特性对可信度的影响。由图可知,驾驶人修复特性能显著提高可信度。修复特性越强,各阶段驾驶人可靠性也越高。在第一、第三阶段,随着修复系数的增加,驾驶人可信度增加趋势较大;第二阶段,随着修复系数的增加,驾驶人可信度也有一定提高,但可信度增量变化不大。这是因为在第二阶段稳定期内,驾驶人本身的失误较少。虽然修复特性会使驾驶人可信度增加,但并不意味着其值可能达到 1,这说明驾驶人的失误或差错在所难免,只能在一定程度上加以控制,不能完全消除。

(2)二类因子对可信度的影响

图 6-6 为驾驶人修复系数取中值,各阶段任意二类因子变化对驾驶人可信度的影响。由图可知,各阶段中任意一个二类因子发生变化时,对驾驶人可信度的影响较为稳定;当有两个二类因子同时变化时,对驾驶人可信度影响较为显著;当同时变化的二类因子达到三个时,驾驶人可信度明显大幅下降,发生事故的可能性较大。这说明驾驶人应对单一信息的能力较强,对复杂多元信息的处理仍感到较为困难。

(3)一类因子和任意几个二类因子最大对可信度的影响

图 6-7 为驾驶人修复特性系数在各阶段分别取最大值时,二类因子中任意几个取最大值对可信度的影响。由图可知,当单个二类因子系数取最大值时,处于各阶段的驾驶人能较好的对由此造成的失误进行修复。当取最大值的因子增加到两个及两个以上时,各阶段情况不尽相同。在第一阶段,驾驶人对道路环境处于熟悉了解状态,驾驶人修复特性不能较好的消除由二类因子中两个取最大值所造成的失误,当增加到三个的时候,驾驶人可信度大幅下降。在第二阶段,驾驶人基本适应了当前道路环境,精神状态良好,二类因子中两个或三个取最大值对可信度的影响变化不大,当增加到四个时,影响显著增加。在第三阶段,由于长时间驾车带来的疲劳使得驾驶人对二类因子十分敏感,两个二类因子同时取最大值时,可信度下降趋势显著,当增加到三个的时候,驾驶人可信度长期低于 0.9,极易引发交通事故。

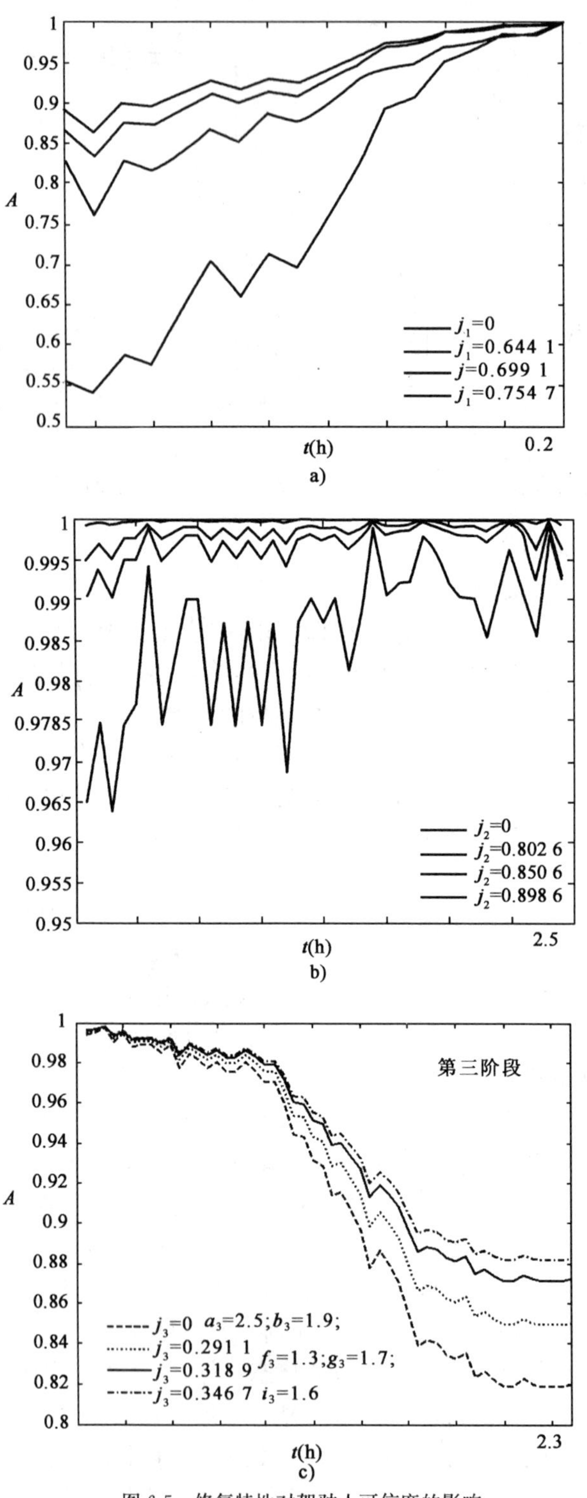

图 6-5　修复特性对驾驶人可信度的影响

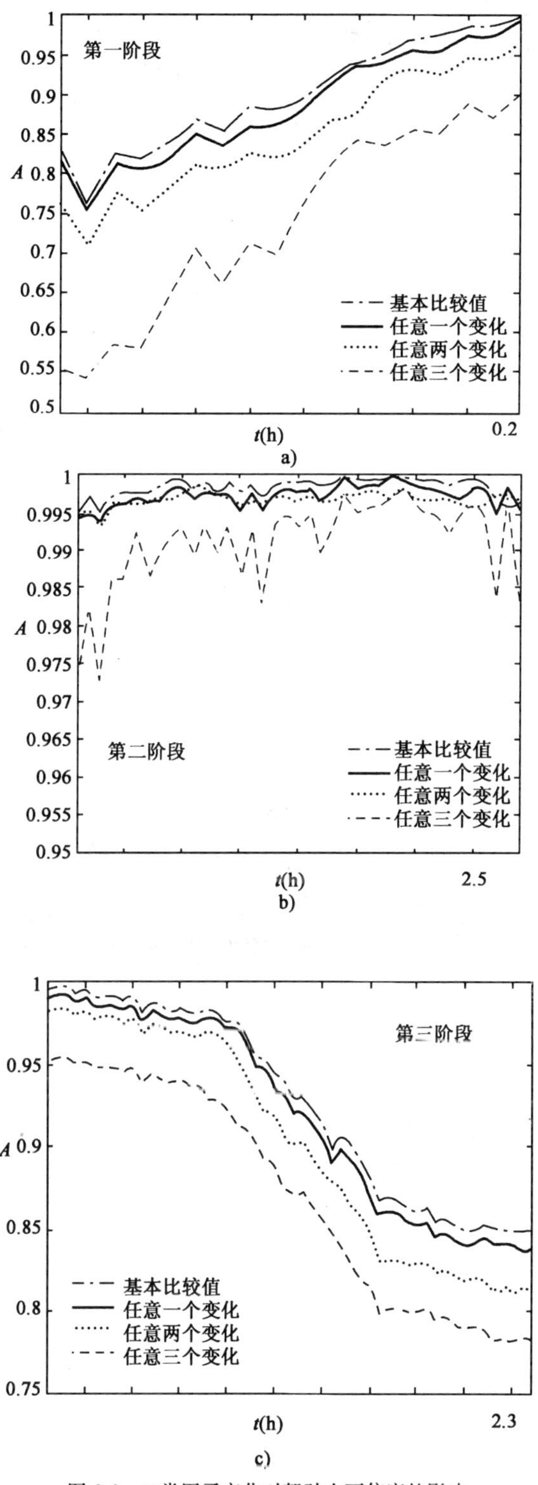

a)

b)

c)

图 6-6　二类因子变化对驾驶人可信度的影响

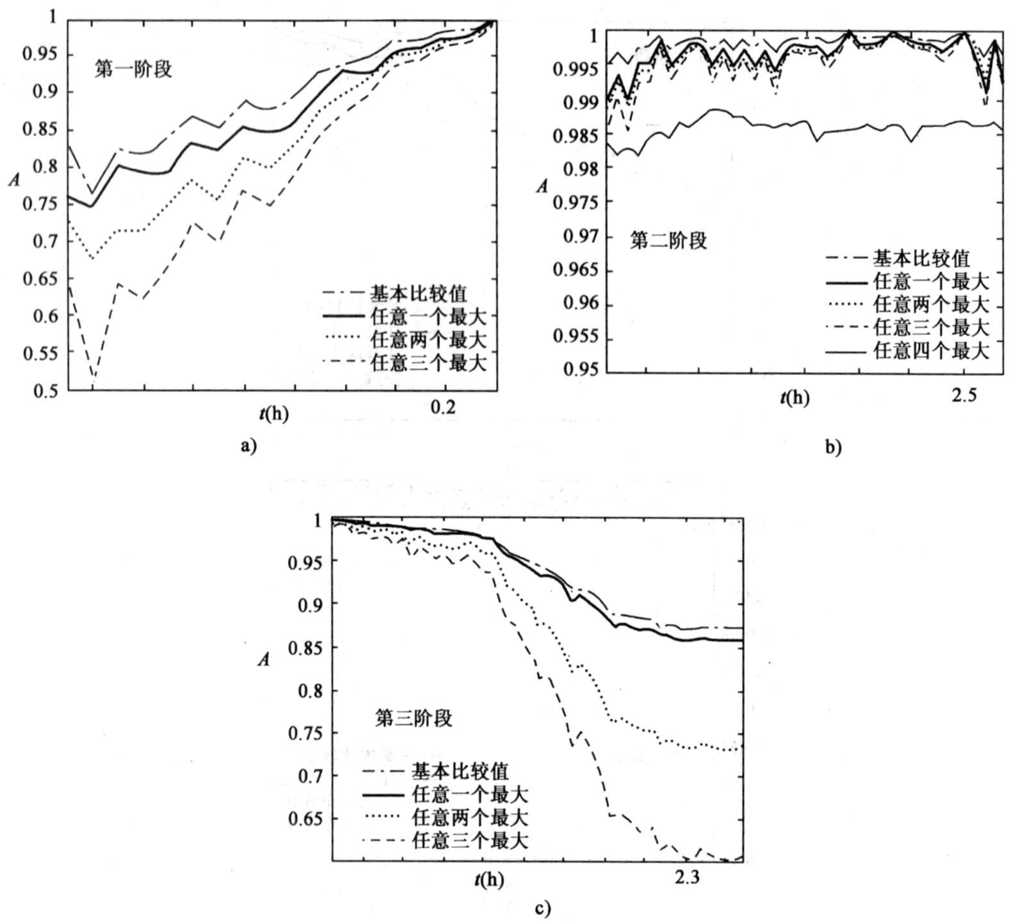

图 6-7　驾驶人修复性最大时，二类因子对驾驶人可信度的影响

第七章　道路交通安全评价与事故预测

第一节　道路交通安全评价

道路交通安全评价是对某一地区、路线、路段或地点(断面)的交通安全程度的评估，是对交通事故发生情况的客观描述，为客观分析道路条件提供重要依据。据不完全统计，自从汽车问世以来的100余年中，全球死于交通事故的人数逐年增加，当今世界上每年因交通事故死亡70多万人，伤残2 000万～2 500万人。尤其是我国，随着国家改革开放的深化，国家总体经济实力的增强，汽车和交通运输业迅速发展，交通事故有逐年上升的趋势，且一直以来未得到有效的控制，给人民生命和财产造成重大损失。为了提高道路交通安全水平，更好地治理交通，道路交通安全评价成为道路交通安全工作者面临的首要任务。由于道路安全评价在我国起步较晚，尚缺乏规律性认识，因而深入分析当前我国道路安全中存在的各种问题，探讨其内在的规律性，对有效预防交通事故的发生，提高道路行车安全，具有现实意义。

一、评价的指标

确定评价指标是评价的重点问题，道路交通安全评价指标是政府相关职能部门用以比较、分析和评价道路交通安全水平的度量标准，也是研究机构衡量道路安全水平，客观寻求消除安全隐患措施的度量标准。这些指标对于全面衡量和评价道路交通安全水平起着重要的作用。用于道路交通安全评价的指标通常可分为两类，即绝对指标和相对指标。目前较为常用的绝对指标有事故次数、死亡人数、受伤人数和经济损失；相对指标有10万人口死亡率、万车死亡率和亿车公里死亡率。这些评价指标在使用时均存在一定的局限性，只能表征道路交通安全水平的某一方面，由于影响道路交通安全的因素极其复杂多样，既有内部因素(如道路线型、车辆性能等)，又有外部因素(如管理水平、气候因素等)，所以，如何建立其合理的评价指标体系，至今还没有一个公认的行之有效的方法。所以正确选择评价指标是决定评价模型成败的关键。

1.评价指标的特性

道路交通安全评价指标一般具有以下3个主要特性。

(1)可测性

可测性是指评价指标的源数据是否易于得到、统计或计算。评价指标的可测性是一个基础,反映了获取指标数据的可操作性。随着信息、通信技术的进步,基础数据的统计方法和内容有可能发生改变,某些指标的可测性也会随之发生变化。

(2)代表性

代表性是指评价指标所表征的范畴,一些指标可反映整个国家或地区宏观的交通安全状况,一些指标则只反映某种局部特征,指标的代表性决定指标的应用范围。

(3)可比性

可比性是指所选择的指标在各评价对象中具有统一的定义和计量标准,这样才能保证评价比较在同一基础上进行。

2.常用评价指标

(1)绝对评价指标

道路交通安全水平普遍采用事故次数、死亡人数、受伤人数和经济损失这4个绝对统计指标来评价。4个评价指标分别从不同的角度表征一个国家或地区道路交通安全的整体状况,均具有较好的可测性,但可比性方面存在区别。

①事故次数。事故次数这一指标可比性不强。大多数交通事故仅涉及物损(如1985~1990年在德国的交通事故中约83%的事故为物损事故),因为不涉及人员伤亡,所以在统计中被大量遗漏,即使在同一国家或地区,由于交通警察主观因素的影响,统计中这类事故的遗漏程度也不同。

②死亡人数。涉及人员死亡的交通事故历来受到各国的高度重视,因此在统计中很少遗漏,是最有可比性的评价指标。但是,目前各国对死亡时间的界定略有不同,所以在比较分析时,应注意死亡时间的界定标准。

③受伤人数。在受伤人数的统计中也存在着诸多问题。首先是各国对受伤的定义不同,伤与非伤的界限很难确定;其次是受伤统计中存在大量遗漏,伤势越轻,被遗漏的可能性越大,这些因素使各国间交通事故受伤人数的统计值缺乏可比性。例如,2000年中国因道路交通事故受伤为418 721人,而美国同年的统计数据为3 189 000人,若不能确认两国对于受伤的统计标准及统计精度是否相似,则无法根据这一统计数据得出有意义的结论。

④经济损失。经济损失最缺乏可比性,因为各个国家和地区的货币和价格体系不同,对经济损失的计量标准也有很大差别。

综上所述,交通事故死亡人数是最具可比性的道路交通安全宏观评价指标。但由于各国的规模、人口、道路交通状况及经济发展水平的差异,仅用死亡人数的绝对值进行比较显然是不全面的,因而应配合采用死亡率这类相对评价指标。这就需要将死亡人数与所谓参照量联系起来。

(2) 相对评价指标

①单位车辆死亡率。相对死亡率中若把参照量选为所研究区域的机动车保有量,即:

$$单位车辆死亡率=\frac{区域内交通事故绝对死亡人数}{区域内机动车保有量} \tag{7-1}$$

若选取万车作为机动车的单位，则为万车死亡率，也是常用的宏观评价指标，它反映了区域内机动车密度的影响，可操作性好；在经济发展相近的地区，由于机动车保有量与出行的相关性很强，也具有一定的可比性。其主要缺点是不能反映人口密度，没有体现动态交通量的差异。

②单位人口死亡率。相对死亡率中若把参照量选为所研究区域内的人口总数，即：

$$单位人口死亡率=\frac{区域内交通事故绝对死亡人数}{区域内人口总数} \tag{7-2}$$

该指标是现在常用的宏观指标，人口单位选 10 万人，即是 10 万人口死亡率。这一指标的可操作性好，考虑了不同区域的人口密度差异，具有一定的可比性，但其主要缺陷是没有反映与事故量相关性很大的机动化程度。

③单位行车里程死亡率。相对死亡率中若把参照量选为所研究区域内所有车辆的行驶里程，即：

$$单位行车里程死亡率=\frac{区域内交通事故绝对伤亡人数}{区域内车辆行驶里程} \tag{7-3}$$

若行车里程的单位取亿车公里，则为亿车公里死亡率，也是常用的宏观评价指标，由于它直接选择出行里程，反映了动态交通量，可比性很强。虽然这一指标没有考虑不同地区的人口差异，但在目前没有更好的指标的情况下，是公认的最有说服力的、较为合理的评价指标。但是，因为车辆行驶总里程数据统计困难，所以亿车公里死亡率的可测性较差，很多国家并未采用。

由于单位人口死亡率和单位车辆死亡率是分别考虑不同区域的人口和机动车数量的差异，因此应用这两个指标进行评价时有可能得出不同的结论。以中国和美国为例，2000 年万车死亡率分别为 15.6 和 1.92，显然，以此指标衡量，中国的交通安全水平大大低于美国；但是若以 10 万人口死亡率比较，两国分别为 7.27 和 15.23，中国的情况却好于美国。用上述两个评价指标对我国各省、市、自治区进行比较也同样出现了相互矛盾的情况。与 10 万人口死亡率相比，万车死亡率能更真实和客观地反映一个区域的交通安全水平。表 7-1 和表 7-2 分别按照万车死亡率和 10 万人口死亡率由低到高对 9 个国家的交通安全状况进行排序，显然表 7-1的排序结果与人们对各国交通安全状况的普遍认同程度较为一致。

各国按照万车死亡率由低到高的排序　　表 7-1

国家	日本	英国	德国	美国	巴西	韩国	中国	印度	孟加拉
交通安全状况	好	较好	较好	较好	中	中	较差	较差	差
万车死亡率(人)	1.1	1.4	1.6	1.9	5.3	8.9	17.8	17.9	114

各国按照10万人口死亡率由低到高的排序　　表7-2

国家	孟加拉	巴西	印度	英国	中国	日本	德国	美国	韩国
交通安全状况	好	较好	中	中	中	中	较差	较差	差
10万人口死亡率(人)	2.5	3.9	6	6.1	6.8	7.3	9.5	15	25

美国是采用亿车英里死亡率作为评价指标之一的国家，通过对其近40年道路交通事故统计数据分析发现，行驶总里程数与机动车保有量密切相关，且呈线性关系，其万车死亡率与亿车英里死亡率2个相对评价指标变化趋势基本相同，因此在宏观评价时，可以用万车死亡率来代替亿车英里死亡率，二者有相似的说服力。

(3)指标的补充

综上分析，结合我国的交通特点，以下补充几个新的评价指标，作为表征我国道路交通安全水平评价。

①综合评价指标

$$\text{道路交通综合死亡率}=\frac{\text{区域内道路交通事故死亡人数}}{\text{区域内机动车数}\times\text{区域内人口数}} \tag{7-4}$$

该指标能同时考虑道路交通安全的两个重要影响也比较准确客观，可操作性好，因为是相对指标，也具有较好的可比性。该评价指标的缺点是它主观地认为人口和车辆这两个因素对道路交通安全影响程度是完全相同的，并且该评价指标也未能反映出通行强度对道路交通安全的影响，其评价效果有待进一步的深入研究。

②交通行业评价指标

前述各指标都适用以评价一个国家或地区的整体交通安全水平。针对我国交通系统负责道路基础设施建设和运输行业管理的两大职能，亦需要具有行业特点的交通行业安全评价指标，以下几种评价指标结合了我国交通行业职能分工，建议在交通系统内部推广使用。

a.评价道路基础设施安全水平——路段车公里死亡率

$$\text{车公里死亡率}=\frac{\text{路段内交通事故伤亡人数}}{\text{路段里程}\times\text{全年交通量}} \tag{7-5}$$

这一指标剔除了不同道路交通量差异的影响，评价不同道路或路段的交通安全水平，可比性好，但使用该指标需要有完整的交通量统计数据。

b.评价道路运输行业安全水平

Ⅰ.单位运输周转量死亡率

相对死亡率中若把参照量选为所研究区域的货运周转量，即：

$$\text{单位货运周转量死亡率}=\frac{\text{区域内营运货车责任事故伤亡人数}}{\text{区域内货运周转量}} \tag{7-6}$$

相对死亡率中若把参照量选为所研究区域的客运周转量，即：

$$\text{单位客运周转量死亡率}=\frac{\text{区域内营运客车责任事故死亡人数}}{\text{区域内客运周转量}} \tag{7-7}$$

用周转量作为参照量，考虑了运输生产规模，可以很好地评价客、货运输安全生产水平，可比性强。用单位货运周转量作为评价指标描述历年变化时，与车死亡率有相同的变化趋势。因为亿吨公里死亡率和现在公认的最有说服力的亿车公里死亡率有相似之处，它同样考虑到汽车的出行强度，同万车死亡率相比它具有动态的特征，而万车死亡率只考虑到汽车的静态数量，没有考虑到汽车的出行，仅是一个静态的评价指标，因此在道路运输行业内部，亿吨公里死亡率作为评价指标优于万车死亡率。

其缺点主要表现在单位周转量死亡率不能综合评价客、货运输总体安全水平，而且客、货运输之间没有可比性。

II. 道路运输行业亿车公里死亡率

$$亿车公里死亡率=\frac{公路运输行业责任事故死亡人数}{营运车辆总行驶里程} \tag{7-8}$$

该指标既考虑了车辆的出行强度，又体现了客、货运输安全状况，是较理想的道路运输行业安全评价指标。但目前由于没有准确的道路运输行业责任事故死亡人数统计和营运车辆行驶里程统计，使用该指标的条件尚不成熟。

(4)各评价指标比较

①各评价指标的统计数据不同，其表征的交通安全特性也不相同，只有将多个评价指标结合使用，扬长避短，才能达到全面、准确、合理评价道路交通安全水平的目的。

②道路交通综合死亡率可以作为表征我国道路交通安全水平评价指标的补充。

③在完善相关数据统计方法的前提下，可以使用路段车公里死亡率来评价道路基础设施安全水平，使用单位运输周转量死亡率和道路运输行业亿车公里死亡率来评价道路运输行业安全水平。

二、常用方法

从 20 世纪 30 年代开始，国内外对道路交通安全评价进行了多方面的研究，发展至今已出现了种类繁多、形式多样的评价方法。国外对于交通安全评价的研究比较多，如事故绝对数法、相对事故率法、时间序列分析法等等；我国的交通安全评价起步于 80 年代中期，主要是事后评价研究，提出的众多评价方法大致可以分为两类，即宏观安全评价方法和微观安全评价方法。宏观评价方法包括事故绝对数法、事故强度分析法、时间序列分析法等，主要是研究较大范围的问题。微观安全评价方法包括基于事故预测的方法和基于道路交通系统非事故组指标的方法，如相对事故率法、概率—数理统计法、灰色评价方法等，主要是研究局部的具体问题；现有学者还提出了改进的层次分析评价方法、基于平均车速和车速标准差的评价分析法，并建立了优化组合预测模型对道路交通事故量进行预测分析。

下面对一些主要的方法做一些介绍。

1. 事故绝对数法

用绝对数进行评价采用四项指标，即事故次数、死亡人数，受伤人数、直接经济损失来表示。这种方法比较直观易懂，缺点也很明显。它简单的以数值的大小作为评价的标准，并没有考虑其他的影响因素；另外，它没有注意到不同地区交通总量的差异，以及同一地区交通因素的变化，缺乏可比性。对于我国来说，因为交通安全统计还不全面，上报资料还不翔实，所以用这种方法来评论道路交通安全并不十分可靠。

2. 相对事故率法

事故率法可以分为地点事故率法、路段事故率法（运行事故率法和事故密度法）、地区事故率法（人口事故率法、车辆事故率法等）、综合事故率法（当量死亡率、亿车公里率等）。

（1）人口事故率法

$$R_{\mathrm{P}}=\left(\frac{D}{P}\right)\times 10^{6} \tag{7-9}$$

式中：R_{p}——100 万人口交通事故死亡率；

D——死亡人数；

P——某国家或城市的人口数。

（2）运行事故率法

$$R_{\mathrm{T}}=\left(\frac{D}{N}\right)\times 10^{8} \tag{7-10}$$

式中：R_{T}——亿车千米交通事故死亡率；

D——死亡人数；

N——某地区内总运行车千米数。

事故率法是用一种相对指标来表达道路交通安全水平，具有较强的可比性。但有时单独使用某种事故率来评价交通安全，又具有片面性，不能反映多种因素综合作用的真实结果。而综合事故率法所涉及的当量或换算系数往往受主观因素的影响，其合理性颇有争议。

3. 概率—数理统计法

这种方法的基本思路一般为确定正常条件下事故发生的概率分布，以这种分布作为进行判断的依据。看事故发生数是否在正常的概率范围之内，超出这一范围则定义为比较危险，而低于这一范围则定义为比较安全。通常认为一定地区内发生的事故数近似地服从正态分布，定义随机变量：

$$Z=\frac{Y-\widetilde{Y}}{\sqrt{\overline{Y}}} \tag{7-11}$$

式中：Y——事故的数目；

$\widetilde{Y}$——事故理论允许值；

$\overline{Y}$——事故发生次数的估计值。

随机变量 Z 服从正态分布，取某一置信度值，例如取 95%，则当 $Z>1.96$ 时，是不安全的事故数，属于危险地区；当 $Z<-1.96$ 时，是安全地区；当 $-1.96<Z<1.96$ 时，属于正常范围。这种方法简单易行，在我国比较常用。但是该方法对事故的分析过于简单，没有考虑到不同道路交通条件的差别使得结果有时往往缺乏科学性和说服力。

4. 模型法

该法是通过分析交通事故与影响因素的关系，建立事故与各种主要因素之间的定量函数关系模型。主要有统计分析模型(如斯密德模型、意大利特里波罗斯多元回归模式等)和经验模型。从以下的例子就可以看出这种方法需要大量的统计数据，且受地域交通条件制约，可比性差。特里波罗斯多元回归模式为：

$$y = 58.770 + 30.322x_1 + 4.278x_2 - 0.107x_3 - 0.766x_4 - 2.874x_5 + 0.147x_6 \quad (7\text{-}12)$$

式中：y——人口事故率(死亡人数/10 万人)；

x_1——交通工具机动化程度(辆/人)；

x_2——平均每平方千米道路长度(km/km^2)；

x_3——居住在在城市中的人口比例(%)；

x_4——19 岁以下青少年所占人口比例(%)；

x_5——65 岁以上的老年人口比例(%)；

x_6——小客车与出租车在车辆中所占的比例(%)。

5. 事故强度分析法

它是在一些事故指标的基础上结合道路交通的其他因素，得出一个综合评判指标。以此作为评判的依据进行道路安全性能的评价与研究。常用的指标是万车死亡数、10 万人死亡数、亿车千米事故数等。由于这些指标加入了相对参照数据，使不同道路的指标间的比较更加科学合理。特别是其中的万车死亡数和亿车千米事故数两项指标，由于不同地区、道路之间的其他因素差异比较小，因而具有较好的可比性。我国常采用事故强度指标 P 作为道路交通安全评价指标。

$$P = \frac{D_S}{\sqrt{D_C L}} \times 10^4 \quad (7\text{-}13)$$

式中：P——事故强度；

D_S——当量死亡人数(人)；

D_C——当量车辆数(辆)；

L——换算道路里程数(km)。

P 是由万车事故率与万千米道路事故率相乘后取算术平方根所得。这间接地反映了交通流的特点，并考虑了地理、气候、环境等相关因素的影响，具有一定的科学性和可比性。但是这种方法也有不足之处，不同的道路其交通条件(交通流情况、车辆组成、人员素质等)是不同的，用较少的指标难以作准确的评价，另外用单一的指标值作为评价依据可信度比较低。

6. 时间序列分析法

这种方法用事故率随时间的变化情况作为交通安全水平评价的指标。其中，欧波(Oppe)推荐了一个"学习心理学"模型，即：

$$R_t = e^{\alpha t + \beta} \quad (7\text{-}14)$$

式中：R_t——第 t 年的车千米死亡率；

t——时间；

α、β——常数。

用时间序列法得出的评价结果与所选取的基准年份和时间长度密切相关。例如，德国1990年交通事故死亡人数为7 609人，1970年为19 193人，1985年为8 400人，若以1970年为基准比较1990年的情况，则平均每年减少579人，若以1985年为基准，则平均每年减少158人。而如何正确选择基准年及时间长度，是一个很难回答的问题。

7.灰色评价方法

灰色系统理论是邓聚龙先生1982年创建的。目前，该理论已广泛应用于经济、农业、军事、气象等各领域的预测中。由于该理论采用了累加生成的方法，可对短序列建立模型，且模型具有动态延续性。

道路交通系统作为一个抽象系统，很难确定影响系统的全部因素，更不可能确定因素之间的映射关系。因此，可将城市道路交通系统视为本征性灰色系统。道路交通事故存在于道路交通系统中，通过对大量交通事故的调查研究发现，事故的发生与众多因素相互关联和制约，但又很难找出影响事故发生的全部因素。灰色理论所研究的正是这种外延明确、内涵不明确的对象。

这种方法认为通常在确认道路交通安全水平时，是不可能知道全部信息指标的。运用灰色理论的"非唯一性"原理(解的非唯一性原理：由于信息不完全、不确定，必然导致认知的非确定与非唯一，即解的非唯一性。该原理是灰色系统理论解决实际问题所遵循的基本法则。)，通过对少量已掌握的部分信息的筛选、加工、延伸和扩展等，将道路交通安全水平确定在某一灰域内，以实现对道路交通安全整体水平的评价。具体的计算步骤如下：

①确定道路交通安全评价对象。给出评价对象个数 n，评价指标项数 m，评价灰类种数 k。

②给出道路交通安全评价对象 i 关于评价指标 j 的原始样本矩阵，并对其进行无量纲处理，得到处理后的矩阵 D 。处理后的指标 $j=1,2,\cdots,m$ ，评价对象 $i=1,2,\cdots,m$ 。

$$D=\begin{bmatrix} d_{11} & d_{12} & \cdots & d_{1m} \\ d_{21} & d_{22} & \cdots & d_{2m} \\ \vdots & \vdots & \ddots & \vdots \\ d_{n1} & d_{n2} & \cdots & d_{nm} \end{bmatrix} \tag{7-15}$$

③确定道路交通安全各评价指标灰类的白化权函数。

④求道路交通安全各项评价指标关于每种灰类的聚类系数。

项评价指标将评价对象归入 t 种灰类内的聚类系数。

$$U_{jt}=\frac{A_{jt}}{\sum\limits_{j=1}^{m}A_{jt}} \tag{7-16}$$

式中：A_{jt} ——第 j 项评价指标属于第 t 种灰类的特征值。

⑤求道路交通安全评价对象综合各项评价指标关于每种灰类的聚类值。

$$\sigma_{it}=\sum_{j=1}^{m} f_{it}(d_{ij})\times u_{jt} \tag{7-17}$$

式中，$i\in(1,2,\cdots,n)$；$j\in(1,2,\cdots,m)$；$t\in(1,2,\cdots,k)$，σ_{it} 为第 i 个评价对象归属于第 t 种灰类的聚类值；$f_{it}(d_{ij})$ 为第 j 项评价指标第 t 种灰类的白化权函数在白化值的权数取值。

⑥安全等级评定

$$\sigma_{it}^{*}=\max_{1\leqslant t\leqslant k}(\sigma_{it}) \tag{7-18}$$

则判定对象 i 属于灰类 t^{*}，即安全等级处于 t^{*} 类。

道路交通安全灰色评价方法综合了多种因素的影响，算法清晰，能够真实的反映道路交通安全状况，实用性比较强。但是评价过程过于复杂。

8. *层次分析法*

层次分析法(AnalyticHierarchyProcesS，简称 AHP)是美国著名运筹学家、匹兹堡大学教授 T. L. asayt 于 1977 年提出的。本质上是一种决策思维方式，它把复杂的问题分解为各个组成因素，将这些因素按支配关系分组以形成有序的递阶层次结构，通过两两比较判断的方式确定各个因素的相对重要性。它是一种实用的多准则决策方法，该方法以其定性与定量相结合处理各种决策因素的特点，以及系统、灵活、简洁的优点，迅速地在社会、经济等领域中得到广泛的应用。层次分析法的基本思想是，根据问题的性质和要达到的目标，将问题按层次分析成各个组成因素；再按支配关系分组成有序的递阶层次结构；对同一层次内的因素，通过引入测度理论，用两两比较的方式确定诸因素之间的相对重要性(权重)；下一层次的因素的重要性，既要考虑本层次，又要考虑到上一层次的权重因子；逐层计算，直至最后一层(一般是要比较的各个方案)；比较各个方案的权重大小，进行排序和决策。

层次分析法心理学研究表明，人脑对事物两两比较的判断要比对多个事物同时比较的判断容易和准确得多。因此，AHP 方法在确定权重时一般都采用两两比较的方式来构造判断矩阵。然后在递阶层次结构内进行逐层合成权重向量，以得到决策因素相对于总目标的重要性顺序。层次分析法是系统工程中对非定量事件作定量分析的一种简便方法，也是对人们的主观判断进行客观描述的一种有效方法。

(1)影响因素的选取

人、车辆、道路、环境、管理是影响交通安全的五个基本因素，在进行交通事故成因分析时，人们往往把事故的原因简单的归咎于驾驶人的粗心大意。将直接原因确定为道路条件的事故更是微乎其微。只有那些很明显与道路及道路构造物失修、路面光滑、缺少护栏、路肩状况不良等有联系的事故，才用道路条件来解释。这种现象的出现在很大程度上是因为对道路条件认识不足，责任者过多地强调了人的原因及车辆原因所致。

从已发生的大量道路交通事故的实际过程及结果看，除去完全是由驾驶人的粗心驾驶所造成以外交通事故，相当一部分道路交通事故并非驾驶人的失误和错误操作所致，主要是由困难的行驶条件所引起，而困难的行驶条件又与道路规划、道路设计等道路因素密切相关。道路本身的技术等级、设施条件及交通环境作为构成道路交通的基本要素，他们对交通安全的影响是不容忽视的，在某些情况下，它们可能成为导致交通事故发生的主要原因。

道路因素所导致的交通事故是由道路的缺陷导致的，按缺陷识别的难易程度划分，道路缺陷可分为显性缺陷与隐性缺陷。道路显性缺陷，如道路两侧缺少护栏、护栏不全、路肩状况不良、道路及道路构造物损坏后失修、路面光滑等能够明显的观察出来，而道路的隐性缺陷，如长直线道路，不良的平曲线与竖曲线的组合等则不能很直观的观察出来，而且往往是隐性缺陷间接导致了很大一部分交通事故的发生。

从道路设计来看，许多道路的线形、视距、车道宽度、转弯半径、超高、加宽等都不符合规定，而且存在路基松软，坡度过大，视线不良等状况。这些都从客观上增加了道路交通伤亡事故的发生率。

道路线形是否顺畅、自然，平曲线半径的大小、横断面的纵坡以及变化过度情况等都将影响到驾驶人的视线和精神紧张程度，从而导致驾驶人观察错误和判断失误。在以往的交通事故统计原因中道路因素是指由于道路缺陷直接诱发的交通事故，并不包括由于道路的良好或者不良而导致的人员观察错误和部分判断失误引发的交通事故，而事实上这一部分重要数据则是由于道路条件不符合标准，能量已经超出了驾驶人员的控制范围引起的，被统计纳入驾驶人员影响因素。

为了更好的理解层次分析法，我们下面就从道路条件（B），交通安全设施（C）和交通管理（D）三个方面来进行分析。

道路对交通安全的影响因素主要有：平面线形（B_1）；路面质量（B_2）；横纵断面线形构成（B_3）；视距（B_4）。

交通安全设施主要考虑：交通标志标线（C_1）；防护设施（C_2）；道路照明（C_3）；诱导设施（C_4）。

交通管理方面考虑：管理体制（D_1）；监考设施（D_2）；信息设置（D_3）。

层次分析图如图 7-1 所示。

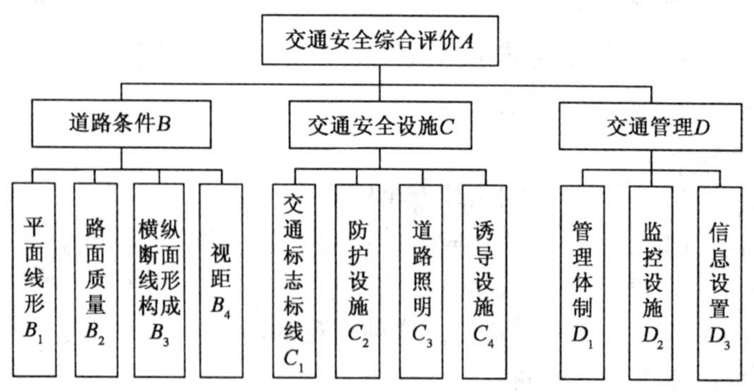

图 7-1　道路交通安全的递阶层次结构

(2)各种影响因素权重的确定

众所周知，指标体系中各评价指标对道路交通系统安全的贡献大小和重要程度不同，对评价指标间的这种差异，可通过赋以不同权重值的办法表示。在道路交通安全系统中，各因素之间的关系是极其错综复杂的，该系统的评价是一个多指标、属性的问题，为此，采用系统工程学的层次分析法(AHP)来确定影响道路交通安全的各因素的权重。根据所构造的递阶层次结构模型(图 7-1 所示)，应用 1～9 标度法对同一层次的每两个元素进行相对比较，构造判断矩阵，其中判断阵中各元素的含义及 1～9 标度如表 7-3 所示；然后，根据和积法求解判断矩阵的特征根，计算最大特征根，找出它所对应的特征向量，即为同一层各影响因素相对于上一层某因素的相对重要性的排序权重；最后，进行一致性检验，当 CR≤0.1 时，认为判断矩阵具有满意的一致性，否则就需要调整判断矩阵的元素值，使之具有满意的一致性。平均随机一致性指标 RI 及各层次判断矩阵与计算结果见表 7-4～表 7-8。

判断矩阵各元素的含义及 1～9 标度　　表 7-3

标度值	含义
1	两个因素相比，具有同样的重要性
3	两个因素相比，因素 i 比因素 j 稍微重要
5	两个因素相比，因素 i 比因素 j 明显重要
7	两个因素相比，因素 i 比因素 j 强烈重要
9	两个因素相比，因素 i 比因素 j 绝对重要
2,4,6,8	上述两相邻比率的中值
倒数	若因素 i 与 j 比较，判断得 r_{ij}，则因素 j 与 i 比较，判断得 $1/r_{ij}$

平均随机一致性指标　　表 7-4

RI	1	2	3	4	5	6	7	8	9
阶数	0	0	0.58	0.96	1.12	1.24	1.32	1.41	1.45

判断矩阵 *A* 及各因素权重　　表 7-5

A	B	C	D	权重	一致性检验
B	1	3	4	0.608	$\lambda_{max}=3.074$
C	1/3	1	3	0.272	CI=0.037
D	1/4	1/3	1	0.120	CR=0.064

判断矩阵 *B* 及各因素权重　　表 7-6

B	B_1	B_2	B_3	B_4	权重	一致性检验
B_1	1	3	5	2	0.465	$\lambda_{max}=4.171$
B_2	1/3	1	4	2	0.260	CI=0.057
B_3	1/5	1/4	1	1/4	0.068	CR=0.059
B_4	1/2	1/2	4	1	0.207	

判断矩阵 C 及各因素权重　　表 7-7

C	C_1	C_2	C_3	C_4	权　重	一致性检验
C_1	1	2	1	3	0.341	$\lambda_{max}=4.119$
C_2	1/2	1	1/4	1/2	0.113	CI=0.040
C_3	1	4	1	3	0.396	CR=0.041
C_4	1/3	2	1/3	1	0.150	

判断矩阵 D 及各因素权重　　表 7-8

D	D_1	D_2	D_3	权　重	一致性检验
D_1	1	2	2	0.500	$\lambda_{max}=3$
D_2	1/2	1	1	0.250	CI=0.0
D_3	1/2	1	1	0.250	CR=0.0

9. 模糊区间综合评价法

根据美国系统科学家查德(Zadeh)著名的“不相容定理”，复杂性和精确性是互相矛盾的，随着系统复杂性的增加，人们对其进行精确描述能力下降，直至达到这样一个阈限，即精确的描述失去其意义。在这种情况下，“模糊”的描述则不是不可取的，至少，它对于那些无法进行精确分析的问题提供了解决的可能。

道路交通安全系统正是这样一个无法进行精确描述的复杂系统，由于影响高速交通安全因素众多，为避免单级评判的缺点而又不至于过分复杂，一般将各因素分成 2 个层次进行二级模糊综合评判，但模糊综合评判中评价矩阵是通过专家打分给出每个因素相对于不同评语等级的隶属度，专家给出的分值往往带有主观色彩，且不同的专家给出的每个因素相对于不同评语等级的隶属度可能不一样。查德的模糊集合理论为解决这类问题提供了 3 个十分有用的工具，即隶属函数、语言变量和模糊算子。借助于隶属函数，可以合理地解决“安全”与“不安全”概念之间的过渡，而不必像经典数学那样，硬性地规定一个绝对的界限；语言变量的引进使评价结果以口语化形式的词汇表达成为可能；不同的模糊算子反映不同的思维方式，若采用多个模糊算子，便能综合考虑多种不同的评价观点。

为了方便，将图 7-1 所示的最高层记作 U_0，中间层分别记作 U_1，U_2，U_3，用 U_{ij} 表示第 i 个中间层因素下的第 j 个子因素，即 $U_1=\{U_{11},U_{12},U_{13},U_{14}\}$；$U_2=\{U_{21},U_{22},U_{23},U_{24}\}$；$U_3=\{U_{31},U_{32},U_{33}\}$。评语集可用 $V=${安全(V_1)，较安全(V_2)，安全性一般(V_3)，较不安全(V_4)，不安全(V_5)}5 个评价等级，中间层的第 i 个因素(U_i)对系统安全性的影响可用 R_i 矩阵来描述，即：

$$R_i=\begin{bmatrix} r_{i11} & r_{i12} & r_{i13} & r_{i14} & r_{i15} \\ \vdots & \vdots & \vdots & \vdots & \vdots \\ r_{ij1} & r_{ij2} & r_{ij3} & r_{ij4} & r_{ij5} \end{bmatrix} \tag{7-19}$$

式中：r_{ijk} 为评价模型中间层第 i 个因素下的第 j 个因素(U_{ij})相对于第 k 个评语集的可

能取值，它们均为模糊区间数。

对上述每个中间层因素的子因素集 U_{ij}，分别按一级模型进行评判后，再将 U_i 作为一个元素，用第一级的综合评判结果作为它的单因素评价矩阵，进行第二级综合评判。

三、应用实例—基于模糊理论的层次分析法

道路交通安全系统的内部结构极为复杂，影响因素众多，各因素权重信息不能完全被确定，单一地使用层次分析法或者模糊评判法都不能很好地反映交通安全系统的状况。对于属性值以模糊区间数这种不确定形式给出，采用层次分析法、专家评分法与模糊区间综合评判相结合的方法，能在复杂的系统中较准确地反映出交通安全系统的状况。

为了更好的了解模糊理论的层次分析法，我们下面具体来看一个算例分析：

1. 模糊区间评价矩阵的建立

在一般的模糊综合评判中，评价矩阵的建立是通过专家打分给出每个因素相对于不同评语等级的隶属度，但由于信息的不完备和主观判断固有的含糊性，往往会出现不确定的判断。例如：某条道路的线形条件相对于道路条件评语等级“安全”的可能程度会在一个区间中。作者采用一个区间数来代替模糊隶属度中的“点值”，按这种方法建立评判矩阵。表 7-9 所示为某条高速公路某一路段道路条件安全性专家评分的结果。

道路条件单因素评价　　表 7-9

因素 评分	线形条件	路面状况	视距	沿线景观
权重	0.465	0.260	0.068	0.207
安全	[3,5]	[2,4]	[1,3]	[1,3]
较安全	[2,4]	[1,3]	[2,4]	[2,4]
安全性一般	[1,3]	[2,4]	[1,3]	[2,4]
较不安全	[1,2]	[1,2]	[1,3]	[1,3]
不安全	[0,1]	[0,1]	[0,1]	[0,1]

专家按隶属度大小给出分值，综合多位专家给出的分值，用区间数的形式表达，则该路段道路条件的评价模糊区间矩阵为：

$$R_1=\begin{bmatrix} [0.3,\ 0.5] & [0.2,\ 0.4] & [0.1,\ 0.3] & [0.1,\ 0.2] & [0.0,\ 0.1] \\ [0.2,\ 0.4] & [0.1,\ 0.3] & [0.2,\ 0.4] & [0.1,\ 0.2] & [0.0,\ 0.1] \\ [0.1,\ 0.3] & [0.2,\ 0.4] & [0.1,\ 0.3] & [0.1,\ 0.3] & [0.0,\ 0.1] \\ [0.1,\ 0.3] & [0.2,\ 0.4] & [0.2,\ 0.4] & [0.1,\ 0.3] & [0.0,\ 0.1] \end{bmatrix}$$

同理，经专家打分得到的交通安全设施及交通管理设施的评价模糊区间矩阵为：

$$R_2=\begin{bmatrix} [0.2,\ 0.4] & [0.2,\ 0.4] & [0.1,\ 0.3] & [0.1,\ 0.2] & [0.0,\ 0.1] \\ [0.1,\ 0.3] & [0.2,\ 0.4] & [0.3,\ 0.5] & [0.1,\ 0.2] & [0.0,\ 0.1] \\ [0.2,\ 0.4] & [0.1,\ 0.3] & [0.1,\ 0.3] & [0.1,\ 0.3] & [0.0,\ 0.1] \\ [0.3,\ 0.5] & [0.1,\ 0.3] & [0.2,\ 0.4] & [0.1,\ 0.3] & [0.0,\ 0.1] \end{bmatrix}$$

$$R_3 = \begin{bmatrix} [0.3, & 0.5] & [0.1, & 0.3] & [0.1, & 0.3] & [0.0, & 0.2] & [0.0, & 0.1] \\ [0.3, & 0.5] & [0.1, & 0.3] & [0.2, & 0.4] & [0.0, & 0.1] & [0.0, & 0.1] \\ [0.2, & 0.4] & [0.1, & 0.3] & [0.1, & 0.3] & [0.1, & 0.3] & [0.0, & 0.1] \end{bmatrix}$$

2.第一级综合评判

由于此评价矩阵的元素为区间数，为此利用区间数的加法与乘法运算模型进行运算，得到道路条件、交通安全设施、交通管理三个因素的评判，其结果如下：

$$R_1^* = \begin{pmatrix} 0.456, 0.260, \\ 0.068, 0.207 \end{pmatrix} \begin{bmatrix} [0.3, & 0.5] & [0.2, & 0.4] & [0.1, & 0.3] & [0.1, & 0.2] & [0.0, & 0.1] \\ [0.2, & 0.4] & [0.1, & 0.3] & [0.2, & 0.4] & [0.1, & 0.2] & [0.0, & 0.1] \\ [0.1, & 0.3] & [0.2, & 0.4] & [0.1, & 0.3] & [0.1, & 0.3] & [0.0, & 0.1] \\ [0.1, & 0.3] & [0.2, & 0.4] & [0.2, & 0.4] & [0.1, & 0.3] & [0.0, & 0.1] \end{bmatrix}$$

$$= ([0.219, 0.419], [0.174, 0.374], [0.147, 0.347], [0.10, 0.227], [0.0, 0.10])$$

$$R_2^* = \begin{pmatrix} 0.341, 0.113, \\ 0.396, 0.150 \end{pmatrix} \begin{bmatrix} [0.2, & 0.4] & [0.2, & 0.4] & [0.1, & 0.3] & [0.1, & 0.2] & [0.0, & 0.1] \\ [0.1, & 0.3] & [0.2, & 0.4] & [0.3, & 0.5] & [0.1, & 0.2] & [0.0, & 0.1] \\ [0.2, & 0.4] & [0.1, & 0.3] & [0.1, & 0.3] & [0.1, & 0.3] & [0.0, & 0.1] \\ [0.3, & 0.5] & [0.1, & 0.3] & [0.2, & 0.4] & [0.1, & 0.3] & [0.0, & 0.1] \end{bmatrix}$$

$$= ([0.204, 0.404], [0.145, 0.345], [0.138, 0.338], [0.10, 0.225], [0.0, 0.10])$$

$$R_3^* = \begin{pmatrix} 0.500, 0.250, \\ 0.250 \end{pmatrix} \begin{bmatrix} [0.3, & 0.5] & [0.1, & 0.3] & [0.1, & 0.3] & [0.0, & 0.2] & [0.0, & 0.1] \\ [0.3, & 0.5] & [0.1, & 0.3] & [0.2, & 0.4] & [0.0, & 0.1] & [0.0, & 0.1] \\ [0.2, & 0.4] & [0.1, & 0.3] & [0.1, & 0.3] & [0.1, & 0.3] & [0.0, & 0.1] \end{bmatrix}$$

$$= ([0.275, 0.475], [0.1, 0.3], [0.125, 0.325], [0.025, 0.2], [0.0, 0.10])$$

3.第二级综合评判

根据前面一级综合评判的运算结果，得到道路条件、交通安全设施、交通管理三个因素评判组成的评判矩阵为：

$$R_0 = \begin{bmatrix} R_1^* \\ R_2^* \\ R_3^* \end{bmatrix} = \begin{bmatrix} [0.219, & 0.419] & [0.174, & 0.374] & [0.147, & 0.347] & [0.1, & 0.227] & [0.0, & 0.1] \\ [0.204, & 0.404] & [0.145, & 0.345] & [0.138, & 0.338] & [0.1, & 0.255] & [0.0, & 0.1] \\ [0.275, & 0.475] & [0.1, & 0.3] & [0.125 & 0.325] & [0.025, & 0.2] & [0.0, & 0.1] \end{bmatrix}$$

由权重 A=(0.608,0.272,0.120)，利用区间数的乘法及加法法则，可得该路段二级评判的区间结果为：

$$R_0^* = (0.608, 0.272, 0.120) \times \begin{bmatrix} [0.219, & 0.419] & [0.174, & 0.374] & [0.147, & 0.347] & [0.1, & 0.227] & [0.0, & 0.1] \\ [0.204, & 0.404] & [0.145, & 0.345] & [0.138, & 0.338] & [0.1, & 0.255] & [0.0, & 0.1] \\ [0.275, & 0.475] & [0.1, & 0.3] & [0.125 & 0.325] & [0.025, & 0.2] & [0.0, & 0.1] \end{bmatrix}$$

$$= ([0.222, 0.422], [0.157, 0.357], [0.142, 0.342], [0.091, 0.231], [0.0, 0.10])$$

式中:各区间数即为此路段相对于各评语(安全、较安全、安全性一般、较不安全、不安全)的相对隶属区间。

4.评判结果的精确化

由于经过二级综合评判后所得的结果是区间数,为了确切地反映道路安全性状况,需要对区间数进行排序。基于模糊互补判断矩阵排序,设

$$a_1 = [a_1^-, a_1^+] = [0.222, 0.422];\qquad a_2 = [a_2^-, a_2^+] = [0.157, 0.357];$$

$$a_3 = [a_3^-, a_3^+] = [0.142, 0.342];\qquad a_4 = [a_4^-, a_4^+] = [0.091, 0.231];$$

$$a_5 = [a_5^-, a_5^+] = [0.0, 0.1]$$

首先,求出各区间数两两比较的可能度矩阵 $P = (p_{ij})$,其中

$$p_{ij} = p(a_i \geqslant a_j) = \frac{\max[0, a_i^+ - a_i^- + a_j^+ - a_j^- - \max(0, a_j^+ - a_i^-)]}{a_i^+ - a_i^- + a_j^+ + a_j^-} \tag{7-20}$$

$$P = \begin{bmatrix} 0.500 & 0.663 & 0.700 & 0.974 & 1 \\ 0.337 & 0.500 & 0.538 & 0.782 & 1 \\ 0.300 & 0.462 & 0.500 & 0.738 & 1 \\ 0.026 & 0.218 & 0.262 & 0.500 & 0.963 \\ 0 & 0 & 0 & 0.037 & 0.500 \end{bmatrix}$$

然后,利用下式

$$v_i = \frac{\sum_{i=1}^{5} p_{ij} + \frac{5}{2} - 1}{5(5-1)},\quad i=1,2,3,4,5 \tag{7-21}$$

求出可能度矩阵 P 的排序向量:

$$V = (v_1, v_2, v_3, v_4, v_5) = (0.267, 0.233, 0.225, 0.173, 0.102)$$

即得此路段相对于公路交通安全评价(安全、较安全、安全性一般、较不安全、不安全)的相对隶属度。

因为此路段相对于公路交通安全评价中的安全的相对隶属度最大,按最大隶属原则[设 $A_i \in F(U), i = 1, 2, 3, \cdots, n$; $F(U)$ 表示所有模糊集的集合,对 $u_0 \in U$,若存在 i_0 使 $A_{i0}(u_0) = \max\{A_1(u_0), A_2(u_0), \cdots, A_n(u_0)\}$,则认为 u_0 相对地隶属于 A_{i0}],可以认为此算例中的路段是安全的。

第二节　危险路段的鉴定

由于汽车拥有量的迅速增长,以及城市基础设施建设的速度仍远远落后于国民经济的发展速度,使得城市交通安全问题日益突出。城市交通事故主要发生在城市道路平面交叉口和基本路段,据资料统计,在城市交通事故中,发生在城市道路基本路段的事故数占总事故数——美国占64%、日本占57.8%、中国占70%。从某单一事故分析,其发生似乎有偶然性,但事故黑点和事故黑段的存在说明道路交通事故的发生有其必然性,由此可见,城市道路基本

路段对整个城市道路系统的安全水平有着十分重要的影响。因此，建立一套有效的城市道路基本路段交通安全评价模式，对发现事故黑点、黑段并找出其主要影响因素，进而加以改进，以减少交通事故发生，以及对深入研究城市道路基本路段交通安全措施，提高城市道路交通安全水平都具有十分重要的意义。

一、危险路段的定义

危险路段即事故多发地点，也称黑点、黑段。国内外对事故多发地点比较明确的含义是：在一定长度或一定面积的路段内，单位时间里发生的事故数超过规定限值的地点就是事故多发地点。不同国家对事故多发地点的限值标准是不同的。

挪威对黑点的定义是：长 100m 的路段内，4 年发生 4 起以上含人员伤亡的交通事故，称为道路黑点。黑段的定义是：长 1km 的路段内 4 年发 10 起以上人员伤亡的交通事故，称为黑段。

英国关于黑点的定义是：长 100m 路段内 3 年发 12 起以上含人员伤亡的交通事故称为道路黑点。

北京交通工程研究所定义：5 年发生 50 起以上事故的路口(段)为道路黑段。

2001 年我国公安部交通管理局发布了《全面排查交通事故多发点段工作方案》，其中对公路交通事故多发地点的鉴别标准，做了如下的规定：①多发点，为 500m 范围内，1 年之中发生 3 次重大以上交通事故的地点；②多发段，为 2 000m 范围内或道路桥、涵洞的全程，1 年之中发生 3 次重大以上交通事故的路段。

无论是哪个定义，都有有以下几个注意点：

首先，严格地讲，这里的“位置”可以是一个点、一个路段、整个一条道路或一个区域。其次，事故多发点对数据统计时间有要求——“较长统计周期”。这主要因为道路交通事故是一种小概率随机事件，在考查偶然事件时必须持续一定的时间。时间太短，偶然因素影响太大，会导致结论不准确；但也不能时间太长，如果时间太长，受其他决定因素的变化影响，又难以反映出事故的真实情况。通常选择 1～3 年。

二、鉴定方法

公路危险地点的鉴别国内外有不同的见解，现对四种被普遍认可的方法进行如下介绍和说明。

1. 事故率系数法

某一路段道路交通事故发生的相对概率可用总计的事故率系数来评价。它是由各种不同路段上的各部分相对事故系数的乘积计算出来的。计算公式如下：

$$K_{总} = K_1 \cdot K_2 \cdot K_3 \cdots K_{14} \tag{7-22}$$

式中：$K_{总}$——某一路段总事故率系数；

K_1——交通量系数；

K_2 ——车道宽度系数；

K_3 ——路肩宽度系数；

K_4 ——纵坡系数；

K_5 ——平曲线半径系数；

K_6 ——视距系数；

K_7 ——桥面宽度系数；

K_8 ——直线段长度系数；

K_9 ——交叉口类型系数；

K_{10} ——交叉口视距系数；

K_{11} ——路旁建筑物系数；

K_{12} ——车道数系数；

K_{13} ——居民点长度系数；

K_{14} ——路面防滑系数。

上面所用的 14 个相对安全系数还不尽全面，另外还需考虑季节影响即季节系数，山区公路防护设施形式系数等。系数 $K_1 \sim K_{14}$ 值可参考原苏联的标准(BCH25—76)。

参考这些系数标准，然后确定一条公路路线上每一路段各自的相对安全系数，把这些系数相乘，计算出各路段总事故率系数 $K_{总}$，即可绘出整条公路的总计的事故率系数图。

每一起交通故事的后果不尽相同，在进行各个路段危险程度比较过程中可考虑附加一个事故严重性的修正系数，即一次事故损失平均值与符合标准的平直路段(路面宽 7m，有硬路肩)上事故损失值之比。此方法可运用于不同交通状况路段的危险地点的鉴别，有广泛实用性。

单纯根据事故数的多少来鉴别危险地点，方法简便实效。但缺点是没有考虑使用情况，特别是几个地点事故数相近时很难区分。

单纯根据事故率的大小来鉴别危险地点，在交通量、道路条件等基本相同的若干地点可用。但缺点是如果交通流量悬殊，按前文所列事故率公式计算，交通量低分母小，则事故率大，结果出现交通量小者事故率大的假象，导致交通量低的不重要地点被选上。反之，交通量大的重要危险地点，因计算事故率小而漏列。

把事故数和事故率结合在一起，先比较事故数，考虑主要、次要减掉部分地点；其次比较事故率，定出主要事故发生的危险地点。亦可倒过来，先考虑事故率再考虑事故数，这样能相互弥补单一的事故数或事故率法确定公路危险地点的缺陷。

用该方法鉴别公路危险地点的步骤：

①根据各路段 K 年内的事故数，日均交通量计算第 i 路段事故率。

$$R_i(\text{次 / 百万车公里}) = \frac{N_i \times 10^6}{365 \times Q_i \times L \times K} \tag{7-23}$$

式中：Q_i ——第 i 路段年均日交通量(辆/天)；

N_i ——第 i 路段 K 年内的事故数(次);

L ——路段长度(km)。

②计算所有路段平均事故次数 N_m 和平均事故率 R_m。

$$N_m = \frac{1}{n}\sum_{i=1}^{n} N_i \tag{7-24}$$

$$R_m = \frac{\sum_{i=1}^{n} n_i \times 10^6}{365 \times K \times L \times \sum_{i=1}^{n} Q_i} \tag{7-25}$$

③比较第 i 路段事故 N_i 与 $n_1 \times N_m$ 。若 $N_i > n_1 \times N_m$,则对 i 路段作进一步鉴别,一般取 $n_1 = 1 \sim 3$ 。

④把满足条件③的各路段事故率 R_i 与 $n_2 \times R_m$ 比较,若 $R_i > n_2 \times R_m$,则该路段为危险路段。

2. 安全系数法

为评价汽车沿危险路段前后行驶速度的差异,特引出安全系数 $K_{安全}$,作为交通安全性的评价指标,表达式为:

$$K_{安全} = \frac{v_1}{v_2} \tag{7-26}$$

经大量调查,得知标准规定的单辆小汽车的安全评价范围:

当 K 为 0.8~1.0 时,可认为是安全路段;

当 K 为 0.6~0.8 时,可认为是较小危险路段;

当 K 为 0.4~0.6 时,可认为是危险路段;

当 K 为小于 0.4 时,可认为是很危险路段。

采用安全系数法有如下优点:

①根据安全系数的概念,道路的组成部分本身并不是发生交通事故的决定性因素,而某一危险地点的速度与安全速度之比才有意义。

②用安全系数法来评价道路是否危险时,同时考虑了道路通行能力以及汽车运输成本。

③对于所研究的道路,按自由行车速度图可绘制出安全系数图,利用安全系数图可拟定下一步改善、建设方案。一般来说,$K_{安全} < 0.8$ 时,必须采用适当安全措施。

总之,采用安全系数法有诸多优点,它为我们提供了改建道路方案的依据,这在具体工作中有较高的现实意义。

3. 事故率的质量控制法

(1)事故率法

事故率法是最常用的评价路段交通安全综合水平的方法之一。事故率是表示一定时期内,一个国家某一地区或某一具体道路地点的事故次数,一般用亿车公里事故率表示:

$$AR = \frac{D}{N} \times 10^8 \tag{7-27}$$

式中：AR——统计年内亿车公里事故次数或伤亡人数；

D——统计年内交通事故次数或伤亡人数；

N——统计年内总计运行车公里数。

亿车公里事故率是国际上广泛应用的一种事故率指标，可以描述道路交通安全整体状况。但由于事故率法是基于事故统计的评价方法，因此它不可避免地存在如下固有缺点：事故的稀有性致使评价周期过长；事故统计的不完全性致使评价结论缺乏真实性；缺乏事故严重性程度描述；特别是事故率法缺乏造成事故多发原因的考虑。

(2)事故率的质量控制法

这种方法在美国被广泛采用，其特点是将预定改善地点或路段上的事故率与所有相似地点或路段的事故率作比较，既照顾到事故次数，又照顾到交通流量，所以较合理。计算公式为：

$$R_C^+ = A + K\sqrt{\frac{A}{M}} + \frac{1}{2M} \tag{7-28}$$

$$R_C^- = A - K\sqrt{\frac{A}{M}} - \frac{1}{2M} \tag{7-29}$$

式中：R_C——临界比率，R_C^+ 为上限值，R_C^- 为下限值；

A——相似类型交叉口或路段的平均事故率；

K——统计常数，若取用95%置信度，$K = 1.96$；

M——特定地点在调查期间的平均车辆出现数，交叉口以百万辆计，路段以亿辆计。

假如预定改善地点的事故率大于上限，就视为公路危险地点，应优先采取改善措施；在上、下限之间则酌情处理；小于下限就是低事故地点，不属于危险地点。

4. 平均车速和车速标准差法

(1)车速分布离散性对交通安全的影响

有关研究表明，一条道路上各车辆的车速与平均车速的差值越大，即车速分布越离散，事故率就会越高。事实上，由于车速越离散，车流存在频繁的超车现象而使交通流不稳定，出现事故的可能性就越大。车速的离散性，常用车速的分布特征来描述。车速分布中的特征指标包括地点车速的样本均值、车速的样本方差、样本标准差、标准差系数(标准差与均值之比)、偏度、峰值。一个正态分布的车速概率分布曲线如图7-2所示。泰勒研究了车速样本的偏度及峰值与事故率之间的相关性，得到的结论是：有偏度的速度分布的区段比无偏度的速度分布的区段具有显著偏高的事故率。所罗门得到的结论是：拥有最低事故率的样本，其速度分布在高于或低于均值的15%～20%的区间

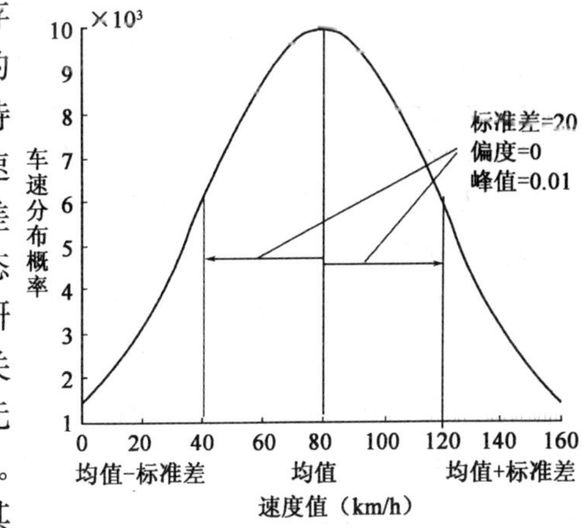

图7-2　汽车运行速度概率分布

内;当速度偏差大于这个范围时,不论其速度是高于还是低于均值都会出现事故率上升的现象。

表7-10为我国几条高速公路车速与事故统计结果,裴玉龙教授在此基础上研究了事故率与车速及车速标准差之间的拟合关系,结果如式(7-30)所示,车速的标准差与事故率的关系为指数关系。事故率随着车速标准差的增加而呈指数增长,即车速分布的越离散,事故率越高,这与国外同类研究结果是一致的。这为车速管理提供了有力的依据,对车辆进行高速和低速限制,并且使二者与平均车速的差值尽可能小,降低车速分布的离散性,从而减少事故的发生率。

$$AR = 9.5839e^{0.0553\sigma} \tag{7-30}$$

式中:AR——亿车公里事故率;

σ——车速标准差。

高速公路车速与事故统计数据　　表7-10

高速公路	平均车速 ($k \cdot h^{-1}$)	车速标准差 ($km \cdot h^{1}$)	车速标准差系数	事故总量 (次 a^{-1})	交通量 (辆・a^{-1})	里程 (km)	亿车公里事故率 [次・(亿车 km)$^{-1}$]
成渝高速(重庆段)	87.61	17.16	0.1959	206	7 708 800	114	23
石太高速	71.00	20.32	0.2862	244	3 972 470	213.4	29
广佛高速	58.13	13.01	0.2238	145	42 223 200	16	21
京石高速	93.00	26.63	0.2863	1065	8 719 852	269.6	45
沪宁高速(上海段)	79.86	14.22	0.1781	194	12 511 608	74.08	21
沈大高速	79.50	12.37	0.1556	887	12 334 480	375	19
京津塘高速(北京段)	88.70	22.57	0.2545	140	12 859 680	35	31

(2)离散性指标与事故率的相关分析

选用路段的平均车速、车速标准差、车速标准差系数作为刻画车速分布离散性的指标,分析其与路段事故率与之间的相关性。

为了找出影响某道路交通安全的主要因素,通常采取相关分析方法。由于简单相关分析时,所有其他自变量不予考虑,而偏相关分析时,要考虑其他自变量对因变量的影响,只不过是把其他自变量当作常量处理,因此在对多个自变量进行分析时,偏相关分析相对比较精确。由于通常是通过抽样方法,利用样本研究总体的特性,但由实际情况抽样而得到的数据总存在抽样误差,因此相关分析必须通过检验。检验的假设是:总体中两个变量间的相关系数为0。一般的,给出假设成立概率 p 的域值为5%,当概率 p 小于5%时,则认为原假设不成立,否则接受原假设，认为总体中两变量相关系数为 0。

为了比较不同平均车速时车速标准差对事故率的影响，定义车速标准差系数 CV（Coefficient of Variation）$=\frac{\sigma}{\bar{v}}$，σ 为车速标准差，$\bar{v}$ 为平均车速，车速标准差系数实际就是车速标准差的标准化。采用 SPSS 软件，分别对平均车速 $\bar{v}$、车速标准差 σ、车速标准差系数 CV 与事故率 AR 进行偏相关分析，分析结果见表 7-11。由表 7-11 可以看出，平均车速与亿车公里事故率的偏相关系数 $r_{\bar{v},AR}=0.178$ 所以事故率与平均车速的相关性较小；由零假设成立概率 $p_{\bar{v},AR}=0.376(>0.05)$，得到平均车速与事故率不相关的概率较大，表明分析路段车辆平均速度对事故率的影响不大；车速标准差与亿车公里事故率的偏相关系数为 $r_{\sigma,AR}=0.937$，所以车速标准差与事故率有很大的相关性，并且是正相关，说明随着车速标准差的增加事故率也随着增加；零假设概率为 $p_{\sigma,AR}=0.006(<0.05)$，得到车速标准差与事故率的相关概率比较大，说明车速标准差是影响事故率的主要因素；同理分析车速标准差系数与事故率的关系，$r_{CV,AR}=0.919$，$p_{CV,AR}=0.01(<0.05)$，所以车速标准差系数与事故率也有较强的正相关性。

$\bar{v}$,σ,CV 与 AR 的偏相关分析结果 表 7-11

控制变量	自变量	因变量	偏相关系数(r)	零假设概率(p)
σ,CV	$\bar{v}$		−0.178	0.736
$\bar{v}$,σ	σ	AR	0.937	0.006
$\bar{v}$,CV	CV		0.919	0.01

三、应用实例——基于平均车速和车速标准差的路段鉴定

假定在任何情况下，交通事故发生的概率服从每车公里平均事故次数的泊松分布，并设这一分布的置信水平的上限值为 UCL，将某地点发生事故的实际统计值与 UCL 对比，如实际统计值大于 UCL，则该地点就是危险大的地点，可以确定为事故多发地点。应用该法，加以类比分析，可以确定同类型路段的交通事故率的临界值。

$$AR^{+}=\overline{AR}+1.96\sqrt{\frac{\overline{AR}}{m_i}}+\frac{1}{2m_i},\quad i=1,2,\cdots,n \tag{7-31}$$

式中：m_i——路段 i 的累计车辆里程，即 $m_i=l_i\times q_i$，其中 l_i 路段 i 的长度，q_i 为路段 i 的年交通量；

$\overline{AR}$——相似路段的平均亿车公里事故率，即：

$$\overline{AR}=\frac{\sum n_i}{\sum m_i} \tag{7-32}$$

其中 n_i 为路段 i 的事故总数。根据表 7-10 得：

$$\overline{AR}=\frac{\sum_{i=1}^{7}n_i}{\sum_{i=1}^{7}m_i}=\frac{\sum_{i=1}^{7}n_i}{\sum_{i=1}^{7}l_i\times q_i}=26.79(\text{次}/\text{亿车 km})$$

将表 7-10 中的数据代入式(7-31)，便可得到各路段事故率临界值。

路段 i 事故率临界值结果见表 7-12。将该路段在统计年度内实际的亿车公里事故率与 AR^+ 对比，若大于 AR^+ 则该路段为事故多发点。

路段 *i* 事故率临界值结果(单位:次/亿车 · km)　　表 7-12

AR_1^+	AR_2^+	AR_3^+	AR_4^+	AR_5^+	AR_6^+	AR_7^+
30.27	30.33	30.77	28.90(*)	30.18	28.29	30.68(*)

对照表 7-10 和表 7-12，可以看出京石高速，京津塘高速(北京段)实际的亿车事故率超过了其临界值，是事故多发路段。根据交通事故率与车速标准差的关系，可以将式(7-30)代入式(7-31)进行分析：

$9.5839e^{0.0553\sigma^+}=9.5839e^{0.0553\bar{\sigma}}+1.96\sqrt{\frac{9.583e^{0.0553\bar{\sigma}}}{m_i}+\frac{1}{2m_i}}$，对表 7-10 进行实例分析，$\bar{\sigma}=18.09$，将 $m_i(i=1,2,3,4,5,6,7)$ 代入上式，得到各路段事故率临界值对应的速度标准差临界值，结果见表 7-13。

路段 *i* 速度标准差临界值结果(单位:km/h)　　表 7-13

σ_1^+	σ_2^+	σ_3^+	σ_4^+	σ_5^+	σ_6^+	σ_7^+
20.33	20.37	20.63	19.48(*)	20.27	19.09	21.16(*)

由于 $AR=9.5839^{0.0553\sigma}$ 是单调函数，当平均车速等运行参数不变时，表 7-10 中几条高速公路事故率达到上界值时，对应的车速标准差也达到相应的上界值。由表 7-13 可以看出，京石高速、京津塘高速(北京段)的车速标准差超过了临界值，属于事故多发路段，与前面得出的结论相同，因此车速标准差是影响表 7-10 中几条高速公路交通安全的主要因素。

第三节　事 故 预 测

一、事故预测的目的和意义

1. 事故预测的目的

及时了解交通事故造成的危害和损失可以帮助我们分析事故产生的原因，掌握事故发生的可能性及后果，以便采取措施预防和杜绝交通事故的发生。交通事故预测是对未来有可能发生的事故做出估计，分析未来事故的危险程度和发展趋势，以便能及早地采取措施进行预防。因此道路交通事故的预测是我们找到交通事故发生的规律及现有交通安全条件下交通事故未来发展的趋势，为制定交通安全对策提供理论依据。

2.道路交通事故预测的意义

交通事故是随机事件，它不仅受到道路交通系统中各要素的制约，还要受到社会、自然等多种偶然因素的影响，使得交通事故发生的时间、空间和特征等呈现出偶然性。从表面上看，事故发生似乎没有规律可循，其实，交通事故偶然性的表象，是始终受其内部的规律所支配的。这种规律已被大量的交通事故的研究结果所证实，它是客观存在的，它揭示了交通事故相关要素之间的必然联系。由此可见，认识并利用交通事故的客观发展规律，对交通事故的发展变化进行科学的预测是可行的。

交通事故预测本身和预测结果并不是目的，它的作用体现在掌握交通事故的未来状况，以便及时采取相应的对策。避免工作中的盲目性和被动性，有效地控制各种影响因素，达到减少交通事故的目的。

道路交通事故预测不同于一般其他类型的事故预测，它直接关系到道路交通系统使用者(行人和驾驶人)的生命安全，因此，我们有必要进一步的研究道路交通事故的预测方法。

预测是科学决策的重要前提，道路交通安全决策也不例外。在预测分析过程中，随着预测者和决策者交流的深入，二者对预测对象会有更深刻、更全面的了解和认识，可获得有预见性地解决问题的启示和方法。对大众而言，预测过程本身具有宣传和鼓动作用，往往能调动群众的积极性，从而帮助决策者实现其战略目标。在道路交通规划、设计、管理、法规和教育等方面，道路交通安全的科学决策也显得越来越重要，不仅在数量上越来越多，而且对时间和质量的要求越来越高。因此，做好道路交通事故预测工作，对提高道路交通安全管理工作水平具有十分重要的意义。

道路交通事故预测的作用主要有以下几个方面：

①预测道路交通事故的发展趋势，为制定预防道路交通事故的对策和道路交通安全宣传教育提供依据。

②预测道路交通事故的变化特点，为制定针对性防范措施和交通法规提供依据。

③预测道路交通事故近期状态特征，为制定合理的交通安全管理目标值提供依据。

④预测现有道路交通控制条件下的道路交通事故状况，对交通安全措施的可行性和实施效果进行合理评价。

二、事故预测的程序

道路交通事故预测一般分为如下 4 个阶段：第一阶段是设计过程，从确定预测目标开始，经过收集、分析有关信息，到初步选定预测技术。第二阶段是信息检验过程，对收集到的事故有关信息，进行检验与纠正。第三阶段是选定预测方法，建立预测模型并验证模型的合理性。第四阶段是评价过程，进行预测并对预测值进行检验、评价。在此过程中，要综合分析各种因素的影响，采用多种方法研究和修正，通过科学的判断后，得到最后的预测结果。此后，要对预测结果继续跟踪检测，以证实它是否适用，并在必要时建议修正预测值。

交通事故预测的程序框图如图 7-3 所示。

1. 确定预测目标

交通事故预测目标是指预测的项目、类型、范围以及预测精度要求等。预测目标应根据决策的要求确定，预测目标直接影响预测过程的具体要求和做法。

2. 分析有关信息

有关信息是指与交通事故预测相关的各种数据和资料，这是进行预测的基础。因此，应根据预测目标的具体要求，收集预测所需的各种数据和资料。同时对收集来的各种信息进行分析、处理，整理出真实而可用的信息，在这个过程中要对事故信息进行检验核查，使信息真实，没有差错。交通事故预测的内在变量资料，主要通过交通事故档案和统计报表获得；其外在影响因素资料，主要从国家及有关管理部门统计资料或信息中心数据库获得。

3. 选择预测方法

每项预测虽然可以使用多种预测方法，但是，由于预测目标的要求、预测条件和环境的限制，实际预测中，只能选择一种或几种预测方法。在选择预测方法的过程中，要比较分析预测方法。

4. 建立预测模型

选定了预测方法后，就要估计预测方法中的参数，建立预测模型。然后进行检查和评价，确定预测模型能否反映交通事故未来的发展规律。如果能，则说明该模型可用；如果不能或相差较大，则应舍弃该方法，重新建立其他方法的模型。

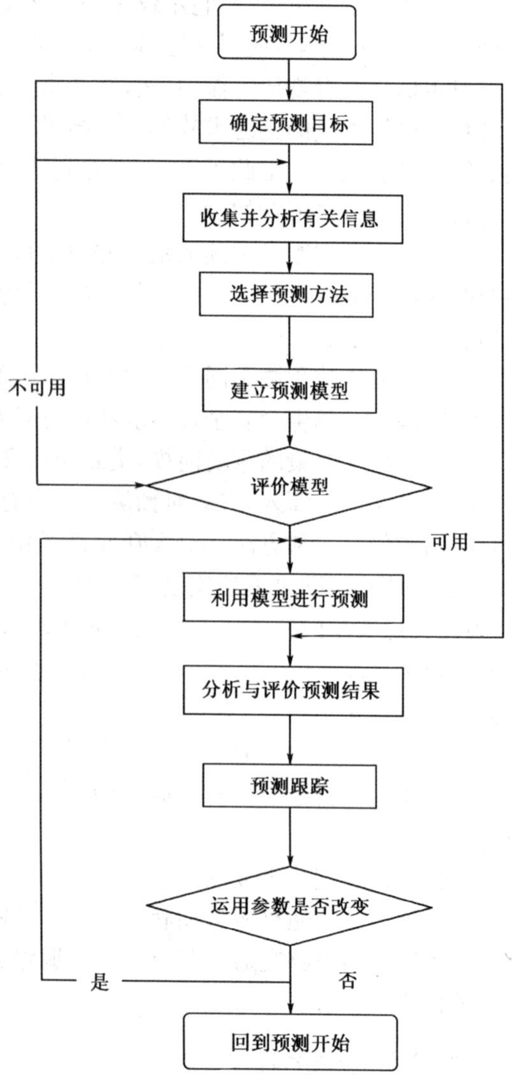

图 7-3　交通事故预测的程序框图

5. 进行预测

根据收集并分析、处理的与预测相关的数据和资料，利用预测模型，进行预测计算或推测出预测结果。

6. 分析与评价预测结果

利用预测模型预测的结果，不一定与实际完全相符，因此，有必要对预测结果加以分析和评价。通常的做法是：

①根据经验检查，判断预测结果的合理性和真实性，并对预测结果加以修正。

②可以采用多种方法进行预测，然后经过比较或综合分析，确定出最佳预测结果。

③通过对政策、重大事件及突变因素对交通事故产生影响的分析，对预测结果进行合理修正。

7. 预测结果跟踪

输出预测结果后，还需要对可能得到的实际数据进行跟踪，以便检验预测结果或对预测模型进行必要的修正，并在预测过程中不断地修改完善预测模型，使之继续适用。预测跟踪的另一个作用是可以分析预测误差的主要原因。

三、事故预测的技术和方法

交通事故预测的基本思想是在对已发生事故的资料统计、分析和处理的基础上，以事故发生的原因和发展变化规律为依据，对目前尚未发生或还不明确的事故预先作出合乎逻辑的推测判断。这种推测和判断不是来自主观臆断，而是建立在对交通事故的科学分析上，来自于科学的逻辑推断。因此，我们可以运用系统的观点、联系的观点、变化的观点，正确地进行交通事故的预测分析。

现代预测方法的发展，往往是各种预测方法的交叉运用，相互渗透，很难有截然的划分。目前，国内外对交通事故的分析、预测，多采用数据统计方法结合平滑处理和回归分析的手段，运用模糊数学或概率统计理论来进行。常用的预测方法包括回归分析法、时间序列预测法、灰色预测、神经网络预测等等。下面分别对这几种常用方法进行简单介绍。

1. 回归分析预测

回归分析预测法的基本思想是：虽然自变量和因变量之间没有严格的确定性函数关系，但是可以设法找出最能代表它们之间近似关系的数学模型——回归方程式，然后根据回归方程式计算所要求的预测值。

由于道路交通事故的发生是多个因素共同作用的结果，因此在利用回归分析建立事故预测模型时，应采用多元回归方程。通过寻找与因变量具有较强关联关系的因素作为自变量，计算回归系数，并经过相关分析和显著性检验后，最终确定回归预测方程。

多元线性回归方程表示形式如下：

$$Y = b + a_1 X_1 + a_2 X_2 + a_3 X_3 \cdots a_n X_n \tag{7-33}$$

式中：Y ——道路交通事故数或受伤人数、死亡人数；

X_i ——第 i 个影响因素；

a_i ——第 i 个影响因素的重要程度系数；

b ——回归常数。

一旦确定了回归方程，就可以把某一年的各个自变量数值代入方程，求得该年的交通事故发生量。建立回归模型具有以下特点：

①能建立交通事故的一元或多元、线性或非线性回归预测模型，通过对模型中参数的估计和检验，能分析影响交通事故因素的关系强弱，从而确定哪些是主要影响因素，哪些是次要影响因素。

②回归模型的预测精度不仅取决于模型本身，同时还取决于是否能可靠地确定影响因素的未来值，只有影响因素的估计精度较高，预测模型才有意义。

因此，回归分析预测法的应用是有条件的。建立回归分析模型需要大量的、完整的数据，并且当交通安全系统结构变化后，模型将失去可靠预测的功能。

2. 时间序列预测

时间序列预测法是一种考虑变量随时间发展变化规律并用该变量的以往的统计资料建立数学模型作外推的预测方法。用时间序列预测法作定量预测时，要求变量过去的发展变化规律、趋势、速度和它今后的发展变化规律、趋势、速度大致一样。

时间序列是指在时间上顺序发生的一系列事件，可能是连续的，也可能是离散的。对道路交通事故来说，不同时间的观测值不能认为是相互独立，确切地说，在这些连续观测值之间存在着一定的相关模式。交通事故的时间序列是道路交通系统在过去的时间里，在一定的道路条件、社会经济环境下产生的。它是一定的人、车、路相互作用的综合反映，它潜在着一定历史条件下交通事故发展的总趋势。因此可应用交通事件的时间序列建立预测模型，进行交通事故的预测。常用的时间序列分析法有移动平均法、指数平滑法。

(1)移动平均法

移动平均法是一种初级的预测方法，方法简单实用，但预测精度不高。对其进行加权修正后，便得到加权移动平均法，该方法认为越靠近预测期的数据对预测值的影响越大，因而对不同时期数据应采用不同权数进行预测。

(2)指数平滑法

指数平滑法是采用递推预测的方法，即用本期的实际值与本期的预测值来预测下一期的值。原始数据经过平滑处理后，数据便呈现出内在的变化趋势。在实际预测中，对平滑值做适当计算，构成相应的线性或非线性趋势预测模型。指数平滑通过权系数口的大小来反映新旧数据对趋势变化的影响。

指数平滑法适应于相关因素只能是时间，即适应于时间序列，对于历史数据不同对待，一般近期数据赋予较大的权，对远期数据赋予较小的权，相关因素和预测目标可以是直线，也可以是曲线，计算方便，适应性强，它只与时间有关，即不需要相关因素的未来预测值就可以预测。与因果类预测模型相比，该方法的抗干扰能力较强。指数平滑法有一次指数平滑法、二次指数平滑法和三次指数平滑法。一次指数平滑用于实际数据序列以随机变动为主的场合，而二次指数平滑用于实际数据具有明显线性倾向的场合，三次指数平滑法能更加精确地反映数据序列线性趋势。

下面重点介绍三次指数平滑模型预测。

①建立三次平滑模型

已知时间序列观测值为 $x_1, x_2, x_3, \cdots$，当前时期为 t 时，则：

$$X_{t+T} = a_t + b_t T + c_t T^2 \tag{7-34}$$

式中：X_{t+T} —— $t+T$ 时刻的预测值；

t ——时间序列，而 T 就是以 t 为起点向未来外推到 T 时刻，即 $t+T$ 时间；

a_t ——一次平滑系数；

b_t ——二次平滑系数；

c_t ——三次平滑系数。

模型中的参数计算式为：

$$S_t^{(1)} = ax_t + (1-a)S_{t-1}^{(1)} \tag{7-35}$$

$$S_t^{(2)} = aS_t^{(1)} + (1-a)S_{t-1}^{(2)} \tag{7-36}$$

$$S_t^{(3)} = aS_t^{(2)} + (1-a)S_{t-1}^{(3)} \tag{7-37}$$

$$a_t = 3S_t^{(1)} - 3S_t^{(2)} + S_t^{(3)} \tag{7-38}$$

$$b_t = \frac{a}{2(1-a)^2}[(6-5a)S_t^{(1)} - 2(5-4a)S_t^{(2)} + (4-3a)S_t^3] \tag{7-39}$$

$$c_t = \frac{a^2}{2(1-a)^2}[S_t^{(1)} - 2S_t^{(2)} + S_t^{(3)}] \tag{7-40}$$

式中：$S_t^{(1)}$、$S_t^{(2)}$、$S_t^{(3)}$ —— t 时刻的第 1 次，第 2 次，第 3 次的平滑值；

x_t —— t 时期的实际值，$t=1,2,3,\cdots$。

②初值的确定

二次平滑是一次平滑的延伸，三次平滑是二次平滑的拓广。它们的加权系数 a 都有相似的意义，都是由预测者选定，并来确定过去需求预测的加权值，我们可以从平滑中得到：

$$S_t = ax_t + a(1-a)S_{t-1}^{(1)} + a(1-a)^2 S_{t-2}^{(2)} + \cdots + a(1-a)^t S_0^{(1)} \tag{7-41}$$

应用三次指数平滑法进行预测时，须首先估算初始值 $S_0^{(1)}, S_0^{(2)}, S_0^{(3)}$ 。根据经验取前三个数据的平均值作为一次指数平滑的初始值，即：初始值

$$S_0^{(1)} = S_0^{(2)} = S_0^{(3)} = (x_1 + x_2 + x_3)/3$$

③ a 值的确定

加权系数 a 是新旧数据在预测中所起不同作用的比例因子，选择要求选取方差最小的平滑系数，a 越大，新数据所起的作用就越大，a 过大，模型的灵敏度高，适应新水平快，但容易过敏。反之，a 过小，比较保守，易落后于新的发展趋势。

采用指数平滑法预测，如果原数列波动不大，a 宜取小值（0.1～0.3），这样可以使各期观察值的权数由近及远缓慢地变小；如果原数列波动较大，a 宜取大值（0.6～0.8），这样可以加重近期观测值的权数，使各期观察值的权数由近及远较快地变小。但是，在多数情况下 a 值并不易判断，为准确起见，可分别选用不同的 a 值试算，结合实际情况，同时考虑最近几期的标准误差较小，选择预测结果比较合理的 a 值。本文通过 VB 编程计算分析，选定 $a=0.39$。

分析时间序列预测法，不难发现有以下特点：

a. 时间序列法建立交通事故预测模型，不需要搜集影响交通事故因素的统计资料，仅用交

通事故历史统计资料本身的时间序列即可建立预测模型。

b. 不需要考虑对交通事故的影响因素有哪些，从而避免了不同的影响因素选取或其精度较低对预测所带来的不利影响。但是，时间序列法建模须以准确、及时、系统的统计资料为依据，考虑长期趋势、季节变动等因素，要求交通安全系统稳定，影响交通事故的因素变化稳定，否则将会产生较大的偏差。

3. 灰色系统预测

灰色理论在在前面已经有所介绍，在预测中，可将一个地区的道路交通系统视为灰色系统，把交通事故当作灰色量。对影响本次交通事故的有关因素进行关联分析，找出主要的影响因素，建立生成数列和灰色预测模型。

在使用该方法时，先采用累加或累减生成的方法对时间序列数据进行处理，使数据列的随机性弱化，从而转化为比较有规律的数据列。一般采用的 CM(O,I)模型步骤如下：

①设道路交通事故原始数据序列为：

$$X^{(0)}(t)=\{x^{(0)}(1),x^{(0)}(2),\cdots,x^{(0)}(n)\} \tag{7-42}$$

②对原始数据序列 $X^{(0)}(t)$ 作 1－AGO，得一阶累加道路事故数据序列。

$$X^{(1)}(t)=\{x^{(1)}(1),x^{(1)}(2),\cdots,x^{(1)}(n)\} \tag{7-43}$$

其中，$X^{(1)}(t)=\sum_{i=1}^{n}x^{(0)}(i)$。

③建立灰色预测模型。

$x^{(1)}$ 具有近似指数变化规律，其白化方程为：

$$\frac{\mathrm{d}x^{(1)}}{\mathrm{d}t}+ax^{(1)}=\mu \tag{7-44}$$

式中：a、μ——建模过程中待辨识的参数和内部变量；

$X^{(1)}(t)$——原始数据；

$X^{(0)}(t)$——经过累加生成处理得到的新数据列。

背景值：

$$Z^{(1)}(k)=\frac{1}{2}x^{(1)}(k)+\frac{1}{2}x^{(1)}(k-1),\qquad k=1,2,\cdots,n \tag{7-45}$$

其中，$\hat{a}=(a,\mu)^{\mathrm{T}}$ 为参数列，利用 MATLAB 由最小二乘法计算求得为：

$$\hat{a}=(a,\mu)^{\mathrm{T}}=(B^{\mathrm{T}}B)^{-1}B^{\mathrm{T}}X \tag{7-46}$$

$$X=[x^{(0)}(2),x^{(0)}(3),x^{(0)}(4),\cdots,x^{(0)}(n)]^{\mathrm{T}} \tag{7-47}$$

数据矩阵为：

$$B=\begin{bmatrix}-Z^{(1)}(2) & 1\\ -Z^{(1)}(3) & 1\\ \vdots & \vdots\\ -Z^{(1)}(n) & 1\end{bmatrix} \tag{7-48}$$

数据预测模型为：

$$X^{(1)}(k+1)=\left[X^{(1)}(1)-\frac{\mu}{a}\right]e^{-ak}+\frac{\mu}{a},\quad k=1,2,3,\cdots,n \tag{7-49}$$

由统计的数据代入得到：

$$X^{(1)}(k+1)=621.866e^{0.126k}-551.866 \tag{7-50}$$

④最后需要进行还原处理，做“生成数列”的逆运算，即进行还原处理得到预测模型。

$$X^{(0)}(k)=X^{(1)}(k)-X^{(1)}(k-1),\quad k=1,2,3,\cdots,n \tag{7-51}$$

对于生成数列，可得还原数为：

$$\hat{x}^{(0)}(k)=\hat{x}^{(1)}(k)-\hat{x}^{(1)}(k-1),\quad k=1,2,3,\cdots,n \tag{7-52}$$

即

$$\hat{x}^{(0)}(k)=621.866e^{0.126k}(1-e^{-0.126})$$

道路交通事故灰色预测方法不同于数理统计学中的时间序列分析与预测，它是一种现实和动态的分析，不必罗列影响道路交通事故的因素数据，而是从道路交通事故自身时间数据序列中寻找有用信息，探究其内在规律，建立相应的模型进行预测。因此，灰色系统预测方法具有所需样本数据较少，计算简便，精度较高等特点。但该理论也有其特定的使用条件：建模的数据必须为光滑离散函数，且灰色系统模型仅描述一个随时间按指数规律单调增长或衰减的过程，模型长期预测精度较差。

4. 神经网络预测

人工神经网络建模是人工智能研究的一个分支，它具有强并行处理、容错性、鲁棒性、自适应及自组织的能力，因此，人工神经网络具有在复杂的非线性系统中较高的建模能力及对数据良好的拟合能力。近年来，人工神经网络在非线性时序预测中得到了大量的应用。

道路交通事故的形成是人、车、路、环境等多个非线性因素共同作用的结果，且带有较大的随机性。而传统的线性分析方法无法解释其内涵，故存在较大的局限性，同时由于受到数据量太少和噪声污染等因素的影响，使得预测结果无法令人满意。我们可以利用神经网络的非线性特性去逼近一个时间序列或一个时间序列的变型，通过神经网络清晰的逻辑关系，利用过去时刻的值去表达未来时刻的值，从而达到事故预测的目的。

目前应用较广的非线性方法有 BP 网络法和径向基函数法，实际应用中一般采用 BP 网络法，即误差反向传播神经网络。BP 网络执行两个过程：学习训练过程及检验预测过程。学习训练过程主要完成网络隐含层节点数以及权重的确定，对训练好的网络用检验样本进行检验后，便可以用作预测了。神经网络预测模型的网络结构一般为多输入和单输出的模式，可将历年发生的道路交通事故各项统计指标分别作为输入，网络的输出就是我们所需要的预测结果。

神经网络模型几乎可以对任何可能的序列进行分析，但是在使用过程中也存在大量问题：网络结构不易确定，即隐含层节点数较难确定；样本数量的确定也比较困难，并非样本越多越好，而是存在一个合适的值，这通常凭经验来确定；当实时数据的统计特征与训练样本不一致时预测置信度不高。

5. 组合模型

在预测实践中，对同一问题常采用不同的预测方法。不同的预测方法提供不同的有用信息，其预测精度往往也不同。为了获取各种预测方法的有用的信息，人们对几种预测模型通过某种方法进行组合，即为组合预测模型。组合预测者认为，两个预测值的简单平均数优于其中任何一个，几个预测值的加权组合将更优。1969 年 J·M·Bates 和 C·W·J·Granger 首次提出了组合预测的理论和方法，即将多种预测方法加以组合形成一种新的预测方法。组合的主要目的是综合利用各种方法所提供的信息，尽可能地提高预测精度。只要各种预测模型组合的适当，就可以完全实现这一目的。

四、实例应用—基于灰色 GM(1,1)模型和三次指数平滑模型的组合预测

目前对于交通事故数的预测多用的是单一预测模型，如回归分析、ARIMA、神经网络、灰色理论等，组合预测方法预测交通事故的文献尚鲜见。然而由于预测系统的复杂性，在许多情况下单纯利用一种特定的预测方法进行预测往往具有片面性，预测效果也不甚理想。组合预测的本质就是将各种单项预测模型看作代表不同信息的片段，通过信息的集成分散单个预测特有的不确定性和减少总体的不确定性，从而提高预测精度。

从组合预测的角度出发，对单一模型进行适当的组合，研究道路交通事故的预测问题，灰色 GM(1,1)用它反映系统的突变趋势具有较大优势。而指数预测模型对于长期发展趋势较稳定的时间序列的预测效果较好，而对于发展趋势不稳定(如直线趋势)的序列，用指数平滑法预测，往往出现滞后倾向。为了修正三次指数平滑法对该种序列预测时的滞后误差，采用灰色 GM(1,1)模型和三次指数平滑模型进行优化组合，建立了基于 IOWGA(诱导有序几何加权平均)算子交通事故的预测模型，发挥单一模型的优点，克服单一模型的局限性和不足，更有效地集结更多的有用信息，从而使预测结果具有更大的可信度。

对于交通事故预测问题，x_{1t}、x_{2t} 分别为灰色 GM(1,1)和三次指数平滑模型在第 t 时刻的预测值，l_1、l_2 分别为两种模型在组合预测中的加权系数。设 p_{it} 为第 i 种方法在第 t 时刻的预测精度。

$$p_{it}=\begin{cases}1-\left|\dfrac{x_t-x_{it}}{x_t}\right|, & 当\left|\dfrac{x_t-x_{it}}{x_t}\right|<1 时\\ 0, & 当\left|\dfrac{x_t-x_{it}}{x_t}\right|\geqslant 1 时\end{cases}\quad i=1,2;t=1,2\cdots,n \tag{7-53}$$

则 p_{it} 为第 i 种预测方法在第 t 时刻的预测精度，显然 $p_{it}\in[0,1]$。把预测精度 p_{it} 看成预测值 x_{it} 的诱导值，这样 m 种单项预测方法第 t 时刻预测精度和其对应的在样本区间的预测值就构成了 m 个二维数组 $\langle p_{1t},x_{1t}\rangle,\langle p_{2t},x_{2t}\rangle,\cdots,\langle p_{mt},x_{mt}\rangle$，设 $L=(l_1,l_2,\cdots,l_m)^{\mathrm{T}}$ 为各种预测方法在组合预测中的 OWGA 的加权向量，将 m 种单项预测方法第 t 时刻预测精度序列 $p_{1t},p_{2t},\cdots,p_{mt}$ 按从小到大的顺序排列，设 $p-index(it)$ 是第 i 个大的预测精度的下标，则：

$$G_L(\langle p_{1t},x_{1t}\rangle,\langle p_{2t},x_{2t}\rangle,\cdots,[p_{mt},x_{mt}])=\prod_{i=1}^{m}x_{p-\mathrm{index}(it)}^{l_i},t=1,2,\cdots,n \tag{7-54}$$

根据以上模型原理及理论分析，以 1996～2007 年某高速公路交通事故实际值为例(表 7-14)，运用灰色 GM(1,1)模型和三次指数平滑模型对 1996～2007 年某高速公路交通事故值

进行预测。

①G_L 为预测精度序列 $p_{1t},p_{2t},\cdots,p_{mt}$ 所产生的第 t 时刻的 IOWGA 组合预测值。根据表 7-14 的统计数据计算 IOWGA 组合预测值。

1996～2007 年某高速公路交通事故实际值与两种模型预测值及其精度　　表 7-14

年份（年）	交通事故实际值	$GM(1,1)$ 模型预测值 x_{1t}	$GM(1,1)$ 模型精度 p_{1t}	三次指数平滑模型预测值 x_{2t}	三次指数平滑模型精度 p_{2t}
1996	70				
1997	81	83.505 5	0.969 1	71.610 4	0.884 1
1998	95	94.718 8	0.997 0	75.916	0.814 7
1999	109	107.437 9	0.985 7	96.001 0	0.880 7
2000	124	121.864 8	0.982 8	117.724 5	0.949 4
2001	139	138.229 2	0.994 5	137.822 6	0.991 5
2002	156	156.790 8	0.994 9	156.525 5	0.996 6
2003	180	177.845 1	0.988 0	175.720 4	0.976 2
2004	195	201.726 5	0.965 5	201.153 4	0.968 4
2005	235	228.814 7	0.973 7	219.365 7	0.933 5
2006	261	259.540 5	0.994 4	261.651 1	0.997 5
2007	294	294.392 1	0.998 7	293.945 2	0.998 6

$$\begin{aligned}&G_L(\langle p_{11},x_{11}\rangle,\langle p_{21},x_{21}\rangle)\\&=G_L(\langle 0.969\,1,83.505\,5\rangle,\langle 0.884\,1,71.610\,4\rangle)\\&=83.505\,5^{l_1}71.610\,4^{l_2}\end{aligned}$$

同理可得：

$$G_L(\langle p_{12},x_{12}\rangle,\langle p_{22},x_{22}\rangle)=94.718\,8^{l_1}75.916^{l_2}$$

$$\vdots\qquad\qquad\vdots$$

$$G_L(\langle p_{1,11},x_{1,11}\rangle,\langle p_{2,11},x_{2,11}\rangle)=294.392\,1^{l_1}293.945\,2^{l_2}$$

其中，l_1,l_2 分别为两种方法在组合预测中的加权向量。

②令 $e_{a-\mathrm{index}(it)}=\ln x_t-\ln x_{p-\mathrm{index}(it)}$，于是 N 起总的组合预测对数误差平方和 S 为：

$$\begin{aligned}S&=\sum_{i=1}^{N}\Big[\ln x_t-\ln\prod_{i=1}^{m}x_{p-\mathrm{index}(it)}^{l_i}\Big]^2\\&=\sum_{i=1}^{m}\sum_{i=1}^{m}l_il_j\Big[\sum_{i=1}^{N}e_{a-\mathrm{index}(it)}e_{a-\mathrm{index}(jt)}\Big]\end{aligned}\tag{7-55}$$

将式(7-55)数据代入式(7-56)中，经计算得到最优化模型：

$$\min S(l_1,l_2)=0.003\,3l_1^2+0.005\,8l_1l_2+0.090\,9l_2^2$$

$$s\cdot t\begin{cases}l_1+l_2=1\\l_1\geqslant 0,l_2\geqslant 0\end{cases}\tag{7-56}$$

利用 MATLAB 计算解得最优权系数为 $l_1=0.995\,5,l_2=0.004\,5$。

③把最优权系数再代入到 $G_L(\langle p_{1t}, x_{1t}\rangle, \langle p_{2t}, x_{2t}\rangle, t=1,2,\cdots,n)$ 中，可计算出组合预测值。

由表 7-15 可以明显地看出，组合预测模型模拟精度较高，预测误差均小于两种单一的预测模型，从而表明组合预测模型方法的优越性和有效性，并且可以对未来年份进行事故预测。

1996～2007 年某高速公路交通事故实际值与三种模型预测值及其精度 表 7-15

年份（年）	交通事故实际值	$GM(1,1)$ 模型预测值 x_{1t}	$GM(1,1)$ 模型精度 p_{1t}	三次指数平滑模型预测值 x_{2t}	三次指数平滑模型精度 p_{2t}	优化组合模型预测值 x_t	优化组合模型精度 p_t
1996	70						
1997	81	83.505 5	0.969 1	71.610 4	0.884 1	83.447 8	0.969 9
1998	95	94.718 8	0.997 0	75.91 6	0.814 7	94.756 6	0.997 4
1999	109	107.437 9	0.985 7	96.001 0	0.880 7	107.383 5	0.985 1
2000	124	121.864 8	0.982 8	117.724 5	0.949 4	121.845 8	0.982 6
2001	139	138.229 2	0.994 5	137.822 6	0.991 5	138.227 4	0.994 4
2002	156	156.790 8	0.994 9	156.525 5	0.996 6	156.526 7	0.996 7
2003	180	177.845 1	0.988 0	175.720 4	0.976 2	177.835 5	0.988 1
2004	195	201.726 5	0.965 5	201.153 4	0.968 4	201.156 0	0.968 5
2005	235	228.814 7	0.973 7	219.365 7	0.933 5	228.771 3	0.973 5
2006	261	259.540 5	0.994 4	261.651 1	0.997 5	259.550 0	0.994 5
2007	294	294.392 1	0.998 7	293.945 2	0.998 6	294.390 1	0.998 8
MSE		0.931 6		2.832 5		0.089 91	
MAE		2.269 4		6.981 6		2.195 5	
MAPE		1.416%		5.691%		1.372%	
MSPE		0.005 442		0.025 201		0.005 269	

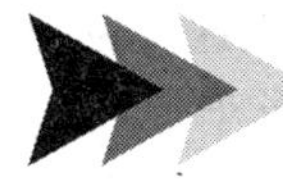

第八章　道路交通安全控制

第一节　交通控制理论

随着我国国民经济的高速发展和城市化进程的加快，机动车保有量和道路交通量急剧增加，城市交通基础设施建设速度远远跟不上迅速增长的交通需求，城市交通供需不平衡的矛盾十分尖锐，交通拥堵日趋严重，交通事故与日俱增，这些不但给人民生命财产构成巨大威胁，同时也给道路交通管理者和研究者提出了许多亟待研究的新课题。

一、交通控制的相关概念

1. 交通控制的定义

交通控制是依靠交通警或采用交通信号控制设施，随交通变化特性来指挥车辆和行人的通行。它通过由电子计算机管理的交通控制设施对交通流进行限制、调节、诱导、分流以达到降低交通总量，疏导交通，保障交通安全与畅通的目的。广义来讲，交通控制有两种，一种是动态控制，包括交通信号的控制和可变标志。可变交通标志是一种电子自动控制交通标志，用来控制车辆运行速度、车行道、左转弯以及时间性的单禁行线等。所谓“动态”是指交通信号和可变交通标志随时间变化而言。另一种是静态控制，它是不随时间变化的，如固定的交通标志和路面交通标线。

2. 交通控制的原则

(1)分离原则

为避免车辆与行人以及不同方向的行车发生冲突，就很自然地产生了应该人、车分道和分方向行车的极其朴素的管理原则，这就是分离原则。它是维护交通秩序、保障交通安全的一条基本原则。通常采取划线分离、设隔离墩、修筑立体交叉和专用道以及采用交通信号控制等措施，在空间和时间上分离道路上的交通。随着交通量的不断增长，这条原则的内涵也在不断地扩展。初始的分离原则，只是道路平面上的分离，“各行其道”就体现了这种分离原则。在出现了高速度的汽车交通之后，跟着出现了机动车与非机动车分离和快慢车辆分离的要求；交叉口上无法平面分离的交通冲突的发展，导致了在交叉口上行驶方向的分离和通行时间的分离；交通量的发展,又出现了立体交叉的空间分离。

(2)限速原则

研究表明,交通事故与车速之间存在着一定的相互关系。由于出现不确定或者危险的情况时,任何一个出行者都需用额外的时间来做出决定并采取相应的行动,车速越高,出行者采取应急措施的用时间就越少。因此,车速对交通事故的影响是肯定的。显而易见,当速度越高时,交通事故造成的危害越严重。Solomon 对 10 000 个交通事故进行了分析:当车速超过 96km/h 时,事故的严重性迅速增加;当车速超过 112km/h 时,发生交通死亡事的概率急剧上升。

相应于这条原则,各国交通法规中都列有按道路交通条件及恶劣气候条件下限制最高车速的规定。在事故多发地段,多采取限制车速的措施以避免事故的发生。为提高线控制或网络信号控制的效果,往往也规定行驶车速。

(3)疏导原则

交通疏导是为了充分发挥现有道路网的效能,合理地协调局部利益和整体利益之间的关系,提供适宜的运行条件,解决整个道路系统中交通流分布不均衡、流量和流向不合理等问题,最大限度地消除交通事故隐患,改善交通秩序,组织优化交通流,实现道路安全与畅通所采取的措施。

(4)节源原则

车辆无限制的增长,到了难以收拾的地步,又需从新寻找交通管理的新思路:从单纯着眼于提高交通“供应”转到着眼于降低交通“需求”。从交通“供求”关系上分析,交通的“供应”总是无法满足交通增长的“需求”。于是产生了用“交通需求管理”来降低交通量,即为节源原则。根据这条原则,出现了一些交通节源方法:①转变居民出行方式:优先发展公共交通。②发展合乘系统。③限制私人车辆或其他车种进入交通紧张地区。④停存车管理。

3. 交通控制的目的

(1)减少交通事故,增加交通安全

自第一辆装有内燃机的汽车问世以来,全世界已经有 2 000 万人死于交通事故,目前,全世界每年有 40 万～50 万人死于交通事故,因此,提高行车安全刻不容缓。实践表明,现代科学技术在道路交通中的应用可以有效地减少交通事故的发生。根据统计,日本的交通事故由 50%发生在平面交叉口,这其中又有 60%是发生在城市平面交叉口。美国的交通事故有一半以上也是发生在平面交叉口。日本在采用交通自动控制技术后,事故数和死亡人数分别下降了 7.3%和 10.8%。根据我国的统计数字,在城市交叉口安装交通信号控制机后,交通事故也有所降低。

(2)缓和交通拥挤、堵塞,提高运输效率

由于城市道路空间有限,而车辆保有量增长迅速,目前全世界许多国家的城市随处都可以见到交通拥挤和堵塞现象。20 世纪 70 年代,英国道路研究实验室的研究表明:在英国一个大约具有 100 个交叉口的城市内,每年由于车辆延迟造成的经济损失就达 400 万英镑;在东京,通过 268 个主要交叉口的低效交通流引起的年经济损失约为 2 亿美元;在巴黎,每天由于交通拥挤引起的损失事件相当于一个拥有10万人口的城市的日工作时间。广州市政府近几年根据调查发现，交通拥挤和堵塞已经成为制约广州市国民经济发展的一个重要因素之一。而根据美国、日本、德国、英国等国家的统计，采用交通自动控制系统可以减少车辆延误时间15%～40%，并使道路通行能力提高20%左右。因此，要通过科学手段，引导交通流合理运行，提高运输效率。

(3)节约能源消耗，降低车辆对环境的污染

研究调查表明，车辆的每一次加减速运动，都将使燃油消耗增加。根据测算，如果一辆小汽车在7km/h的速度间加速1 000次，则比匀速行驶时多消耗燃油60L，如果是卡车则多消耗144L。另外，车辆在起、制动时排出的废气量是匀速行驶时的7倍以上，产生的噪声也比正常行驶时高出7倍。汽车排出的废气包括一氧化碳、碳氢化合物、氮氧化物和光化学产物等污染物。从这里可以看出，交通的好坏不仅影响运输效率，而且也直接影响到我们赖以生存的环境。自1950年美国洛杉矶发生光化学烟雾污染事件以来，汽车排放污染物已经成为世界性城市的一大灾难，造成城市生态环境的严重破坏，影响了城市居民的身心健康。

(4)提高公共运输系统的吸引力和效率

目前，国内外专家学者几乎一致同意要大力发展公共交通，其主要原因是公共交通运输工具如公交、地铁等具有载客量大、占用道路少的特点。当城市居民大量采用公共交通方式出行时，则可以大大减少小汽车的使用，节省道路空间，减少车辆拥挤与堵塞。如果以相同的乘客量作对比，公共交通与小汽车比较，土地资源节约3/4，建造材料节省4/5，投资节省5/6，空气污染减少9/10，车祸减少99%。城市交通在经过"阵痛"发展后，目前几乎所有的国家在优先发展公共交通方面已经达成了共识。从我国现有情况看，我国公共交通汽车动力偏低；公共交通的服务质量比较低，不能满足人民的生活需求；公交换乘问题没有很好的解决。因此对于城市交通管理和控制来看，如何有效地提高公共交通的效率是个关键问题，同时包括实行公共交通优先的各种措施和方法。

二、常用的交通控制方法

经过调查统计发现，将城市道路相互连接起来构成道路交通网的城市道路交叉路口是造成车流中断、事故增多、延误严重的问题所在，是城市交通运输的瓶颈。因此如何保障交叉路口的交通安全和充分发挥交叉路口的通行效率引起了人们的高度关注。城市交通信号控制就是通过对交叉路口的交通流进行调节、警告和诱导，减少或完全消除可能引发交通事故的交通冲突点，使车辆和行人的延误时间最小，增加与交叉路口相连各车道的通行能力，实现交通流的安全性、快速性与舒适性。根据交通信号的控制范围，可以将城市路口信号控制方式划分为单点控制方式、干道协调控制方式和区域协调控制方式。单点控制方式(点控方式)是指被控路的交通控制信号只按照该路口的交通状况独立运行，而不考虑该路口周围其他路口交通状况的配时方案设计，使得单个路口的交通运行效果最佳。干道协调控制方式(线控方式)是指将干道上的多个路口以一定方式联结起来作为研究对象，同时对各个路口进行相互协调的配时方案设计，使得干道上按规定车速(通过带速度)行驶的车辆获得尽可能不停顿的通行权。

区域协调控制方式(面控方式)是指将区域内的所有路以一定方式联结起来作为研究对象,同时对各个路口进行相互协调的配时方案设计,使得整个控制区域的交通运输效率提高、车辆平均延误时间减少。

1.点控理论

不少国内外专家学者利用模糊控制、遗传算法、神经网络控制等智能控制技术改善点控算法,已经取得了喜人的成效。其中模糊控制技术在城市路口信号控制上取得的研究成果特别引人关注。在国外,1977年,Pappis 和 Mamdani 提出了城市单向单路口模糊控制方法,为城市路口信号的模糊控制翻开了崭新的一页。然而这种控制方法是建立在理想化路口模型的基础之上,在实际城市路口难以独立发挥作用。1993年,Favillat 提出了具有自适应策略的城市路口模糊控制方法,可以根据实际交通状况,使用统计自适应策略或模糊自适应策略来调整模糊控制器的隶属度函数,优化模糊控制器的性能。然而这种控制方法所需的自适应策略需要根据具体的路口特性确定,增加了控制算法的复杂性。1994年,Hoyer 和 Jllnlar 提出了具有多相位选择的城市路口模糊控制方法,可以根据实际交通状况,选择二相位、三相位或四相位控制方式,具有相当强的通用性。然而这种控制方法并不能根据实时的交通流状况任意地改变相序。1997年,Gerson 和 Edilbert 提出了具有相序选择的城市路口模糊控制方法,可以根据实际交通状况,选择不同的起始相位和执行相序。然而相序模糊控制器的隶属度函数和模糊控制规则的优化还有待进一步研究。1997年,Kim 提出了分级式的城市路口模糊控制方法,可以根据车流量的变化及时调整控制策略,选择不同的模糊控制规则。然而分级式模糊控制器的隶属度函数和模糊控制规则的优化也有待进一步探讨。2001年,Kim 将遗传算法引入了城市路口信号的模糊控制,实现了模糊控制器参数的实时性全局优化,有效地改善了模糊控制器性能。然而遗传算法控制参数的合理选取也是一项需要反复试验、相当繁琐的工作。在国内,1997年,陈洪和陈森发提出了基于关键车流和非关键车流的两级城市路口模糊控制方法,可以根据关键车流和非关键车流适当延长绿灯时间。然而这种控制方法主要适用于城市路口左转车流较小的情况,当左转车流较大时路口信号还是必须采用多相位控制。2000年,徐建闽和舒宁提出了基于路段车辆数(车道上两车辆检测器之间的车辆数)的城市路口模糊控制方法,可以减少预估算法和随机车流所带来的不确定性。然而这种控制方法对模糊变量的划分和隶属度函数的取值还需要进行更深入细致的研究。2001年,伍建国和巨永掣将模糊控制与感应控制进行有机的结合,提出了基于多条车道通行状况的多相位多级城市路口模糊控制方法,可以适用于多相位、车流量变化显著的路口信号控制。然而这种控制方法并不适合于车流量稳定和左转车流较小的路口信号控制。

2.线控理论

线控方式经历了从离线定时控制到在线实时控制的发展过程。1922年,电子计时干道协调控制在美国休斯敦投入使用,电子计时干道协调控制能对12个路口实现固定信号周期的协调控制。1928年,步进式定时干道协调控制在美国各城市投入使用,步进式定时干道协调控制能对多个路口实现可变信号周期的协调控制。1950年,感应式干道协调控制在美英等国投入使用,感应式干道协调控制能够根据交通流量变化变动配时方案。总的来说,干道协调控制实现方便,在车辆形成车队的情况下具有较好的优化效果,适用于路口交通量大的高峰期。但是车流的离散问题和行车速度的差异问题是影响干道协调控制效果的关键因素。干道协调控制以实现双向绿波控制为佳,要求实际路口间距尽量为理想信号间距的整数倍,各个路口信号周期相等,路口之间距离不能太远,路口之间出入口不能太多,路口处的转弯车辆较少,路口信号相位少。因此干道协调控制具有很大的局限性。

3.面控理论

面控方式也经历了从离线定时控制到在线实时控制的发展过程。1968 年,TRANSYT 系统在英国各城市投入使用。TRANSYT 系统是离线优化交通网络信号配时控制系统,由交通模型和优化选择两部分组成。TRANSYT 系统根据交通网络历史数据,应用计算机建模、优化与仿真技术,生成交通网络的固定信号配时方案。1978 年,SCATS 系统在澳大利亚悉尼投入使用。SCATS 系统是以简单代数表达式描述交通特征和运行规律、无需建立交通模型的自适应区域控制系统,由车辆数据的检测与处理和配时参数的计算与选择两部分组成。SCATS 系统依据类饱和度与综合流量,计算路口的信号周期、选择路口的绿信比与相位差、进行子系统的组合,生成交通网络的实时信号配时方案。1980 年,SCOOT 系统在英国各城市投入使用。SCOOT 系统是建立在实时交通模型上的自适应区域控制系统,由交通预测模型和配时参数优化两部分组成。SCOOT 系统根据交通网络实时采集数据,应用计算机建模、优化与仿真技术,生成交通网络的实时信号配时方案。TRANSYT 系统实现方便,投资小,但是要采集大量的历史数据,进行大量的数据运算,而且不能优化信号周期,灵活性差。SCATS 系统投资较小,能实现一定程度的自适应区域控制,但是配时参数的优化受到一定程度的限制,无法检测到排队车辆长度,难以迅速消除拥挤。SCOOT 系统能够根据交通流量及时调整信号配时方案,具有广泛的适用性,但是硬件投资很大,而且需要配套相应的通信、控制系统。

第二节　汽车追尾预防研究

追尾事故是指事故车辆在道路上行驶过程中,因为驾驶人违章或驾驶过失导致其正面部分与其他机动车尾部发生接触的交通事故。追尾事故的实质就是指,车辆在行驶过程中,由于种种原因,后车驾驶人没能及时发现前车已进入了制动状态,等稍后发现时,两车间距已小于后车制动所需的最小距离,从而导致后车撞上前车,酿成追尾事故。随着我国经济的快速发展,汽车保有量急剧增加,汽车追尾事故也呈上升态势,频繁发生的追尾事故不仅造成巨大的经济损失和严重的人员伤亡而且大大降低了公路运输系统整体经济效益,因此研究追尾事故刻不容缓。

一、追尾预防技术研究的发展

目前国内外研究人员主要从车辆追尾预警系统的研究、开发、改进及应用方面来减少车辆发生追尾的事故,同时针对不良驾驶习惯、道路条件、环境因素等提出并应用相应的管理措施和法律法规等强制手段。

对车辆追尾事故预防的研究起源于日本，早在20世纪70年代，日本即参与国际汽车界共同研究的课题——开发安全实验汽车ESV(Experiment SafetyVehicle)；进入90年代，由日本运输省为主导，制定了“先进安全汽车”(ASV－Advanced Safety Vehicle)的研究计划，涉及四大领域，40余项研究开发项目：预防安全技术；事故回避技术；碰撞安全技术；防止撞车灾害扩大技术。

日本政府鉴于国内交通事故居高不下的事实，颁布了“交通安全基本法”，并且各地可以据此法律制定实施相应的“交通安全基本计划”，把重点放在改善道路交通条件上，并强调严格加强管理，强化交通安全教育；澳大利亚较早开展了“道路安全评价”(RSA)工作，主张从驾驶行为、道路交通设施、环境因素和车辆安全性等加强方面来预防车辆追尾事故，形成规范和制度。

美欧等发达国家注重车辆的追尾预警系统的研究和应用。Zheng等认为安装了车辆追尾预警系统的车辆发生追尾事故的风险性大大降低；奔驰汽车公司和劳伦斯电子公司联合研制的汽车防撞报警系统，探测距离为150m，该系统目前已经得到应用。德国Benz600S型轿车上安装的距离自动控制雷达，可以在40～160km/h范围内自动调节车速，确定与前车的距离，但这些新技术价格过高，短期内很难大面积推广；福特汽车公司开发的汽车防碰撞系统探测距离约106m。戴姆勒—克莱斯勒公司的防撞系统在车辆以32.18km/h的速度行驶条件下，车辆停驶距离为2.54m。

国内在车辆防追尾碰撞方面同样进行了大量研究，如裴玉龙等综合考虑人、车、路因素，分析了不同条件下的车辆安全跟驰距离，并建立了车辆防追尾碰撞的车速控制模型。航天工业总公司8358所采用窄脉冲半导体激光测距技术，开发出了车辆追尾碰撞预警装置，可识别距离为30m，测距误差小于1m，不过仍存在一些关键性技术问题有待解决，而且价格偏高。裴玉龙等认为是否安全与道路设计息息相关，指出平曲线半径不能过小，曲线转角的安全范围在15°～250°之间；刘志强等提出建立事故紧急救援系统，加强安全法律法规制定的预防措施；顾尚华等提出加强宣传教育、重视驾驶人的教育与考核、完善交通设施建设、强化安全管理机制建设的预防措施；秦利燕等提出主动性安全措施和被动性安全措施；许洪国等认为应从人、车和环境三个方面研究交通安全技术，从主动上和被动上避免车辆追尾事故的发生。

目前为止，各国对追尾的预防研究主要集中在追尾碰撞预防报警系统的研究上，各国已研究出了几种追尾碰撞预防报警系统，它们主要区别在于测距设备上。

(1)声学类(超声波防追尾仪)

超声波防追尾仪的主要工作原理是，CPU触发超声波发射器不断发出一系列连续的脉冲，并同时触发计时器启动计时，超声波接收器则在接收到遇障碍物反射回来的反射波后，向计时器提供一个短脉冲使它停止计时。最后由信号处理装置根据$R=TC/2$，计算出车与障碍物之间的距离，从而判断出汽车是否存在追尾危险。

超声波防追尾仪的原理简单，成本低、制作方便。但超声波防追尾仪在应用上有一定的局限性，这是因为：第一超声波的传输速度低；第二受天气影响较大，不同的天气条件下传播速度不一样；第三测距距离较近，对于远距离的障碍物，由于反射波过于微弱，使得灵敏度下降。所以这项技术主要应用在汽车倒车防撞系统上。

(2)电磁类(毫米波雷达防追尾仪)

毫米波测距雷达可以分为脉冲测距雷达和连续波测距雷达两种。脉冲测距的原理是通过判断发射脉冲信号与目标反射波之间的时间差 T,结合毫米波的传输速度 C(为光速),根据公式 $R=TC/2$ 计算出两车间距 R,虽然脉冲雷达的原理简单,但在具体技术实现上,脉冲测距存在一定难度。并且由于脉冲测距需在很短的时间内发射大功率的脉冲信号,通过脉冲信号控制雷达的压控振荡器从低频瞬时跳变到高频,因此它在硬件结构上比较复杂,造价高。

目前汽车在应用领域研究较多的连续波雷达的测距方式是调频连续波(FMCW)测距方式。其基本原理是它发射的连续调频信号遇到前方目标时,会反射回与发射信号有一定延时的回波,根据多普勒等原理对回波信号进行分析处理,从而得出两车相对速度、两车相隔距离等信息。

连续波雷达的突出优点是能穿透泥土和飞溅物"看到"物体;并且窄波束和宽波束均可使用,因而能够把波束宽度调制的适于特殊用途。其主要缺点是微波和毫米波频段的电磁装置成本相对较高。

(3)光学类(红外防追尾仪,激光防追尾仪)

①红外防追尾仪

红外防追尾仪的原理是通过发射并接收前方物体反射回的红外线,计算出两者的时间差,以时间差和光速计算出两车的距离。红外防追尾仪实现技术简单,成本低廉,且尺寸小。主要缺点是响应时间过长,使驾驶人得到的提前报警时间常常不足以躲避碰撞,反射波随距离的增长衰减较大,所以探测距离短不满足高速公路的要求,并且受天气、雨、雾、尘埃等环境因素影响较大。

②激光防追尾仪

目前在汽车上应用较广的激光测距系统可分为非成像式激光雷达和成像式激光雷达。

非成像式激光雷达可以分为脉冲式和连续波式两种。

脉冲式激光测距的原理是通过激光测距仪向目标发射激光束,当信号碰到前方目标被反射回来后,记录激光往返的时间间隔,然后用光速乘以往返时间的1/2,即可获得目标的距离。

连续波激光测距的原理是利用连续调制的激光光束照射被测目标,通过测量光束往返中产生的相位变化,换算出被测目标的距离,连续波激光测距误差仅有百万分之一。其中脉冲激光测距雷达由于实现技术比较容易,所以其应用最为普遍。

成像式激光雷达又可分为扫描成像激光雷达和非扫描成像激光雷达。扫描成像激光雷达把激光雷达同二维光学扫描镜结合起来,利用扫描器控制激光的射出方向,通过逐点扫描整个视场,即可获得视场内目标的三维信息。非扫描成像式激光雷达将光源发出的经过强度调制的激光经分束器系统分为多束光后沿不同方向射出,照射待测区域。由于非扫描成像激光雷达测点数目大大减少,从而提高了系统三维成像速度。由于激光具有高单色性、高方向性等特点,因此激光束近似直线,很少扩散,波束能量集中,传输距离远。因此激光雷达防追尾仪具有探测距离远、精确性高、抗电磁干扰能力良好、尺寸小等特点。但激光的灵敏度易随恶劣的天气状况及光学元件的污染而下降。同时,激光的发射能量必须限定在人眼安全水平范围之内。

二、追尾预防研究的基本思想

据统计,汽车追尾事故约占中国高速公路交通事故的 1/3,已成为高速公路交通事故的主要形式之一,因此,高速公路汽车追尾及其规避运动机理,成为交通科技界越来越关心的问题。而怎样预防汽车追尾呢? 防止汽车追尾的方案有主动预防和被动防御方案。主动方案是主动防止追尾事故的发生,即尽量不发生追尾事故;而被动方案是追尾事故若发生,尽量减少损失,最典型的方法是安装安全气囊。在主动预防汽车追尾事故方面,一般是建立汽车追尾事故模型来减少事故的发生,追尾事故模型有汽车防追尾碰撞数学模型、BP 网络模型。通过对高速公路行车间距的分析,研究了影响高速公路汽车追尾事故的主要因素。以两车车速差、跟随车的车速、行车间距为输入量,两车的追尾概率为输出量,采用自适应神经网络模糊推理系统,建立了唯象学的高速公路汽车追尾事故模型。其核心是追尾概率的预测。

利用建立的高速公路汽车追尾事故模型可预测在某一时刻某一路段上追尾发生的可能性,并计算出在此时发生追尾的概率,并给出显示和报警,从而有效地避免汽车追尾事故的发生。

三、基于 ANFIS 的汽车追尾概率模型

ANFIS 是将 Sugeno 一阶模糊推理系统以网络的形式来实现而得到的一种神经网络。它充分利用了模糊推理系统与神经网络各自的优良特性,具有以任意精度逼近任何线性或非线性函数的功能,且收敛速度快,误差小,所需训练样本少。

高速公路汽车车速一般在 120km/h 内,在两车的行车间距大于 350m 时,追尾发生的概率已接近于 0,因此设定行车间距 D 的基本论域为{0,350};速度差 Δv 的基本论域为{0,120};跟随车 B 的车速 v_B 的基本论域为{0,120};汽车追尾发生概率 P 的基本论域为{0,1};行车间距 D 的模糊子集设为{NB,NS,ZO,PS,PB};速度差 Δv 的模糊子集设为{NB,NM,NS,ZO,PS,PM,PB};跟随车 B 的速度 v_B 的模糊子集设为{NB,NM,NS,ZO,PS,PM,PB};汽车追尾概率 P 的模糊子集设为{NB,NM,NS,ZO,PS,PM,PB}。语言值的隶属度函数均选用三角形隶属度函数,由于当行车间距 D 越大(PB)时,若速度差越大(PB),且 v_B 越小(NB),则发生追尾的概率越小(NB),依靠经验可建立 245 条模糊推理规则。行车间距为 PB 时以车速 v_B 和速度差 Δv 为模糊输入,汽车追尾概率 P 为模糊输出,模糊规则见表 8-1。利用模糊规则产生的数据作为 ANFIS 系统的训练数据,设初始步长为 0.01,利用 MATLAB 编程,训练高速公路汽车追尾的 ANFIS 模型。

利用上述建立的高速公路汽车追尾事故的 ANFIS 模型可预测在某一时刻某一路段上追尾发生可能性,为了将这一模型用于实时交通预测控制,用硬件来实现。利用车载定位技术测量前后在行辆的行车间距,利用 CCD 和车速传感器测量两在车的车速差,将测得的数据送给追尾 ANFIS 模型库并计算出在此时发生追尾的概率。

部分模糊规则 表 8-1

追尾概率 P		速度差 Δv						
		NB	NM	NS	ZO	PS	PM	PB
车速 v_B	NB	NS	NS	NB	NB	NB	NB	NB
	NM	NS	NS	NS	NB	NB	NB	NB
	NS	NS	NS	NS	NS	NB	NB	NB
	ZO	NM	NS	NS	NS	NS	NB	NB
	PS	NM	NM	NS	NS	NS	NS	NB
	PM	ZO	NM	NM	NS	NS	NS	NS
	PB	ZO	NM	NM	NM	NM	NS	NS

四、算例分析

设两在行车的行车速度分别为 120km/h(后车)和 90km/h (前车),速度差为 30km/h,与另两在行车的行车速度分别为 120km/h(后车)和 60km/h(前车),速度差为 60km/h,利用建立的高速公路 ANFIS 模型计算出在不同行车间距下的追尾概率见表 8-2、表 8-3。表 8-2 速度差 $\Delta v=30$km/h,$v_B=120$km/h 时不同行车间距下的汽车追尾概率。

不同行车间距下的追尾概率 表 8-2

行车间距(m)	350	320	290	260	230	200	170	140	110	80	60	40	20
追尾概率	0	0	0.01	0.02	0.06	0.11	0.14	0.25	0.38	0.45	0.65	0.82	0.93

速度差 $\Delta v=60$km/h,$v_B=120$km/h 不同行车间距下的汽车追尾概率 表 8-3

行车间距(m)	350	320	290	260	230	200	170	140	110	80	60	40	20
追尾概率	0	0	0.01	0.03	0.09	0.17	0.26	0.36	0.43	0.58	0.77	0.92	0.96

利用上述建立的高速公路汽车追尾事故的 ANFIS 模型可预测在某一时刻某一路段上追尾发生的可能性,为了将这一模型用于实时交通预测控制,可用硬件来实现。利用车载定位技术测量前后在行车辆的行车间距,利用 *CCD* 和车速传感器测量两在行车的车速差,将测得的数据送给追尾 ANFIS 模型库,并计算出在此时发生追尾的概率,并给出显示和报警,从而有效地避免汽车追尾事故的发生。

第三节 交叉口控制优化

一、交叉口控制研究意义

交叉口作为城市道路交通控制的关键点,其控制的优劣直接关系到道路的通行效率。其控制策略可分为定时控制和感应控制。其中模糊感应控制不依赖于被控对象的精确模型,利用专家知识库和控制规则形成控制策略，成为研究热点。但采用模糊控制还存在如下问题：但采用模糊控制还存在如下问题：模糊控制器的量化因子是固定的；控制规则是根据专家经验预先确定的，具有一定的主观性和随机性；当交通密度较大、不同方向流量相差大时，控制效果较差。如何根据实际路口交通流状况，克服模糊控制的弊端，制定出运行效果最佳的信号控制方案是当前交叉口控制的关键所在。

平面交叉口汇集了来自各个方向的交通，是使用者转换行驶路线的枢纽，在路网系统中居于核心地位，也是交通事故集中的地方。主要原因是来自多个方向的各种机动车、非机动车、行人穿行其中，驾驶人在通过平面交叉口时要在短时间内完成系列复杂的操作，包括读取交通指示、遵循交通控制、实施转向、避开行人和非机动车等，每一个操作的失误都有可能导致交通事故的发生。据统计，2003 年，中国公路上国内发生交通事故 389 773 起，造成 80 589 人死亡，322 694 人受伤。城市道路发生交通事故 277 734 起，造成 23 783 死，171 480 人受伤。公路与城市道路交通事故起数比为 1.4 ∶1，而公路交通事故死亡人数是城市道路死亡人数的 3 倍，公路上平均每 5 起事故死亡 1 人，城市道路上平均每 12 起事故死亡 1 人。可见，中国道路交通安全形势非常严峻，死亡人数呈上升趋势。2001 年以来，连续三年交通事故的年死亡人数超过 10 万人，平均每天死亡 300 人，公路交通安全与城市道路相比更为突出，特别是发生在交叉口的交通事故，在导致人员伤亡的交通事故中，约占 50％ 。因此，探求公路平面交叉口的交通安全优化设计，不仅有助于道路通行能力的有效发挥，而且对中国道路交通安全状况的改善具有重要的意义。

二、交叉口混沌控制

1. 混沌控制条件

当交通流处于饱和和过饱和状态时沿用定时控制方案；当交通流处于非饱和状态时切换为感应控制。定时控制中，各信号控制参数依据交叉口线形设计和平均交通流量制定。在感应控制方面，则采用混沌控制策略进行控制。该策略让系统依据历史资料自主进行相位配时从而克服了模糊控制的主观性和随机性。实验证明，将感应控制和定时控制相结合的交叉口多相位混合控制方法可以减少排队车辆数，降低行车延误，增大通行能力。

为了研究的方便，可以假设几个混沌控制条件：

①交通流是低饱和状态。

②有混沌交通流的现象发生，即此时的交通是无序状态。

③道路限定为四相位信号。

2. 控制器的设计及响应表的构造

(1)延误时间序列的生成

混沌控制中以各时段交通流量作为混沌控制器的输入，经式(8-1)和式(8-2)的转换得到延误时间序列。令 q_{jk} 表示第 j 相位对应的两个方向的车辆等待队列长度(下称队长)，$j=1,2,3,4$，为相位序号，$k=1,2$，(1 为东西方向，2 为南北方向)，$q_{jk}\in[0,Q_{\max}]$，$Q_{\max}=D/L$，

L 为单位车身长度。考虑某个周期 T，在 T 内第 i 相位末时(第 i 相将由绿转红)任一车辆等待队列长度设为 $q_{jk}(i)$，相应的延误时间为 $y_{jk}(i)$，则：

$$q_{jk}(i)=\begin{cases}q_{jk}(i-1)+c_{jk}(i) & j\neq 1 \quad 红灯\\ q_{jk}(i-1)+c_{jk}(i)-g_{jk}(i) & j=1 \quad 绿灯\end{cases} \tag{8-1}$$

$$y_{jk}(i)_{\mathrm{mav}}=q_{jk}(i)L/v \tag{8-2}$$

式中：$q_{jk}(i-1)$ ——周期 T 内第 $(i-1)$ 相位末时 jk 车道的车量等待队列长度；

$c_{jk}(i)$ ——第 i 相位 jk 车道的车辆达到数；

$g_{jk}(i)$ ——第 i 相位从红灯变为绿灯后的车流离去数；

L ——平均车长(m)，将车辆按车长分为小型车、中型车和大型车三类，以小型车评价车长为标准，则中型车长为 1.5L，大型车长为 2L；

v ——平均车速(m/s)；

$y_{jk}(i)_{\mathrm{mav}}$ ——周期 T 中第 j 相位内最后一辆车的延误时间(s)。

(2)延误时间序列模型拟合

将得到的延误时间序列送入 origin 软件进行非线性拟合以获得延误时间序列变化趋势表达式：

$$\frac{\mathrm{d}y(t)}{\mathrm{d}t}=a_1y^{b_1}(t-1)+a_2y^{b_2}(t-2)+a_3y^{b_3}(t-3)+\cdots+a_{10}y^{b_{10}}(t-10)+g \tag{8-3}$$

式中：a_1、a_2、…、a_{10}、b_1、b_2、…、b_{10}；g 均为待定系数。具体拟合过程描述如下：

①作 $y\sim t$ 散点图；激活窗口 Graph1，选择菜单命令【Analys】中的【Non－linearCurve Fitting】对话框。②选择菜单命令【Function】→【New】，输入式(8-6)并设置各待定系数初始值，然后点击【Startfitting】。设定每次拟合各系数均从 0.1 开始。③点击【10 lter.】按钮，Origin 进行最多 10 次迭代并在窗口显示拟合曲线及实际迭代次数。按此多次重复，直至参数值不变为止。④在【Non－linear Curve Fitting】对话框中选择菜单命令【Action】→【Results】，在弹出的话框中点击【Param. Worksheet】按钮生成了拟合系数窗口。

3. 混沌引导策略

混沌引导法简称打靶法，它可使延误时间序列轨道向期望状态逼近。该法对描述系统的模型精度要求不高，采用 origin 软件拟合。考虑 m 维非线性微分方程系统：

$$\frac{\mathrm{d}\vec{y}}{\mathrm{d}t}=\vec{F}(\vec{y},\vec{p},t) \tag{8-4}$$

式中 $\vec{y}$、$\vec{p}$ 和 $\vec{F}$ 是 m 维矢量，$\vec{p}$ 是系统控制参数，它的标准值是 $\overline{\vec{p}}$。式(8-4)是由 origin 软件拟合延迟时间序列后求导得到的非线性表达式。$\vec{y}$ 为延迟时间序列。由于在交叉口控制中是将原本在式(8-4)上的轨道解引导至非解的目标位置 $\overline{\vec{y}}=\vec{\varphi}(t)$，即 $\overline{\vec{y}}$ 不是式(8-4)的解。因此采用如下的引导瞄准思想：选取每日凌晨 2:00 至 3:00 延误时间作为初始状态 $\vec{y}_{\mathrm{i}}$，因为此时段内交通流较小且具有很强的重复性，不需设定初始状态更新判断条件。延误时间轨道从

初始状态 $\vec{y}_i$ 出发，在 t_0 时刻到达 $\vec{y}_0$ 。如果 $\vec{y}_0$ 和 $\overline{y}$ 曲线上某点 $\overline{y}_1$ 之间的距离是可调小量，则由扰动系统参数可引导轨道使延误从 $\vec{y}$ 到达 $\overline{y}_1$ ，接着通过扰动系统的参数可引导从 $\overline{y}_1$ 出发的式(8-4)的延误轨道到达 $\overline{y}=\vec{\phi}(t)$ 上的 $\overline{y}_2$ 。之后，依次引导，可使从式(8-4)得出的轨道点依次经过 $\overline{y}_1$ ，$\overline{y}_2$ ，…，便完成了延误引导过程。

假设当 $t=t_n$ 时完成了引导，则当 $t=t_{n+1}=t+\Delta t$ 时对参数 $\vec{p}$ 做适当扰动来完成引导

$$(\vec{y}_{n+1})l+1=\overline{y}_n+\vec{F}(\overline{y}_n,\overline{p}_e,t_n)\Delta t_n$$

$$\vec{p}_l+1=\vec{p}_e-E\cdot[(\vec{y}_{n+1})l+1-\overline{y}_{n+1}],l=0,1,2,\cdots \tag{8-5}$$

则

$$(\vec{y}_{n+1})l+1-\overline{y}_{n+1}=(I-(\partial\vec{F}/\partial\vec{p})E\Delta t_n)[(\vec{y}_{n+1})l-\overline{y}_{n+1}]+\cdots \tag{8-6}$$

令

$$A=I-(\partial\vec{F}/\partial\vec{p})E\Delta t_n \tag{8-7}$$

其中 E 、A 为 $m*m$ 矩阵，E 的矩阵元 $\varepsilon_{ij}(i,j=1,2,\cdots,m)$ 的值要求在式(8-4)的收敛区域内选取。如果 λ_k 是矩阵 A 的本征值，其必须满足迭代收敛条件

$$|\lambda_k|<1 \quad (k=1,2,\cdots,m) \tag{8-8}$$

当 $\lambda_k=0$ 时称为最佳打靶。

交叉口控制中 $\vec{p}$ 相对于标准值的变动允许区间是受限制的。如果在打靶期间 $|[p_k(t)-\overline{p}_K]n|$ 的最大值大于 Δp_k^*（Δp_k^* 为最大允许扰动）打靶不可能实现，即要求满足下式：

$$\max_n|[p_k(t)-\overline{p}_k]n|<\Delta p_k^* \quad (u=1,2,\cdots,m) \tag{8-9}$$

低饱和交叉口的排队时间长度超过最大限定值的情况不在考虑之内。因此，式(8-9)可视为必然成立，即只要式(8-8)成立，即可进行新一轮混沌引导。若式(8-8)不成立，则将期望值逐次增加 5s，直到满足条件为止。

4. 响应输出

各相位信号配时 e_j 是控制器最终的输出变量。由混沌引导得到的期望延误，按式(8-10)即可转化为相位配时输出：

$$\Delta e(t+1)=\min_n[\vec{d}_{jk}(t+1)-d_{jk}(t+1)]$$

$$e(t+1)=\Delta e(t+1)+e(t) \tag{8-10}$$

将得到的相位配时差 Δe 反馈给混沌控制器，为下一轮控制做好准备，同时输出各相位配时 e_j 。

三、实例分析

1. 数据采集

在长沙市城区某交叉口进行交通量调查采集仿真所需数据。该交叉口几何设计如图 8-1

所示。每一相位享有通行权的车道为：第一相位 $k=[1\quad 2\quad 7\quad 8]$；第二相位：$k=[4\quad 5\quad 10\quad 11]$；第三相位 $k=[3\quad 9]$；第四相位 $k=[6\quad 12]$。调查从2006年8月27日早上8:30起，持续不间断进行2h，采样时间为1min。整理后的部分调查数据样本见表8-4。

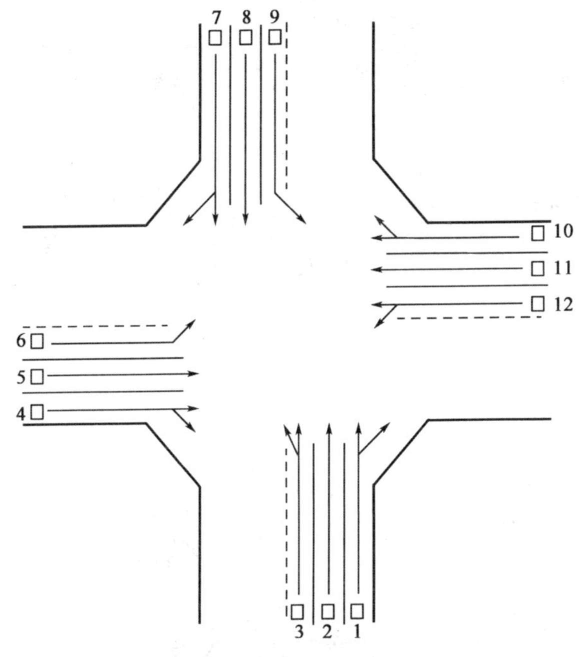

图8-1　四相位交叉口交通分布

表8-4

部分数据样本表

序列号	1	2	3	4	5	6	7	8	备　注
到达车流量(辆/min)	24	35	43	36	25	22	35	26	饱和车流量：60辆/min 一、三相位：50s 二、四相位：15s 仿真模型选择 a_1 作为控制系数
直行车流量(辆/min)	17	25	21	15	19	16	22	21	
左转车流量(辆/min)	5	28	11	6	6	3	5	0	
右转车流量(辆/min)	3	2	9	15	3	3	6	6	
排队长度(辆)	2	2	4	4	1	1	3	2	
车头间距(m)	5.57	6.24	7.65	6.5	5.61	5.43	5.98	5.67	

2.仿真分析

由于研究对象为混沌交通流，故从两小时交通调查数据中截取东西、南北双向交通流混沌现象交错时间最长的时间段作为仿真控制对象。因为混沌现象持续时间很短，本文将选定的时间段进行加噪处理以得到较长时间的混沌交通流而方便仿真研究。包含此时间段在内的经加噪处理的东西向和南北向车头间距随时间的变化情况如图8-2～图8-4所示。

由图8-2可知，南北向车头间距出现混沌的仿真时间段为47～121s，东西段出现混沌的车头间距仿真时间段为23～133s。截取东西、南北向共同出现混沌现象的时间段作为本次仿真的控制对象即跨度时间为 47～121s 的交通流，仿真持续 74s。仿真时间 1s 对应现实交通流控制 1min。

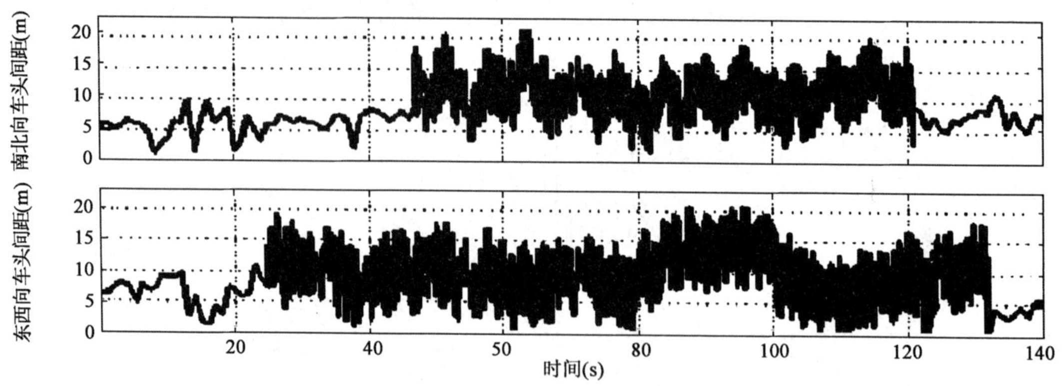

图 8-2　交通调查车头间距变化情况

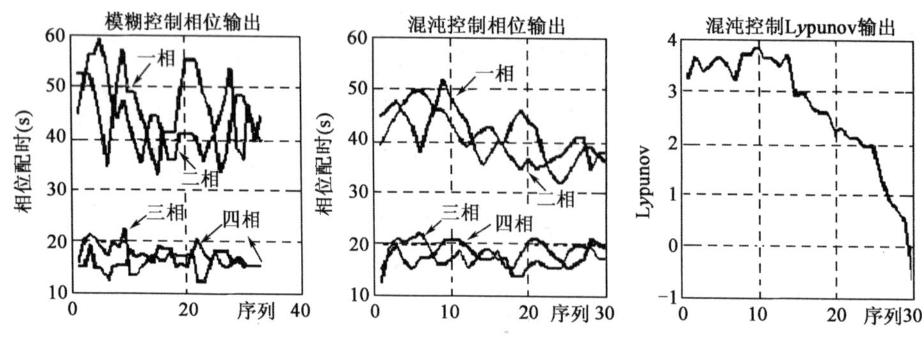

图 8-3　混沌控制与模糊控制输出结果

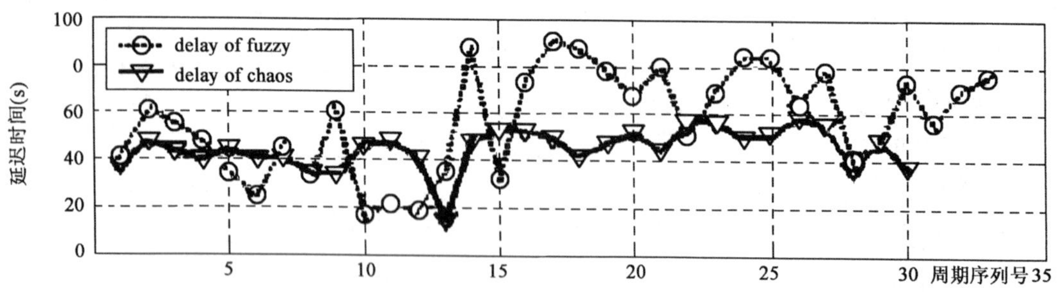

图 8-4　模糊控制与混沌控制延迟时间仿真结果比较

对截取的交通流分别进行模糊控制与混沌控制，在仿真时间内混沌控制产生 30 个相位控制周期，模糊控制产生 33 个相位控制周期，结果如图 8-3。图 8-3 还给出了每一次混沌控制过后其最大 Lypunov 指数变化情况。混沌控制与模糊控制两种方法的各相位平均延误之和的比较情况如图 8-4 所示。

分析仿真结果可知，图 8-2 出现的交通流混沌状态进一步检验了由交通流混沌现象具有空间传播特性的正确性。图 8-3 中混沌控制相位输出曲线明显比模糊控制曲线光滑，说明混沌控制能在更小的时间范围内响应交通流变化。同时，Lypunov 指数直到最后一次才变为负数，说明当出现连续混沌现象时，混沌现象不会因为一次的有效控制而立即消失，即混沌现象在时间上也具有传播性。在远离交叉路口的地方采集各相位总平均延误之和为 57.74s/辆，而采用混沌控制后，其值降至 48.36s/辆，即与模糊控制相比实施混沌控制后各相位平均延误之和减少了 16.24%。因此，对混沌交通流而言混沌控制效果优于模糊控制。为增大道路通行能力，降低延误，实际交叉口信号控制有必要对混沌交通流单独实施混沌引导控制策略。

第四节　发生事故后交通流的分配与路径诱导

一、路径诱导与交通流分配的研究意义

路径诱导系统(route guidance system)是智能交通系统的核心组成部分之一。路径诱导系统通过诱导信息来改变出行者的出行行为，降低出行者对未知交通状态的焦虑，合理分配整个交通网络上的交通流，从而减少整个系统总的交通时耗。

交通分配(Traffic Assignment)是交通规划中一个重要步骤，它是将调查得到的起讫点之间的出行分布数据按照现有的或规划中的路网分配到各条道路上，而推测各条道路上的交通量。在这种交通分配中 OD 矩阵是已知且确定的，不考虑其随时间变化，因此称为静态交通分配。20 世纪 50～80 年代，静态交通分配理论引起了交通工程界和应用数学界的极大兴趣，发表了大量论文，提出了上百种解决静态交通分配的模型和算法。在交通规划方法相对较为成熟后，交通工程领域的人们逐渐把注意力更多的转向交通控制和诱导，例如智能运输系统(ITS)的快速发展。所谓的动态交通分配，就是将时变的交通出行合理分配到不同路径上，分析其最优的交通流量分布模式，从而为交通流控制与管理、动态诱导等提供依据。通过交通流管理和动态陆军诱导在空间和时间尺度上对人们已经产生的交通需求的合理配置，使交通路网优质高效的运行。

二、交通流分配与路径诱导的关系

路径诱导实际上是交通流的再次分配。因为常说的交通流分配一般指静态交通流分配，它是通过大量的 OD 调查获取相关的出行资料，用统计学方法把交通流分配到相应路网中，并且视其为相对稳定的。但是显而易见这是与实际情况有区别的，统计资料毕竟是历史资料也就是静态资料，而交通流是实时变化的也就是动态变化的，根据静态的历史资料去分配动态变化的实时交通流必然会有一定差异性。并且静态交通分配忽略了所有外界影响因素，这也是造成误差的重要原因，例如天气变化、自然灾害、重大节日、偶发的交通事故等都会影响到交通流的稳定。而路径诱导就是充分考虑了这些影响交通流的外界因素，根据实时变化的交通流信息来指导交通参与者的路径选择，即为交通流的再分配。

三、路径诱导与交通流分配方法

1. 路径诱导方法简介

(1)Dijkstra 算法

Dijkstra(迪杰斯特拉)算法[79]是典型的最短路径路由算法,用于计算一个节点到其他所有节点的最短路径。主要特点是以起始点为中心向外层扩展,直到扩展到终点为止。传统 Dijkstra 算法是用逐点增长的方法构造一棵路径树,从而得到从该树的根结点到其他所有结点的最短路径。传统 Dijkstra 算法将网络结点分为未标记结点、临时标记结点和永久标记结点 3 种类型。网络中所有结点首先初始化为未标记结点,在搜索过程中和最短路径结点相连通的结点为临时标记结点,每一次循环都是从临时标记结点中搜索距源点路径长度最短的结点作为永久标记结点,直至找到目标结点或者所有结点都成为永久标记结点。传统 Dijkstra 最短路径算法的基本思想是,设置一个结点集合 S 并不断地作贪心选择来扩充这个集合。

设 V 为所有结点集合,S 为已求出最短路径的结点集合,S 的初值为源点,T 为尚未确定最短路径的结点集合(即 V−S),T 集合的初值是除源点之外的所有结点。按路径长度递增的顺序逐个把 T 集合中的结点加到 S 集合中去,直至从源点出发可以到达的所有结点都在 S 集合中。

传统 Dijkstra 算法比较简单,容易实现,理论上,用该算法解决最短路径问题已经很成熟。但是在实际应用中其存在以下 3 点不足:

①不适合大规模网络的最短路径搜索。在路网模型大,结点数目多的系统(如车辆导航系统)中,若采用传统 Dijkstra 算法计算最短路径,其存储空间和计算时间都会相当庞大,这将直接影响搜索效率。

②算法采用邻接矩阵描述网络结点和弧的特征,存在大量空间冗余,而且邻接矩阵难以全面地描述真实路网信息,如结点属性信息及弧的属性信息等。

③设 dist 数组记录临时标记结点的最短路径长度,搜索过程应选择最小的 d[i]加入到 S 中。这个选择没有考虑终点的位置和方向,是贪心策略的体现,即在每个阶段都保持局部最优,而从全局来看,总的结果可能不是最优。

(2)k 最短路算法

在许多情况下,我们不仅仅要考虑最短路也要考虑次短路、次次短路,即 k 最短路问题。k 最短路径问题[80]是指在图上,对于给定的源点——目的点,列出路径长度从最短路径到第 k 短的路径。它的思想是:从原始点到顶点 j 的第 K 条最短路是由原始点到顶点 i(i 是 j 的相邻顶点,最短路从 i 指向 j)的第 K 条最短路加上 i 到 j 的一段弧。即把与 i 关联的弧作为 K 最短路的最后一段扫视一遍,d_{ij} 元素在运算中作为 K 最短路的最后一段弧被挑选,并且以前一次运算的向量为基础,取相应的中间点。主要反复执行加法和求极小值的运算。

(3)A* 算法

A* 算法[81]是启发式搜索(又称 best−first 搜索)算法的一种。所谓启发式搜索算法是指一种优先顺着具有启发性和特定信息的节点搜索的算法,因为这些节点依据一个对节点的评估函数可能是在到达目标的最优路径上。启发式搜索的基本思想(也是 A* 算法的思想)有以下三条：

①假定有一个评估函数 f,可以帮助确定下一个要扩展的最优节点。采用这样的一个约定,即 f 值小表示找到好的节点。

②下一个要扩展的节点是 f 值最小的结点(这里假设扩展一个节点产生它的所有后继)。

③当下一个要扩展的节点是目标节点时过程终止。

为使 A* 算法能够顺利进行,引入了 OPEN 表和 CLOSED 表两种用于存储不同状态节点的结构。其中 OPEN 表用于存储算法已经搜索到但没有扩展的节点,CLOSED 表用于存储算法已扩展的节点。

A* 算法搜索单个 O—D 间的最优路径过程如下：

①初始化 把 n_0 放在一个叫 OPEN 的列表上,计算 $f(n_0)$。并生成一个空列表 CLOSED。

②如果 OPEN 为空,则失败退出。否则,选择 OPEN 上的第一个节点(该节点的 f 值最小),把它从 OPEN 上移入 CLOSED 中,称该节点为 n。

③如果 n 是目标节点,从 n 到 n_0 的指针找到一条路径,获得解决方案,成功退出。否则,扩展节点 n,生成其后继节点集 M。对于每一个后继 n_i,计算 $f(n_i)$;如果没有后继节点,转回第 2 步。

④对 M 的每一个即不在 OPEN 中,也不在 CLSED 中的成员,把它们加到 OPEN 中,并建立一个指向 n 的指针。对 M 的每一个已在 OPEN 中或 CLOSED 中的成员 n_i,若它们新计算的 f 比它们原有的 f 值小,则以新的 f 值作为该成员的 f 值,将 CLOSED 表中的这种节点放回到 OPEN 表中。并将所有这种节点的指针指向 n。按递增 f 值,重排 OPEN 表。

⑤返回第 2 步。

此外还有 floyd 算法、分层路径诱导算法、遗传算法、神经网络算法等。

(4)蚁群算法在路径诱导中的应用

车辆导航系统研究经历了从静态路径引导到动态路径引导的过程,二者区别在于前者以几何距离、道路质量为路阻计算最短路径,进行路径引导,计算结果与真实最短路径存在较大差异;而后者考虑实时交通信息,以动态行程时间作为计算最优路径的依据,进行路径引导。为了解决动态路径选择问题,人们已经提出很多算法包括 Fu 和 Rilett 提出的 k 最短路径算法以及各种改进的 A* 算法和 Dijkstra 算法。这些算法通常采用图论和数学规划方法进行串行寻优,计算时间长,计算量大,特别对于大规模路网更难以满足导航信息实时性要求。本文提出一种基于蚁群算法的车辆导航系统的最优路径算法,其优点在于该算法通过对自然界生物行为的模拟,能够在全局范围内动态确定车辆最优行驶路线,提高整个交通系统的质量和效率。

①蚁群算法原理

蚁群算法(ACO)是一种随机搜索算法,与其他模拟进化算法一样,通过由候选解组成的群体的进化过程来录取最优解。它是在对自然界中真实蚁群的集体行为的研究基础上由意大利学者 DorigoM 等首先提出来的。自然界中蚂蚁在觅食过程中,会在其走过的道路上留下一种成为信息素的激素,其他蚂蚁可以感知这种激素并以此指引其运动的方向。这种信息素允许叠加，走过同一条路径的蚂蚁数量越多，这条路径上的信息素浓度越大，也就吸引其他蚂蚁以更大的概率走此路径；反之，走过的蚂蚁越少，信息素浓度越低，吸引蚂蚁的概率越小。同时，这种信息素还会随着时间的推移而挥发。这种现象称之为正反馈原理。蚂蚁算法正是基于这种正反馈机制发展起来的。蚂蚁算法的思想是：依靠人工蚂蚁群体求解，每个蚂蚁个体具有简单的判断能力和局部搜索规则，通过释放和探测信息素的方式交流，蚂蚁群体经过一定时间的自组织活动后，趋向最优解。一般地，在设计蚂蚁算法时，假设蚂蚁个体知道所有相邻节点与它的距离，其局部搜索规则是：蚂蚁既考虑下一段路的长度，也会考虑其信息素的分布强度，在相邻节点中以一定的概率选择下一到达节点. 比如，在 t 时刻路段 (i,j) 上的信息素强度为 $\tau_{ij}(t)$，则第 k 只蚂蚁从 i 点向 j 点转移的概率 $p_{ij}^{k}(t)$ 表示为：

$$p_{ij}^{k}(t)=\begin{cases}\dfrac{[\tau_{ij}(t)]^{\alpha}(\eta_{ij})^{\beta}}{\sum\limits_{s\in allowed}[\tau_{is}(t)]^{\alpha}(\eta_{is})^{\beta}} & j\in allowed\\ 0 & j\notin allowed\end{cases}\tag{8-11}$$

式中 $allowed$ 表示蚂蚁 k 下一步允许选择节点，η_{ij} 为启发函数，其表达式为 $\eta_{ij}=1/d_{ij}$，d_{ij} 表示 i、j 两个节点之间的距离。α 与 β 的相对大小决定了蚂蚁对路段信息素和质量的取向偏好。当蚂蚁转移到 j 点时，修改 $allowed$ 表，即：

$$allowed=allowed-\{j\}\tag{8-12}$$

当蚂蚁完成一次环游，信息素做如下调整：

$$\tau_{ij}(t+n)=(1-\rho)\tau_{ij}(t)+\Delta\tau_{ij}(t)\tag{8-13}$$

$$\Delta\tau_{ij}(t)=\sum_{k=1}^{m}\Delta\tau_{ij}^{k}(t)\tag{8-14}$$

其中：ρ 为小于 1 的常数，表示轨迹的持久性；$1-\rho$ 表示轨迹衰减度，即信息的消逝程度。$\Delta\tau_{ij}(t)$ 表示本次循环中路径 ij 上的信息量的增量；$\Delta\tau_{ij}^{k}(t)$ 表示第 k 只蚂蚁在本次循环中留在路径 ij 上的信息量；$\Delta\tau_{ij}(t)$ 的取值使用 M. Dorigo 提出的 ant—cycle system 模型中的取值方法，即：

$$\Delta\tau_{ij}^{k}(t)=\begin{cases}P/L_{k} & i,j\in L_{k}\\ 0 & \text{其他}\end{cases}\tag{8-15}$$

其中 P 是一个常数，代表信息素强度，L_{k} 表示第 k 只蚂蚁在本次循环中所走的路径长度。在初始时刻，$\tau_{ij}(0)=$常数，$\Delta\tau_{ij}(t)=0\ (i,j=1,2,\cdots,n)$。这样，在每次实验过程中，每只蚂蚁都依据式(8-11)选取路径；而在每次实验结束后，每只蚂蚁选取的结果又通过式(8-12)、式(8-13)、式(8-14)、式(8-15)反馈给式(8-11)，作为下一次实验蚂蚁选取路径的依据，这便是基本蚂蚁算法的路径寻优过程。

②蚁群算法在导航系统中的应用

导航系统的一个重要的功能模块便是对车辆最优路径的分析，本文介绍一种导航系统中基于蚁群算法的最短路径算法，在导航系统中，对道路的各项分析是基于电子地图格式的，由电子地图信息，可以构造出有向图 $G(V,E)$，$V=(V_1,V_2,\cdots,V_n)$ 是交通网络中的顶点集，它代表交通网络中的所有结点集合。$E=e_{ij},(i,j=1,2,\cdots,n)$ 是交通网络中的有向边集，它代表交通网络中结点间的连接线，e_{ij} 是有方向的，代表的从结点 V_i 到 V_j 的路径距离，由于电子地图有其固定的存储模式，通过 GPS 卫星定位系统，确定好各个结点的位置后，可以很方便的计算出两点之间距离 e_{ij}，得到路段距离表。

在具体的导航过程中加入路况实时信息，得条件约束如下：

a. 当所选择的路径为单向行驶路段，或者某路段发生了交通事故而造成交通阻塞时，将路段信息表中表示该路段的有向边修改为禁止通行，避免车辆选择此路段方向。

b. 由于不同道路上的车辆稠密程度不同，而不同的车辆密度对车辆行驶有着很大的影响，根据传感器采集的交通信息来确定车辆的稠密程度，在每一路段加入道路稠密系数 $\phi_{ij}(t)$，于是蚂蚁从节点 i 选择下一节点 j 的概率为：

$$p_{ij}^{k}(t)=\begin{cases}\dfrac{[\tau_{ij}(t)]^{\alpha}(1/e_{ij})^{\beta}\phi_{ij}(t)}{\sum\limits_{s\in allowed}[\tau_{is}(t)]^{\alpha}(1/e_{is})^{\beta}\phi_{is}(t)} & j\in allowed\\ 0 & j\notin allowed\end{cases}\tag{8-16}$$

定义 $\phi_{ij}(t)$ 的计算式为：

$$\phi_{ij}(t)=\frac{Q(t)}{e_{ij}\times n\times\overline{V(t)}}\tag{8-17}$$

$\phi_{ij}(t)$ 的取值根据该路段当前车辆数 $Q(t)$、相邻路段长度 e_{ij}，车道数 n，平均车速 $\overline{V(t)}$ 来确定，代表的物理意义即为每单位车道长度车流密度大小。信息素 $\tau_{ij}(t)$ 更新采取式(8-13)、式(8-14)，这样，随着蚂蚁爬过的次数增加，就能找到此时此刻通往目的地的最优路径。算法的优路径。算法的程序结构图如图 8-5 所示。

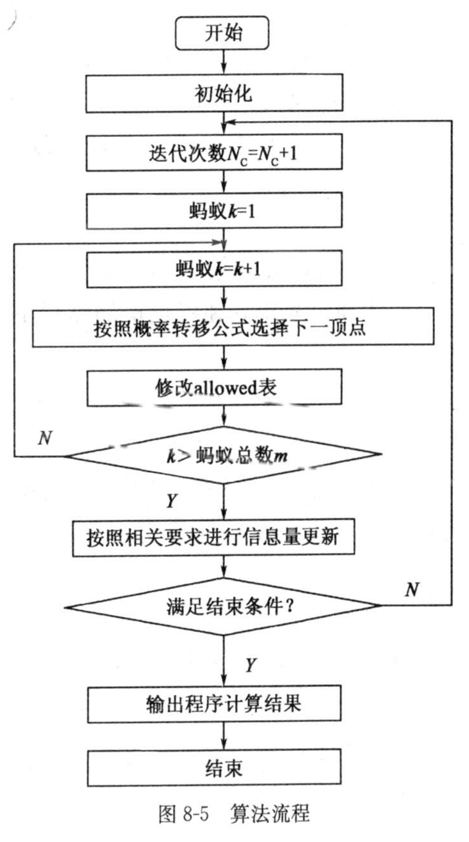

图 8-5　算法流程

2. 道路动态交通流分配

传统的动态分配模型中，没有考虑将实时变化的交通信息对驾驶人的影响，因此也很难描叙出驾驶人作出的路径选择对路网的影响。本文结合时变的交通信息，对交通进行动态分配，最终达到路网均衡，通过与传统的分配模型仿真对比表明，该算法取得了较好的交通分配效果。

(1)道路交通分配模型建立

这里将交通网络定义为 $G=(N,L)$，其中 N 为节点集，L 为路段集 $(L=N\times N)$，K 代表起讫点 (OD) 对集合，R_k 代表 OD 对 k 之间的路段集，Q_k 为

OD 对 k 上总车辆数，q_k^1 和 q_k^2 为 OD 对 k 上携带设备出行和不携带设备出行的车辆数，于是得到：

$$Q_k = q_k^1 + q_k^2 \tag{8-18}$$

这里 n_{linkss} 、n_{paths} 分别代表 l 和 k 的维数，记 f_l 为路段 l 上的车流量，其中携带设备出行车辆数为 f_l^1 ，不携带设备出行车辆占 f_l^2 ，于是有：

$$f_l = f_l^1 + f_l^2 \tag{8-19}$$

由于携带设备出行者能够方便的获取当前交通信息，对车辆经过当前路段时间估计比接近真实时间，而且对道路堵塞程度有个较好的把握，经过同一段路段的费用函数分别表示为 $c^1(f_l^1)$ 、$c^2(f_l^2)$ 。某一路段费用函数可以表示为时间 $t^a(f_l)$ 、金钱花费 $p(f_l)$ 的线性函数。

$$c^a(f_l^a) = t^a(f_l) + p(f_l)/\delta_a \qquad a = 1,2 \tag{8-20}$$

其中 δ_a 代表两种类型的出行者对费用的敏感程度。携带设备出行者由于有实时交通信息，通过车辆密度 ρ 的把握，可以准确的计算出车辆行驶速度 v ，得出行驶时间 $t^1(f_l)$ 。而不携带设备出行者，只能是凭经验来判断行驶时间 $t^2(f_l)$ ，这里取平均值。f^1 为 f_l^1 组成的 $(n_{links} \times 1)$ 维列向量、f^2 为 f_l^2 组成的 $(n_{links} \times 1)$ 维列向量，路网上的费用函数可以表示为 $(n_{links} \times 1)$ 向量 $c^1(f^1)$ 、$c^2(f^2)$ ，携带设备和不携带设备出行车辆，通过某一路径 k 的总费用分别为：

$$C_k^1 = \sum_{i \in k} c_{i,1}^1(f^1) + \xi_k^1 \tag{8-21}$$

$$C_k^2 = \sum_{i \in k} c_{i,1}^2(f^2) + \xi_k^2 \tag{8-22}$$

其中 ξ_k^1 、ξ_k^2 代表可能在路径矩阵 k 上意外需要的花费（如遇到车祸），A 为二元矩阵，只包含 0 和 1 两个数，维数为 $(n_{links} \times n_{paths})$ ，其中 $a(l,k)$ 等于 1 如果路径 k 经过路段 l ，否则的话等于 0。式(8-21)、式(8-22)可分别表示为：

$$C^1 = A^T c^1(f^1) + \xi^1 \tag{8-23}$$

$$C^2 = A^T c^2(f^2) + \xi^2 \tag{8-24}$$

假定 ξ_k^1 、ξ_k^2 相互独立，而且满足均值为 0 的 Gumble 分布（方差为 $\pi^2\theta^2/6$ ），那么在 $k \in I_{od}$ 中（ I_{od} 为通过起点 o 和终点 d 的路径集合），带设备出行与不带设备出行选择第 k 条路径的概率分别为：

$$p^1(k \mid od) = \exp(-C_k^1/\theta)/\sum_{h \in I_{od}} \exp(-C_h^1/\theta) \tag{8-25}$$

$$p^2(k \mid od) = \exp(-C_k^2/\theta)/\sum_{h \in I_{od}} \exp(-C_h^2/\theta) \tag{8-26}$$

路径 k 上的携带设备和不携带设备车流量分别为 F_k^1 、F_k^2 ，通过起点 o 和终点 d 的两类车流量分别为 d_{od}^1 、d_{od}^2 ，于是有：

$$F_k^1 = p^1(k \mid od) d_{od}^1 \tag{8-27}$$

$$F_k^2 = p^2(k \mid od) d_{od}^2 \tag{8-28}$$

通过路段 l 的交通流量为：

$$f_l^1 = \sum_{k;l \in k} F_k^1 \qquad f_l^2 = \sum_{k;l \in k} F_k^2 \tag{8-29}$$

得到了方程：

$$\begin{cases} f^1 = AP^1 d^1 \\ f^2 = AP^2 d^2 \end{cases} \tag{8-30}$$

其中 $P^1=[p^1(k\mid od)]$、$P^2=[p^2(k\mid od)]$分别为 $(n_{\text{paths}}\times n_{\text{links}})$ 概率矩阵，P^1、P^2 分别为 f^1、f^2 的函数，式(8-30)可以写为：

$$\begin{cases}f^1=AP^1(f^1)d^1\\ f^2=AP^2(f^2)d^2\end{cases}\tag{8-31}$$

动态交通分配问题转换为求不动点求解问题。

(2)道路交通分配模型求解

这里采取由 Powell 和 Sheffi 提出来的变分法[88]结合实时交通信息来求解动态交通分配不动点问题。主要有以下几个步骤：

①初始化。由给定的 OD 矩阵，确定携带设备和不携带设备出行车辆的 OD 矩阵 d^1、d^2，这里可以取一个平均比例。设定迭代初始值 $n=1$。

②计算路段费用函数。携带设备出行的车辆将获取的路况信息转换为车流密度 ρ，通过 ρ 计算出 v，最后计算出时间 $t^{1(n)}(f_1)$。不携带设备出行车辆取路段平均值 $t^2(f_1)$。由式(8-20)计算出路段费用函数 $c^{a(n)}(f_1^a)$。

③交通分配。通过式(8-25)、式(8-26)对路网进行交通分配。得到概率矩阵 $P^{1(n)}$、$P^{2(n)}$。通过式(8-27)、式(8-28)、式(8-29)计算出交通流量矩阵 $x_1^{(n)}$。

④更新路网交通流量。采用以下方式：

$$f_1^{(n+1)}=f_1^{(n)}+[x_1^n-f_1^{(n)}]/(n+1)\qquad\forall l\in L\tag{8-32}$$

⑤如果 $\|f_1^{(n+1)}-f_1^{(n)}\|<\varepsilon$（$\varepsilon$ 为给定迭代精度），则算法停止。否则，$n=n+1$，算法回到第 2 步，继续进行迭代计算。

四、应用实例

1. 蚁群算法的实例仿真

取长沙市五一大道、朝阳路附近的几条主干道作为计算实例(此电子地图经纬度坐标来源于 googleearth)，假定某车辆在交通高峰时段起始位置处于 V_1（五一广场），目的地是 V_{16}（高桥市场），求车辆在最短时间内到达目的地的最优路径。如图 8-6 所示。

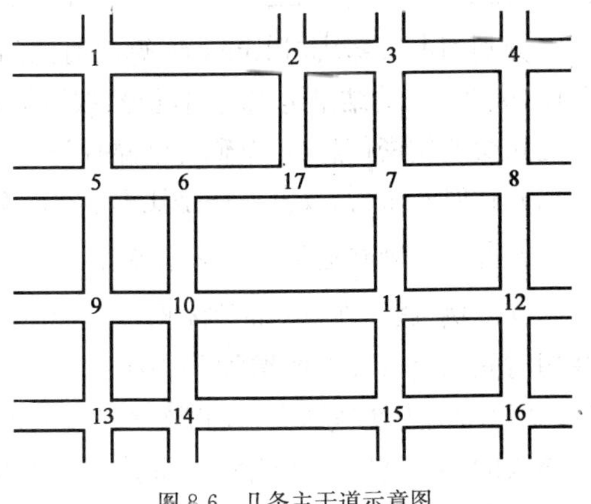

图 8-6　几条主干道示意图

在本例中，各路段交通信息表中的路段距离如表 8-5 所示，各结点经纬度如表 8-6 所示。考虑到 V_8 到 V_4 之间为单行道，修改路段信息表，令 V_8 到 V_4 为不可通行。然后由交通调查获得的实时交通信息，并经计算，得到相邻路段的稠密系数如表 8-7 所示。设定蚂蚁数目为 10，$\alpha=1$，$\beta=3$，$\rho=0.3$。平均车速 $\overline{V}$ 通过对相关路段的交通调查而获得。

长沙市部分相邻路段距离表 表 8-5

顶点—顶点	距离(m)	顶点—顶点	距离(m)	顶点—顶点	距离(m)	顶点—顶点	距离(m)
V_1-V_5	394.7	V_3-V_7	324.9	V_7-V_{17}	259.8	V_{11}-V_{15}	600.6
V_1-V_2	648.9	V_5-V_6	471.7	V_8-V_{12}	387.6	V_{12}-V_{16}	620
V_2-V_3	316	V_5-V_9	421.5	V_9-V_{13}	421.5	V_{13}-V_{14}	480.7
V_2-V_{17}	313.1	V_6-V_{10}	421.3	V_{10}-V_{11}	382.4	V_{14}-V_{15}	440.3
V_3-V_4	380.8	V_6-V_17	221.6	V_{10}-V_{14}	403.3	V_{15}-V_{16}	388

各 结 点 经 纬 度 表 8-6

V_1	28°12′5.29″″N	112°59′30.50″″E	V_{10}	28°11′38.45″″N	112°59′45.26″″E
V_2	28°12′2.43″″N	112°59′54.12″″E	V_{11}	28°11′38.37″″N	113° 0′4.38″″E
V_3	28°12′1.97″″N	113° 0′5.72″″E	V_{12}	28°11′38.40″″N	113° 0′18.43″″E
V_4	28°12′2.47″″N	113° 0′19.70″″E	V_{13}	28°11′21.14″″N	112°59′30.54″″E
V_5	28°11′52.59″″N	112°59′28.60″″E	V_{14}	28°11′19.66″″N	112°59′48.12″″E
V_6	28°11′52.11″″N	112°59′45.92″″E	V_{15}	28°11′18.88″″N	113° 0′4.27″″E
V_7	28°11′51.45″″N	113° 0′4.89″″E	V_{16}	28°11′18.29″″N	113° 0′18.51″″E
V_8	28°11′50.98″″N	113° 0′18.42″″E	V_{17}	28°11′52.27″″N	112°59′54.06″″E
V_9	28°11′38.93″″N	112°59′27.80″″E			

分别用本节算法与 Dijkstra 算法对该问题进行求解计算，得到两种不同的寻优结果如表 8-4。从表 8-4 的结果可以看出，虽然蚁群算法找到的并不是最短路径，但由于蚁群算法考虑了道路交通稠密信息，对车辆行驶路径进行了较好的引导，避开了稠密度较大的一些路段，从平均到达时间来看，蚁群算法是比 Dijkstra 算法更优的算法。

2. 部分路段交通拥挤时导航仿真

同上例，假设在某一时刻，$V_2 -> V_{17}$ 路段发生了交通事件，这时 $e_{2,17}$ 路段车辆数 $Q(t)$ 在短时间内会有较大的增加，e_{ij} 和 n 不变，整个路段的平均车速 $\overline{V(t)}$ 变小，道路稠密系数 $\phi_{ij}(t)$ 短时间内快速增大，因此该路段就成为尽量避免行驶的路段，同时由于发生交通事件，这一路段的邻近路段的车辆稠密系数也会发生改变，在发生交通事件时的道路车辆稠密系数 $\phi_{ij}(t)$ 如表 8-7 所示，分别用两种算法对此例进行导航仿真，结果如表 8-8 所示。

长沙市部分相邻路段稠密系数表　　表 8-7

顶点—顶点	稠密系数（×100）	顶点—顶点	稠密系数（×100）	顶点—顶点	稠密系数（×100）	顶点—顶点	稠密系数（×100）	顶点—顶点	稠密系数（×100）	顶点—顶点	稠密系数（×100）
V_1-V_5	3.57	V_4-V_8	5.62	V_7-V_8	3.2	V_9-V_{10}	3.22	V_{12}-V_8	3.77	V_{15}-V_{11}	2.64
V_2-V_1	2.52	V_5-V_1	3.46	V_7-V_{11}	3.26	V_{10}-V_6	2.57	V_{12}-V_{11}	2.58	V_{15}-V_{14}	4.37
V_2-V_3	2.77	V_5-V_6	4.71	V_7-V_{17}	3.21	V_{10}-V_9	3.78	V_{12}-V_{16}	3.17	V_{15}-V_{16}	3.01
V_2-V_{17}	3.74	V_5-V_9	3.68	V_8-V_4	—	V_{10}-V_{11}	3.29	V_{13}-V_9	2.93	V_{16}-V_{12}	3.69
V_3-V_2	4.14	V_6-V_5	2.87	V_8-V_7	3.57	V_{10}-V_{14}	3.88	V_{13}-V_{14}	3.44	V_{16}-V_{15}	2.79
V_3-V_4	5.15	V_6-V_{10}	2.54	V_8-V_{12}	4.25	V_{11}-V_7	2.08	V_{14}-V_{10}	4.20	V_{17}-V_2	3.15
V_3-V_7	3.11	V_6-V_{17}	3.89	V_9-V_{13}	3.54	V_{11}-V_{10}	4.15	V_{14}-V_{13}	4.04	V_{17}-V_6	3.98
V_4-V_3	5.82	V_7-V_3	2.24	V_9-V_5	2.01	V_{11}-V_{15}	3.24	V_{14}-V_{15}	4.18	V_{17}-V_7	2.19

两种算法仿真结果对比　　表 8-8

项　目	最 优 路 径	距离(m)	车辆平均到达时间
蚁群算法	V_1—>V_2—>V_{17}—>V_7—>V_{11}—>V_{15}—>V_{16}	2 649.7	10 分 28 秒
Dijkstra 算法	V_1—>V_2—>V_{17}—>V_7—>V_8—>V_{12}—>V_{16}	2 633.6	12 分 2 秒

从表 8-9 的两种算法结果对比可以看出：在寻优过程中，Dijkstra 算法虽然也能用修改禁忌表的方式避开交通事件发生路段，但由于并未考虑道路交通的实时信息，交通事件对其他路段的波及作用和路段动态交通信息的变化，因此在最优路径选择时有一定的局限性，只是盲目的寻找绝对最短路径。如在本例中寻优的最后结果中就包含了 V_4 这一点，而这一点恰好是火车站，交通最为繁忙的地带，导致了较大的交通延误；采用蚁群算法时，蚂蚁选择发生交通事件路段的概率 $p_{ij}^{k}(t)$ 变小，这样在蚁群算法的搜索过程中，算法自动降低了从该路径经过的可能性，因而有效的避开了这样的路段，缩短了到达时间。如表 8-10 所示。本节提出的车辆导航蚁群算法，综合利用了 GPS 全球定位系统的位置信息和道路实时交通信息，结合电子地图，对车辆出发地和目的地之间进行最优路径导航，能根据实时交通信息的变化，通过修改交通信息表以及蚁群算法的启发因子，对车辆在最短时间内到达目的地进行导航。该算法的实例仿真结果表明，该算法可行，有效。

发生事故条件下路段稠密系数表　　表 8-9

顶点—顶点	稠密系数（×100）	顶点—顶点	稠密系数（×100）	顶点—顶点	稠密系数（×100）	顶点—顶点	稠密系数（×100）	顶点—顶点	稠密系数（×100）	顶点—顶点	稠密系数（×100）
V_1-V_5	3.21	V_4-V_6	5.69	V_7-V_8	3.31	V_9-V_{10}	3.31	V_{12}-V_8	3.79	V_{15}-V_{11}	2.78
V_2-V_1	2.93	V_5-V_1	3.51	V_7-V_{11}	2.24	V_{10}-V_6	2.61	V_{12}-V_{11}	2.43	V_{15}-V_{14}	4.31
V_2-V_3	3.02	V_5-V_6	4.71	V_7-V_{17}	5.41	V_{10}-V_9	3.91	V_{12}-V_{16}	3.09	V_{15}-V_{16}	2.74
V_2-V_{17}	9.75	V_5-V_9	3.65	V_8-V_4	—	V_{10}-V_{11}	3.31	V_{13}-V_9	2.86	V_{16}-V_{12}	3.68
V_3-V_2	4.73	V_6-V_5	2.89	V_8-V_7	4.97	V_{10}-V_{14}	3.83	V_{13}-V_{14}	3.54	V_{16}-V_{15}	2.79

续上表

顶点—顶点	稠密系数（×100）	顶点—顶点	稠密系数（×100）	顶点—顶点	稠密系数（×100）	顶点—顶点	稠密系数（×100）	顶点—顶点	稠密系数（×100）	顶点—顶点	稠密系数（×100）
V_3-V_4	5.53	V_6-V_{10}	3.12	V_8-V_{12}	4.01	V_{11}-V_7	3.14	V_{14}-V_{10}	4.15	V_{17}-V_2	6.89
V_3-V_7	3.17	V_6-V_{17}	6.71	V_9-V_{13}	3.61	V_{11}-V_{10}	4.17	V_{14}-V_{13}	4.07	V_{17}-V_6	4.71
V_4-V_3	5.79	V_7-V_3	3.25	V_9-V_5	2.11	V_{11}-V_{15}	3.37	V_{14}-V_{15}	4.18	V_{17}-V_7	4.56

发生事故条件下的寻优结果对比 表 8-10

项　　目	最优路径	距离(m)	车辆平均到达时间
蚁群算法	V_1－>V_5－>V_6－>V_{10}－>V_{11}－>V_{15}－>V_{16}	2 796.8	12 分 6 秒
Dijkstra 算法	V_1－>V_2－>V_3－>V_4－>V_8－>V_{12}－>V_{16}	2 708.8	18 分 30 秒

3. 动态交通分配实例仿真

选取长沙市五一大道、朝阳路附近的几条主干道作为仿真实例。假定此时在路网上产生了如表 8-11 所示的 OD 需求，在交通正常的情况下如何将 OD 交通流较好的分配到路网上。

部分 OD 需求 表 8-11

需求	终点(D)	终点(D)
起始点(O)	12	16
1	900	600
5	500	700

分别用动态交通分配和传统交通分配两种方法，对算例进行仿真。假设在分配前，交通已经达到平衡状态，分配前的道路交通数据由交通调查所得（如以下提到的 u_f 、ρ_j ）。

(1)动态交通分配仿真

假设出行车辆中，携带设备和不携带设备的比例为 1∶1。携带设备出行者能接受到道路实时信息，如密度 ρ ，由 $u_e = u_f\left\{1/\left[1+\exp\left(\frac{\rho/\rho_j - 0.25}{0.06}\right)\right] - 3.72\times10^{-6}\right\}$ [89]可计算出在某一路段车辆实时行驶速度 u_e ，其中 u_f 为该路段车辆平均速度，ρ_j 为该路段车辆阻塞密度。车辆路段行驶时间由 $t_l = S_l/u_e$ 计算，其中 S_l 代表该路段长度（表 8-12）。不携带设备出行的车辆 $u_e = u_f$ 。对 $t^a(f_l)$ 、$p(f_l)$ 的计算采用方法如下：

$$t^a(f_l) = t_l + A_l(f_l/C_l) \tag{8-33}$$

$$p(f_l) = S_lK_l + B_l(f_l/C_l) \tag{8-34}$$

其中 A_l 、B_l 代表拥挤系数，C_l 代表交通容量，K_l 代表代表车行每一公里的花费。这里取 C_l =3000 辆/h, K_l =0.3 元/km, A_l =0.005 42, B_l =0.15, δ_1 =3, δ_2 = 5, θ = 0.1 。最后收敛间距 $\varepsilon = 10^{-3}$ 。

长沙市部分相邻路段距离表　　表 8-12

顶点—顶点	距离(m)	顶点—顶点	距离(m)	顶点—顶点	距离(m)	顶点—顶点	距离(m)
V_1-V_5	394.7	V_3-V_7	324.9	V_7-V_{17}	259.8	V_{11}-V_{15}	600.6
V_1-V_2	648.9	V_5-V_6	471.7	V_8-V_{12}	387.6	V_{12}-V_{16}	620
V_2-V_3	316	V_5-V_9	421.5	V_9-V_{13}	421.5	V_{13}-V_{14}	480.7
V_2-V_{17}	313.1	V_6-V_{10}	421.3	V_{10}-V_{11}	382.4	V_{14}-V_{15}	440.3
V_3-V_4	380.8	V_6-V_{17}	221.6	V_{10}-V_{14}	403.3	V_{15}-V_{16}	388

(2)传统交通分配仿真

这里传统交通分配仿真主要是在驾驶人没有交通信息提供的情况下，即整个路网只包含不携带设备的出行车辆，仿真基本参数不变。

(3)结果分析

通过对模型的仿真计算，分别得到动态交通分配和传统交通分配后每条路径上分配的车辆数，如表 8-13 和表 8-14。

动态分配到每条路径上车辆数(单位:台)　　表 8-13

顶点—顶点	车辆数	顶点—顶点	车辆数	顶点—顶点	车辆数	顶点—顶点	车辆数
V_1-V_5	873	V_3-V_7	279	V_7-V_{17}	355	V_{11}-V_{15}	438
V_1-V_2	627	V_5-V_6	512	V_8-V_{12}	551	V_{12}-V_{16}	620
V_2-V_3	414	V_5-V_9	750	V_9-V_{13}	711	V_{13}-V_{14}	312
V_2-V_{17}	312	V_6-V_{10}	421	V_{10}-V_{11}	456	V_{14}-V_{15}	512
V_3-V_4	415	V_6-V_{17}	317	V_{10}-V_{14}	337	V_{15}-V_{16}	680

传统分配到每条路径上车辆数(单位:台)　　表 8-14

顶点—顶点	车辆数	顶点—顶点	车辆数	顶点—顶点	车辆数	顶点—顶点	车辆数
V_1-V_5	773	V_3-V_7	642	V_7-V_{17}	731	V_{11}-V_{15}	178
V_1-V_2	727	V_5-V_6	733	V_8-V_{12}	716	V_{12}-V_{16}	720
V_2-V_3	617	V_5-V_9	650	V_9-V_{13}	121	V_{13}-V_{14}	188
V_2-V_{17}	714	V_6-V_{10}	556	V_{10}-V_{11}	220	V_{14}-V_{15}	221
V_3-V_4	689	V_6-V_{17}	745	V_{10}-V_{14}	158	V_{15}-V_{16}	344

将两种分配方式进行对比，可以看出，传统分配方式，没有考虑交通实时状况，在原有基础上进行交通分配，由图 8-6 和表 8-13 可以看出，没有将大部分的车辆均衡的分配到路网上，而是将车流分布在起始点到终点的路径上，加大了中间路段的负担，容易引发交通堵塞。而动态交通分配，由于能较好的考虑到实时交通信息，较好避开拥堵部分路段，能将交通流较好的分配到路网上，实现路网动态均衡。

参 考 文 献

[1] 王武宏,孙逢春,等著.道路交通系统中驾驶行为理论与方法.北京:科学出版社,2001.

[2] 任福田编著.交通工程心理学.北京:北京工业大学出版社,1993.

[3] 任福田,刘小明.交通系统安全分析.交通工程.1991,(3).

[4] 刘金秋.驾驶人与交通事故分析.汽车运输研究.1989,8(2).

[5] 过秀成.道路交通安全学[M].南京:东南大学出版社, 2004.

[6] 张殿业.驾驶人动态视野与行车安全可靠度.西南交通大学学报,2000,35(3).

[7] 李淑庄.道路线形车速与交通事故关系研究.重庆交通学院学报,1993,12(1).

[8] 沈志云主编.交通运输工程学.北京:人民交通出版社,1999.

[9] 王莲芬.层次分析法引论[M].北京:中国人民大学出版社, 1990.

[10] 刘运通.道路交通安全指南[M].北京:人民交通出版社, 2004.

[11] 荆便顺.道路交通控制工程.北京:人民交通出版社,1995.

[12] 王炜.交通工程学[M].南京:东南大学出版社,2000.

[13] 郑安文.对中国未来10年道路交通安全状况分析与初步预测[J].公路交通科技, 2006, 23 (5): 97-101.

[14] 周立军.基于驾驶人信息处理特性的跟驰及换道模型研究[D].吉林大学博士论文,2008.

[15] 张智勇.城市快速道路车辆跟驰模型研究[D].北京工业大学博士论文,2002.

[16] 袁耀明.交通流元胞自动机的解析和模拟研究[D].中国科学技术大学博士论文,2009.

[17] 何民,刘小明,荣建.交通流跟驰模型研究进展[J].人类工效学,2000,6(2):46-50.

[18] 贾洪飞,隽志才.基于期望间距的车辆跟驰模型的建立[J].中国公路学报,2000,13(4):86-87.

[19] 贾洪飞,陈良,王建春.应用五轮仪采集车辆跟驰过程描述参数[J].山东工程学院学报,2002,16(3):33-37.

[20] 周静,陈森发.微观交通流中跟驰模型的仿真研究[J].东南大学学报(自然科学版),2004,34(4):545-548.

[21] MAY A D. Traffic Flow Fundamentals [M]. Prentice HallPress, 1990: 126-127.

[22] Peter Hides. A car-following model for urban traffic simulation [J]. Traffic Engineering Control,1998,39(5):300-305.

[23] 吴义虎,喻丹,何霞,郭文莲.一种基于信息融合的跟随驾驶行为协同仿真模型[J].交通科学与工程,2009,25(01):77-81.

[24] 喻丹,吴义虎,何霞,郭文莲.一种基于动态期望车头时距的跟驰模型[J].长沙理工大学学报,2007,4(4):25-28.

[25] Yihu Wu, Jixiang Xie, Dan Yu. A Vehicle -following Model Based on Drivers Different Sensitive to Vehicle Speed and Vehicle's Spacing. 2009 International Conference on In-

telligent Computation Technology and Automation,2009. Volume3.

[26] 陈阳伍,张一斌,张阳.基于自适应神经模糊推理系统的跟驰模型研究[J].公路交通科技,2009,4(02):143-145.

[27] Yihu Wu, Dan Yu, Xiaomei Yin. A Simulation of Car-following Driving Based on Coordinated Model. 2008 International Conference on Intelligent Computation Technology and Automation. 2008 Volume3.

[28] 秦小虎.城市交通流紧急事件处理与安全系统模型及应用研究[D].重庆大学博士论文,2005.

[29] 顾柏园.基于单目视觉的安全车距预警系统研究[D].吉林大学博士论文,2006.

[30] 刘志强,王兆华,钱卫东.基于速度的交通事故分析[J].中国安全科学学报,2005,15(11):35-38.

[31] 马骏.高速公路行车安全距离的分析与研究[J].西安公路交通大学学报,1998,18(4):90-94.

[32] 钟勇,姚剑峰.行进中车辆临界安全车距的探讨[J].湖南大学学报,2001,28(6):54-59.

[33] 徐杰,杜文,孙宏.跟随车安全距离的分析[J].交通运输工程学报,2002,2(1):100-104.

[34] 郑安文,张炳焕.高速公路不同跟车状态下安全行车间距分析[J].武汉科技大学学报,2003,26(1):54-57.

[35] 侯志祥,吴义虎,刘振闻.基于自适应神经模糊推理系统的高速公路临界安全车距研究[J].计算机工程与应用,2004,8:199-201.

[36] Yihu Wu, Jixiang Xie, Lihu Du,Zhixiang Hou. Analysis on Traffic Safety Distance of Considering the Deceleration of the Current Vehicle. 2009 International Conference on Intelligent Computation Technology and Automation. 2009 Volume3.

[37] Yi-hu Wu, Huihua Yuan,Haitao Chen,Jiajia Li. A Study on reaction time Distribution of group drivers at car-following. 2009 International Conference on Intelligent Computation Technology and Automation. 2009 Volume3.

[38] 郑安文.高速公路行车间距分析与防追尾装置开发[J].武汉理工大学学报,2002,24(9):62-65.

[39] 钟连德,荣建,周荣贵,等.快速路交通流中车速特性研究[J].公路,2004,12(12):158-163.

[40] 裴玉龙,程国柱.高速公路车速离散性与交通事故的关系及车速管理研究[J].中国公路学报,2004,17(1):74-79.

[41] 李后强,汪富泉.分析理论及其在分子科学中的应用[M].北京:科学出版社,1993.

[42] Sven Maervoet, Steven Logghe, Bart De Moor, Ben Immers. A comparison of a cellular automaton and a microscopic model. Proceedings of the Workshop on Traffic and Granular Flow [C], 2003.

[43] Rosenstein M T, Collins J J, De Luca C J. A practical method for calculating largest Lyapunov exponents from small data sets[J]. Physical D, 1993, 65:117 134.

[44] Pappis C P,Mamdani E H. A Fuzzy Logic Controller For Traffic Junction[J]. IEEE Transacion on Systerms, Man, and Cybernetics, 1997,7(10):707-717.

[45] 王光瑞,于熙龄.混沌控制系统的控制理论[M].北京:国防工业出版社,2001.

[46] Koblitz N. Elliptic curve cryptosystems[J]. Mathematics of Computation, 1987, 48: 203- 209.

[47] Yihu Wu, Dan Yu , Jixiang Xie. Simulation Research on Influence of Velocity Discreteness on Venture Degree of Vehicle Rear-End Accidents. 2009 International Conference on Measuring Technology and Mechatronics Automation. 2009,Volume2,363-366.

[48] Dan Yu, Xiaomei Yin , Jixiang Xie,The Influence of Discrete Character of Following-Velocity on Chaotic Character of Traffic Flow in Different Density. 2009 International Conference on Measuring Technology and Mechatronics Automation. 2009, Volume3, 617-621.

[49] Yihu Wu,Xiaomei Yin, Dan Yu. Discusses of Max-limited speed for Work Zone of Highway Based on Information Processing. 2009 International Conference on Measuring Technology and Mechatronics Automation. 2009,Volume3,506-510.

[50] 杨伦标,高英仪.模糊数学原理及应用(第二版)[M].广州:华南理工大学出版社, 1998.

[51] 徐泽水,达庆利.区间数的排序方法研究[J].系统工程, 2001, 19(6): 94-96.

[52] Kiyoshi Minami,yasuma,Shigeru Okabayashi et al. A Collision Avoidance warning System Using Laser Radar[J]. SAE transaction section 5-joural of Aerospace. 1998,97: 830-836.

[53] 梅启智,谬炯生.系统可靠性工程基础[M].北京:科学出版社,1987.

[54] 王武宏,张殿业.驾驶人反应能力与最高时速的安全可靠性分析[J].中国公路学报, 1998,11(01):109-114.

[55] 张殿业.机车乘务员安全可靠性评价模式[J].铁道学报,1999,21(1):99-101.

[56] 董聪,何庆芝.随机疲劳累计损伤可靠性分析模型.北京航空航天大学学报[J],1995,21(2):33-39.

[57] 刘玉增.汽车驾驶人的可靠性分析[J].交通运输工程于信息学报,2006,4(1):1-4.

[58] 石坚,吴远鹏.汽车驾驶人主动安全性因素的辨识分析[M].上海交通大学学报, 1987, 34(04):41-44.

[59] 王武宏.道路交通系统中驾驶行为理论与方法[M].北京:科学出版社,2001.

[60] 张卓萌.基于模糊集理论的主成分分析方法研究[D].大连海事大学硕士论文,2008.6.

[61] BARRY KIRWAN. Human error identification in human reliability assessment [J]. Applied Ergonomics, 1992, 23(4):371-381.

[62] GLENDONA I, DORN L. Reliability of the driver behavior inventory [J]. Ergonomics, 1993, 36(5):719-726.

[63] Hicks T, Wierwille W. Comparison of Five Mental Workload Assessment Procedures

in a Moving Base Driving Simulator [J]. Human Factors, 1979 (1): 129-14.

[64] Kjrwan Bany. Human error identification in human reliability assessment. Applied Ergonomics, 1992, 23(5-6).

[65] 喻丹,吴义虎,等.汽车驾驶人可靠性量化方法[J].长沙理工大学学报,2009(4).

[66] SattyT L. The analytic hierarchy process [M]. New York: McGrawHil,1980.

[67] 王莲芬.层次分析法引论[M].北京:中国人民大学出版社, 1999.

[68] 郭应时,袁伟,付锐.道路交通安全评价指标特性分析[J].公路交通科技, 2006,23(5): 102-105.

[69] 陈雷.灰色理论在高速公路交通量预测中的应用[J].辽宁交通科技,2005(10):37-39.

[70] 颜柳,麻凤海.三次指数平滑法在城市地铁变形预测中的应用[J].科技与经济,2007(5): 62-63.

[71] 陈华友,盛昭瀚.一类基于 IOWGA 算子的组合预测新方法[J].管理工程学报,2005(4): 36-39.

[72] 高红建,蔡锦忠,王先梅.中小城市道路交通规划中存在的问题探讨[J].山西建筑,2007, 33(17):41-42.

[73] 周传世,罗国民.加权几何平均组合预测模型及其应用[J].数据统计与管理,1995(2): 17-19.

[74] 刘秋菊,景国勋,房耀洲.GM(1,1)模型在交通事故预测中的应用研究[J].交通标准化, 2007(7):159-161.

[75] 吴义虎,刘文军,肖旗梅.高速公路交通安全评价的层次分析法[J].长沙理工大学学报(自然科学版),2006,3(02):7-11.

[76] 吴义虎,喻丹.一种汽车追尾事故的模糊综合评价[J].长沙交通学院学报,2006,22(04):43-47.

[77] 吴义虎,武志平.基于平均车速和车速标准差的路段安全分析方法[J].公路交通科技, 2008,23(03):139-142.

[78] 吴义虎,武志平,喻丹.基于粗糙集的事故黑点分类算法[A].国际交通基础设施建设与养护技术大会,2008.

[79] 刘晓阳,郝希良.高速公路交通事故的优化组合预测模型[J].山西建筑,2009,35(05): 273-275.

[80] Dan Yu, Jiajia Li, Yuan, Haitao Chen, Xiaomei Yin. A Research on Time Distribution of Traffic Accidents on Road. 2009 International Conference on Intelligent Computation Technology and Automation. 2009, Volume3.

[81] 李凤芝.攻击性行为与交通事故的关系研究[D].四川大学博士论文, 2004.

[82] 李永利,刘宝新.高速公路汽车追尾事故的原因分析[J].天津汽车,2002,24(2):3-6.

[83] Loriann M, Hynes and James P. Dickey. The Rate of Change of Acceleration: Implications to Head Kinematics During Rear-end Impacts. Accident Analysis & Prevention,

In Press, Uncorrected Proof, 2007.

[84] 唐海波,蒋工亮,胡兴华.基于GIS/GPS的高速公路车辆追尾预警系统研究[J].交通与运输(学术版),2007,07(01):83-85.

[85] 王海星,申金升.基于TCT的平面交叉口安全评价方法研究[J].中国安全科学报,2005,15(5): 101-104.

[86] Peter Willoughby. and Paul Emmerson. Network interaction a review of existing modeling techniques [J]. Traffic Engineering Control, 1999, 40 (2): 81-82.

[87] Brickell E F,Gordon D M,McCurley K S,et al. Fast exponentiation with recompilation [A]. Advances in Cryptology-EUROCRYPTp92, LNCS658 [C]. Berlin: Springer-Verlag, 1992:200-207.

[88] Colorni A, Dorigo M, Maniezzo V. Distributed optimization by ant colonies [A]. Proc of European Conference of artificial Life[C]. Paris Elsevier publishing, 1991: 134-14.

[89] Dorigo M, Maniezzo V, Colomi A. Ant system: optimization by a colony of cooperating agents[J]. IEEE Trans on System Man and Cybemetics, Part B Cybemetics, 1996, 26(1):29-41.

[90] Gordon D M. A survey of fast exponentiation metods [J]. Journal of Algo2rithm, 1998,27:129-146

[91] 黄永青,梁昌勇,张详德.基于均匀设计的蚁群算法参数设定[J].控制与决策,2006,21(1):93-96.

[92] Pinto J M,Crossman I E. A continuoustime MILP model for short term scheduling of multistage batch plants with preordering constraints[J]. Computers and Chemical Engineering,1996,20:1 197-202.

[93] Liu Z S,Cai Y T. Sweep based multiple ant colonies algorithm for capacitated vehicle routing problem [J]. IEEE International Conference on e-Business Engineering,2005, 5:387-394.

[94] Z. H. Qu, Equilibrium functions of traffic flow , Physical A 351(2-4) (2005) 620-636.

[95] W. Knospe, L. Santen, A. Schadschneider, M. Schreckenberg, A realistic two-lane traffic model for highway traffic, J. Physical. A 35 (2002) 3369-3388.

[96] Clark. S. D. , Watling. D. P,2000. Probit based sensitivity analysis for general traffic networks. Transportation Research Record 1733, 88-95.

[97] Huang, H. J. , 1995. A multi-class dynamic user equilibrium model for queuing networks with advanced traveler information systems. Journal of Mathematical Modeling and Algorithm 2,349-377.

[98] 侯志祥,吴义虎,刘振闻,李河清.高速公路汽车追尾模型[J].交通运输工程学报,2004,04(04):37-39.

[99] 陈新全,侯志祥,吴义虎,刘振闻.无检测器交叉口交通流量预测的灰色神经网络模型

[J]. 系统仿真学报,2004,16(12):2655-2656.

[100] 吴义虎,喻丹,王正武,侯志祥. 控制动作响应延迟下的汽车追尾风险评估,交通科学与工程,2010.

[101] 吴义虎,喻丹,何霞,郭文莲. 单路口低饱和交通流的多相位混沌控制仿真研究[J]. 系统仿真技术,2007,(32):63-67.

[102] 吴义虎,李宁,王正武. 蚁群算法在车辆路径诱导系统中的应用[J]. 系统工程,2007,25(02):27-31.

[103] 吴义虎,李宁,杨秋实. 一种改进的蚁群算法及其在 TSP 中的应用[J]. 长沙交通学院学报,2007,23(02):32-35.

[104] Wu Yihu, Yu Dan. Freeway Incident Detection Research Based on Wavelet Analysis [A]. In: International Conference on Transportation Engineering. Chengdu (IEEE), China: Qiyuan Peng, Kelvin C. P. Wang, Yanjun Qin, 2007, 2109-2114.

[105] Dan Yu, Xiaomei Yin, Lihui Du, Jixiang Xie. Simulation Research on Dynamic Traffic Assignment Model. 2009 International Conference on Intelligent Computation Technology and Automation. 2009, Volume2.

[illegible]系统仿真学报,20[illegible](12):2653-2656.

[illegible]交通运输部[illegible]，王[illegible]，侯[illegible]. [illegible][D]. [illegible]交通科学与工程,2010.

[illegible]

[illegible]技术,20[illegible](23):[illegible]-67.

[illegible]

(12):27-31.

[illegible]一种[illegible][J]. [illegible]学报,20[illegible],7(2):22-28.

Wu Zhihui, Yu Dan. [illegible]way Incident Detection Based [illegible] Wavelet Analysis [A]. In: International Conference on Transportation Engineering. Chengdu (China): Qiyuan Zeng, Kelvin C.P. Wang, Yu Jin, 2007: 2199-2[illegible].

[illegible] Xiaopei Yu, [illegible] Simulation Research on Dynamic Traffic Assignment Model [illegible] Conference on Intelligent Computation Technology and Automation, 2009, Volume [illegible].